臨場感あふれる解説で、楽しみながら歴史を“体感”できる

世界史劇場

河合塾講師 神野正史【著】

ロシア革命の激震

ベレ出版

はじめに

「わしは死後、マルクス・レーニンとともに地獄の業火《ごうか》に灼《や》かれるじゃろう。

じゃが、“最初から実現するはずもない理想”を追いつづけさせられた苦痛に比ぶれば、地獄の責め苦など、どうということはない」

キューバの革命戦士 F《フィデル》．A《アレハンドロ》．カストロ議長の言葉です。

祖国《キューバ》のために「社会主義こそが正義」と信じ、人生をかけてその“理想”を実現すべく走りつづけた人物。

その“正義”のために、どれほどの屍《しかばね》を重ねてきたことか。

それとて「地上の楽園を築き上げるための尊《たっと》い犠牲」と思えばこそ。

しかし。

老いてのち、社会主義が過ちであったことを悟った老カストロの絶望感。

それが思わず口を突いて出た言葉です。

20 世紀──。

それはまさに「壮大な社会主義の実験場」であったとも言えます。

19 世紀、それまでの社会主義を「空想的」だとして非難し、K《カール》.マルクスらによって「科学的社会主義」が生まれるや、20 世紀に入ると、これに基づき、ロシアを皮切りに地球上の各地で「社会主義革命」が勃発しました。

しかし、そのことごとくすべてが無惨《むざん》な失敗に終わります。

人類は、膨大な時間と、莫大な犠牲を払ったこの“実験結果”によって、「社会主義」という理念《イデオロギー》が疑いようもなく間違いだったという、きわめて当たり前の事実を思い知らされたのでした。

しかし。

「目の前に突きつけられた“客観的事実”を受け入れることができない者」

…というのは、いつの世にもいるもので。

「い〜や!!　それでも社会主義は正しい!!」

そう嘯《うそぶ》く人は現在《いま》でもいます。

でも、このような人たちは目の前の厳然たる事実から目を背《そむ》け、もはや理屈の通じない「信仰」の域に入っている人たちにすぎません。

19世紀に生まれた「科学的社会主義」は、

20世紀の「何千万、何億もの人命を奪う悲惨なる大実験」を経《へ》て、

21世紀には「信仰的社会主義」へと変質してしまったのでした。

もはやそれは、「科学的」と名乗りながら科学ではなく、社会主義の“朽《く》ち果てた骸《むくろ》”にすぎません。

そして、社会主義の過ちを証明することになる「社会主義実験」の“鯨波《げいは》の第一声”ともいうべきものが、本書のテーマとなっている「ロシア革命」です。

したがって、「ロシア革命」の理解なくして、20世紀の、ひいては21世紀の理解はあり得ません。

しかし、これが敷居の高いこと、この上ありません。

ロシア革命とは、イデオロギーとイデオロギーの壮絶な鬩《せめ》ぎ合いであるため、どうしても、その難解なイデオロギーの微妙な違いをしっかりと理解しなければならないからです。

市販の「ロシア革命」解説書が初学者にとって難解なのはそのためです。

そこで、本書の登場です。

本書では、「歴史知識がまったくゼロ」の方が読んでも理解できるよう、イラストを多用し、なるべく平易な言葉で、解説するよう心がけました。

ロシア革命入門書としては、既存のどの入門書よりもやさしくかつ高度なものになったと自負しております。

本書が、「ロシア革命」初学者の“最初の踏み台”となり、つぎなるステップへの契機《きっかけ》となってくれることを祈りつつ。

２０１４年１１月

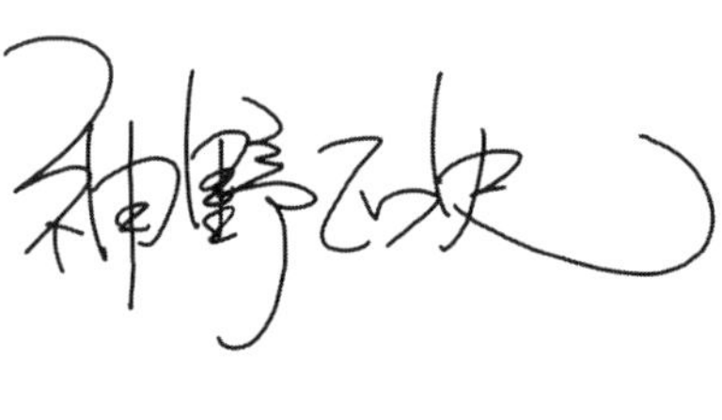

本書の読み方

本書は、初学者の方にも、たのしく歴史に慣れ親しんでもらえるよう、従来からの歴史教養書にはない工夫が随所に凝らされています。

そのため、読み方にもちょっとしたコツがあります。

まず、各単元の扉絵を開きますと、その単元で扱う範囲の「パネル(下図参照)」が見開き表示されています。

本書はすべて、このパネルに沿って解説されますので、つねにこのパネルを参照しながら本文を読み進めていくようにしてください。

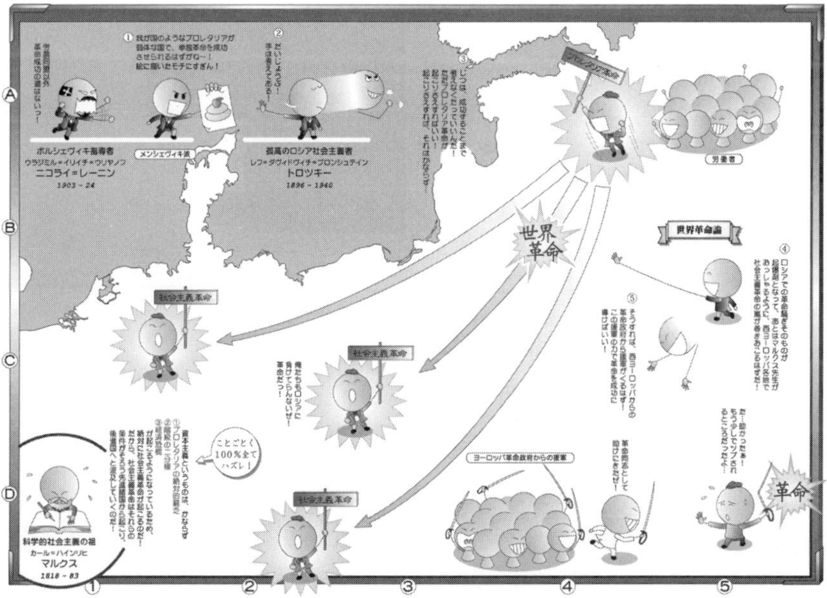

そうしていただくことによって、いままでワケがわからなかった歴史が、頭の中でアニメーションのようにスラスラと展開するようになります。

ぜひ、この読み方をお守りくださいますよう、よろしくお願いします。

また、その一助となりますよう、本文中には、その随所に(A-1)などの「パネル位置情報」を表示しておきました。

これは、「パネルの枠左の英字と枠下の数字の交差するところを参照のこと」

という意味で、たとえば (A-1) と書いてあったら、「Ａ段第１列のあたり」すなわち、前ページパネルでは「レーニン」のあたりをご覧ください。

なお、本パネルの中の「人物キャラ」は、てるてる坊主みたいなので、便宜上「てるてる君」と呼んでいますが、このてるてる君の中には、その下に「肩書・氏名・年号」が書いてあるものがあります。

第3次内閣首相
ケレンスキー
1917.8/3 – 11/7

この「年号」について、注意点が２つほど。

まず、この年号はすべて「グレゴリウス暦」で統一されています。

したがいまして、イスラームを解説したパネルであっても「ヒジュラ暦」ではありませんし、ロシアの歴史が描かれたパネルであっても「露暦（ユリウス暦）」ではありません。

また、この「年号」は、そのすぐ上の「肩書」であった期間を表しています。

したがいまして、同じ人物でも肩書が違えば「年号」も変わってきますのでご注意ください。

たとえば、同じ「ケレンスキー」という人物でも、その肩書が、
「第１次内閣 法相」であったときは、その任期（1917.3/ 14 - 5 / 17)が、
「第２次内閣 陸相」であったときは、その任期（1917.5/ 17 - 8 / 3)が、
「第３次内閣 首相」であったときは、その任期（1917.8/ 3 -11/ 7 ）
…が記されています。

また、本文下段には「註欄」を設けました。

この「註」は、本文だけではカバーしきれない、でも、歴史理解のためには、どうしても割愛したくない、たいへん重要な知識をしたためてありますので、歴史をより深く理解していただくために、本文だけでなく「註」の説明文の方にも目を通していただくことをお勧めいたします。

それでは、「まるで劇場を観覧しているかの如く、スラスラ歴史が頭に入ってくる！」と各方面から絶賛の「世界史劇場」をご堪能ください。

CONTENTS

Column コラム

第1章　ロシア社会主義の胎動

第1幕

空想から科学へ！

ロシア三大政党の成立

ついに、ロシアでも産業革命が本格化する。しかし、これにより必然的に資本家《ブルジョワジー》・労働者《プロレタリアート》階級が抬頭。これまで農業を基盤としてきた社会構造に歪《ひず》みが生まれる。その歪みから、資本家《ブルジョワ》を基盤とする「立憲民主党《カデット》」、労働者《プロレタリア》を基盤とする「社会民主労働党《RSDRP》」、農民を基盤とする「社会革命党《エスエル》」が生まれてくる。役者はそろった。

〈ロシア三大政党の成立〉

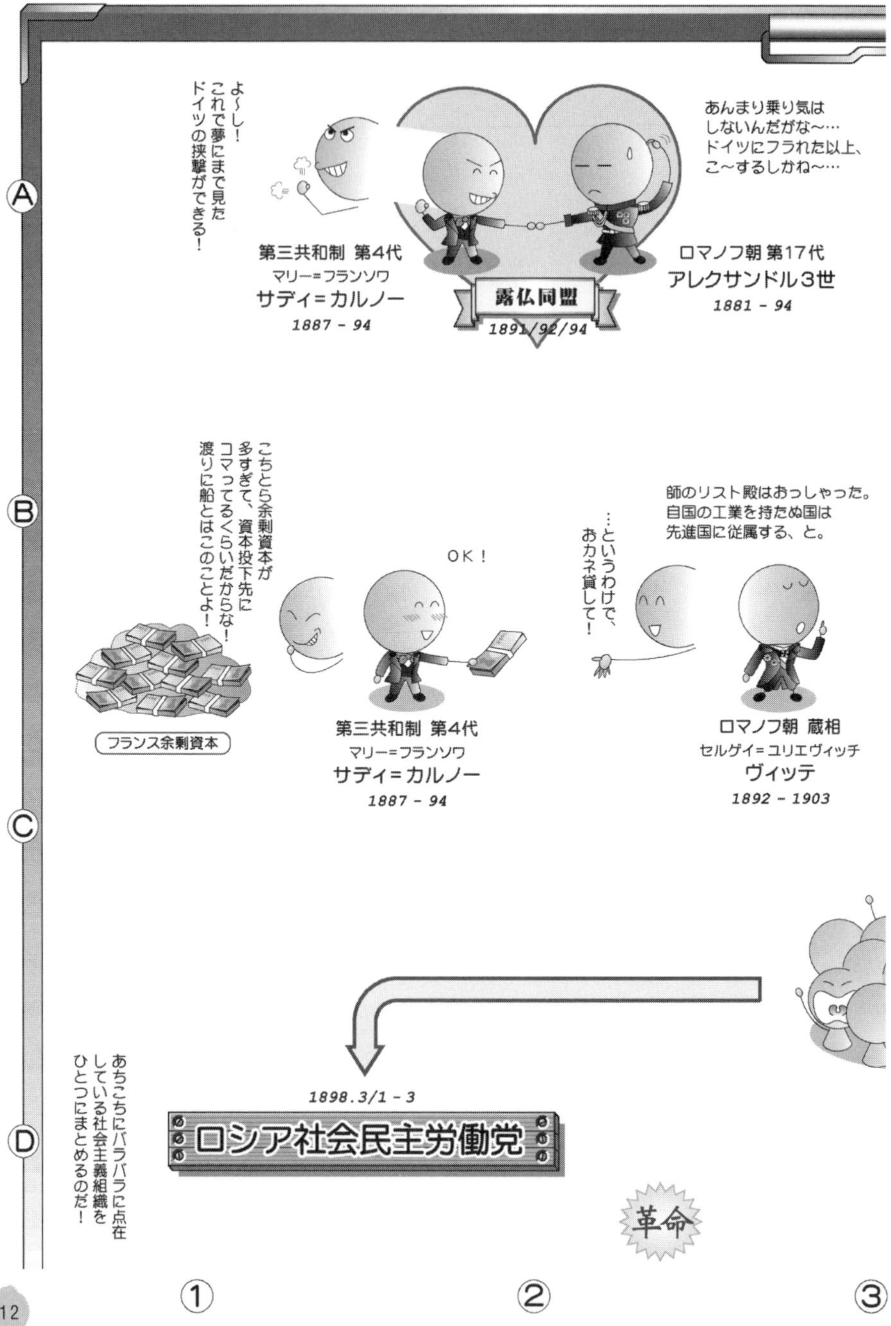
A
よ〜し！
これで夢にまで見た
ドイツの挟撃ができる！
あんまり乗り気は
しないんだがな〜…
ドイツにフラれた以上、
こ〜するしかね〜…
第三共和制 第4代
マリー＝フランソワ
サディ＝カルノー
1887 - 94
露仏同盟
1891/92/94
ロマノフ朝 第17代
アレクサンドル3世
1881 - 94
B
こちとら余剰資本が
多すぎて、資本投下先に
コマってるくらいだからな！
渡りに船とはこのことよ！
OK！
…というわけで、
おカネ貸して！
師のリスト殿はおっしゃった。
自国の工業を持たぬ国は
先進国に従属する、と。
フランス余剰資本
第三共和制 第4代
マリー＝フランソワ
サディ＝カルノー
1887 - 94
ロマノフ朝 蔵相
セルゲイ＝ユリエヴィッチ
ヴィッテ
1892 - 1903
C
D
あちこちにバラバラに点在
している社会主義組織を
ひとつにまとめるのだ！
1898.3/1 - 3
ロシア社会民主労働党
革命
①
②
③

19世紀末～20世紀初頭

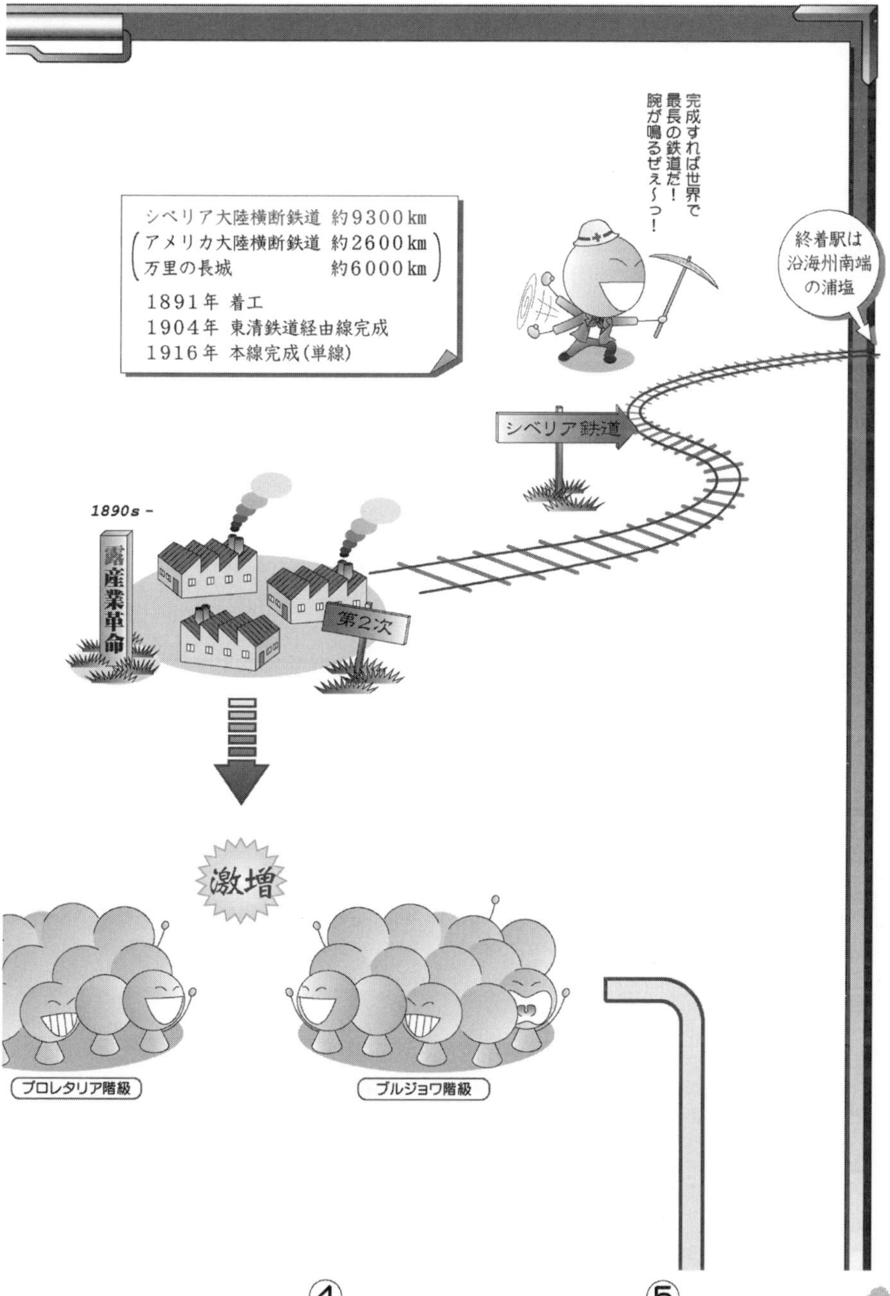

④　⑤

世の中から労働者への搾取をなくすためには革命しかない！

設立　：1898年第1回結党大会にて
結成地：ミンスク（現ベラルーシ州都）
組織　：国内の分立する零細社会主義団体の糾合
原名　：ロシア社会民主党
地盤　：労働者階級

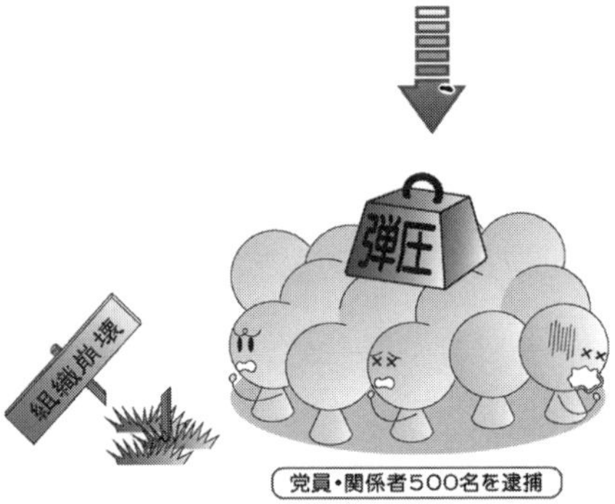

弾圧
組織崩壊
党員・関係者500名を逮捕

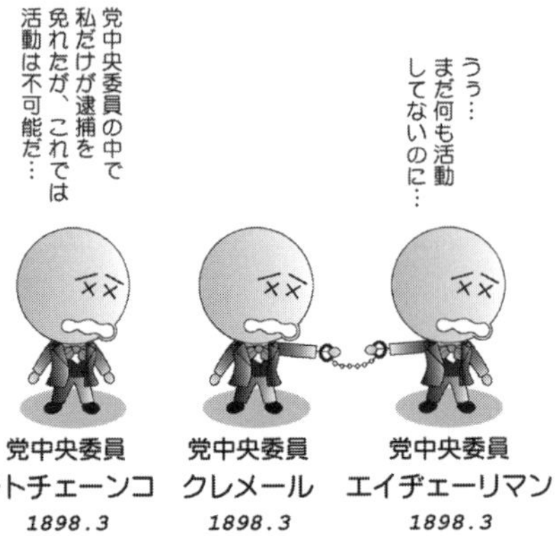

党中央委員の中で私だけが逮捕を免れたが、これでは活動は不可能だ…
うぅ…まだ何も活動してないのに…
党中央委員
ラトチェーンコ
1898.3
党中央委員
クレメール
1898.3
党中央委員
エイヂェーリマン
1898.3

1901.12

ロシア社会革命党

テロ
社会主義の実現のためには革命しかない！
しかし、ロシアでは革命家の勢力が弱すぎるため、革命成功の鍵はテロしかない！

設立　：1901年第1回結党大会にて
組織　：ナロードニキ系「人民の意志」の後継
正式名：ロシア社会主義者革命家党
略称　：エスエル（CP/SR）
地盤　：農民階級

E F G H
① ② ③

なんだとぉ？
社会主義だぁ？
革命だぁ？
ただちに叩きつぶせ！

ロマノフ朝 第18代
ニコライ２世
1894 - 1917

うひひ！
朕に逆らうと
こうなるのだ！
ザマミロ！

ロマノフ朝 第18代
ニコライ２世
1894 - 1917

1905.10/25

ロシア立憲民主党

帝制をつぶす必要はない！
ただ基本的諸権利を憲法で
保障してくれさえすればいい！

憲法

カデット結成者
パーヴェル＝ニコラエヴィッチ
ミリューコフ
1905.10

設立　：1905年第１回結党大会にて
結成地：モスクワ
組織　：十月勅令を受け同年同月結党
略称　：カデット（КД/CD）
地盤　：資本家階級

④　⑤

どうすれば、社会全体がみんな等しく幸せに暮らせるのでしょうか。
それは、人類の“永遠のテーマ”かもしれません。

ある人が、「こうすれば、みんなが幸せになれるはずだ！」と主張すれば、

ある人は、「い～や、それではダメだ！　こうするべきだ！」と反駁《はんばく》する。

またある人は、またある人は…。

こうして、それぞれのイデオロギーとイデオロギー（＊01）が激しくぶつかり合い、それが嵩《こう》じると、殺し合いが始まることもあります。

皮肉なことですが、「人々を幸せにしたい」という想いと想いがぶつかると、結果的に数えきれないほど多くの人々が死に追いやられるのです。

ハタから見ていれば、まったく本末顛《てん》倒（＊02）で愚かしいことこの上ないのですが、当事者はそれに気づくことなく、自分の行っていることが「正義」だと信じて疑いません。

じつは、本書のテーマである「ロシア革命」も、その一環にすぎません。

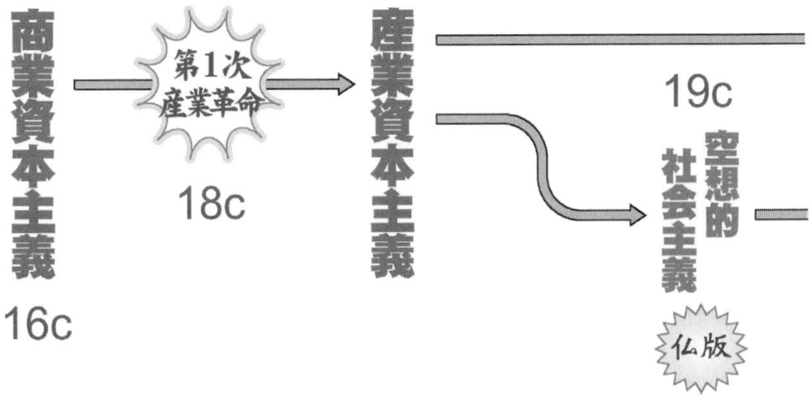

（＊01）政治・社会・経済などについて、その理想的な形を主張した理念や思想の体系のこと。要するに、「こうすれば世の中はもっとよくなるはずだ！」という考え方のことです。

（＊02）その本末顛倒ぶりは、「平和な世の中を創ろう。平和を乱す元凶はつねに人間だから、人間を皆殺しにしてしまえばよい。そうすれば、戦争のない平和な世界になるだろう」と言っているのにも似ています。

　ロシア革命をひとことでいえば、科学的社会主義《マルキシズム》から派生した３つのイデオロギー、すなわち ――

　レーニニズム vs メンシェヴィズム vs トロツキズム

…の壮絶な権力闘争ということができます。

　したがって、ロシア革命を本当に理解するためには、この３つのイデオロギーの微妙な違いをしっかりと理解しなければなりません。

　そこで、まずはその“元”となった「社会主義《ソシアリズム》」とは何なのかについて、簡単に見ていくことにいたしましょう（下図参照）。

　そもそも、近代的な社会主義《ソシアリズム》は、資本主義《キャピタリズム》を“親”として生まれながら、その“親”に反発し、これを喰い殺そうとする“子”のような存在です。

　資本主義《キャピタリズム》は、近世に入ったばかりの16世紀のヨーロッパにおいて、宗教改革とともに息吹《いぶ》きはじめ（＊03）、18世紀にイギリスで興《おこ》った「第１次《ファースト》 産 業《インダストリアル》 革 命《レボリューション》」の進展とともに成長していきました。

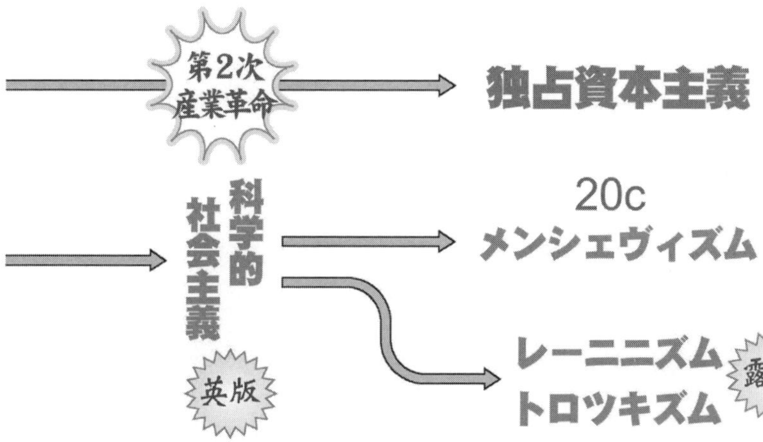

（＊03）社会学の泰斗 M. ウェーバーの説。
異説・異論はありますが、本書では基本的にウェーバー説で話を進めます。
このとき生まれたばかりのこのころの資本主義のことを、とくに「商業資本主義」と呼び、第１次産業革命以降（第２次産業革命まで）の資本主義のことを「産業資本主義」と呼んで区別することがあります（上図参照）。

たしかに、この産業革命《インダストリアル レボリューション》は社会に莫大な富をもたらしました。

しかし、それにより社会全体が潤《うるお》ったのかといえば、そうではありません。

個人を重んじ（個人主義《インディヴィデュアリズム》）、自由を重んじる考え方（自由主義《リベラリズム》）を基盤とする資本主義《キャピタリズム》の中で、ただただ資本家《ブルジョワ》だけがその富を独占し、労働者《プロレタリア》は痩《や》せ衰えていく一方となります。

—— 富める者はますます富み、貧する者はますます貧す（＊04）

…という聖句《スクリプチャ》を地でいく社会問題が急速に深刻化していきました。

これを受けて、19世紀に入ると、この社会矛盾を解決すべく、改革の声を上げる者がつぎつぎと現れます。

イギリスからはR《ロバート》．オーウェン、フランスからはS《サン》．シモン伯爵、C《シャルル》．フーリエ（＊05）、そしてP《ピエール》．J《ジョセフ》．プルードン。

当初、彼らの考え方は「共産主義《コミュニズム》」と呼ばれることもありましたが、それは「急進的」「非現実的」「過激派」「危険思想」というマイナスイメージがつきまとい、世間に浸透しにくい側面がありました。（＊06）

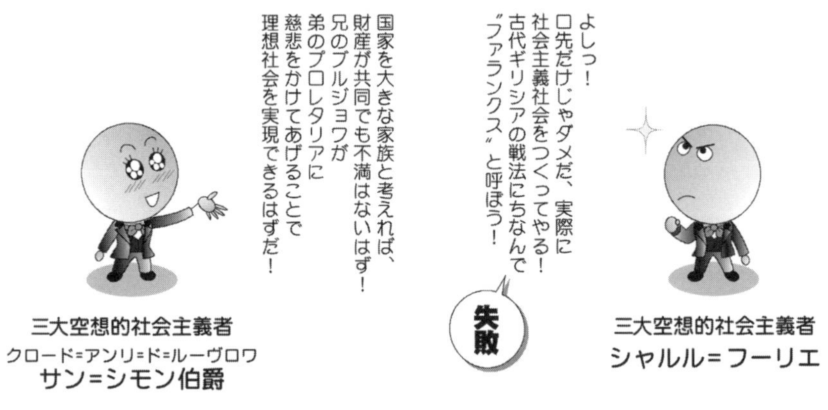

（＊04）新約聖書の「マタイ伝」（第13章12節）の聖句（意訳）。マタイの法則。

（＊05）この3人は、のちに「三大空想的社会主義者」と呼ばれるようになります。

（＊06）フランスではこのちょっと前（1796年）に、共産主義者 F．N．バブーフによる「国家転覆計画」が表沙汰になったばかりだったため、たいへんイメージの悪いものでした。

Column 個人主義と全体主義

どうすれば、社会全体みんなが等しく幸せになれるのか？

このことについて考える際、「社会」を細かく細かく分割していき、もうこれ以上分割できない“社会の最小単位”が何であるかを考えます。

“最小単位”さえ明らかになれば、そのひとつひとつを幸せにしてやることで、その「集合体」にすぎない社会全体も幸せになるはず。

ヨーロッパ人は、その最小単位を「個人」と考えました。

だとするなら、「個人の幸せ」が「社会全体の幸せ」につながるはず。

こうした考え方が「個人主義」です。

ところが、個人主義は、「俺個人《ひとり》が幸せなら、他人がどうなろうが知ったことか！」という“利己主義”へと転化し、うまくいきません。

個人主義を基盤として生まれた資本主義が当初うまくいかなかったのも、そうした思想が障害となって、社会が歪《ひず》んだためです。

そこで今度は、「社会はまったく分割できない」「社会全体でひとつの共同体であり、個人はその“部分”にすぎない」という、極端な考え方が生まれます。

社会全体でひとつの単位として考え、社会そのものをうまく機能させれば、その中に生活する個人個人も幸せになるはずだ。

こうした考え方が「全体主義」です。

社会主義思想も、この全体主義思想から派生したものにすぎません。

つまり。

「資本主義 vs 社会主義」という構図はよく語られますが、じつはそれは「個人主義 vs 全体主義」の構図でもあるわけです。

第二次世界大戦では、全体主義（ヒトラー）と社会主義（スターリン）は激しく戦いましたが、じつはこれ、両者の考え方の根は同じなのです。

所謂《いわゆる》「ナチス」の正式名称は「国家社会主義ドイツ労働者党」。

よく「ナチスは右翼政党なのに、なんで社会主義？」と質問されますが、じつはその答えは、この中に隠されているのです。

そんなとき、P《ピエール》.ルルーという人が主張します。(＊07)

── 我々は、これまで「社会の中に生きる人々のひとりひとり（個人）を重視し、個人個人の皆が幸せになれば、ひいては社会全体がうまくいくはずだ」という“個人主義”を実践《じっせん》してきた。

しかし、それはすぐに利己主義へと転化してしまい、うまくいかない。

そこで、最近では逆転の発想で「社会そのものをすばらしいしくみにすれば、その社会の中に生きる人々のひとりひとりが幸せになれるはずだ」と叫ぶ者たち(＊08)が現れてきている。

これを「社会主義《ソシアリズム》」と呼ぶことにしようではないか。(＊09)

個人の幸せを優先することでよい社会を
築こうとする「個人主義」に対して、
まず、よい社会のしくみを作ることで
そこで暮らす人々を幸せにしていこう
という考え方を「社会主義」と呼ぼう！

政治経済学者
ピエール=ルルー

「共産主義《コミュニズム》」という危険な臭いのする呼ばれ方を嫌っていた彼らは、この耳当りのよい「社会主義《ソシアリズム》」という言葉に飛びつき、以後、「社会主義者《ソシアリスト》」を自称するようになります。

（＊07）1834年発表の『個人主義と社会主義』にて。
ただし、P.ルルー自身は社会主義者ではありません。

（＊08）もちろん、R.オーウェン、S.シモン、C.フーリエ、P.プルードンたちのことです。

（＊09）最初、このような意味合いで作られた造語でしたが、以後、「社会主義」の語義は、時代により立場により、めまぐるしく変化します。

こうして、1830年代ごろのフランスを中心として、近代的な社会主義《ソシアリズム》が産《うぶ》声《ごえ》をあげました。（＊10）

―― みんな、聞いてくれ！
　世の中がこんなに荒《すさ》んでしまった元凶は、すべて「私有」のせいなのだ！
　「私有」さえなければ、貧富の差もないのだから。
　よって、私有制のない社会、すべての財産を社会全体の共有にした社会を建設すれば、世の中はすばらしいものになるはずだ！

しかし。

お題目はご立派ですが、「では、具体的にどうやったら、その“理想社会”とやらを建設できるのだ？」という、きわめて根本的な問題に、彼らは答えることができませんでした。（＊11）

―― ま、そこはそのホレ、資本家《ブルジョワ》の恩恵と慈悲にすがってだな…
―― 社会全体で、みんなが兄弟の如《ごと》く親睦《しんぼく》援助し合うことさえできれば…

どれもこれも、あまりにも空想的、妄想《もうそう》的、非現実的。

そもそも、資本家《ブルジョワ》に“恩恵と慈悲”などという気持ちがあるなら、最初からこんな“餓鬼《がき》が死肉を貪《むさぼ》る”がごとき悲惨な社会になっていません。

社会全体が“兄弟の如く親睦援助し合う”ことができるなら、最初から共産化する必要すらありません。

まったく以《もっ》て、本末顚《てん》倒ははなはだしい。

生まれたばかりの社会主義《ソシアリズム》は、この程度のきわめて幼稚なものでした。

彼らがこのような「妄想」に耽《ふけ》っているうちに、やがて「第2次産業革命《セカンド インパクト》」が興《おこ》り（1870年代～）、これに伴い、資本主義《キャピタリズム》も第三段階の「独占（金融）資本主義」へと移行していきます。

（＊10）社会主義的な観念そのものは古来よりあります。

（＊11）まさにイソップ物語の『きつねとブドウ』状態。
おいしそうなブドウが目の前でたわわに実っていても、それを手に入れる方法がない。
手に入れる方法がないのなら、存在しないのと同じです。

資本主義《キャピタリズム》がバージョンアップしたことによって、社会はいよいよ紊乱《びんらん》し、貧富の差はさらに悪化の一途を辿《たど》っていきます。

敵《キャピタリズム》がバージョンアップしたのですから、自分たち《ソシアリスト》もバージョンアップしなければ！

こうした社会背景の要請から生まれたのが、「科学的社会主義」です。

F《フリードリヒ》.エンゲルスは叫びます。（＊12）

—— これまでの社会主義者の主張はきわめて「空想的《ユートピアン》」である！

彼らは、単に、頭の中で妄想した“理想像”を社会に押しつけようとしているだけだ！

これからの社会主義は、もっと理性的・論理的・科学的に、どうすれば社会主義が実現できるかを具体的に考えていかなければならない！！

こうして、K《カール》.マルクスとF《フリードリヒ》.エンゲルスの両名によって、社会主義は「空想的《ユートピアン》」から「科学的《サイエンティフィック》」へとバージョンアップし、それがやがてロシアへと導入され、メンシェヴィズム・レーニニズム・トロツキズムと枝分かれしていくことになるのです。

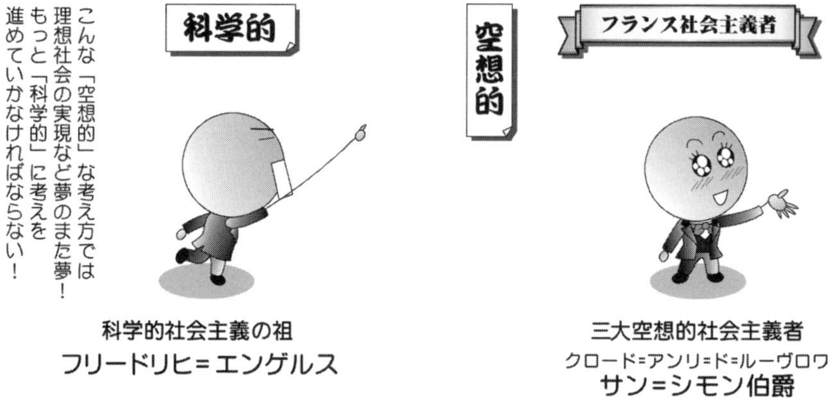

こんな「空想的」な考え方では
理想社会の実現など夢のまた夢！
もっと「科学的」に考えを
進めていかなければならない！
科学的
空想的
フランス社会主義者
科学的社会主義の祖
フリードリヒ＝エンゲルス
三大空想的社会主義者
クロード＝アンリ＝ド＝ルーヴロワ
サン＝シモン伯爵

（＊12）1880年発表の『空想から科学への社会主義の発展』（ドイツ語版）にて。
通称は『空想から科学へ』。英仏翻訳版の書名は『空想的社会主義と科学的社会主義』。

ではなぜ、科学的社会主義《マルキシズム》がロシアに輸出されると、分裂を起こすのか？

その疑問については次幕以降の解説に譲るとして、本幕では、「そもそもどのような社会的・経済的・政治的背景の中で、科学的社会主義がロシアに浸透していくことになったのか」について、見ていくことにいたしましょう。

このころのロシアは、典型的な農業国家。

一応1860年代に、「西欧に追いつけ、追い越せ！」とばかりに、遅ればせながら「第１次産業革命」に入ってはいました。(＊13)

しかし、その成果はイマイチ。

そうこうしているうちに、欧米ははやくも次の段階《ステージ》、「第２次産業革命」に入ってしまいます。

「ならば、我が国《ロシア》も第２次産業革命を！」

しかし。

そう気ばかり焦ってはみても、“先立つもの”がありません。

産業革命を興《おこ》すためには、目ン玉が飛び出るほどの莫大な資本が必要となりますが、当時のロシアは、帝室の贅《ぜい》と相次ぐ膨張戦争ですでに破産寸前。

ドイツからの借款《しゃっかん》(＊14)でなんとか財政を維持しているような有様でした。

ところが、その“恃《たの》みの綱”のドイツにおいて大問題が発生します。

1890年、親露政策を推進していたビスマルクが失脚し、独帝ヴィルヘルム２世による親政(＊15)が始まったのです。

すると、たちまち独露関係が冷え込み(＊16)、ドイツからの借款《しゃっかん》も打ち切られてしまいます。

困惑したロシアが新たに手を結んだのがフランスでした。

(＊13) アレクサンドル２世（1855～81年）の御世にて。しかし、上から下まで「農業」でガチガチに固められた国に「工業化」を推進させることは、至難の業でした。

(＊14) 国家と国家の間の借金のこと。

(＊15) 皇帝（王）が自ら政治を行うこと。

(＊16) 具体的には、独露再保障条約（1887～90年）の破棄。

当時のフランスは、

・政治的には、ドイツによって孤立化させられており、

・経済的には、余剰資本が多すぎてその資本投下先を探していました。(＊17)

ロシアはお金がなくて困っている。

フランスはお金が余りすぎて困っている。

露帝アレクサンドル３世自身は、その個人的感情として、あまりフランスが好きではありませんでしたが、背に腹は替えられません。

それが「露仏同盟」(A-2)(＊18)となって結実します。

これにより、フランスから莫大な借款《しゃっかん》を受け取ったロシアは、大いに潤《うるお》うことになります。

(＊17) お金というものは、なければもちろん困りますが、多すぎても困ります。
まさにバブル景気まっただ中の日本がそうでした。あのころの日本は、資本をもてあまし、メチャクチャな投資をして、世界中からヒンシュクを買ったものです。

(＊18) 1891年に「協商」として成立し、翌92年に「同盟」となり、94年に強化され、公表されています。

じつは、これより遡《さかのぼ》ること 30 年前の 1860 年、ロシアは夢にまで見た「不凍港」(＊19) を手に入れていました。

その名も「ウラジヴォストーク」(＊20)。

今すぐにでも、ここを最前線基地として、東方へとその触手を伸ばしたい！

まずは、手はじめに、その先の日本人を奴隷民族としてやろう！

しかし、その場所が問題。

ウラジヴォストークは、モスクワから直線距離にしても 6500km も離れたところにあり、しかも、その間を隔《へだ》てるのは広大なシベリアのタイガ地帯。

これでは、兵站《へいたん》がままならないため、帝都《ペテルブルク》と浦塩《ウラジヴォストーク》を鉄道でつながないかぎり使い物になりませんが、当時のロシアは第１次産業革命すら興《おこ》しておらず、またそんなお金もない。

そんな状態で地球の裏側にポツンと不凍港を手に入れたとて、どうしようもありませんでした。

(＊19) 冬になっても氷が張らない港のこと。
詳しくは、本幕コラム「ロシアの求海政策」を参照のこと。

(＊20)「Vladi」は「征服する」、「Vostok」は「東方」という意味。「動詞＋目的語」なので命令形「東方を征服せよ」という意味。「東方」とはもちろん、日本のことです。

そのため、以来30年、せっかく手に入れた不凍港《ウラジヴォストーク》は放置状態。

しかし、ここにきてやっと条件が整いました。

カネならフランスがなんぼでも出してくれる！

第2次産業革命を興《おこ》したいと願うロシアにとって、鉄道を作ることは、その起爆剤ともなる！

放置状態だった不凍港《ウラジヴォストーク》を活かすことができる！

まさに一石二鳥です。

当時の蔵相はS《セルゲイ》.Y《ユリエヴィッチ》.ヴィッテ。(B/C-3)(＊21)

彼《ヴィッテ》の師である経済学者のF《フリードリヒ》.リストは、「自国の工業を持たぬ国は亡《ほろ》びる」と言っていました。

それを受け、彼《ヴィッテ》もまた、「ロシア再生の足がかりは“第2次産業革命”しかない！」と考え、さっそくフランス資本をシベリア大陸横断鉄道に投入しはじめます。(A/B-4/5)(＊22)

師のリスト殿はおっしゃった。
自国の工業を持たぬ国は
先進国に従属する、と。
ロマノフ朝 蔵相
セルゲイ＝ユリエヴィッチ
ヴィッテ
1890's -
露産業革命
第2次

(＊21) 日露戦争において、ロシア全権としてポーツマスにやってきた、あのヴィッテです。

(＊22) その距離、9300km。しかも、極寒地帯に敷設しなければならないため、工事は難航を極めました。ちなみに、同じ「大陸横断鉄道」として比較されるアメリカ大陸横断鉄道が2600km。鉄道ではありませんが、万里の長城が6000km。(A-4)
こうして比べてみても、このシベリア鉄道がいかに長大なものであったかが窺えます。

Column　ロシアの求海政策

ロシアは、ピョートル大帝（1682～1725 年）のころに、現在の国土に匹敵する規模を持つようになりました。

「世界最大」を誇る広大な国土は、北は北極海、西はバルト海、南は黒海、東はベーリング海・オホーツク海…と多くの海に囲まれています。

しかしロシアは、ロマノフ朝創建以来つねに「求海政策」を国是《こくぜ》として膨張戦争を繰り返してきました。

――“海”なんか、それこそ掃《は》いて棄《す》てるほどあるだろ！？

…と思われるかもしれませんが、ここでいう「海」とは、“不凍港”すなわち「冬になっても凍らない港」を意味します。

たとえ「海」があっても、冬に氷が張ってしまうようでは、冬になるたび、平時には商船が、戦時には戦艦が身動きが取れず、国益を損《そこ》ねること甚《はなは》だしい。

当時、北極海はもちろん、ベーリング・オホーツク海にも不凍港がなく、バルト海は不凍港がないわけではありませんでしたが、仮にそれを手に入れたところで、エーレ・ベルト両海峡（デンマーク～スウェーデン間の海峡）を封鎖されたら北海にすら出られません。

黒海も、ボスフォラス・ダーダネルス海峡を封鎖されたら地中海に出られず、ジブラルタル海峡を封鎖されれば大洋に出られません。

そこで、ロシアが虎視眈々《こしたんたん》と狙っていたのが、不凍港があり、かつ、大洋に出ることのできる「日本海」でした。

1860 年、アロー戦争のドサクサに紛れて、夢にまで見たそれを、中国（清朝）から掠《かす》め取ることに成功します。

これが「ウラジヴォストーク」です。

ここに「鉄道」が敷かれ、ロシア艦隊が自由に出入りできるようになったら、それこそ日本は国家存亡の危機！

シベリア鉄道の建設は、日本の国家存亡に直結しており、他人事《ひとごと》ではなかったのです。

しかし。

お金さえあれば、鉄道ができるというものではありません。

そのためには、ロシアではなかなか育っていなかった、「産業を指導する立場の資本家階級《ブルジョワジー》」(C/D-4/5)と、「工場や現場などで働く労働者階級《プロレタリアート》」(C/D-3/4)を創出しなければなりません。

こうして、S《セルゲイ》.ヴィッテの努力もあって、ロシアでもようやく、そして急速に資本家階級《ブルジョワジー》と労働者階級《プロレタリアート》が発展してくることになりました。

するとまもなく、社会的弱者の労働者《プロレタリア》は、自分の身を守るために「政党」を作りはじめます。(＊23)

時、1898年(＊24)。

じつはそれこそが、のちにロシア革命の中枢となる「ロシア《R》社会《S》民主《D》労働《R》党《P》」(D-1/2)です。

当時“世界最大の社会主義政党”であったのが「ドイツ社会民主党」。

そこから名を取り、結党当初は「ロシア社会民主党」と名乗っていましたが、

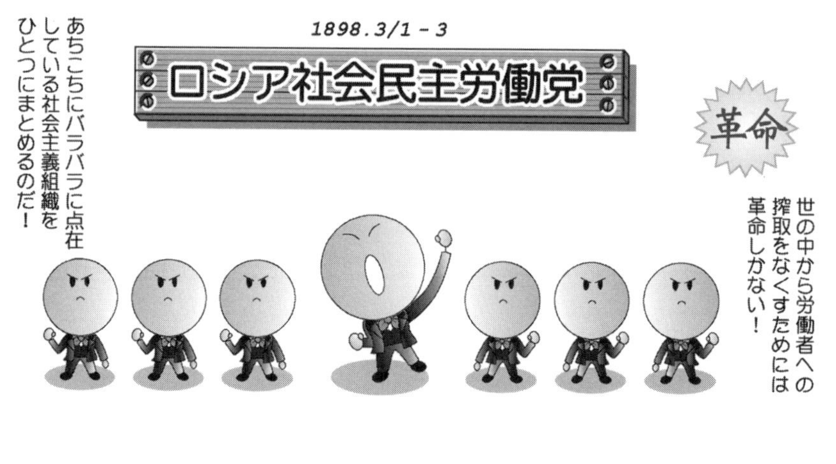

(＊23) 小魚が「群」をつくって身を護るように、人間社会においても、弱者は徒党を組んで身を護ろうとします。

(＊24) 1898年は歴史のターニングポイントとなる重大な事件が世界中で一斉に起こったきわめて重要な年です。cf. ファショダ事件、米西戦争、中国分割、変法自強運動などなど。

のちに「労働」という語が付け加えられたものです。(＊25)

しかし、この党は「革命主義《マルキシズム》」を掲げていた(＊26)ため、政府に睨《にら》まれ、その結党大会で大弾圧を受けます。(F-1/2)

党中央委員が一斉に逮捕され(F-2/3)、これにより、事実上、組織は崩壊。

この党が歴史の表舞台に現れるのは、もう少し後になってからです。

さて、ロシア社会民主労働党《RSDRP》が大弾圧を受けて、いったん崩壊した直後に生まれたのが、今度は、農民を支持基盤とした「ロシア社会革命党《RSRP》」です。

正式名称は「ロシア社会主義者革命家党」、通称「ＳＲ《エスエル》」。

彼らもまた、ロシア社会民主労働と同じく、マルキシズムを標榜《ひょうぼう》する政党でしたが、その違いは、支持基盤と方法論。

支持基盤は「農民」で、社会主義実現のための方法論は「テロ」でした。

―― マルクス先生の仰《おっしゃ》る通り、社会主義実現のためには革命しかない！
　しかし、我がロシアでは、革命勢力が弱すぎて話にならない！
　よって、革命成功のためにはテロに頼るより他ないのだ！

1901.12
ロシア社会革命党
テロ
革命成功の鍵はテロしかない！

(＊25) このように、組織などの名称が途中で変更された場合、その組織の結成当初から「変更後の名称」で呼ぶのが通例です。今回も、1898年の時点では「ロシア社会民主党」が正式名称ですが、この時点から「ロシア社会民主労働党」と呼び習わします。

(＊26) ややこしいことに、「社会民主主義」という言葉は、現在では「議会主義」という穏健的な意味で使用されていますが、当時は「革命主義」という過激な意味でした。

のちに、時の皇帝アレクサンドル２世や、その息子セルゲイ大公をテロで爆殺したのも彼らです。

そして、資本家《ブルジョワ》たちの代弁機関として創られた政党が「ロシア立憲民主党《カデット》」。

彼らは、「革命やテロによって社会主義を建設する」だの「ロマノフ朝打倒」だの、過激なことは申しません。

彼らは、現体制に大きな不満はありませんが、ただ、自分たちの商業活動や権利を保護してくれる民主的な憲法をつくってほしいと願っているだけです。

それさえあれば、社会主義など以《もっ》ての外《ほか》ですし、ロマノフ朝が存続することになんの異存もありませんでした。

こうして生まれた３つの政党が中心となって、これからのロシアは動いていくことになります。

他にも、「十月十七日同盟《オクチャブリスト》」や「勤労党《トルドヴィキ》」など、さまざまな政党が生まれますが、とりあえず、この３つの政党をよく理解しておいてください。

第1章 ロシア社会主義の胎動

第２幕

革命はいかにして起こるのか

マルキシズム理論

20世紀に世界各地で起こった「社会主義革命」は、すべてマルキシズムを根本理念としている。
もちろん、ロシア革命とてその例外ではない。
レーニニズムもメンシェヴィズムもトロツキズムも、すべてその亜流にすぎず、したがって、ロシア革命を理解するためには、マルキシズムの理解は必須となる。

ロンドン図書館
科学的社会主義の祖
カール＝ハインリッヒ
マルクス

〈マルキシズム理論〉

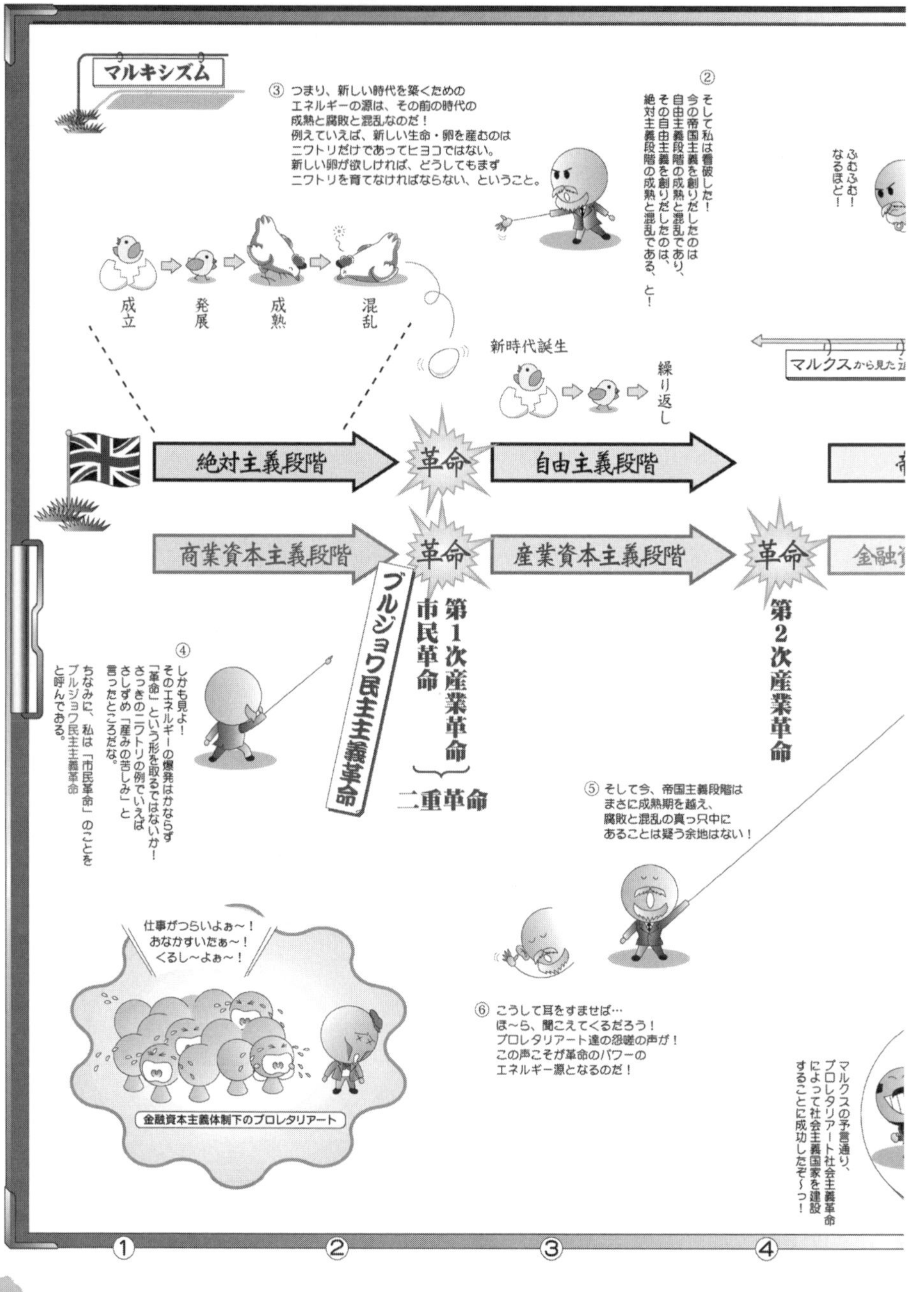

マルキシズム
③ つまり、新しい時代を築くための
エネルギーの源は、その前の時代の
成熟と腐敗と混乱なのだ！
例えていえば、新しい生命・卵を産むのは
ニワトリだけであってヒヨコではない。
新しい卵が欲しければ、どうしてもまず
ニワトリを育てなければならない、ということ。
② そして私は看破した！
今の帝国主義を創りだしたのは
自由主義段階の成熟と混乱であり、
その自由主義を創りだしたのは、
絶対主義段階の成熟と混乱である、と！
ふむふむ！
なるほど！
成立
発展
成熟
混乱
新時代誕生
繰り返し
マルクスから見た
絶対主義段階
革命
自由主義段階
商業資本主義段階
革命
産業資本主義段階
革命
金融
ブルジョワ民主主義革命
市民革命
第1次産業革命
二重革命
第2次産業革命
④ しかも見よ！
そのエネルギーの爆発はかならず
「革命」という形を取るではないか！
さっきのニワトリの例でいえば
さしずめ「産みの苦しみ」と
言ったところだな。
ちなみに、私は「市民革命」のことを
ブルジョワ民主主義革命
と呼んでおる。
⑤ そして今、帝国主義段階は
まさに成熟期を越え、
腐敗と混乱の真っ只中に
あることは疑う余地はない！
仕事がつらいよぉ～！
おなかすいたぉ～！
くるし～よぉ～！
金融資本主義体制下のプロレタリアート
⑥ こうして耳をすませば…
ほ～ら、聞こえてくるだろう！
プロレタリアート達の怨嗟の声が！
この声こそが革命のパワーの
エネルギー源となるのだ！
マルクスの予言通り、
プロレタリアート社会主義革命
によって社会主義国家を建設
することに成功したぞ～っ！
①
②
③
④

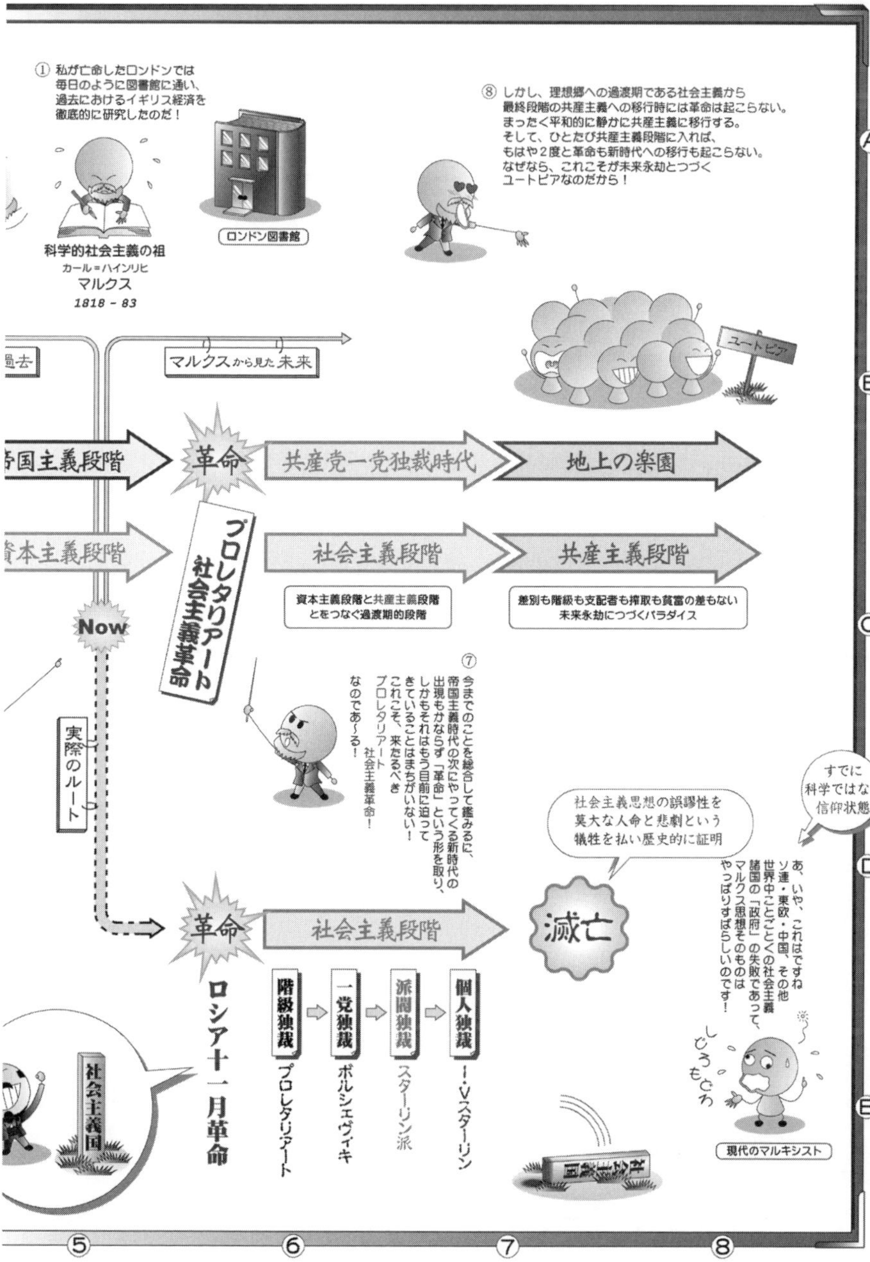
① 私が亡命したロンドンでは
毎日のように図書館に通い、
過去におけるイギリス経済を
徹底的に研究したのだ！
ロンドン図書館
科学的社会主義の祖
カール＝ハインリヒ
マルクス
1818 - 83
⑧ しかし、理想郷への過渡期である社会主義から
最終段階の共産主義への移行時には革命は起こらない。
まったく平和的に静かに共産主義に移行する。
そして、ひとたび共産主義段階に入れば、
もはや2度と革命も新時代への移行も起こらない。
なぜなら、これこそが未来永劫とつづく
ユートピアなのだから！
ユートピア
過去
マルクスから見た未来
帝国主義段階
革命
共産党一党独裁時代
地上の楽園
資本主義段階
プロレタリアート社会主義革命
社会主義段階
共産主義段階
資本主義段階と共産主義段階
とをつなぐ過渡期的段階
差別も階級も支配者も搾取も貧富の差もない
未来永劫につづくパラダイス
Now
⑦ 今までのことを総合して鑑みるに、
帝国主義時代の次にやってくる新時代の
出現もかならず「革命」という形を取り、
しかもそれはもう目前に迫って
きていることはまちがいない！
これこそ、来たるべき
プロレタリアート社会主義革命！
なのである～る！
実際のルート
社会主義思想の誤謬性を
莫大な人命と悲劇という
犠牲を払い歴史的に証明
すでに
科学ではなく
信仰状態
あ、いや、これはですね
ソ連・東欧・中国、その他
世界中ことごとくの社会主義
諸国の「政府」の失敗であって、
マルクス思想そのものは
やっぱりすばらしいのです！
革命
社会主義段階
滅亡
ロシア十一月革命
階級独裁
プロレタリアート
一党独裁
ボルシェヴィキ
派閥独裁
スターリン派
個人独裁
I・V スターリン
社会主義国
しどろもどろ
現代のマルキシスト
A
B
C
D
E
5
6
7
8

空想的社会主義の「非現実性」への反駁《はんばく》として生まれたのが「科学的社会主義」でした。

そして、この科学的社会主義の濫觴《らんしょう》(＊01)たる思想が「マルキシズム」であり、20世紀に世界各地で起こった社会主義革命は、すべてマルキシズムか、そこから派生した亜流にすぎません。

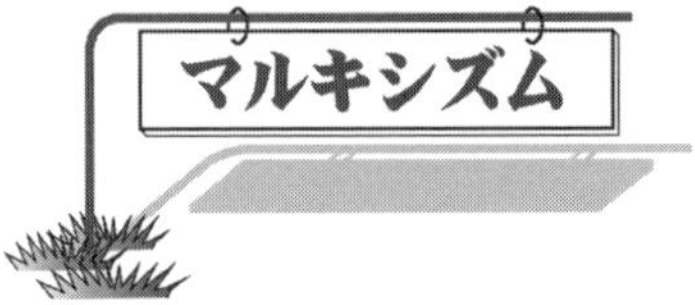

したがいまして、繰り返しになりますが、マルキシズムの理解なくして、ロシア革命、そして20世紀の理解もまたあり得ません。

そこで、本幕では、マルキシズムとは、いったいどのようなイデオロギーなのかについて詳しく見ていくことにいたします。

本幕の主人公・K．H《カールハインリヒ》．マルクス(A-5)は、ドイツ生まれドイツ育ち(＊02)のユダヤ人(＊03)でした。

24歳の若さで『ライン新聞』の編集長になるも、その記事が「反政府論調」だったため(＊04)、危険思想の持ち主として政府《プロシア》から目を付けられ、翌年には社を追われ、祖国《くに》を追われ、パリへと亡命します。

当時のパリは、「空想的社会主義」揺籃《ようらん》の地。

(＊01) 事の始まり。始原。

(＊02) 正確にいえば、当時はまだ「プロシア王国」。ビスマルクの尽力によって、こののちまもなく天下統一(1871年)を果たして「ドイツ帝国(Deutsches Reich)」になります。

(＊03) 社会主義の指導者たちは、ユダヤ人が多いといわれています。

(＊04) 詳しくは、次ページのコラム「諸君！ 団結せよ！」をご覧ください。

Column　諸君！ 団結せよ！

　1842年、K．H《カール ハインリヒ》．マルクスが、ライン新聞の編集長になったばかりのころ、ある事件が起きました。

　農民たちが、昔からの習わし通り、近くの山へ柴《しば》刈りに行ったところ、突然、領主が現れて告げました。

「この山は、何世代も前の私の先祖が戦争で勝ちとった戦利品であり、
　当家の私有地である。
　よって、この山にあるものは、柴《しば》の1本、落ち葉の1枚に至るまで、
　すべて私の所有物である！
　これまでは、慈悲《じひ》によって目こぼししてやってきたが、本日より、勝手にこの山の柴《しば》を刈らば、窃盗《せっとう》罪に問うからそう思え！
　どうしても欲しければ売ってやるから、カネを払うがよい」

　財政に逼迫《ひっぱく》した領主が、新たな“財源”として、これまで認めていた柴《しば》刈りを有料化しようとしたのでした。

　これを知ったマルクスは、筆鋒《ひっぽう》するどくこれを批判します。

―― 領主の祖先が“武力”で奪い取った山だというなら、
　　今度は農民が“武力”で奪い返せば文句《モンク》はなかろう！
　　農民諸君！　団結せよ！　立ちあがれ！
　　武器を携《たずさ》え、堂々と山に入って柴《しば》を刈りにゆけ！

　のち（1848年）になって、マルクスはエンゲルスとの共著で『共産党宣言』を発表しましたが、それは、

―― 万国の労働者《プロレタリア》諸君！　団結せよ！

…という決め台詞《ぜりふ》で〆《シメ》られています。

　これは、すでにこのころから温められていたようです。

　しかし、この記事は「権力に不満があれば、武力を以て政権を倒してしまえ！」と言っているようなもの。

　これにより、マルクスは時の危険人物として政府に睨《にら》まれ、各地を転々とする亡命生活を強いられることになったのでした。

彼ら空想的社会主義者との親交を深める中で、彼らに対する不信感も募っていくことになります。

また一方で、生涯の盟友F《フリードリヒ》.エンゲルスと出会ったのもこのころでした。

しかし、パリ亡命後も反政府的な言動をやめなかったため、その後も、各国政府から追われ、パリからブリュッセル、二月革命でふたたびパリに舞い戻ったかと思うと、すぐにケルン、三たびパリ……といった具合に各地を転々とする亡命生活を強《し》いられます。(＊05)

そうして、最後に辿《たど》りついたのがロンドン。

ロンドンに落ち着いてからの彼は、毎日のようにロンドン図書館に通い詰め、朝から晩まで経済書を読みあさり、研究に没頭します。(＊06)

さて。

マルクスは、ロンドン図書館で日夜イギリス経済学を研究するうちに、あることに気がつきました。

―― む？　時代が新しく生まれ変わるとき、いつも革命を伴っているぞ！？
　　これは偶然だろうか？

そこで、この点について、もう少し詳しく見ていきます。

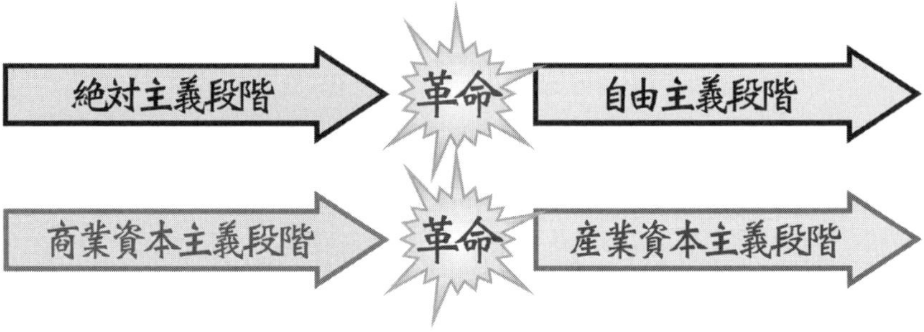

(＊05) そのため、彼の７人の子供のうち、４人の子を生活苦で死なせ、葬式すらあげられないほどの極貧生活でした。

(＊06) そのため、必然的に彼のイデオロギーは「イギリス経済学」を基盤として構築されることになりますが、このことがあとで大問題になります。

西欧では、中世が去り、近世が幕開けるとともに、その政治システムは「封建制」から「絶対主義体制」（B-1/2）へと移り変わりましたが、この政治システムの変革に伴い、経済システムも引きずられるようにして「商業資本主義」（C-1/2）へと移行しています。(＊07)

本書ではあまり詳しく説明しませんが、この近世初頭に現れた政治システム「絶対主義」と、経済システム「商業資本主義」は、ふたつでひとつ《Two in One》、表裏一体《インディヴィジブル》、いわば「双頭の鷲《ドッペルアードラー》」ともいうべき存在。

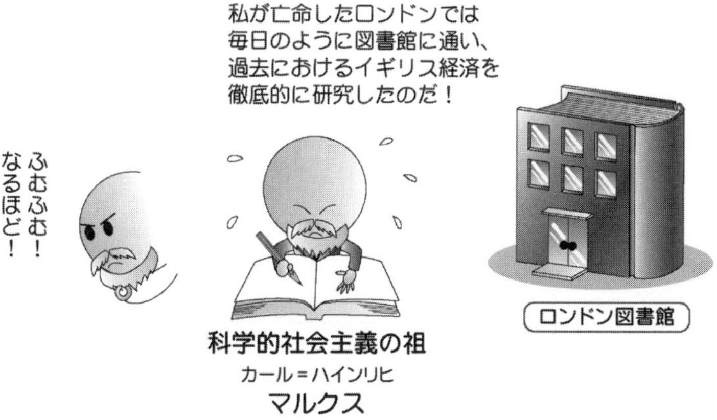
私が亡命したロンドンでは
毎日のように図書館に通い、
過去におけるイギリス経済を
徹底的に研究したのだ！
ふむふむ！
なるほど！
ロンドン図書館
科学的社会主義の祖
カール＝ハインリヒ
マルクス

したがって、時代のうねりの中で、やがて「絶対主義」が倒れ、「自由主義」（B-3/4）へと移行すると、それを追っかけるようにして、経済システムも「商業資本主義」から「産業資本主義」へと移行（C-2/3）していきます。

（＊07）一口に「資本主義」と言っても、現代まで「四段階」に分かれています。
絶対主義時代に現れた資本主義を「商業資本主義」、自由主義時代に現れたものを「産業資本主義」、帝国主義時代に現れたものを「独占（金融）資本主義」と言います。
そして、現在の資本主義は、第四段階にあたる「修正資本主義」です。

その際、絶対主義から自由主義へと移り変わるときには「市民革命」、
商業資本主義から産業資本主義へと移り変わるときには「産業革命」、
ともに「革命」を挟んでいます。(B/C-2/3)(＊08)

では、この次の段階はどうでしょうか。

第1次産業革命から数えてちょうど100年後(＊09)、米・独から第2次産業革命が興《おこ》り、それに伴い、経済システムが「産業資本主義」から「独占(金融)資本主義」へと移行していきます。

今回も前回同様、「産業革命」を挟んで、経済システムが新しい段階へと移行しています。

すると、やはりこれに引きずられるようにして、政治システムも「自由主義」から「帝国主義」へと移行していきます。

ここで、K《カール》.マルクスは考えます。

―― ひょっとして、経済システム・政治システムが次の段階へ移行するとき、
　　かならず革命《レヴォリューション》を伴うのではないか？

さまざまな想いや知識が交錯し、彼の頭の中で、そのことと若いころ心酔したヘーゲル哲学の弁証法とが結びつきます。

―― そうか！
　　そういうことだったのか！！

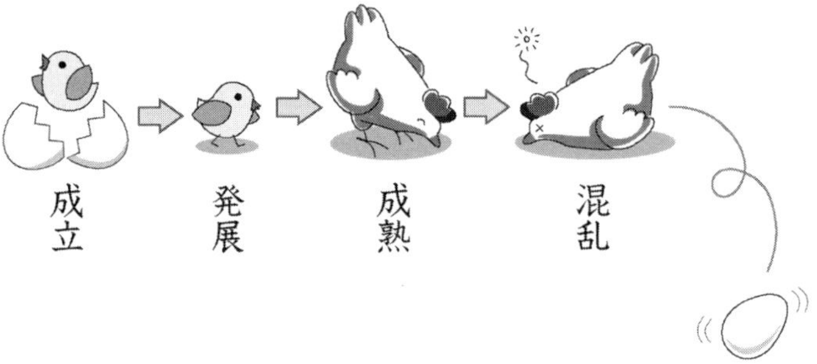

(＊08) この2つの革命を総称して「二重革命」(D-2/3)と呼びます。

(＊09) 第1次産業革命が初めて勃発したのが1770年代。
第2次産業革命が初めて勃発したのが1870年代。その差、ちょうど100年です。

彼は開眼《かいげん》します。

ヘーゲル弁証法に拠《よ》れば、物事すべて、発展・成長・変化するものはかならず、「正《テーゼ》 → 反《アンチテーゼ》 → 合《ジンテーゼ》」で進展していくという。（＊10）

そこに例外はないのだから、現在、人々を苦しめている「独占資本主義もまた然《しか》り！」ということになります。

商業資本主義が「正《テーゼ》 → 反《アンチテーゼ》 → 合《ジンテーゼ》」という運動を繰り返しながら産業資本主義を産み落とし、

その産業資本主義も「正《テーゼ》 → 反《アンチテーゼ》 → 合《ジンテーゼ》」を繰り返しつつ独占資本主義を産み落としたにすぎなかったのだ、と。

つまり。

ひとつの時代・制度が生まれれば、それはかならず、「発展」「成熟」、そして「混乱」という道筋を辿《たど》っていくが、その「腐敗と混乱」こそが、次の新時代を生む「エネルギー源（反《アンチテーゼ》）」となるのだ、と彼は考えたのです。

譬《たと》えるなら、「卵」から「雛《ひよこ》」がかえり、雛《ひよこ》が成長して「鶏《にわとり》」となり、それが成熟してようやく次の「卵」が産まれるのと同じです。（A/B-1/2）

「雛《ひよこ》」がいきなり「卵」を産むことがないのと同じように、

人間がどんなに「新時代」の到来を望もうが、努力しようが、決起しようが、

つまり、新しい時代を築くための
エネルギーの源は、その前の時代の
成熟と腐敗と混乱なのだ！
例えていえば、新しい生命・卵を産むのは
ニワトリだけであってヒヨコではない。
新しい卵が欲しければ、どうしてもまず
ニワトリを育てなければならない、ということ。

新時代誕生

（＊10）詳しくは、次ページのコラム「ヘーゲルの弁証法」を参照のこと。

Column ヘーゲルの弁証法

ドイツの哲学者 G《ゲオルグ》．W《ヴィルヘルム》．F《フリードリヒ》．ヘーゲルは、発展・成長・変化するものは、すべて「弁証法」で説明できると考えました。

物事すべて森羅万象《しんらばんしょう》、なにか「命題《テーゼ》」があれば、そこにはかならずそれを「否定するもの《アンチテーゼ》」が存在し、その「正《テーゼ》」と「反《アンチテーゼ》」の２つは反発しあいながら統合（止揚《アウフヘーベン》）され、「新しい段階（合《ジンテーゼ》）」へと発展していく。

それが、この世の発展・成長・変化の本質的姿である、と。

たとえば、ここに「鶏の卵《テーゼ》」があるとします。

卵は、一見なんの変化もないように見えますが、しかし、その中では確実に細胞分裂が進み、雛《ひよこ》が成長しています。

その成長の力はやがて「卵を破壊する力《アンチテーゼ》」となっていきます。

形を保とうとする「卵《テーゼ》」と、殻《カラ》を破ろうとする「成長の力《アンチテーゼ》」がぶつかり合い、その「釣り合いが破れた《アウフヘーベン》」とき、「雛《ジンテーゼ》」となって新しい段階《ステージ》に入るのです。

すると、今度はその「雛《ひよこ》」自体が新しい命題《テーゼ》となり、「成長の力《アンチテーゼ》」と相まって、換羽《アウフヘーベン》が起こり、「鶏《ジンテーゼ》」となっていきます。

このように、「正《テーゼ》 → 反《アンチテーゼ》 → 合《ジンテーゼ》」「正《テーゼ》 → 反《アンチテーゼ》 → 合《ジンテーゼ》」で、社会も思想も組織も制度も歴史も進歩していくのだ、と。

K《カール》．マルクスは、こうしたヘーゲル弁証法の考え方を絶賛しましたが、一点だけ、どうしても納得できないところがありました。

それは、ヘーゲルが、こうした動きの源となる力を「絶対 精神《アブソルーテルガイスト》（神）」に求めたことです。

―― 神などいるものか！　精神は肉体から形成された運動にすぎない。

人間など、アミノ酸でできた機械にすぎない。

この世には、ただ物質と運動があるのみ！（唯物論）

こうして彼《マルクス》は、「ヘーゲル弁証法」に「フォイエルバッハ唯物論」を掛け合わせ、「弁証法的唯物論（史的唯物論）」を確立し、これを以《もっ》て、「科学的社会主義」を構築することになるのです。

まだ発展段階にある制度がいきなり次の段階へ進むことはない。
逆に、成熟した「鶏《めんどり》」はかならず「卵」を産むように、
人間がどんなに「旧時代を護《まも》り通したい！」と願おうが、武装しようが、
腐敗と混乱が進んで、一定以上の「エネルギー《アンチテーゼ》」が溜まった状態になれば、何《なん》人《びと》たりとも新時代の到来を止めることもできない。
そこに、「願望」や「理性」や「精神」(＊11)などという観念的なものが入り込む余地などまったくないのだ(＊12)、と。
人間が望もうが望むまいが、努力しようがしまいが、新時代が生まれる条件さえ整えば新時代はやってくるし、条件が整っていなければけっしてやって来ない。
ただ機械的・物理的に動く。そういうものなのだ、と。
これを整理すると、

正《テーゼ》　… 旧時代（旧制度）
反《アンチテーゼ》　… 時代の末期に起こる腐敗と混乱から生まれる反発のエネルギー
止揚《アウフヘーベン》　… 革命
合《ジンテーゼ》　… 新時代（新制度）

…といった感じでしょうか。

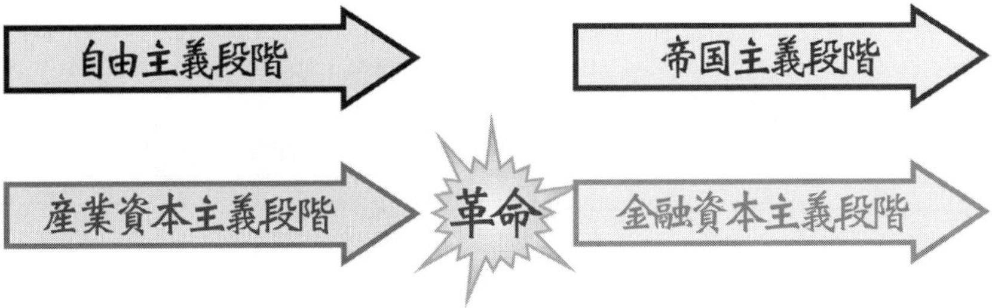
自由主義段階
帝国主義段階
産業資本主義段階
革命
金融資本主義段階

(＊11) ヘーゲルの言うところの「絶対精神」。
これゆえに、ヘーゲル哲学は後世「観念論」と位置づけられますが、じつのところ、ヘーゲル本人が自らの哲学を「観念論」と定義したわけではありません。

(＊12) こういう考え方を「唯物論」と言います。

K《カール》.マルクスは考えます。

―― 現在の「独占資本主義」がすでに成熟期を越え、腐敗と混乱の末期的症状の中にあることは明らかである！（D-3/4）

見よ！

今まさに、社会の隅々にまで不満と怨嗟《えんさ》の声（反《アンチテーゼ》）が渦巻いているではないか！（E-1/2）

時を経ずして、止揚《アウフヘーベン》は「革命《レヴォリューション》」という形となって現れるであろう！

では、来たるべき「革命《レヴォリューション》」は、具体的にどのような形を伴って現れるのでしょうか。

そこはそのほれ、社会主義者の彼《マルクス》ですから、

―― もちろん、「社会主義革命」（B/C-6）という形となって現れるであろう！

…と結論づけます。(＊13)

仕事がつらいよぉ～！
おなかすいたぁ～！
くるし～よぉ～！
金融資本主義体制下のプロレタリアート

（＊13）じつは、この点にこそ、マルクス理論の致命的な誤りがありました。
すなわち、本来「仮説」として研究をはじめなければならないところを「結論」として研究を始めたことです。

彼《マルクス》は、一般的に「市民革命」(C-2/3) と呼ばれるものを「ブルジョワ民主主義革命」、来たるべき「資本主義を倒す革命」のことを「プロレタリアート社会主義革命」(C-6) と呼んで、こう結論づけます。

―― こうして、「プロレタリアート社会主義革命」を乗り越えたとき、まもなく差別も階級も支配者も搾取《さくしゅ》も戦争も貧富の差もない、未来永劫《えいごう》につづく地上の楽園《パラダイス》、「共産主義段階」が訪れるであろう！(B/C-7/8)

ただ、さしものご都合主義者の彼《マルクス》も、一足飛びに「地上の楽園《パラダイス》」が現出するとは思わなかったようで、

―― 資本主義と共産主義の間には、それを橋渡しする「過渡的な段階」(＊14) を挟むだろう。(B/C-6/7)

…と考えました。

こうした彼《マルクス》の言葉は、辛《つら》く苦しい生活を強いられていた労働者《プロレタリア》に夢と希望を与えます。

「そうか！　もうすぐか！

もうすぐそこまで“地上の楽園”が近づいているんだ！」

プロレタリアート社会主義革命
今までのことを総合して鑑みるに、
帝国主義時代の次にやってくる新時代の
出現もかならず「革命」という形を取り、
しかもそれはもう目前に迫って
きていることはまちがいない！
これこそ、来たるべき
プロレタリアート
社会主義革命！
なのであ～る！

(＊14) この「過渡期」のことを、K.マルクスは「共産主義の第一段階」と呼び、V.レーニン以降の社会主義の指導者たちはおおむね「社会主義段階」と呼びました。
本章はマルクス思想の説明をする幕なので、本来「共産主義の第一段階」と説明すべきところですが、混乱を避けるため、「社会主義」という言葉で統一しています。

しかし、理想郷への過渡期である社会主義から
最終段階の共産主義への移行時には革命は起こらない。
まったく平和的に静かに共産主義に移行する。
そして、ひとたび共産主義段階に入れば、
もはや２度と革命も新時代への移行も起こらない。
なぜなら、これこそが未来永劫とつづく
ユートピアなのだから！

しかし。

残念ながらというべきか、彼《マルクス》の理論は労働者《プロレタリア》の期待に副《そ》うような代物《しろもの》ではなく、ツッコミどころ満載の、自己矛盾に充《み》ち満ちたものでした。

すでに何度も触れてまいりましたように、そもそも彼の理論の根本理念[(＊15)]は「弁証法的唯物論」です。

すなわち、“人の心（精神）”や、その動きである“希望・願望”、それが行動となって現れる“努力”などというものは、社会の発展段階を語る上で、何ひとつ関係はない。[(＊16)]

社会は、ただ「正《テーゼ》 → 反《アンチテーゼ》 → 合《ジンテーゼ》」の弁証法で機械的に動くのみ。

ところが、その考え方を突き詰めると、どうしても「マルクス理論」自体が存在意義がないことになってしまいます。

（＊15）「そこを否定されたらマルクス理論そのものが崩壊するもの」と言い換えることもできます。

（＊16）というか、心（精神）自体が「弁証法的に変化する機械的な運動にすぎない」と考えます。もっと噛みくだいていえば、“心”とは「プログラム（弁証法）通りに動くパソコンソフトのようなもの（唯物論）」。もちろん「愛」すらも。彼は、糟糠の妻イェニーに対してもちゃんと「私のお前に対する愛は、単なるプログラムだよ」と言っていたのでしょうか？

なぜなら、マルクス理論が存在しようがしまいが、世に出ようが出まいが、その理論を人々が知ろうが知るまいが、その理論に基づいて人々が革命を起こそうが起こすまいが、そんなこととはまったく関係なく、社会は弁証法に基づいて無機質に動くのみ、ということになってしまうからです。

　まだ「来たるべき時」が来ていなければ、人々がどれほど熱望し、希求し、努力し、マルクス理論に基づいて革命を起こそうとも、すべてはムダだし、

　逆に、「その時」が来れば、マルクス理論なんかがこの世に存在しなくても、かならず革命は成功します。

　マルクスが人生をかけて構築した理論が、この世に存在する意義・意味がまったくないのです。

　完全なる自己存在否定です。

　また、過去の経験則から、

　商業資本主義段階から「革命」を経て、産業資本主義段階へ

　産業資本主義段階から「革命」を経て、独占資本主義段階へ

…という法則性を見いだし、ならば近い将来、

「独占資本主義段階から『革命』を経て、社会主義段階へ移行するであろう！」

…と予言したのは理解できますが、それならば、当然つぎの段階でも、

　社会主義段階から「革命」を経て、共産主義段階へ！

…となるはずです。

　にもかかわらず、マルクスは、

「そこだけは革命を経ずに、平和裏に移行する」と言います。

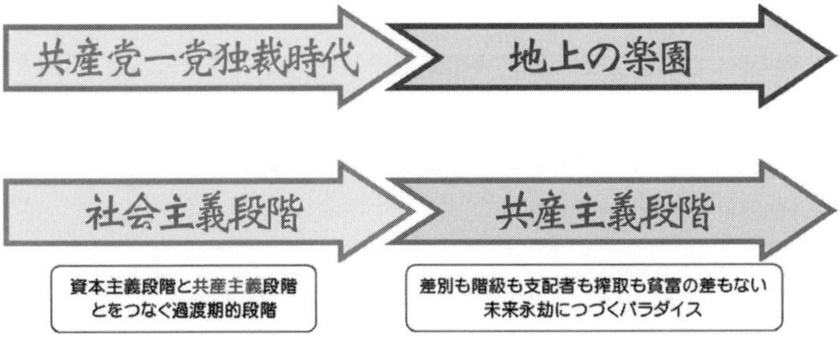
共産党一党独裁時代
地上の楽園
社会主義段階
共産主義段階
資本主義段階と共産主義段階
とをつなぐ過渡期的段階
差別も階級も支配者も搾取も貧富の差もない
未来永劫につづくパラダイス

それまでの“大原則”を自ら否定してしまっているのですから、そこには明確な論拠が必要になってきますが、その理由については語られません。

さらに。

こうして実現した共産主義段階は、

「差別も階級も支配者も搾取《さくしゅ》も戦争も貧富の差もない、未来永劫《えいごう》につづく楽園《パラダイス》」

…と主張しているのですが、これも自身の理論を自己否定しています。

マルクス理論では、人類史の開闢《かいびゃく》以来、延々と

「正《テーゼ》 → 反《アンチテーゼ》 → 合《ジンテーゼ》」を繰り返しながら「成立 → 発展 → 成熟 → 混乱」を経て、つぎの段階へと昇華《アウフヘーベン》してきたのだ、と主張しています。

ならば、当然、共産主義段階も、

「正《テーゼ》 → 反《アンチテーゼ》 → 合《ジンテーゼ》」を繰り返しながら「成立 → 発展 → 成熟 → 混乱」を経て、さらに新しい段階へと止揚《アウフヘーベン》するはずです。

なぜ、共産主義段階だけが、その唯一の例外として、弁証法を無視して「永遠につづく」のか。

当然、共産主義社会のしくみを科学的に分析・考察した上で、その理由を明示しなければなりません。

ところが、そのことについても、K《カール》.マルクスはなんら答えていません。

というより。

驚くべきことに、彼《マルクス》は、そもそも「共産主義社会の科学的分析」自体をまったくしていないのです。

「科学的」を自称しているのですから、当然、資本主義と共産主義のシステムを科学的に分析し、比較対比し、「共産主義システムのどこがどのように資本主義より優れているのか」という考察くらいしているのか、と思いきや。

ただただ、

「差別も階級も支配者も搾取《さくしゅ》も戦争も貧富の差もない、未来永劫《えいごう》につづく楽園《パラダイス》」

…という“魅惑的な言葉”をチラつかせるのみ。

なぜ、差別も階級も支配者も搾取《さくしゅ》も戦争も貧富の差もなくなるのか？

なぜ、未来永劫《えいごう》つづくのか？

その説明は一切ありません。

このように、彼の理論は、

1．都合のいい箇所に都合のいい法則を別々に当てはめ、

2．それによって生じた自己矛盾には一切触れられていない

…というきわめて不完全なものでした。

しかし。

それでも、彼の書物に書かれた「予言」がことごとく当たったのなら、上のような「批判」も吹き飛ぶことでしょう。

じつは、彼《マルクス》は、『資本論』の第１巻が出版されたあと、膨大な遺稿を残して亡くなっていますが、彼の死後、その遺稿を元に出版された第２巻・第３巻は、盟友の F《フリードリヒ》．エンゲルスが、遺稿を“解読”しながら出版したものにすぎません。(＊17)

革命
ロシア十一月革命
社会主義国
マルクスの予言通り、
プロレタリアート社会主義革命
によって社会主義国家を建設
することに成功したぞ～っ！

(＊17) マルクスの字は、「ときに本人でも読めない」ほどの、ひどくヘタクソな字だったため、膨大な遺稿は残っていましたが、誰もこれを読むことができませんでした。
唯一、なんとか読むことができたのは盟友エンゲルスだけだったため、「第２巻」以降の出版は、彼によって、遺稿を「暗号解読」するようにして出版されたものです。
マルクスがもしタイプライターを使っていたら、歴史はまた変わったかもしれません。

それらの批判についての明確な答えは、その「遺稿」の中にちゃんと書かれていたのに、ひょっとしたらエンゲルスが“解読”できなかっただけ…かもしれません。

では、彼の「予言」は的中したのでしょうか。

彼《マルクス》の死から数えて34年後の1917年。

ついに、ロシアにおいて社会主義革命（十一月革命）（E-5/6）が勃発し、資本主義は打倒されました。

まさに、彼《マルクス》の予言通りです。

しかし。

革命が起こった国がいかにもまずい。

彼《マルクス》は、

「社会主義革命はイギリスやフランスなどの“もっとも成熟した資本主義社会”
から起こる！」

…と予言していました。

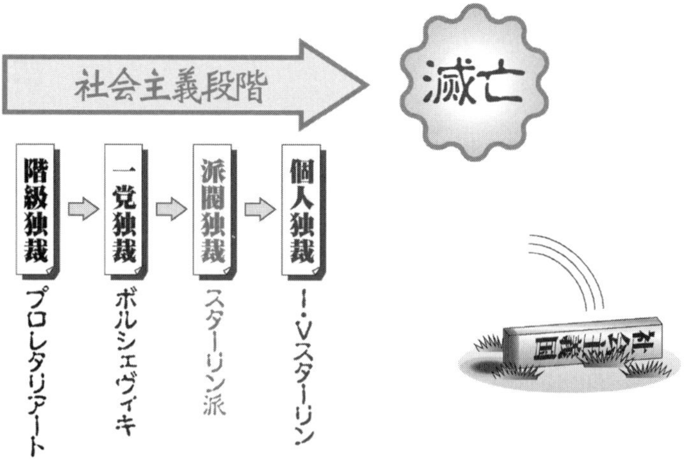
社会主義段階
滅亡
階級独裁
プロレタリアート
一党独裁
ボルシェヴィキ
派閥独裁
スターリン派
個人独裁
I・Vスターリン
社会主義国

　何度も何度も繰り返し述べておりますように、社会というものは、
「正《テーゼ》 → 反《アンチテーゼ》 → 合《ジンテーゼ》」と弁証法的展開を繰り返しながら、
「成立 → 発展 → 成熟 → 混乱」を経て、
　ようやくつぎの段階へと昇華《アウフヘーベン》するはずです。
　道《ルート》はこの一本のみです。

　全世界のすべての国において、例外なくこの道《ルート》を辿《たど》るはずであり、第二・第三の道《ルート》はまったく考えられない、というのがマルクスの根本理念です。

　まだ「成立」したばかりの状態から、一足飛びにつぎの段階へ止揚《アウフヘーベン》するなど、マルクス理論の立場からは「断じてあり得ない」ことでした。

　しかし。

　その「断じてあり得ない」ことが、いきなり「ロシア革命」で現実に起こってしまいました。

　当時、ロシア革命の成功が伝わるや、世界中のマルキシストは「マルキシズムの勝利！」と熱狂して喜びましたが、じつは、このロシア革命こそが、マルキシズムの「墓標」だったのです。

　マルクスに拠《よ》れば、
―― ひとたび社会主義革命が成功してしまったが最後、
　　あとは、社会主義段階を経て、理想郷《ユートピア》へ一直線！！
　　そこに、脇道など一切ない！！
…はずでしたから、このロシア革命の成功を皮切りに、「我もつづけ！」とばかりに、世界中で社会主義革命が起こりました。

　こうして、わらわらと現れた社会主義国家は、ことごとく阿鼻叫喚《あびきょうかん》の地獄絵図のような様相を呈し、そこに「理想郷《ユートピア》」など、影も形もありません。

　このような「歴史的事実」によって、マルクス理論は根底から間違っていたことが、20世紀いっぱいをかけて白日の下にさらされることになったのです。

Column マルクスの過ち

マルクスはいったい“どこ”で間違ったのでしょうか。

ひとつには、本幕でも見てまいりましたように、マルクス理論が「唯物史観」に基づいていたことです。

── 歴史というものは、「人の心」「意志」「願望」など一切無視して、ただ機械的物理的に動くのみである。

こんな世迷《よまい》ごと、現在ではまともな歴史家は誰も相手にしないようなものですが、そんなものを基盤としてマルキシズムが構築されたところに、そもそもの「過ち」がありました。

つまり。

マルキシズムは、その「出発地点《スタートライン》から間違っていた」と言えます。

さらにいえば。

そもそも、この唯物史観はヘーゲルの「弁証法」を基盤としており、その弁証法は「理性主義」を基盤としています。

「理性はすばらしい！」「理性は万能である！」「理性に不可能はない！」

マルクスが、自らの「理性」のみをフル活用し、自分の頭の中だけで“思考実験”を繰り返してマルキシズムを構築したのも、こうした「理性主義」思想が根底にあったからです。

しかし。

それはまったく以《もっ》て“買いかぶり”というものです。

たしかに、人間の理性も“棄てたモンじゃない”かもしれません。

しかし、絶賛するほどご立派なものでもありません。

人ひとりが頭の中だけで考えたことなど、「穴《ディフェクト》」だらけに決まっていますが、「理性万能主義」を盲信していたマルクスには、そんな簡単なことすら理解できませんでした。

つまり。

マルキシズムは、「出発地点《スタートライン》から間違っていた」というより、むしろ、「出発地点《スタートライン》に立つずっと前からすでに間違っていた」のです。

第1章 ロシア社会主義の胎動

第3幕

労資同盟!?

メンシェヴィズム理論

マルキシズム理論に基づいて起きた最初の革命は、ロシアで勃発した。しかし。マルキシズムに拠《よ》れば、社会主義革命は英仏などから起こるはずで、ロシアからはけっして起こるはずのないものであった。
この「自己矛盾」を説明するために、ロシアでは否応なくマルキシズムの「修正」が迫られることになる。

〈メンシェヴィズム理論〉

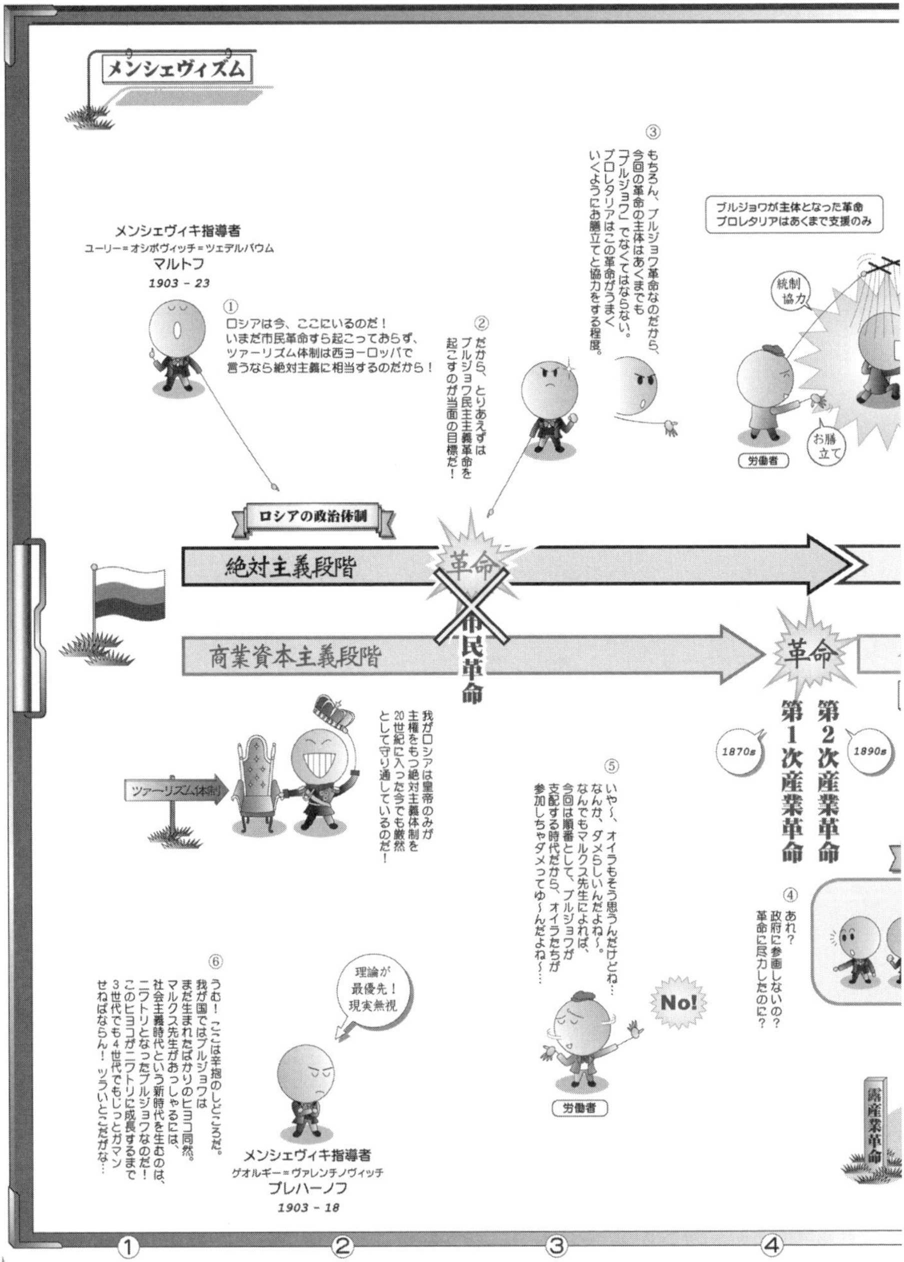

メンシェヴィズム
メンシェヴィキ指導者
ユーリー＝オシポヴィッチ＝ツェデルバウム
マルトフ
1903 – 23
①
ロシアは今、ここにいるのだ！
いまだ市民革命すら起こっておらず、
ツァーリズム体制は西ヨーロッパで
言うなら絶対主義に相当するのだから！
②
だから、とりあえずは
ブルジョワ民主主義革命を
起こすのが当面の目標だ！
③
もちろん、ブルジョワ革命なのだから、
今回の革命の主体はあくまでも
「ブルジョワ」でなくてはならない。
プロレタリアはこの革命がうまく
いくようにお膳立てと協力をする程度。
ブルジョワが主体となった革命
プロレタリアはあくまで支援のみ
統制
協力
お膳
立て
労働者
ロシアの政治体制
絶対主義段階
革命
市民革命
商業資本主義段階
革命
第1次産業革命
1870s
第2次産業革命
1890s
ツァーリズム体制
我がロシアは皇帝のみが
主権をもつ絶対主義体制を
20世紀に入った今でも厳然
として守り通しているのだ！
④
あれ？
政府に参画しないの？
革命に尽力したのに？
⑤
いや～、オイラもそう思うんだけどね…
なんか、ダメらしいんだよね～。
なんでもマルクス先生によれば、
今回は順番として、ブルジョワが
支配する時代だから、オイラたちが
参加しちゃダメってゆ～んだよね～…
No!
労働者
⑥
うむ！ここは辛抱のしどころだ。
我が国ではブルジョワは
まだ生まれたばかりのヒヨコ同然。
マルクス先生がおっしゃるには、
社会主義時代という新時代を生むのは、
ニワトリとなったブルジョワなのだ！
このヒヨコがニワトリに成長するまで
3世代でも4世代でもじっとガマン
せねばならん！ツラいところだがな…
理論が
最優先！
現実無視
メンシェヴィキ指導者
ゲオルギー＝ヴァレンチノヴィッチ
プレハーノフ
1903 – 18

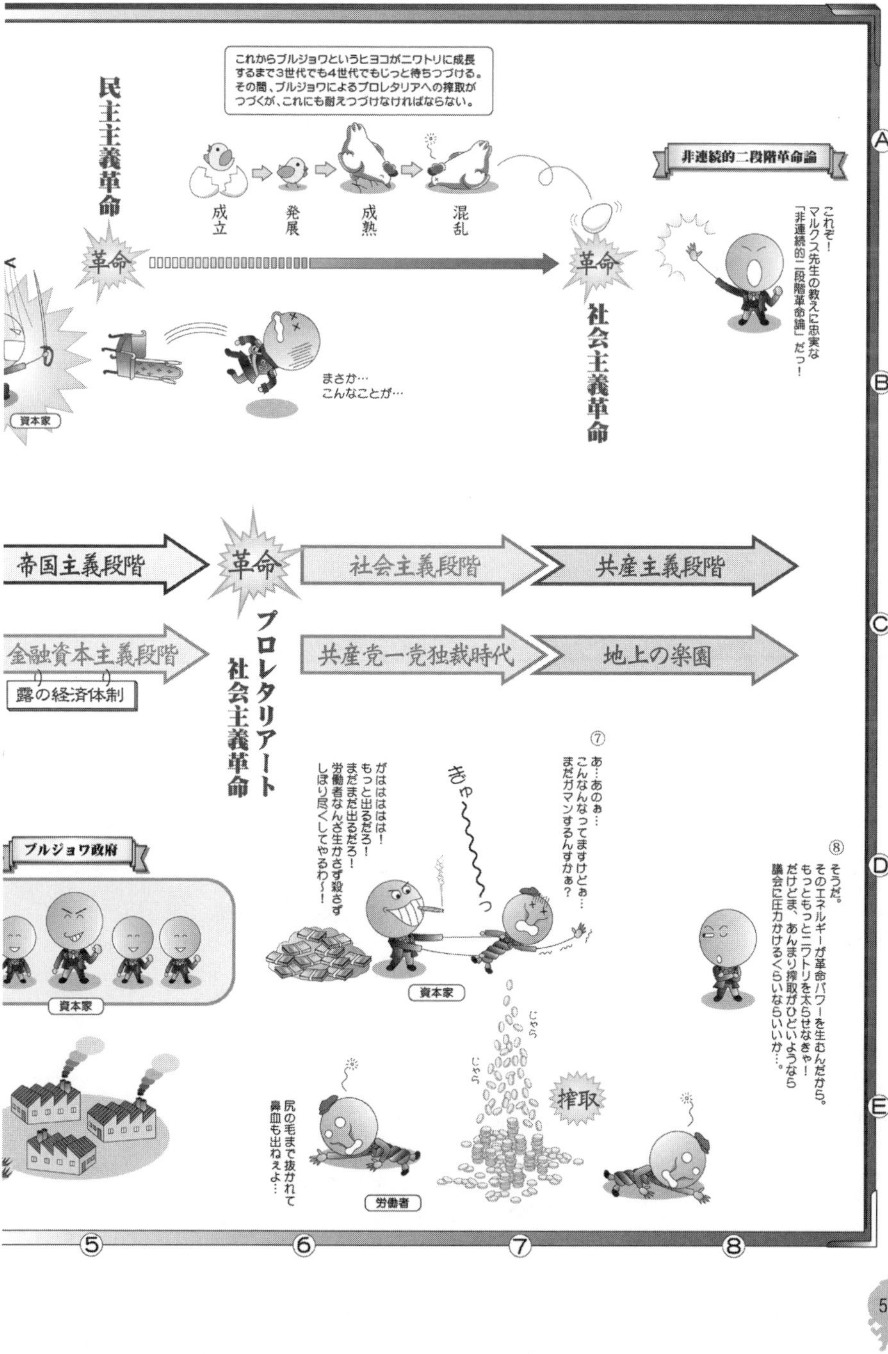
民主主義革命
これからブルジョワというヒヨコがニワトリに成長するまで3世代でも4世代でもじっと待ちつづける。その間、ブルジョワによるプロレタリアへの搾取がつづくが、これにも耐えつづけなければならない。
成立
発展
成熟
混乱
革命
革命
社会主義革命
非連続的二段階革命論
これぞ！
マルクス先生の教えに忠実な
「非連続的二段階革命論」だっ！
まさか…
こんなことが…
資本家
帝国主義段階
革命
社会主義段階
共産主義段階
金融資本主義段階
露の経済体制
共産党一党独裁時代
地上の楽園
プロレタリアート
社会主義革命
⑦
あ…あのぉ…
こんなんなってますけどぉ…
まだガマンするんすかぁ？
ぎゅ〜〜〜〜っ
がはははは！
もっと出るだろ！
まだまだ出るだろ！
労働者なんざ生かさず殺さず
しぼり尽くしてやるわ〜！
資本家
⑧
そうだ。
そのエネルギーが革命パワーを生むんだから。
もっともっとニワトリを太らせなきゃ！
だけどま、あんまり搾取がひどいようなら
議会に圧力かけるくらいならいいか…。
ブルジョワ政府
資本家
じゃら
じゃら
搾取
尻の毛まで抜かれて
鼻血も出ねぇよ…
労働者
A
B
C
D
E
5
6
7
8

マルクスが生涯をかけて創りあげた社会主義理論は、まもなくロシアに伝えられました。

政治・社会・経済が停頓《ていとん》し、打開策も見いだせず、閉塞《へいそく》状態にあった当時のロシアに、颯爽《さっそう》と入ってきた“新風《マルキシズム》”は、一部の知識人《インテリゲンツィア》の眼には、「すばらしいもの」のように映ったようです。

—— マルクス先生の科学的社会主義は本当にすばらしい！

—— 我が国ロシアでもマルクス先生の理論に基づいて社会主義革命を達成しようではないか！(＊01)

こうしてマルキシズムに熱狂し、気勢を上《あ》げる者が現れます。

しかしながら、ここで大問題が生まれます。

前幕でも触れましたように、そもそもマルキシズムは「イギリスの政治経済」を徹底的に研究して構築されました。

しかし、ここは「ロシア」。

イギリスとロシアでは、何もかもがあまりにも違いすぎます。

地理的に見てもかけ離れており、

かたやイギリスは、ヨーロッパ大陸の「西に位置する島国」、

かたやロシアは、ヨーロッパ大陸の「東の果ての大陸国家」。

その他、歴史背景も、風土も、政治も、経済も、社会も、民族も、文化も、制度も、風習も、価値観も、何もかもが違います。

共通点を探すのが至難なほど！

土台、「イギリスの政治経済」を基盤に構築されたマルキシズムをロシアに当てはめようとすること自体が無謀でした。

しかし、ロシア人マルキシストたちは、「愚《おろ》かにも」というか「健気《けなげ》にも」と

(＊01) この時点ですでに、彼らがマルキシズムをぜんぜん理解していないことがわかります。
マルキシズムとは、「時」が満ちればどんなに抵抗しようとも革命はかならず起こるし、さもなくば、どれほど努力しようがけっして起こらない。
「マルキシストたちの努力」と「革命」の間には何の因果関係もない。
マルキシズムとは、そういう思想だからです。

いうか、なんとかしてこれ《マルキシズム》をロシアに当てはめようと、必死に理論武装しようとします。

しかし。

それは譬《たと》えるなら、「丸いマンホールの穴に四角いフタ」をしようとしているようなもの。

形の違うフタを強引にするためには、どうしてもどこかを削りとり、どこかを補強し、切った貼《は》ったをしなければなりませんが、それを 10 人の人間にさせれば、10 通りの工夫があるものです。

—— まず、ここの部分を切り取ってだな…

—— いやいや待て待て。そこじゃなくて、ここを切り取った方が…

—— バカめ。切り取るのではなくて、まず、ここを補強すれば…

それと同じように、「ロシア版マルキシズム」を構築する際にも、

—— まず、ここはこう解釈すれば、ロシアに馴染《なじ》むようになるのでは？

—— いやいや待て待て。そこはこう解釈するのがスジというものだ。

—— バカめ。ここは解釈を変えてはならん！　それよりここのところを…

…と意見の食い違いが生まれるのは当然のことで、これがロシアでマルキシズムにいくつもの派閥が生まれるおもな原因となります。

こうして生まれた派閥の右翼的存在が「メンシェヴィズム」です。

本幕では、この「メンシェヴィズム」の考え方について詳しく見ていくことにいたしましょう。

当時のロシアの政治体制は「ツァーリズム体制」。

これは、西欧でいえば「絶対主義段階」に近いものです。

君主（＊02）が、政治・経済・宗教のトップに君臨して、絶対的権力を揮《ふる》う体制です。

では、そのころの経済システムはどうだったでしょうか。

「そもそもロシアでは資本主義など芽生えていない！」

「いや、生まれてはいたものの、きわめて未成熟であった！」

じつは、いろいろな説があって結論を見ませんが、西ヨーロッパのような典型的な資本主義が育たなかったという点だけは一致しています。

しかし、少なくともロシアのマルキシストたちはこのようには考えませんでした。

―― ロシアだって、多少未成熟であったとしても、西ヨーロッパ同様、きちんと「商業資本主義 → 産業資本主義 → 独占資本主義」という段階《ステップ》を踏んだ歴史を歩んできたのだ！（＊03）

こうして、事実かどうかは別問題として、ロシアのマルキシストたちは「近世のロシアは商業資本主義段階」（C-2）と考えます。

そして、西欧より後《おく》れは取ったものの、19世紀後半になると、ロシアでも「第1次産業革命」が興《おこ》ります。

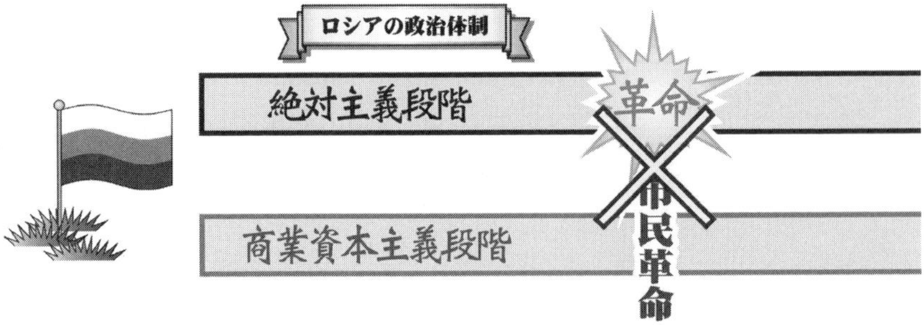

（＊02）英語圏では「King（キング／王）」、ロシアでは「Tsar（ツァーリ）」または「Imperator（インペラトール／皇帝）」のこと。ちなみに、「Tsar」は、「王」「皇帝」のどちらで訳すべきか、意見が分かれています。高校世界史レベルでは「皇帝」として扱っています。

（＊03）そう考えなければ、マルキシズムそのものを否定することに直結するためです。K.マルクスの「オポチュニズム」は、その信奉者たちにもしっかりと継承したようで。

　まさにマルクスの主張通り！？
…と言いたいところですが、ここでも問題が。
　マルキシズムでは、「第１次産業革命」のあと、弁証法に基づき、産業資本主義が「成立 → 発展 → 成熟 → 混乱」とステップを踏んで、その自己矛盾の中から発展的な自己崩壊《アウフヘーベン》が起こり、「第２次産業革命」を経て、独占資本主義段階に移行していくはずです。
　その「一本道」であって、他の道《ルート》は一切存在しません。
　他の道《ルート》の存在は、マルキシズムそのものの全否定につながるからです。
　ところが。
　ロシアにおいては、「第１次産業革命」と「第２次産業革命」は、19 世紀後半に、ほとんど立てつづけに勃発しています。(C/D-4)
　したがって、「産業資本主義」が成立する暇《いとま》もなく、一足飛びに「独占資本主義」へと移行していったのです。
　何度もご説明申し上げておりますように、「成立 → 発展 → 成熟 → 混乱」の過程をスッ飛ばして、つぎの段階へ進むなど、マルキシズムでは「断じてあり得ない！！」はずです。

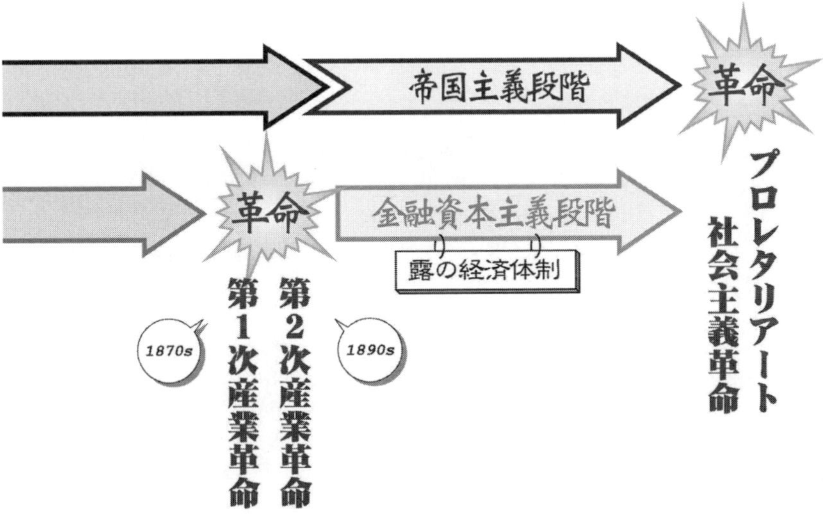

さらに。

資本主義が「独占資本」段階に移行したことによって、政治システムもそれに引きずられる形で「帝国主義」へと移行しますが、それでも統治体制は絶対主義さながらの「ツァーリズム体制」のまま。(B/C-2)(＊04)

ツァーリズム体制
我がロシアは皇帝のみが
主権をもつ絶対主義体制を
20世紀に入った今でも厳然
として守り通しているのだ！

もちろん、市民革命すらまだ起こっていません。

マルキシズムの理論から見れば、ロシアの歴史は「支離滅裂」です。

西欧の歴史を、

第一段階：絶対主義成立　～ 二重革命（市民革命 & 第 1 次産業革命）
第二段階：二重革命　　　～ 第 2 次産業革命
第三段階：第 2 次産業革命 ～ 社会主義革命

…としたとき、

ロシアは今、第何段階にいると考えればよいのか？

（＊04）15 世紀ポルトガルから始まった絶対主義は、16 世紀から 17 世紀にかけて絶頂を迎えましたが、17 世紀末にはイギリスで、18 世紀末にはフランスで、それぞれ市民革命が起こり、絶対主義はついえていきます。そのころすでに「アンシャンレジーム（旧体制）」と揶揄される絶対主義でしたが、ロシアでは 19 世紀末になってもまだこの「アンシャンレジーム」全盛で、政治と経済の歪みがどんどん大きくなっていたのでした。

政治的観点から見れば、まだ市民革命すら起こっていないのですから、ロシアは現在「第一段階」にいることになります。

しかし、経済的観点から見れば、すでに第２次産業革命を興《おこ》しているのだから、それを考えれば、「第三段階」にいることになります。

どちらなのだ？

マルキシズムで唱えられていることと、ロシアの現実とがあまりにもかけ離れているため、こんな基本的な問題にすら、ロシアのマルキシストたちは頭を抱えてしまいます。(＊05)

そこで、メンシェヴィキたちは、「我々は、第一段階にいる！」と、考えました。(B-1/2)

ロシアの「現在」が定まれば、彼らの為すべきことも見えてきます。

―― 我々の当面の目標は、市民《ブルジョワ》革命を起こすことである！（B-3）

もちろん“最終目標”は、プロレタリア社会主義革命（C-6）を起こし、共産主義（C-8）を実現することであるが、それは遠い未来の話であって、我々の生きている間には実現すまい。

それは我々の子や孫の世代に任せるとして、我々はその基礎作りをしておかなければならない！

ロシアは今、ここにいるのだ！
いまだ市民革命すら起こっておらず、
ツァーリズム体制は西ヨーロッパで
いうなら絶対主義に相当するのだから！
だから、とりあえずは
ブルジョワ民主主義革命を
起こすのが当面の目標だ！

（＊05）なぜ彼らは、「支離滅裂なのは“ロシアの歴史”ではなく、マルキシズム自体だ」と気がつかないのでしょうか。それは、彼らがすでに「信仰」状態にあったからです。
カルト教団にハマった信者たちにどれほど理路整然と説得しようとも、信者がまったく耳を貸さないのと同じです。彼らは「マルクス教」という宗教の“信者”と成り下がっていたのでした。とっくに「科学的」という看板は朽ち果てていたのです。

しかし、またしても問題が。

彼ら《メンシェヴィキ》の“当面の目標”が市民《ブルジョワ》革命（ブルジョワ民主主義革命）に定まったのはいいのですが、当時のロシア資本家《ブルジョワ》はあまりにも弱体すぎて、彼らに革命を起こす力はありません。

このままじぃ〜〜〜〜っと資本家《ブルジョワ》が育つまで待つ？

―― 待ってられっか！(＊06)

ならば、革命を起こさせるべく、労働者《プロレタリア》が資本家《ブルジョワ》を全面的に支援《バックアップ》してあげればよい。(B-4/5)

とはいえ、市民《ブルジョワ》革命の主体はあくまでも「資本家《ブルジョワ》」でなければなりません。

そうでなければ、市民《ブルジョワ》革命より社会主義《プロレタリア》革命が先に起こってしまうことになり、マルキシズムの歴史観通りに歴史が展開しないことになってしまいますから。(＊07)

そのため、労働者《プロレタリア》は“縁の下の力持ち”に徹する。

表には出ない。掩護《えんご》射撃。閣外協力。

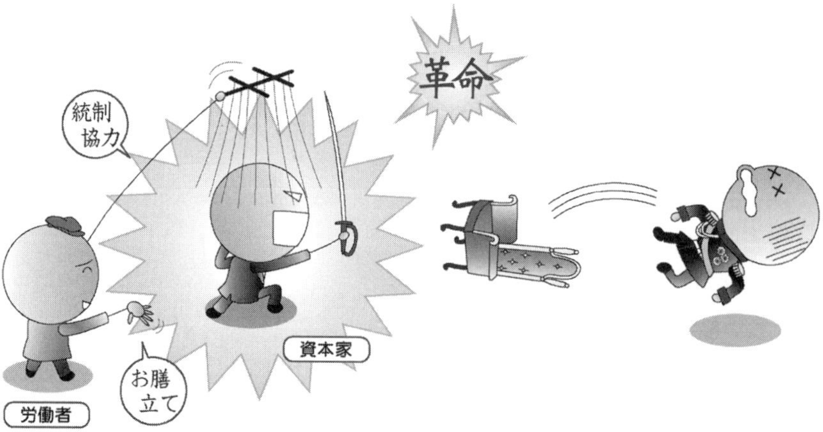

(＊06) マルキシズムに従うなら、ここはただ何もせず待たなければなりません。
それこそが「弁証法的唯物論」の神髄なのですから。

(＊07)「歴史がマルキシズム史観の予言通りに動く」のではなく、「歴史を無理矢理マルキシズム史観に合わせて動かそうとする」。これではまったくの本末顚倒です。
彼らはそんな自己矛盾にすらまったく気づくことはありませんでした。

こうして、「市民革命《ブルジョワ》」(＊08)を成功させたあとは、つぎに何をすればよいのでしょうか。

Y《ユーリー》．O《オシポヴィッチ》．Z《ツェデルバウム》．マルトフ(B-1)は言います。

―― 市民革命《ブルジョワ》が成功したあとのことは、我々の仕事ではない。
　それは、孫や曽《ひ》孫の世代の仕事である。

これはまったくその通りです。

なんとなれば、マルキシズムに拠《よ》れば、「市民革命《ブルジョワ》」から「社会主義革命」までの間、どうしても「成立 → 発展 → 成熟 → 混乱」を経るための、長い時間が必要だからです。(A-6/7)(＊09)

さて、市民革命《ブルジョワ》成功の暁《あかつき》には、当然「ブルジョワ政府」が生まれることになります。(D-5)

しかしそこに、革命の“功労者”である労働者《プロレタリア》はいません。(D/E-3)

なぜ???

もちろん、マルクス先生が言った予言を忠実に守るためです。(E-1/2)

(＊08) しかし、労働者がお膳立てをし、労働者が支援し、労働者が統制して革命を成功に導いたのでは、どんなに「縁の下の力持ち」を装ったところで、それは「プロレタリア革命」と言わざるを得ません。しかし、そういう都合の悪いことには「そっとフタをする」というのが、すべての派閥を乗り越えた社会主義者全体の共通の行動パターンでした。

(＊09) これを「非連続的二段階革命論」(A-8)と言います。

メンシェヴィキたちは、どこまでもマルキシズムに忠実です。

これからは100年ほどかけて、「ブルジョワ政府が労働者《プロレタリア》をいじめ抜く時代」を経験しなければならない、とマルクス先生が言っているからです。

実質的に労働者《プロレタリア》が成功させ、労働者《プロレタリア》が作った政府に、「これから100年にわたって搾取《さくしゅ》されつづけなければならない」というのです。

労働者《プロレタリア》たちが資本家《ブルジョワ》に搾取《さくしゅ》されつづけ、塗炭《とたん》の苦しみを味わい、ホネと皮ばかりの状態になり、

「あ…あのぉ…　こんなんなってますけどぉ…

まだガマンするんスかぁ？」(D-7)

そうだ。そのエネルギーが革命パワーを生むんだから。
あ…あのぉ…こんなんなってますけどぉ…まだガマンするんすかぁ？
ぎゅ〜っ
がはははは！もっと出るだろ！まだまだ出るだろ！労働者なんざ生かさず殺さずしぼり尽くしてやるわ〜！
資本家

―― まだまだっ！

もっともっと苦しむがよい。

その苦しみこそが、社会主義革命のパワーとなっていくのだから。(D-8)

労働者《プロレタリア》がなんでこんな理不尽な目に遭《あ》わなければならないのか、と言ったら、すべては「マルクスの理論通りに事を進めるため」。

これにつきあわされる労働者《プロレタリア》が不憫《ふびん》でなりません。

第1章 ロシア社会主義の胎動

第４幕

労農同盟!?

レーニニズム理論

前幕で見てきたように、マルキシズム理論をなんとかロシアに当てはめようと苦心惨憺《さんたん》して生まれたのがメンシェヴィズム。しかし、メンシェヴィズムはあまりにも不自然にして理不尽。そこで、これに対する反論が生まれてくるのは自然な流れであった。ここではそのうちのレーニニズムについて見ていくことにする。

「社会主義革命の達成は３つの全世代
我々の世代、子の世代、孫の世代
までかかるだろう！」

〈レーニニズム理論〉

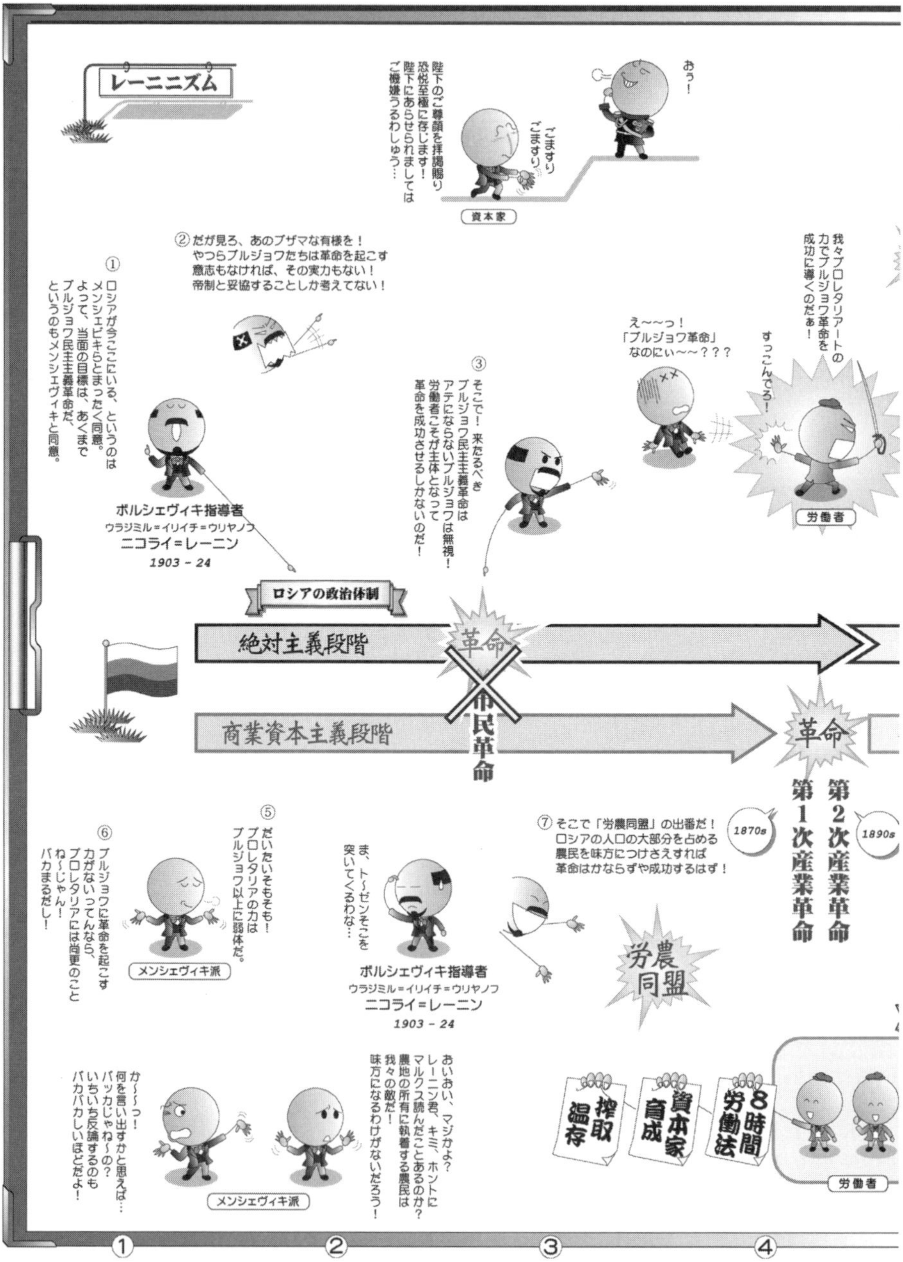

レーニニズム
陛下のご尊顔を拝謁賜り恐悦至極に存じます！陛下にあらせられましてはご機嫌うるわしゅう…
ごますりごますり
おう！
資本家
①ロシアが今ここにいる、というのはメンシェビキらとまったく同意。よって、当面の目標は、あくまでブルジョワ民主主義革命だ、というのもメンシェヴィキと同意。
②だが見ろ、あのブザマな有様を！やつらブルジョワたちは革命を起こす意志もなければ、その実力もない！帝制と妥協することしか考えてない！
ボルシェヴィキ指導者
ウラジミル＝イリイチ＝ウリヤノフ
ニコライ＝レーニン
1903 – 24
③そこで！来たるべきブルジョワ民主主義革命はアテにならないブルジョワは無視！労働者こそが主体となって革命を成功させるしかないのだ！
え～～っ！「ブルジョワ革命」なのにぃ～～？？？
すっこんでろ！
我々プロレタリアートの力でブルジョワ革命を成功に導くのだぁ！
労働者
ロシアの政治体制
絶対主義段階
革命
市民革命
商業資本主義段階
革命
第1次産業革命
1870s
第2次産業革命
1890s
⑥ブルジョワに革命を起こす力がないってんなら、プロレタリアには尚更のことね～じゃん！バカまるだし！
メンシェヴィキ派
⑤だいたいそもそも！プロレタリアの力はブルジョワ以上に弱体だ。
ま、ト～ゼンそこを突いてくるわな…
ボルシェヴィキ指導者
ウラジミル＝イリイチ＝ウリヤノフ
ニコライ＝レーニン
1903 – 24
⑦そこで「労農同盟」の出番だ！ロシアの人口の大部分を占める農民を味方につけさえすれば革命はかならずや成功するはず！
労農同盟
か～～っ！何を言い出すかと思えば…バッカじゃね～の？いちいち反論するのもバカバカしいほどだよ！
メンシェヴィキ派
おいおい、マジかよ？レーニン君、キミ、ホントにマルクス読んだことあるのか？農地の所有に執着する農民は我々の敵だ！味方になるわけがないだろう！
搾取温存
資本家育成
8時間労働法
労働者
①
②
③
④

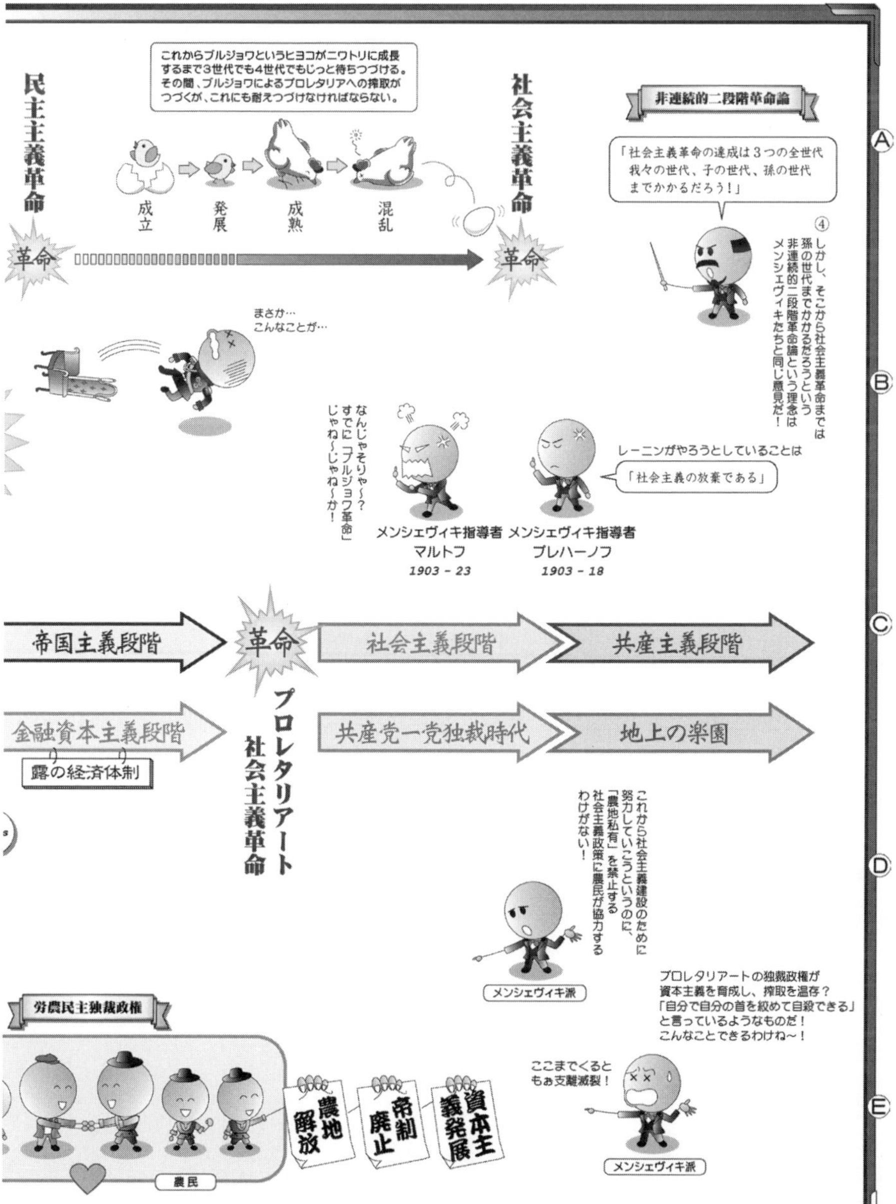

民主主義革命
これからブルジョワというヒヨコがニワトリに成長するまで3世代でも4世代でもじっと待ちつづける。その間、ブルジョワによるプロレタリアへの搾取がつづくが、これにも耐えつづけなければならない。
成立
発展
成熟
混乱
社会主義革命
革命
革命
非連続的二段階革命論
「社会主義革命の達成は３つの全世代我々の世代、子の世代、孫の世代までかかるだろう！」
④
しかし、そこから社会主義革命までは孫の世代までかかるだろうという非連続的二段階革命論という理念はメンシェヴィキたちと同じ意見だ！
まさか…
こんなことが…
なんじゃそりゃ～？すでに「ブルジョワ革命」じゃね～じゃね～か！
レーニンがやろうとしていることは
「社会主義の放棄である」
メンシェヴィキ指導者
マルトフ
1903 - 23
メンシェヴィキ指導者
プレハーノフ
1903 - 18
帝国主義段階
革命
社会主義段階
共産主義段階
金融資本主義段階
露の経済体制
プロレタリアート社会主義革命
共産党一党独裁時代
地上の楽園
これから社会主義建設のために努力していこうというのに、「農地私有」を禁止する社会主義政策に農民が協力するわけがない！
メンシェヴィキ派
プロレタリアートの独裁政権が
資本主義を育成し、搾取を温存？
「自分で自分の首を絞めて自殺できる」
と言っているようなものだ！
こんなことできるわけね～！
労農民主独裁政権
農民
農地解放
帝制廃止
資本主義発展
ここまでくると
もぉ支離滅裂！
メンシェヴィキ派
A
B
C
D
E
5
6
7
8

イギリスの社会経済を研究して生まれたマルキシズムを、無理矢理ロシアに当てはめようとしてドツボにハマったメンシェヴィキたち。

前幕で詳しく見てまいりましたように、彼らの言っていることは支離滅裂だったため(＊01)、当然、各方面からツッコミを受けることになります。

その最左翼に位置するのが V《ウラジミル》．I《イリイチ》．U《ウリヤノフ》．レーニン。

マルキシズムをロシアに当てはめようとしたとき、ロシアは今、

・市民《ブルジョワ》　革命前の「第一段階」にいるのか、
・社会主義《プロレタリア》　革命前の「第三段階」にいるのか、

…という問題があることは、前幕でもご説明いたしました。

この点は、レーニンもメンシェヴィキと同じように「ロシアは今、第一段階にいる！」と主張します。(B-1)

したがって、「当面の目標」は、市民《ブルジョワ》革命。

しかし、肝心要《かなめ》の資本家《ブルジョワ》たちは弱体で、革命を起こすような力はない。

ここまで、メンシェヴィキとまったく同じ考えです。

しかし、ここから先の考え方がメンシェヴィキとは違います。

―― 資本家《ブルジョワ》たちは、革命を起こす“力”がないどころか、革命を起こそうという“意志”すらないではないか！

(＊01) とはいえ、そもそもその「元」となったマルキシズム自体が自己矛盾に満ちているので、その亜流たるメンシェヴィズムが支離滅裂なのは致し方ないことなのですが。
「根本理念」が間違っていれば、そこから派生した理念はすべて間違いなのは、至極当然のことです。

レーニンは、資本家《ブルジョワ》の「力」だけではなく「意志」にも着目。
―― 意志すらないのでは、労働者《プロレタリア》によるお膳立てすら不可能。
ならば、最初から資本家《ブルジョワ》なんぞに頼ること自体が無意味だ！
我々、労働者《プロレタリア》だけで革命を起こせばよいのだ！

え～～っ！
「ブルジョワ革命」
なのにぃ～～？？？
すっこんでろ！
ボルシェヴィキ指導者
ウラジミル＝イリイチ＝ウリヤノフ
ニコライ＝レーニン
労働者

えぇ～～～～っ!?
あなた《レーニン》は今、「市民革命《ブルジョワ》」を起こそうとしているんですよね???
にもかかわらず、それを実行するのが労働者《プロレタリア》???
労働者《プロレタリア》が起こした革命は「プロレタリア革命」です。
断じて「市民革命《ブルジョワ》」ではありません。
開口一番、はやくも支離滅裂のレーニニズム。(＊02)

(＊02) メンシェヴィズムもレーニニズムも、その“支離滅裂さ”はどっこいドッコイですが、一応メンシェヴィズムは「ロシアの実情を鑑みながらも、できるかぎりマルキシズムに忠実に！」が基本コンセプトで、これに対して、レーニニズムは「ロシアの実情に合わせて、マルキシズムをどんどん拡大解釈していけばよい！」という考え方でした。

もはや「マルキシスト」とすら思えない、ブッ飛んだ発言です。

実際、メンシェヴィキたちも、筆者が感じたのと同じ反論をしています。

Y《ユーリー》.マルトフはこう激怒しています。(B/C-6/7)

「なんだ、それは!?

すでに“ブルジョワ革命”ですらねぇじゃねぇか!!

本末顚倒《てんとう》はなはだしい!!」

G《ゲオルギー》.V《ヴァレンチノヴィッチ》.プレハーノフ(＊03)もつづけます。

「おまえ《レーニン》がやろうとしていることは、社会主義《マルキシズム》の放棄である!」(B/C-7/8)

まったくその通り。

なんじゃそりゃ～?
すでに「ブルジョワ革命」
じゃね～じゃね～か!
メンシェヴィキ指導者
マルトフ
レーニンがやろうとしていることは
「社会主義の放棄である」
メンシェヴィキ指導者
プレハーノフ

しかし、レーニンはなおも吠《ほ》えます。

── おまえたち《メンシェヴィキ》がいう「資本家《ブルジョワ》の革命を労働者《プロレタリア》が陰で支える」など、できるわけがないではないか!

非現実的だ!(B/C-3)

(＊03) G.プレハーノフは、初めてロシアにマルキシズムを紹介したため、後世「ロシア・マルクス主義の父」と称される人物です。しかし彼は、はじめマルトフ派に属しながら、のちにレーニン派に寝返り、すぐにまたマルトフになびく…という、ブレやすい人物でした。

ま、ト～ゼンそこを突いてくるわな…
ボルシェヴィキ指導者
ウラジミル＝イリイチ＝ウリヤノフ
ニコライ＝レーニン
だいたいそもそも！プロレタリアの力はブルジョワ以上に弱体だ。
ブルジョワに革命を起こす力がないってんなら、プロレタリアには尚更のことね～じゃん！バカまるだし！
メンシェヴィキ派

その点だけは筆者も同意見ですが、メンシェヴィキは反論します。

「俺たちの“労資同盟”が非現実的？

笑わせるな！

労働者《プロレタリア》による単独革命の方がはるかに非現実的ではないか！

資本家《ブルジョワ》が弱体だというのは我々《メンシェヴィキ》もおまえ《レーニン》も認めるところ。

だが、労働者《プロレタリア》はもっと弱体だ。

資本家《ブルジョワ》が弱体だから革命はムリというのなら、労働者《プロレタリア》にはもっとムリだ。

だからこそ、我々《メンシェヴィキ》は“労資同盟”を考えたのだ！」（D-1）

御説《おせつ》ごもっとも。

しかし、レーニンは反駁《ばく》します。

―― たしかに、その言には一理ある。

労働者《プロレタリア》は資本家《ブルジョワ》より弱体であることは私も認めよう。

私も、労働者《プロレタリア》単独で革命を成功させることができるとは思っていない。

そこで、考えてもみよ！

我がロシアは農業大国、人口のほとんどは農民だ。

マルクスはイギリスをモデルにマルキシズムを構築したため、

そこのところがまったく念頭にない！

そこで、農民の協力を仰《あお》ぐのだ。（D-3/4）

こうして、メンシェヴィキの「労資同盟」を非現実的だとして退け、レーニンは「労農同盟」による「ブルジョワ革命」を唱えたのでした。

資本家《ブルジョワ》のいないところで、労働者《プロレタリア》と農民が「ブルジョワ革命」を起こす？

これにはメンシェヴィキも呆《あき》れ果てます。

「言うに事欠いて“労農同盟”だと！?

レーニンよ、ここ《オツム》はだいじょうぶか？

君は、ホントに『資本論』を読んだことあるのか？

もはや、反論するのもバカバカしい！

それこそ絵空事！　絵に描いたモチ！　非現実的ではないか！

空想的社会主義者どももあの世でひっくり返っているだろうよ！」（E-1/2）

おいおい、マジかよ？
レーニン君、キミ、ホントに
マルクス読んだことあるのか？
農地の所有に執着する農民は
我々の敵だ！
味方になるわけがないだろう！
か～～っ！
何を言い出すかと思えば…
バッカじゃね～の？
いちいち反論するのも
バカバカしいほどだよ！
メンシェヴィキ派

メンシェヴィキたちの反応も当然で、社会主義者にとって農民は「不倶戴天《ふぐたいてん》の敵」（＊04）です。

農民の土地に対する執着心の強さと言ったら、農民でない者にはとうてい理解できないほど強烈なものです。

彼らは「土地のため」なら、平気で命をも賭《か》けて戦います。

社会主義は、そういう農民から「土地」を取り上げようとする立場ですから、まさに「不倶戴天《ふぐたいてん》の敵」という言葉が相応しいでしょう。

（＊04）「倶（とも）に天を戴（いただ）かず」と訓読します。
つまり、「どちらかが死ぬまで戦う」という意味。出典は『礼記』。

その「不《ふ》倶《ぐ》戴天《たいてん》の敵」を味方につける？

「意味がわからん！！」

メンシェヴィキでなくてもそうなります。

押し入った強盗が家主に、

「今からおまえン家《ち》の全財産を奪うから、金庫を運ぶのを手伝ってくれんか？」

…と言っているようなものです。

さらに、レーニンはつづけます。

―― 労農同盟によって「ブルジョワ革命」が成功した暁には、「労農民主独裁政権」をつくる！（E-5）

革命に参加してもいない資本家《ブルジョワ》を政府に入れるなど、非現実的だからな！

いやいやいやいや！！

もはや、どこからツッコんでよいものやら！

革命はもちろん、そのあとに生まれる新政府にも資本家《ブルジョワ》を参画させないのに、それのどこが「ブルジョワ革命」なのか。

しかし。

それでもレーニンとて、マルキシストの端《はし》くれ。

こうして「ブルジョワ革命」が成功したあと、つぎの「社会主義革命」が起こるのは、100年もそれ以上も先、孫・曾《ひ》孫の時代の話であって、「非連続的二段階革命論」であるという根本はメンシェヴィキとまったく同じです。(A-8)

　ということは？

　この「労農政府」は、

・協力したら全財産を奪われてしまうとわかっている農民に全面協力させつつ、
・農民から土地を奪い、(E-6)
・労働者の「敵」である資本主義を自らの手でせっせと育《はぐく》み、(E-7)
・労働者《プロレタリア》を搾取《さくしゅ》する存在である資本家《ブルジョワ》を自らの手で育てあげ、(E-3/4)
・自ら育てた資本家《ブルジョワ》によって、これから何世代にもわたって搾取《さくしゅ》されつづけなければならない。(E-3)

…ということになります。

　当然、メンシェヴィキからは非難囂々《ごうごう》！(D/E-7/8)

「自分の土地を取られるとわかっている農民が協力するわけがないだろう！」

「自分の首を絞《し》める存在(資本家《ブルジョワ》)を自分で育てるなど、できるわけがない！」

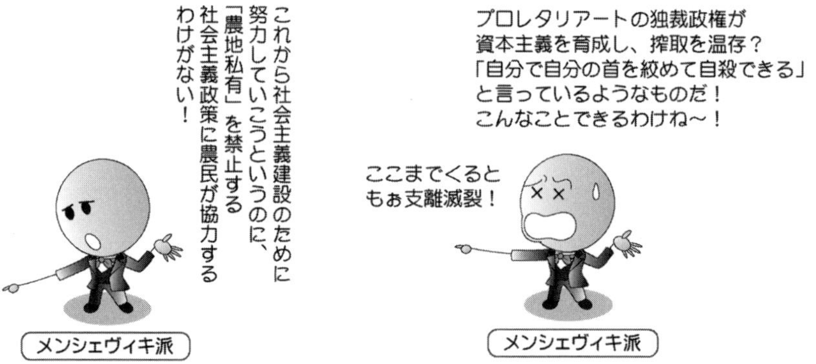
これから社会主義建設のために努力していこうというのに、「農地私有」を禁止する社会主義政策に農民が協力するわけがない！
メンシェヴィキ派
プロレタリアートの独裁政権が資本主義を育成し、搾取を温存？「自分で自分の首を絞めて自殺できる」と言っているようなものだ！こんなことできるわけね～！
ここまでくるともぉ支離滅裂！
メンシェヴィキ派

　こうして、「ロシア版マルキシズム」には、対立する大きな2つの潮流が生まれましたが、この2つの違いをよく理解することが、ロシア革命の理解にはどうしても必須となります。

第1章 ロシア社会主義の胎動

第５幕

プロレタリア単独革命

トロツキズム理論

マルキシズムに基づいてロシアにも社会主義革命を！
そのために、メンシェヴィキは「労資同盟」に、レーニンは「労農同盟」に活路を求め、お互いに激しく対立する。しかし、ここに「第三の理論」として、トロツキーが現れる。彼は、「労資同盟」も「労農同盟」も非現実的だという。さて、彼の理論とは？

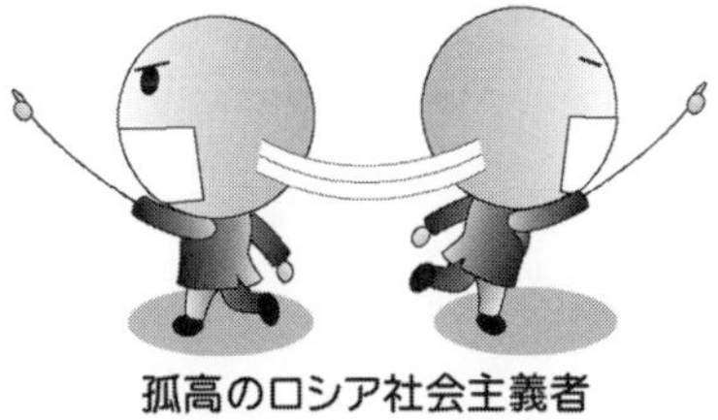

孤高のロシア社会主義者
レフ＝ダヴィドヴィチ＝ブロンシュテイン
トロツキー

〈トロツキズム理論〉

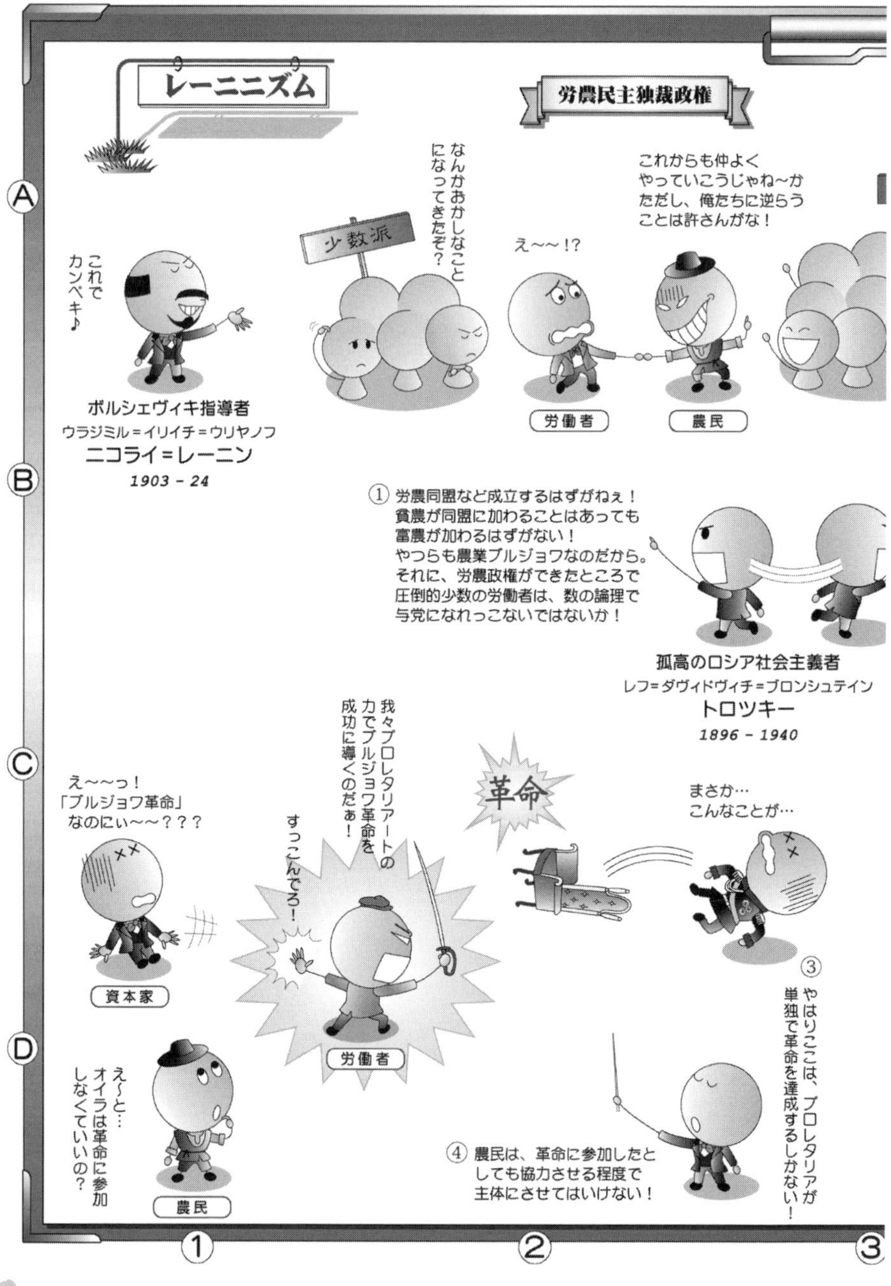

レーニニズム
労農民主独裁政権
A
B
C
D
これでカンペキ♪
ボルシェヴィキ指導者
ウラジミル＝イリイチ＝ウリヤノフ
ニコライ＝レーニン
1903 - 24
少数派
なんかおかしなことになってきたぞ？
え〜〜!?
これからも仲よく
やっていこうじゃね〜か
ただし、俺たちに逆らう
ことは許さんがな！
労働者
農民
① 労農同盟など成立するはずがねぇ！
貧農が同盟に加わることはあっても
富農が加わるはずがない！
やつらも農業ブルジョワなのだから。
それに、労農政権ができたところで
圧倒的少数の労働者は、数の論理で
与党になれっこないではないか！
孤高のロシア社会主義者
レフ＝ダヴィドヴィチ＝ブロンシュテイン
トロツキー
1896 - 1940
我々プロレタリアートの力でブルジョワ革命を成功に導くのだぁ！
すっこんでろ！
え〜〜っ！
「ブルジョワ革命」
なのにぃ〜〜？？？
資本家
労働者
革命
まさか…
こんなことが…
③ やはりここは、プロレタリアが単独で革命を達成するしかない！
え〜と…オイラは革命に参加しなくていいの？
農民
④ 農民は、革命に参加したと
しても協力させる程度で
主体にさせてはいけない！
1
2
3

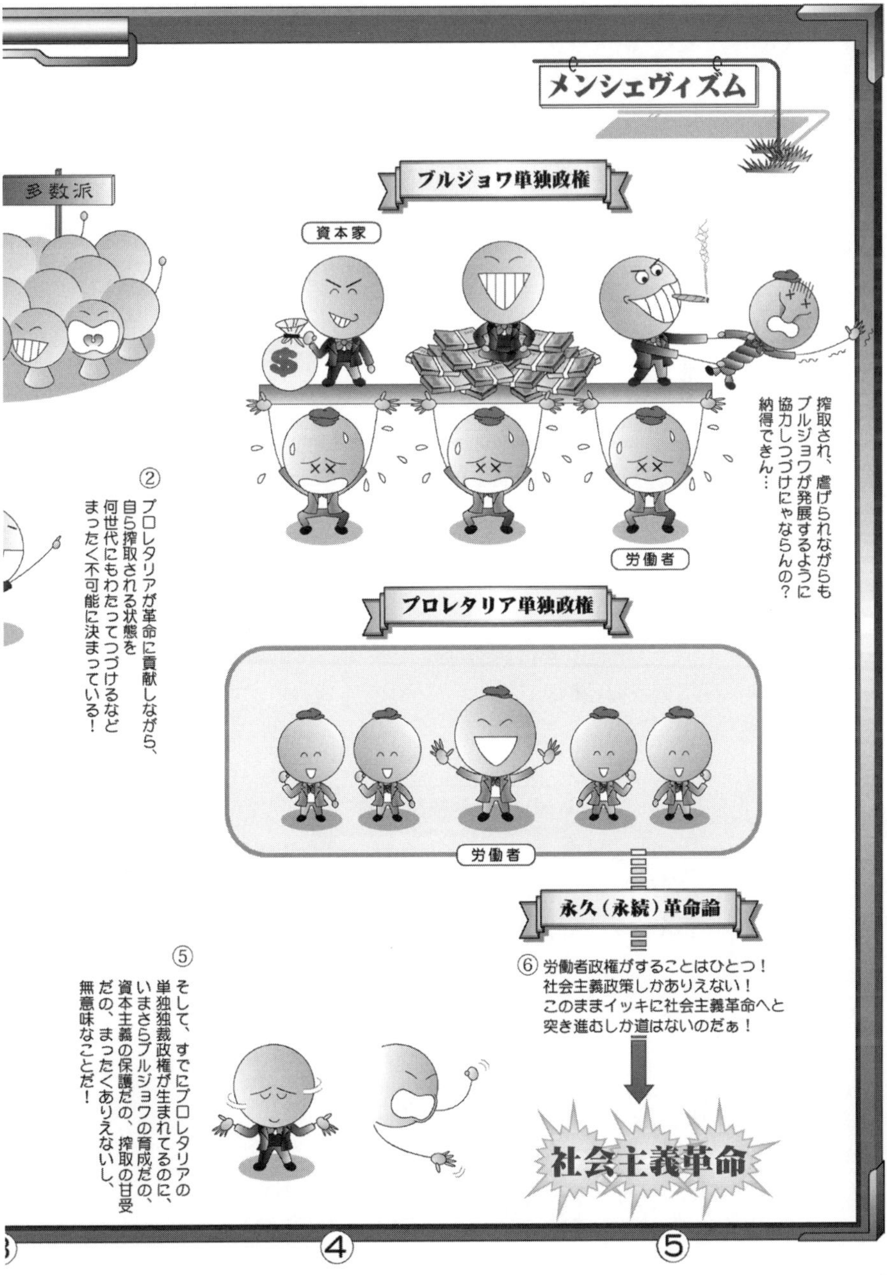
多数派
メンシェヴィズム
ブルジョワ単独政権
資本家
搾取され、虐げられながらも
ブルジョワが発展するように
協力しつづけにゃならんの？
納得できん…
労働者
②
プロレタリアが革命に貢献しながら、
自ら搾取される状態を
何世代にもわたってつづけるなど
まったく不可能に決まっている！
プロレタリア単独政権
労働者
永久（永続）革命論
⑥ 労働者政権がすることはひとつ！
社会主義政策しかありえない！
このままイッキに社会主義革命へと
突き進むしか道はないのだぁ！
社会主義革命
⑤
そして、すでにプロレタリアの
単独独裁政権が生まれてるのに、
いまさらブルジョワの育成だの、
資本主義の保護だの、搾取の甘受
だの、まったくありえないし、
無意味なことだ！
③
④
⑤

マルクスは、農業後進国のロシアから革命が起こることなど、まったく想定していなかったために、マルキシズムをロシアに順応させるためには、どうしてもひと工夫、ふた工夫が必要でした。

そこで、メンシェヴィキたちは「労資同盟」に、レーニンは「労農同盟」に活路を見いだそうとし、お互いに激しく対立します。

しかし、両者ともにきわめて「非現実的」「妄想的」「空想的」であったことはすでにご説明いたしました。

それを指摘、批判した人物こそ、本幕の主人公L《レフ》．D《ダヴィドヴィッチ》．B《ブロンシュティン》．トロツキー（B/C-3）です。

―― レーニニズム？　あり得ない！

農民とて「農業を生業《なりわい》とした資本家《ブルジョワ》」であって、我々の不倶戴天《ふぐたいてん》の敵。

そんな彼らと「同盟」するなど、そもそも農民側が承知するわけがないし、百歩譲って、「労農同盟」が成ったとしても、ロシアは労働者《プロレタリア》より農民の数の方が圧倒的に多い（A/B-3）のだから、来たるべき「労農政権」では“数の論理”によって、農民が圧倒的与党、労働者《プロレタリア》が弱小野党（A/B-2）になってしまうではないか。

それで、どうやって「社会主義を推進」していくのだ！？

革命を農民に乗っ取られることは目に見えている！

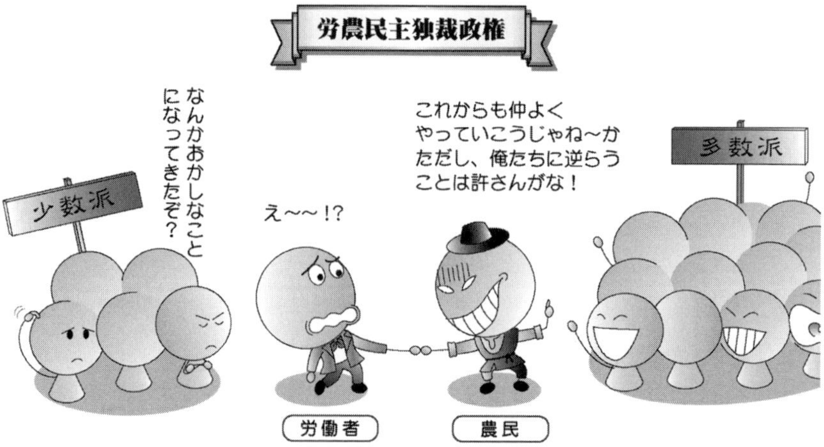

労農民主独裁政権
なんかおかしなことになってきたぞ？
少数派
え～～！？
これからも仲よく
やっていこうじゃね～か
ただし、俺たちに逆らうことは許さんがな！
多数派
労働者
農民

では、メンシェヴィズムは？

—— メンシェヴィズム？　あり得ない！

労働者《プロレタリア》こそが革命の立役者なのに、来たるべき「新政府」には労働者《プロレタリア》を入閣させず、自分たちが作った政府によって、ただただ100年以上にわたって搾取《さくしゅ》されつづける？（A/B-4/5）

そんなこと、うまくいくわけがない！

ブルジョワ単独政権
資本家
労働者
搾取され、虐げられながらも
ブルジョワが発展するように
協力しつづけにゃならんの？
納得できん…

では、どうすればよいのか。

—— 資本家などアテにならん！　農民はダメだ！

となれば、好むと好まざるとに関わらず、もはや「労働者《プロレタリア》による単独革命」しかないであろう！（C/D-1/2）

農民が「協力したい」というなら否定はしないが、けっして彼らを主体にさせてはならない。（D-2）

労働者《プロレタリア》の単独によって革命が成ったのだから、その暁《あかつき》に成立する政府は、もちろん「プロレタリア独裁政権」だ。（C-4/5）

しかし、そうなると、トロツキズムもまた、メンシェヴィズムやレーニニズムと同じ、「労働者《プロレタリア》が主導した革命なのにブルジョワ革命？」という自己矛盾を抱えることになります。

その疑問に、トロツキーはこう答えます。

—— 労働者《プロレタリア》が単独で革命を成功させたのだから、もちろんこれは「ブルジョワ革命」ではない、「社会主義革命」である！
　レーニンやメンシェヴィキどもは、あきらかに「ブルジョワ革命」でないものを、マルキシズムの理想に合わせるため、ヘリクツをこねて無理矢理「ブルジョワ革命」だと強弁し、演出している。
　空理空論ばかりまくしたて、ロシアの現状が見えていない！
　ここはイギリスではない、ロシアなのだ！
　一気に「ブルジョワ革命」をスッ飛ばして社会主義革命を起こし、「労働者《プロレタリア》独裁政権」をつくり、社会主義政策を進めればよいではないか！
　イギリスならいざ知らず、我がロシアにはロシアの道があるのだ！

このように、トロツキーは、誰よりも“ロシアの現実”を直視していた人物でしたが、同時に、マルキシズムをもっとも軽視した人物とも言えました。

したがって、各方面から批判を喰らうことになります。

第1章 ロシア社会主義の胎動

第6幕

ただ立ち上がりさえすれば

世界革命論

メンシェヴィズム、レーニニズムの支離滅裂さに満足できず、「第三の理論」として登場したトロツキズム。この中ではもっとも「ロシアの実情」を直視したものではあったが、しかし、彼の理論もまた致命的な欠陥を抱えていた。彼は、自らの理論の綻《ほころ》びを補完するため、「世界革命」という概念を持ちだす。

〈世界革命論〉

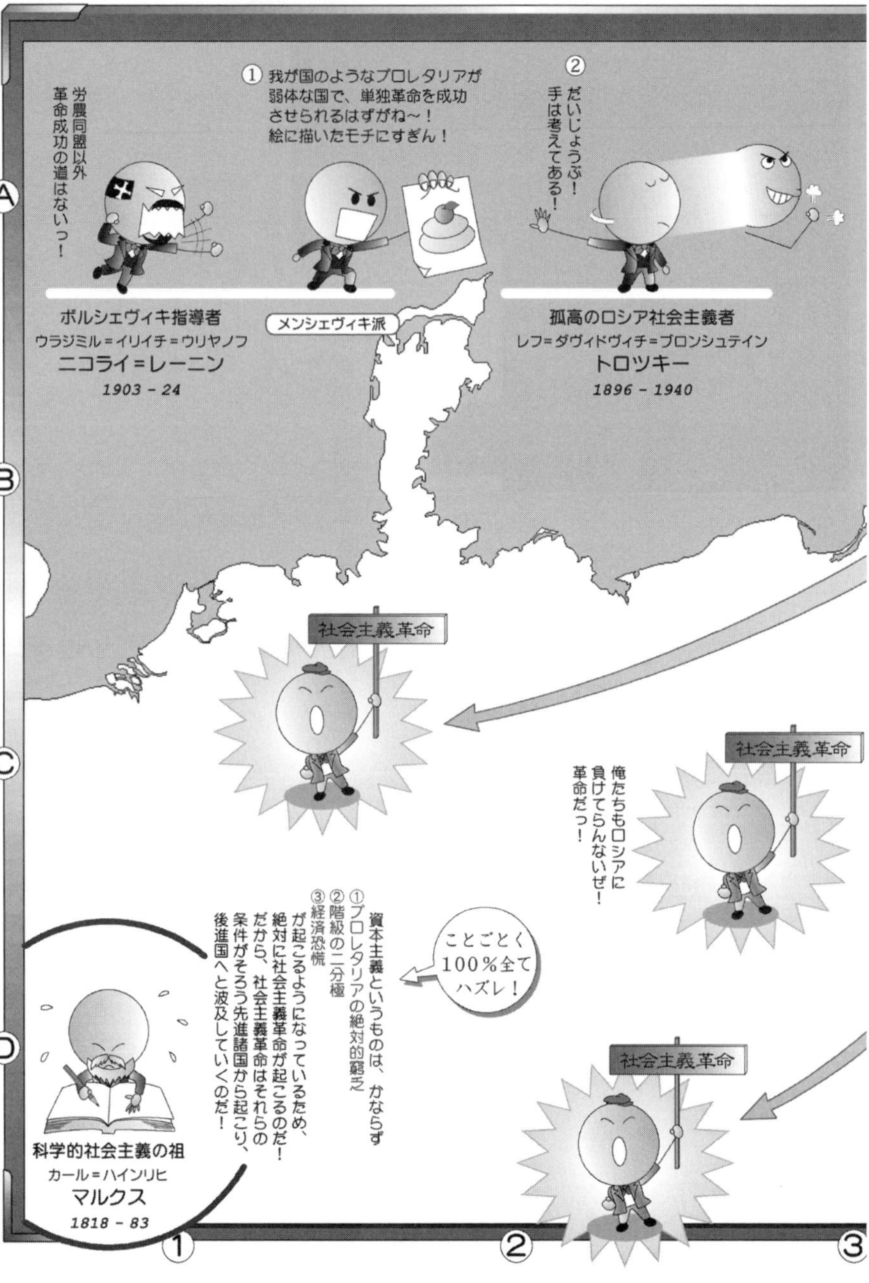

労農同盟以外
革命成功の道はないっ！
① 我が国のようなプロレタリアが
弱体な国で、単独革命を成功
させられるはずがね～！
絵に描いたモチにすぎん！
② だいじょうぶ！
手は考えてある！
ボルシェヴィキ指導者
ウラジミル＝イリイチ＝ウリヤノフ
ニコライ＝レーニン
1903－24
メンシェヴィキ派
孤高のロシア社会主義者
レフ＝ダヴィドヴィチ＝ブロンシュテイン
トロツキー
1896－1940
社会主義革命
社会主義革命
俺たちもロシアに
負けてらんないぜ！
革命だっ！
資本主義というものは、かならず
①プロレタリアの絶対的窮乏
②階級の二分極
③経済恐慌
が起こるようになっているため、
絶対に社会主義革命が起こるのだ！
だから、社会主義革命はそれらの
条件がそろう先進諸国から起こり、
後進国へと波及していくのだ！
ことごとく
100％全て
ハズレ！
科学的社会主義の祖
カール＝ハインリヒ
マルクス
1818－83
社会主義革命
A
B
C
D
①
②
③

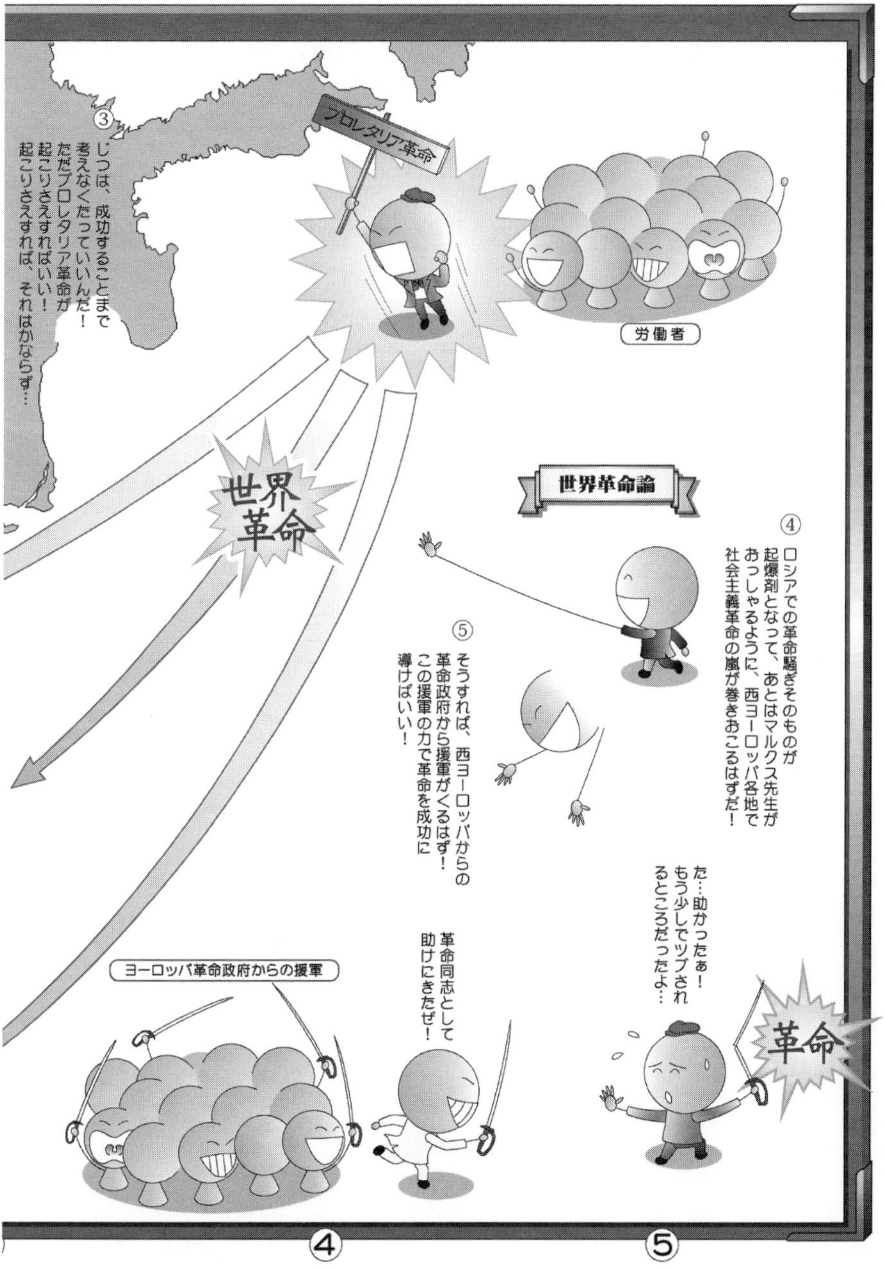
③
じつは、成功することまで考えなくたっていいんだ！ただプロレタリア革命が起こりさえすればいい！起こりさえすれば、それはかならず…
プロレタリア革命
労働者
世界革命
世界革命論
④
ロシアでの革命騒ぎそのものが起爆剤となって、あとはマルクス先生がおっしゃるように、西ヨーロッパ各地で社会主義革命の嵐が巻きおこるはずだ！
⑤
そうすれば、西ヨーロッパからの革命政府から援軍がくるはず！この援軍の力で革命を成功に導けばいい！
た…助かったぁ！もう少しでツブされるところだったよ…
革命
革命同志として助けにきたぜ！
ヨーロッパ革命政府からの援軍
④
⑤

レーニニズム・メンシェヴィズムは、自己矛盾に満《み》ち、お世辞《せじ》にも「誰もが納得する社会主義理論」ではありませんでした。

そこで、両派を否定し、「第三の理論」として名乗りをあげたのが「トロツキズム」。

そのため、L《レフ》.トロツキーは、レーニン派とメンシェヴィキ派、左右両面から突きあげを喰《く》らうことになります。

「まったくバカげている！

我々が、“労資同盟”や“労農同盟”を提唱しているのは、そもそも労働者の力があまりにも弱すぎて、単独で革命を成功させる力がないからだ。

いったい何をどうすれば、“労働者による単独革命”など成功させることができるというのだ！?

第一、“市民革命を経てから”というマルクス理論に反している！」（A-1）

労農同盟以外革命成功の道はないっ！
我が国のようなプロレタリアが弱体な国で、単独革命を成功させられるはずがね～！絵に描いたモチにすぎん！
ボルシェヴィキ指導者
ウラジミル＝イリイチ＝ウリヤノフ
ニコライ＝レーニン
メンシェヴィキ派

しかし、トロツキーは答えます。

―― ちゃんと手は考えてある！

じつは、革命を成功させることなんか考えなくたっていいのだ！

え？　革命の成功など考えなくてよい???

いやいやいや、それは考えようよ？

── 我々はただ立ち上がりさえすればよいのだ。

　立ち上がりさえすれば、あとは自動的に成功するのだ。

いよいよ意味がわかりません。

労働者の力は弱体なのに、ただ立ち上がりさえすれば自動的に成功する？

どういうこと???

── マルクス先生の言葉を思い出すがよい！

　マルクス先生は「社会主義革命は西欧の資本主義先進国から起こる」とおっしゃられているではないか。(D-1)

　にもかかわらず、“資本主義の後進国”たる我が国《ロシア》から社会主義革命が勃発してみろ！

　西ヨーロッパ諸国の社会主義者たちはメンツ丸つぶれだ。

じつは、成功することまで考えなくたっていいんだ！
ただプロレタリア革命が起こりさえすればいい！
起こりさえすれば、それはかならず…
だいじょうぶ！手は考えてある！
孤高のロシア社会主義者
レフ=ダヴィドヴィチ=ブロンシュテイン
トロツキー

「後進国ロシアごときに後《おく》れを取るな！」とばかりに、西ヨーロッパ各国で一斉に社会主義革命が勃発するに違いないのだ！(B/C-5)

さすれば、西欧でぞくぞくと社会主義政権が成立し(C-2/3)、危機に陥《おちい》った我々を救いに来てくれるだろう！(D-4)

これを小難しい言葉で「世界革命論」(B-5)と呼ぶのですが…

なんという希望的観測！

そもそもロシアで社会主義革命が起こったからといって、

それが西ヨーロッパに波及するかどうかなんて、わかったものじゃないし、

たとえ起こったところで、それが成功するかどうかわからないし、

たとえ成功したところで、ロシアに援軍を出すかどうかわからないし、

たとえ援軍が来たところで、それでロシア革命が成功するとは限らないし、

たとえ成功したところで、「他国の援軍によって生まれた政府」など、その国の“属国”としての宿命が待っているだけです。(＊01)

たしかにメンシェヴィズムもレーニニズムも“ご都合主義”だらけでした。

しかし、これらを批判して生まれたトロキズムもまた、「御同類」だったのです。

(＊01) 国家というものは「親切心」や「同情」で援軍を出すことはけっしてありません。
すべては「損得勘定」で動きます。歴史を紐解けば一目瞭然、他国の援軍によって成立した政府は、かならず援軍を出してくれた国に隷属することになります。
ナチスドイツが倒れたあと、東欧諸国はソ連軍によって“解放”されましたが、それらの国はことごとく“衛星国”という名の属国となりました。これはその好例です。

第1章 ロシア社会主義の胎動

第７幕

エリートが導くべし

ロシア社会民主労働党の分裂

ロシア社会民主労働党《RSDRP》は、その結党大会である「第1回党大会」でいきなり政府の大弾圧を受けていったん壊滅状態に陥る。多難な船出を乗り越え、その5年後、「第2回党大会」が開かれ、これが事実上の結党大会となるも、その大会で、党内の左派と右派が激しく激突し、決裂。結党早々、党は分裂状態に陥った。

「ロシアでマルクス主義が労働者の中から
自然発生することはありえない。
我々が導いてやらなければならない」

〈ロシア社会民主労働党の分裂〉

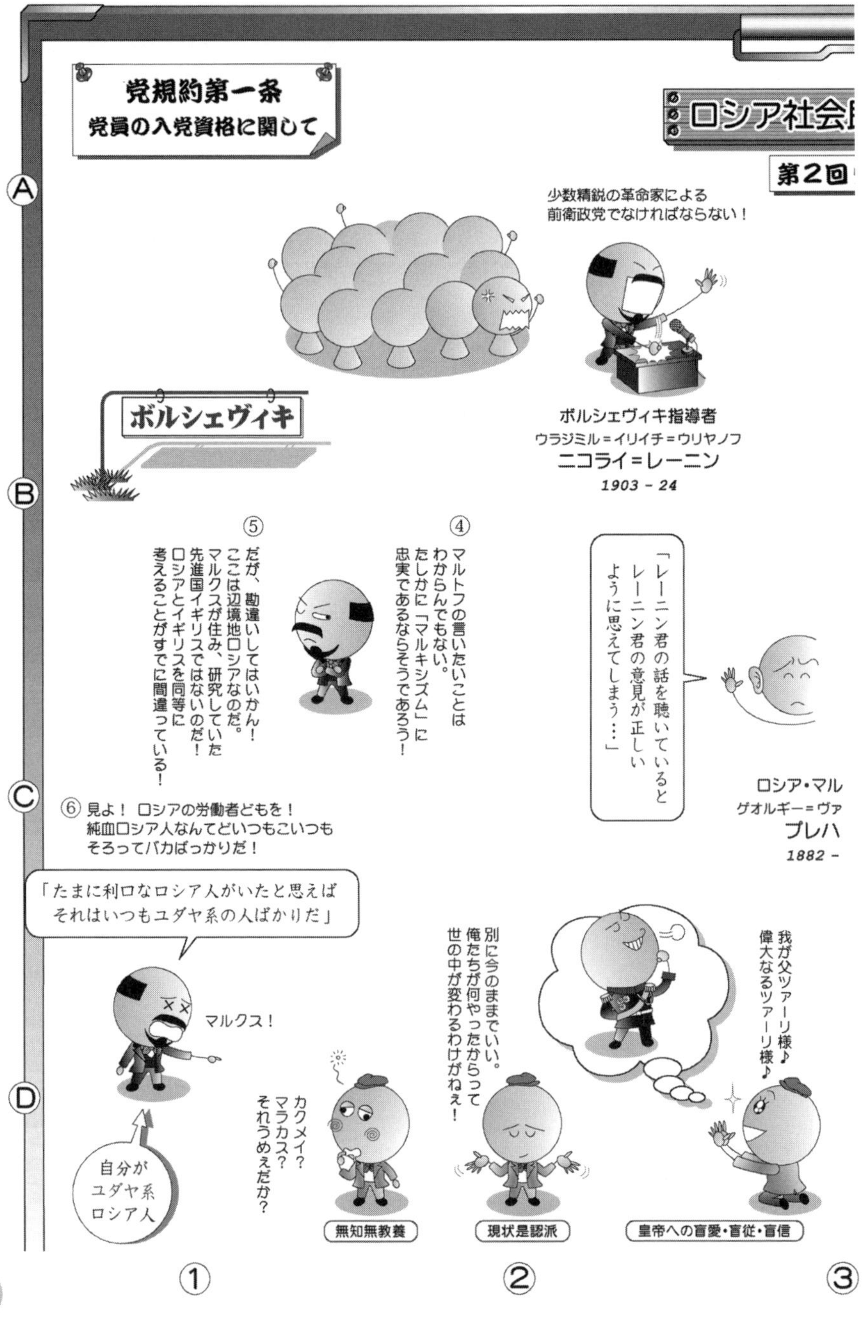

1903 年

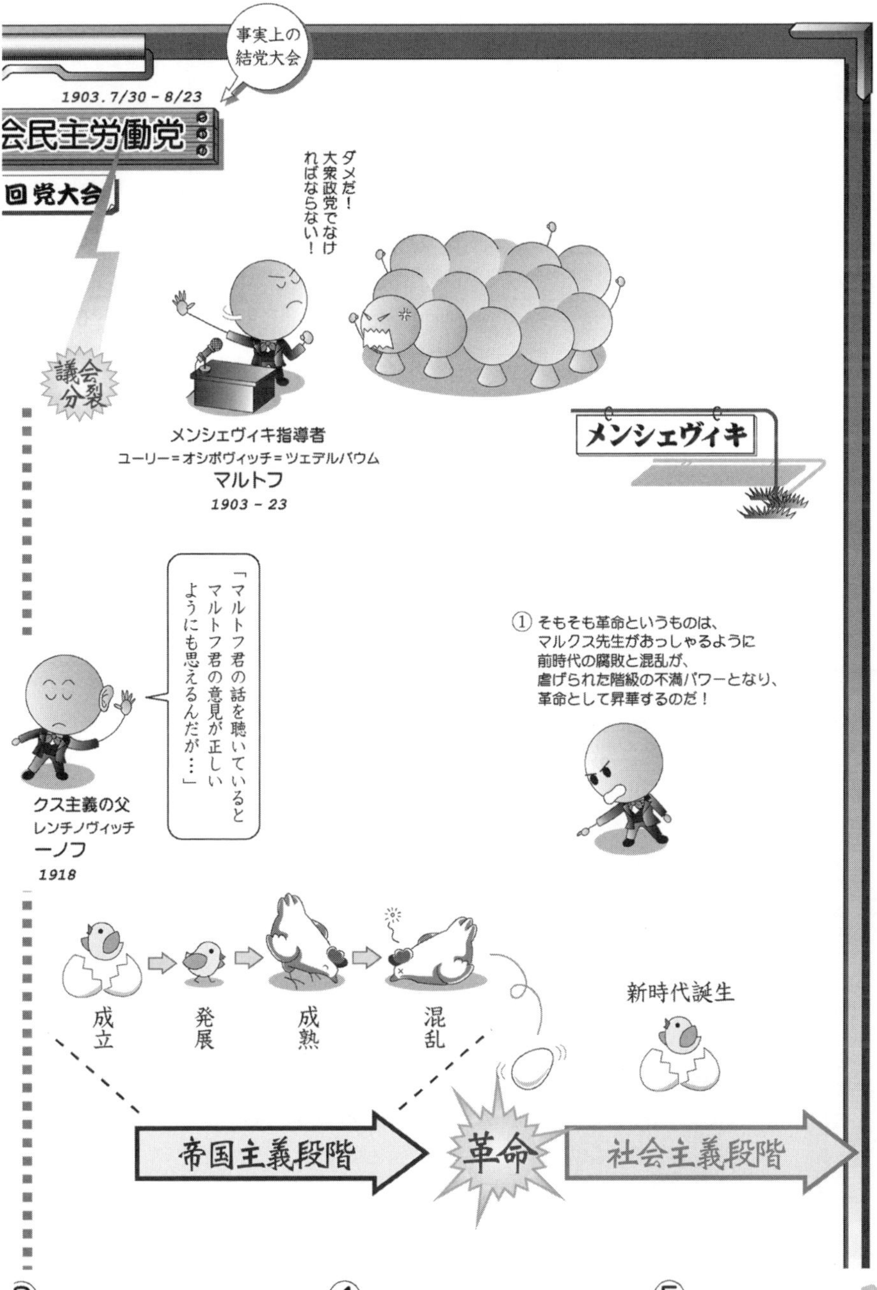
事実上の
結党大会
1903.7/30 - 8/23
会民主労働党
回 党大会
ダメだ！
大衆政党でなければならない！
議会分裂
メンシェヴィキ指導者
ユーリー＝オシポヴィッチ＝ツェデルバウム
マルトフ
1903 - 23
メンシェヴィキ
「マルトフ君の話を聴いていると
マルトフ君の意見が正しい
ようにも思えるんだが…」
クス主義の父
レンチノヴィッチ
ーノフ
1918
① そもそも革命というものは、
マルクス先生がおっしゃるように
前時代の腐敗と混乱が、
虐げられた階級の不満パワーとなり、
革命として昇華するのだ！
成立
発展
成熟
混乱
新時代誕生
帝国主義段階
革命
社会主義段階
③
④
⑤

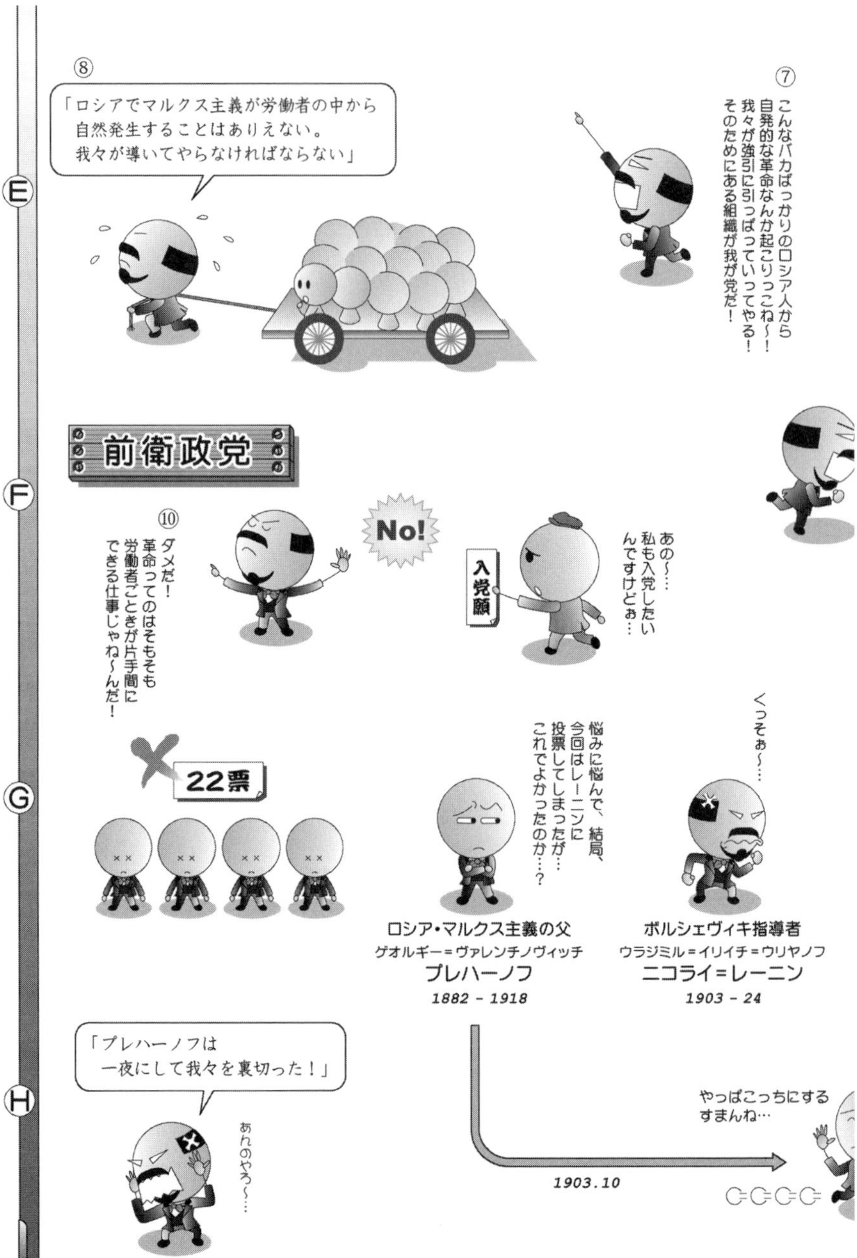

⑧
「ロシアでマルクス主義が労働者の中から
自然発生することはありえない。
我々が導いてやらなければならない」
⑦
こんなバカばっかりのロシア人から
自発的な革命なんか起こりっこね～！
我々が強引に引っぱっていってやる！
そのためにある組織が我が党だ！
前衛政党
あの～…
私も入党したい
んですけどぉ…
入党願
No!
⑩
ダメだ！
革命ってのはそもそも
労働者ごときが片手間に
できる仕事じゃね～んだ！
22票
悩みに悩んで、結局、
今回はレーニンに
投票してしまったが…
これでよかったのか…？
くっそぉ～…
ロシア・マルクス主義の父
ゲオルギー＝ヴァレンチノヴィッチ
プレハーノフ
1882 – 1918
ボルシェヴィキ指導者
ウラジミル＝イリイチ＝ウリヤノフ
ニコライ＝レーニン
1903 – 24
「プレハーノフは
一夜にして我々を裏切った！」
あんのやろ～…
1903.10
やっぱこっちにする
すまんね…
E
F
G
H
1
2
3

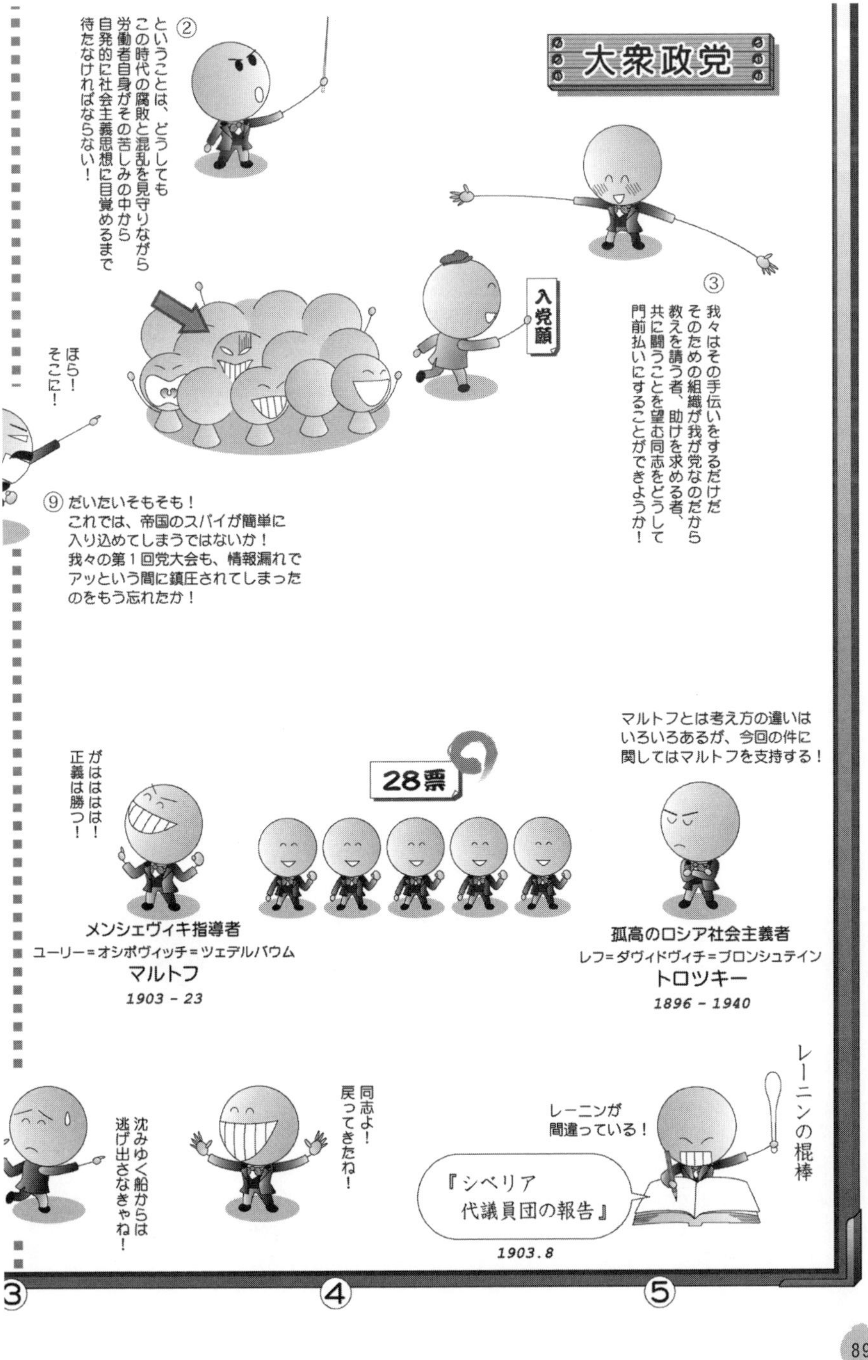
大衆政党
③ 我々はその手伝いをするだけだ
そのための組織が我が党なのだから
教えを請う者、助けを求める者、
共に闘うことを望む同志をどうして
門前払いにすることができようか！
入党願
② ということは、どうしても
この時代の腐敗と混乱を見守りながら
労働者自身がその苦しみの中から
自発的に社会主義思想に目覚めるまで
待たなければならない！
ほら！
そこに！
⑨ だいたいそもそも！
これでは、帝国のスパイが簡単に
入り込めてしまうではないか！
我々の第１回党大会も、情報漏れで
アッという間に鎮圧されてしまったのをもう忘れたか！
マルトフとは考え方の違いは
いろいろあるが、今回の件に
関してはマルトフを支持する！
孤高のロシア社会主義者
レフ＝ダヴィドヴィチ＝ブロンシュテイン
トロツキー
1896 – 1940
28票
がははは！
正義は勝つ！
メンシェヴィキ指導者
ユーリー＝オシポヴィッチ＝ツェデルバウム
マルトフ
1903 – 23
レーニンの棍棒
レーニンが
間違っている！
『シベリア
代議員団の報告』
1903.8
同志よ！
戻ってきたね！
沈みゆく船からは
逃げ出さなきゃね！
③
④
⑤

ここまで、「ロシア革命」の本題に入る前に、多くの紙幅《しふく》を割いて「マルキシズム」「メンシェヴィズム」「レーニニズム」「トロツキズム」の思想《イデオロギー》の違いについて、解説してきました。

ロシア革命を“理解不能”にしている大きな要因は、これらの無理解にあるためで、逆にいえば、この違いさえ理解してしまえば、ロシア革命の理解は難しくありません。

それでは、いよいよ「本題」へ入りましょう。

1898年に「ロシア《R》社会《S》民主《D》労働《R》党《P》」が成立したことはすでに触れました。

しかし、その結党大会である「第1回党大会」で政府の大弾圧を受け、いったん壊滅状態に陥《おちい》っていました。(＊01)

しかし。

5年の雌伏《しふく》を経て、1903年「第2回党大会」が開催され、ここに「ロシア《R》社会《S》民主《D》労働《R》党《P》」は復活します。(A-3)

したがって、この「第2回」が事実上の結党大会となりましたが、その結党大会で、いきなり党は分裂状態に陥《おちい》ります。

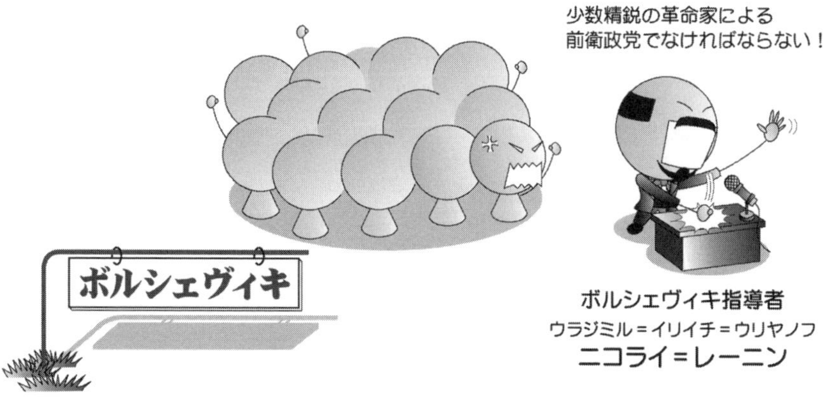
少数精鋭の革命家による
前衛政党でなければならない！
ボルシェヴィキ
ボルシェヴィキ指導者
ウラジミル＝イリイチ＝ウリヤノフ
ニコライ＝レーニン

(＊01) 党中央委員のエイヂェーリマン、クレメールを始め、中心的指導者がほとんど逮捕され、党員・関係者を含めれば500名もの逮捕者を出し、党の運営ができなくなります。
パネルでは、本章 第1幕の(F-2/3)あたりを参照のこと。

結党大会となると、まず「党規約」(＊02)を定めなければなりませんが、その「第一条 党員の入党資格に関して」(A-1)で、いきなり２人の人物が激しく対立したからです。

のちにメンシェヴィキの指導者となる Y《ユーリー》．マルトフ(A/B-3/4)と、

のちにボルシェヴィキの指導者となる V《ウラジミル》．レーニン(A/B-2/3)。

マルトフ「マルクス先生の理論に拠《よ》れば！」

レーニン「ここはロシアだ。
　　マルクス先生のおられたイギリスではない。
　　よって、マルキシズムも多少“ロシア風”に修正することが必要だ！
　　ガチガチのマルキシズムでは我が国《ロシア》ではうまくいかないのだ！」

それでは、“ロシア・マルクス主義の父”という肩書を持つ G《ゲオルギー》．プレハーノフは何と主張していたのでしょうか。(B/C-3)

「う〜〜〜〜ん…。
マルトフ君の話を聞いていると、彼の意見が正しいようにも思えるのだが、
レーニン君の話を聞いていると、彼の意見が正しいように思えてしまう…」

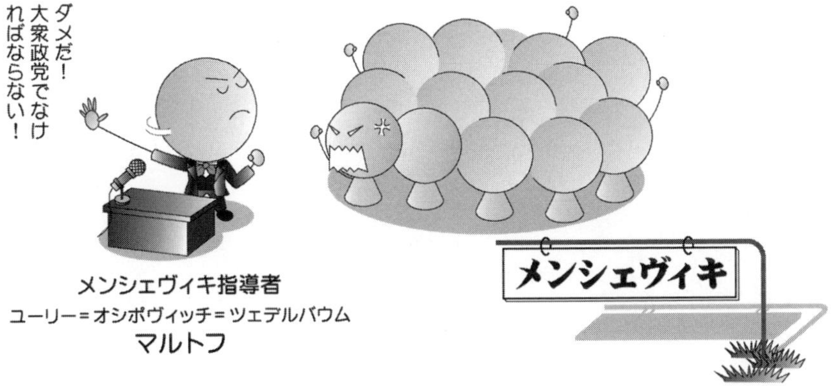
ダメだ！
大衆政党でなければならない！
メンシェヴィキ

メンシェヴィキ指導者
ユーリー＝オシポヴィッチ＝ツェデルバウム
マルトフ

(＊02)「党規約」というのは、党の基本方針や基本理念を記したもので、政党はこの「党規約」に基づいて行動します。したがいまして、国家でいえば「憲法」、会社でいえば「社則」に相当するたいへん重要なものです。

なんたる無節操！
なんたる信念《ポリシー》のなさ！
政治を志す者が「信念《ポリシー》」(＊03)がないというのは致命的です。
この一言で、彼が“人の上に立つような人物”でないことがわかります。
ところで、話をマルトフに戻しますと、彼は主張します。
「我が党はあくまで“大衆政党”でなければならない！(D/E-5)
マルクス先生に拠《よ》れば、社会主義革命は、“来たるべき時”が来れば自然発生的に起こるという。
逆に、“来たるべき時”が来なければ、何をどう努力を傾けようが、絶対に起きない。
ならば、我々の仕事は、“来たるべき時”が来るのをジッと待つこと。
そして、労働者《プロレタリアート》が“自発的に目覚める”よう補助してあげることだ。
そのためには、助けを求める者に広く門戸を開かなければならない。
よって、我が党は“大衆政党”でなければならない！」(E-4/5)

(＊03) 英語の「policy」は、「信条(信念)」と「政策」という2つの意味があります。
日本語では明確に区別される言葉ですが、この2つの概念をひとつの言葉で表しているところに、彼らが「信念と政策は同じである」という価値観があることがわかります。
「信念(policy)」がない者は「政策(policy)」もないということです。

これに対して、レーニンは反駁《はんばく》します。

―― ロシアの実情をよく見てみろ！
　こいつら《プロレタリア》は、どいつもこいつもバカばっかりだ！（＊04）
　農民だったころから300年という永きにわたってロマノフ朝に搾取《さくしゅ》されつづけ、塗炭《とたん》の苦しみを味わわされながら、いまだにこいつら《プロレタリア》は皇帝《ツァーリ》を盲信し、盲愛し、盲従しつづけているではないか！
　いったい、あと何百年待てば彼らが目覚めるというのだ！？
　1000年経《た》ったって、“自発的に目覚める”ことなどあるものか！（E-1）

たしかに、当時の労働者《プロレタリア》はまともな教育も受けることができませんでしたから、無知無教養で、「別に今のままでいい」という現状是認《ぜにん》派も多かったのは事実です。（D-2）

―― 革命というのは、我々エリートが、バカな大衆どもを引っぱってやらにゃならんのだ！
　よって、エリートだけで構成される“前衛政党”でなければならない！
　そもそも革命というものは、無知蒙昧《もうまい》な大衆どもが片手間にできる仕事じゃないのだ！（F-1/2）

（＊04）さらに彼は、吐き捨てるように「たまに利口なヤツを見つけたかと思えば、そいつはいつもユダヤ人だ」（C/D-1）と付け加えています。なにやら取って付けたような言い回しに違和感すら感じますが、じつは、彼自身がユダヤ系だったからです。

さらにレーニンはつづけます。

―― それに、そもそも我々が「第1回党大会」で当局に潰滅《かいめつ》させられたのは、党内にスパイが潜入していたからだ！

大衆政党にすると、どうしても「スパイの潜入」を食い止めることができず、同じ轍《てつ》を踏むことになるではないか！（F-3/4）

両者、話し合いではラチが明かず、結局「採決」ということになりました。

開票結果（有効票数50票）は…

○ マルトフ「28票」（G-4）

● レーニン「22票」（G-1）

…で、今回は僅差《きんさ》でマルトフが勝利します。

ちなみにこのとき、

国際主義者のL《レフ》．トロツキーはマルトフを支持。（G-5）

右顧左眄《うこさべん》していたG《ゲオルギー》．プレハーノフはレーニンを支持しました（G-2）が、レーニン敗北を知るや、ただちにマルトフ陣営に寝返っています。（H-3）

あっちにフラフラ、こっちにフラフラ。

なんたるコウモリ野郎！

これにはレーニンも、地団駄《じだんだ》踏んで悔しがっています。

―― プレハーノフのやつ！

一夜にして我々を裏切りゃあがった！！

第2章 ロシア第一革命

第1幕

革命時代の幕開け

血の日曜日事件

この季節のロシアではめずらしく快晴の日であった。昨日まで降り積もった雪で一面銀世界の中、ガポン神父に率いられた6万人規模の労働者デモが起こった。とはいえ、ニコライ2世を讃えながら、国歌を斉唱しながらの、穏健なもの。しかし、目的地の広場についてみると、そこには銃を構えた軍隊が待ち構えていた。

〈血の日曜日事件〉

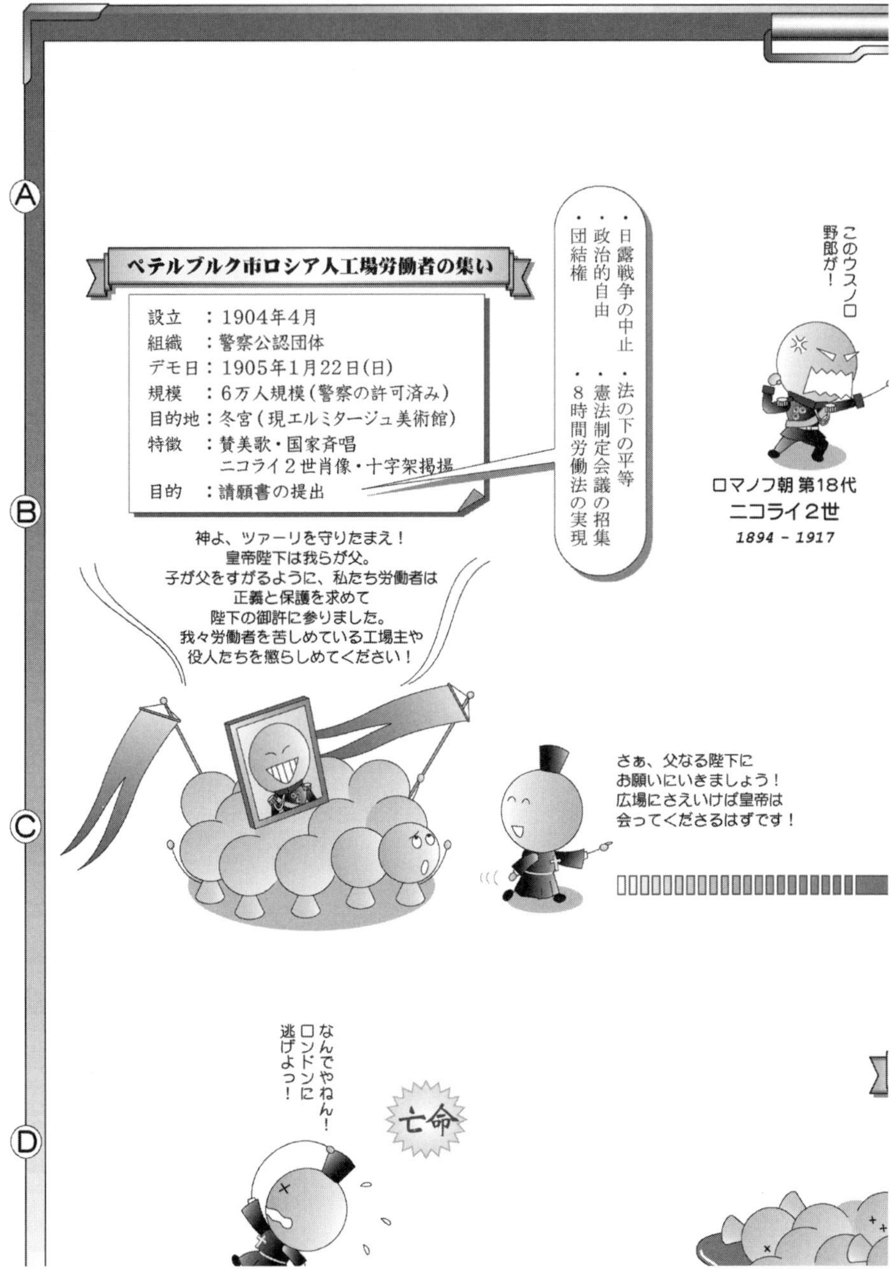

ペテルブルク市ロシア人工場労働者の集い
設立　：1904年4月
組織　：警察公認団体
デモ日：1905年1月22日(日)
規模　：6万人規模(警察の許可済み)
目的地：冬宮(現エルミタージュ美術館)
特徴　：賛美歌・国家斉唱
ニコライ２世肖像・十字架掲揚
目的　：請願書の提出
・日露戦争の中止
・政治的自由
・団結権
・法の下の平等
・憲法制定会議の招集
・8時間労働法の実現
このウスノロ野郎が！
ロマノフ朝 第18代
ニコライ２世
1894 - 1917
神よ、ツァーリを守りたまえ！
皇帝陛下は我らが父。
子が父をすがるように、私たち労働者は
正義と保護を求めて
陛下の御許に参りました。
我々労働者を苦しめている工場主や
役人たちを懲らしめてください！
さぁ、父なる陛下に
お願いにいきましょう！
広場にさえいけば皇帝は
会ってくださるはずです！
なんでやねん！
ロンドンに
逃げよっ！
亡命

① ② ③

1905年前葉

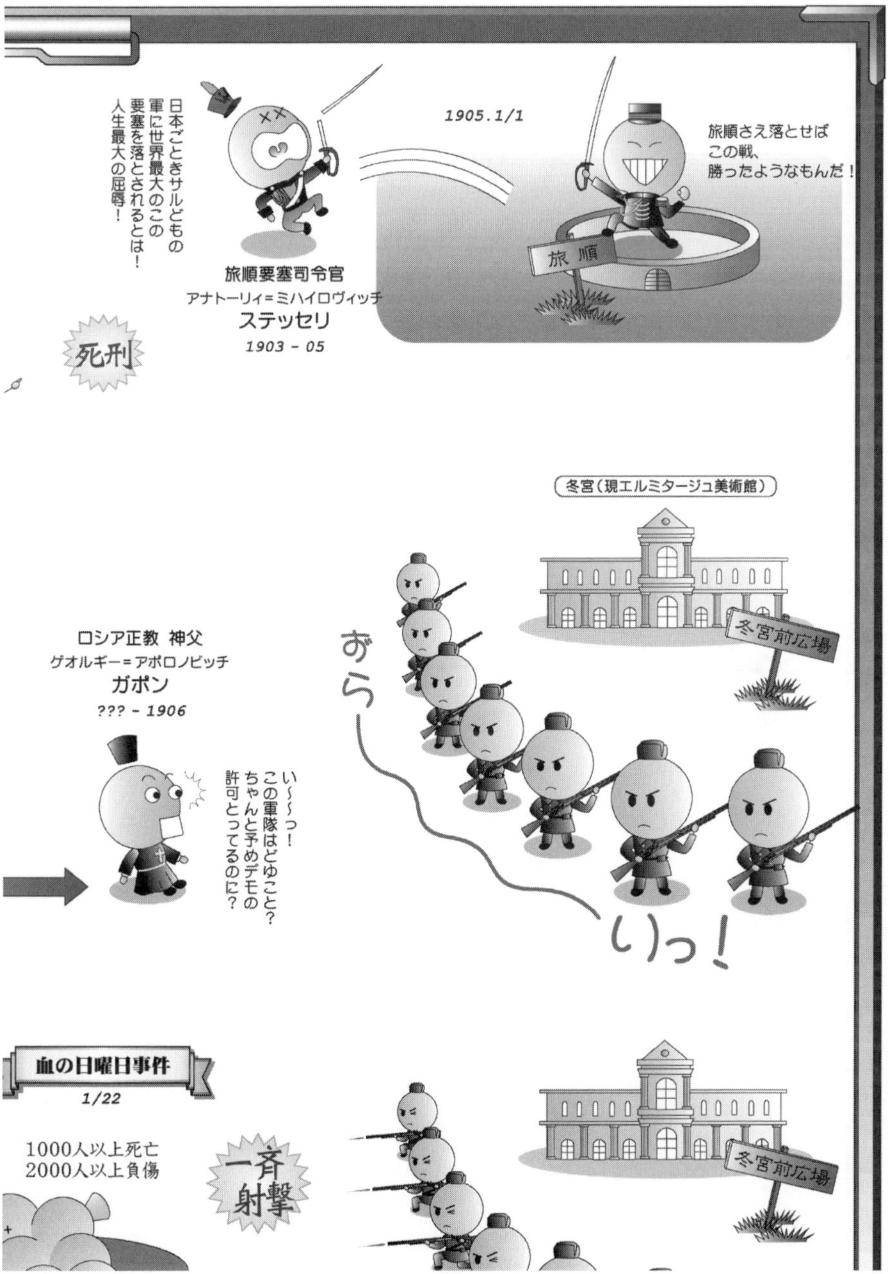
1905.1/1
旅順さえ落とせば
この戦、
勝ったようなもんだ！
旅順
日本ごときサルどもの
軍に世界最大のこの
要塞を落とされるとは！
人生最大の屈辱！
旅順要塞司令官
アナトーリィ＝ミハイロヴィッチ
ステッセリ
1903 - 05
死刑
冬宮（現エルミタージュ美術館）
冬宮前広場
おらーいっ！
ロシア正教 神父
ゲオルギー＝アポロノビッチ
ガポン
??? - 1906
い～～っ！
この軍隊はどゆこと？
ちゃんと予めデモの
許可とってるのに？
血の日曜日事件
1/22
1000人以上死亡
2000人以上負傷
一斉射撃
冬宮前広場

③　④　⑤

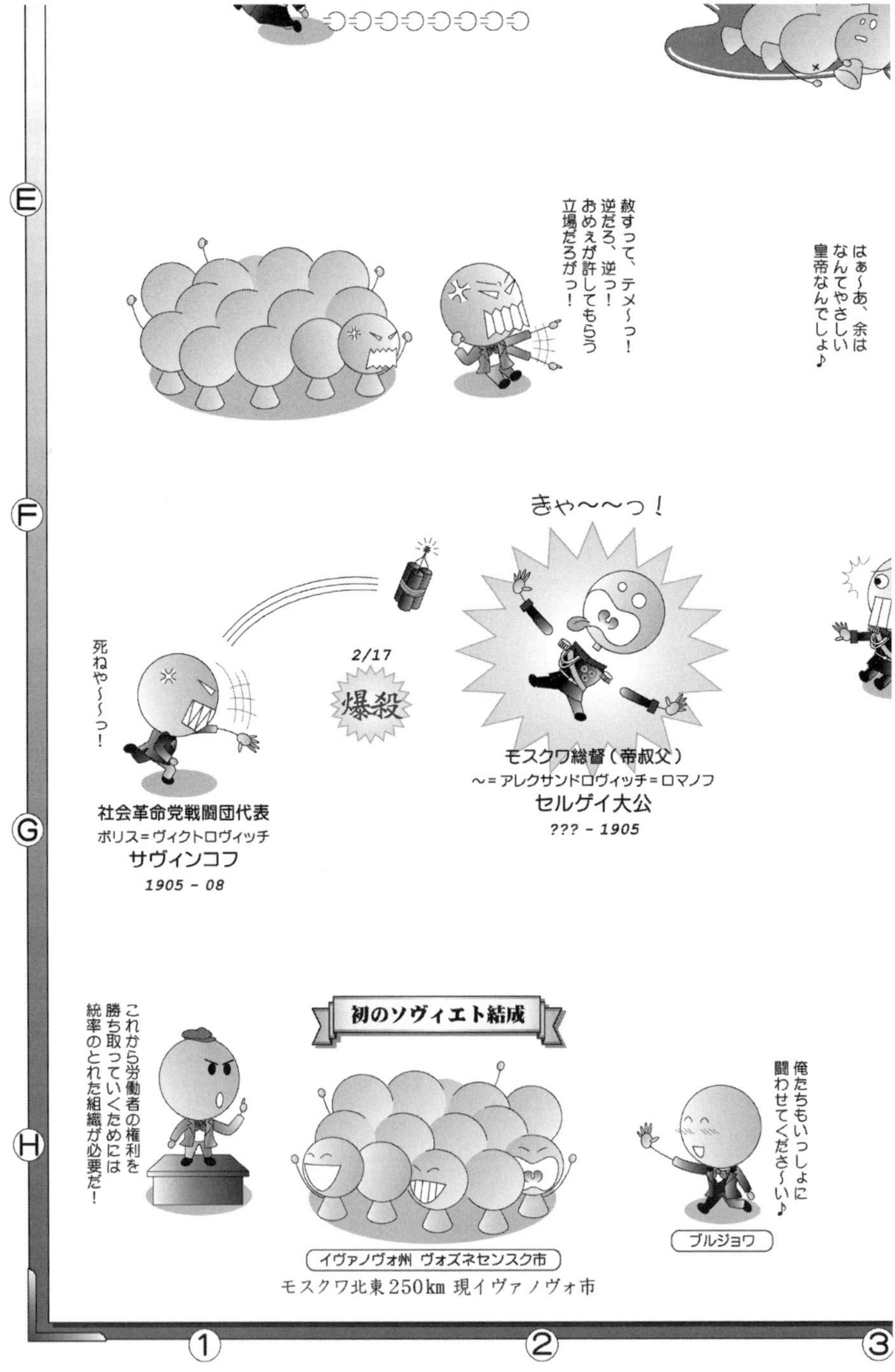
はぁ〜あ、余は
なんてやさしい
皇帝なんでしょ♪
赦すって、テメ〜っ！
逆だろ、逆っ！
おめぇが許してもらう
立場だろがっ！
きゃ〜〜っ！
2/17
爆殺
死ねや〜〜っ！
モスクワ総督（帝叔父）
〜＝アレクサンドロヴィッチ＝ロマノフ
セルゲイ大公
??? - 1905
社会革命党戦闘団代表
ボリス＝ヴィクトロヴィッチ
サヴィンコフ
1905 - 08
初のソヴィエト結成
俺たちもいっしょに
闘わせてくださ〜い♪
ブルジョワ
これから労働者の権利を
勝ち取っていくためには
統率のとれた組織が必要だ！
イヴァノヴォ州 ヴォズネセンスク市
モスクワ北東250km 現イヴァノヴォ市
E
F
G
H
1
2
3

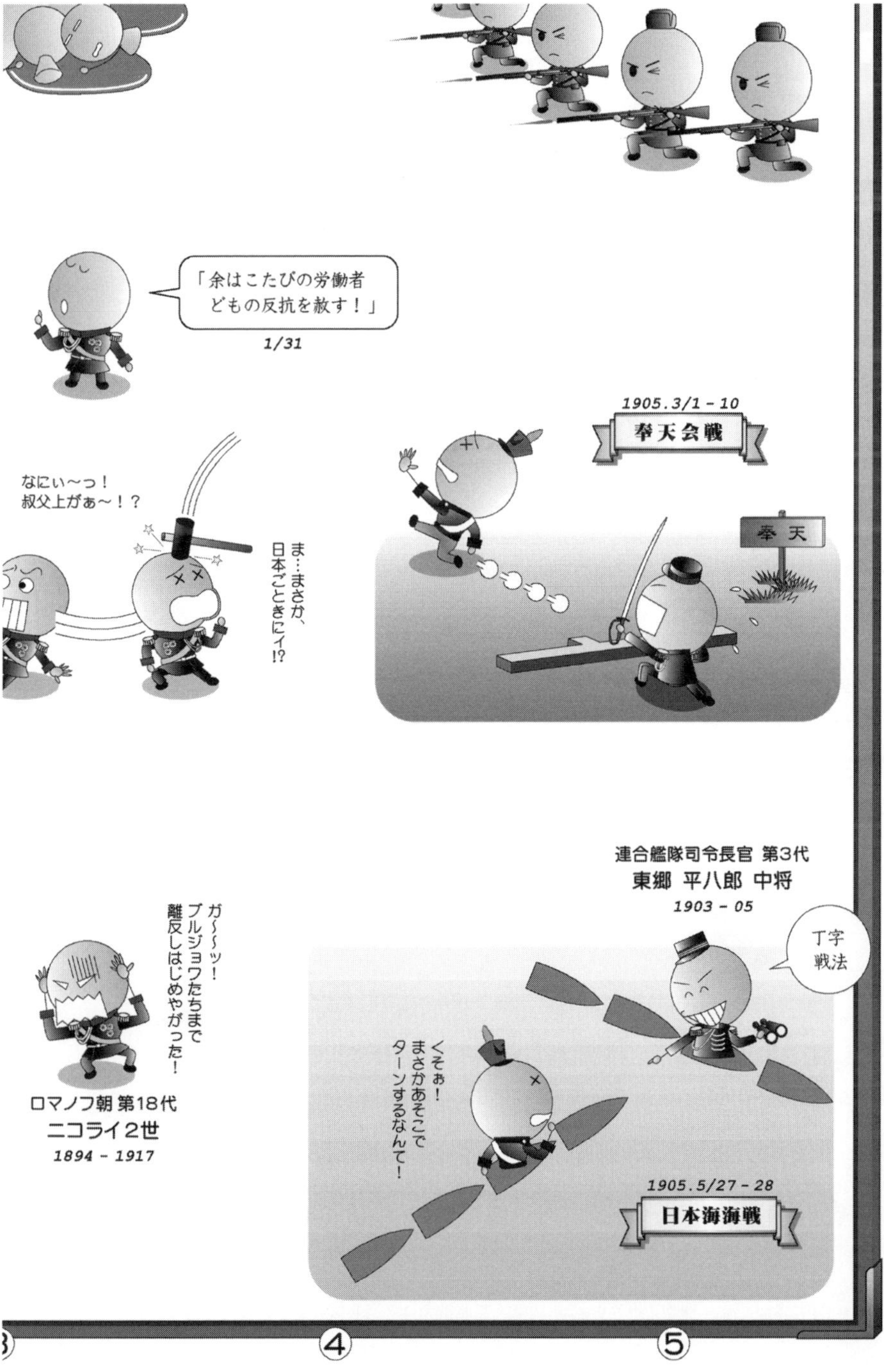
「余はこたびの労働者
どもの反抗を赦す！」
1/31
なにぃ～っ！
叔父上がぁ～！？
ま…まさか、
日本ごときにィ!?
1905.3/1－10
奉天会戦
奉天
ガ～～ッ！
ブルジョワたちまで
離反しはじめやがった！
ロマノフ朝 第18代
ニコライ2世
1894－1917
連合艦隊司令長官 第3代
東郷 平八郎 中将
1903－05
丁字
戦法
くそぉ！
まさかあそこで
ターンするなんて！
1905.5/27－28
日本海海戦
③
④
⑤

1904年、大国ロシアは、「東の果てにある、まだ開国したばかりの小さな小さな島国の貧乏小国」と交戦状態になります。

これこそが「日露戦争」です。

両国の国力差は圧倒的で、経済力8倍、陸軍力10倍、海軍力3倍の開きがあり、ロシアにしてみれば、敗《ま》けることなど夢想だにできない戦《いくさ》でした。

皇帝《ツァーリ》ニコライ2世は、

「あの 猿《マカーキー》 ども(＊01)が余に逆らうなど、想像すらできなんだわ！

ま、やつらなど、“帽子の一振り”で片づけてくれるがな！」

…と豪語し、満州軍総司令官クロパトキン大将は、

「こたびの戦《いくさ》、我が軍にしてみれば、単なる“ 散歩《ピクニック》 ”程度のものにすぎぬ！」

…と見下し、極東総督アレクセーエフ大将も、

「日本《マカーキー》ごとき！　やつら4人につき、ロシア兵1人で充分だ！」

…と侮《あなど》るほど。

当時のロシアが、どれほど日本を蔑視《べっし》していたかがわかります。

ところが、フタを開けてみれば、海に陸に、ロシア軍は連戦連敗！(＊02)

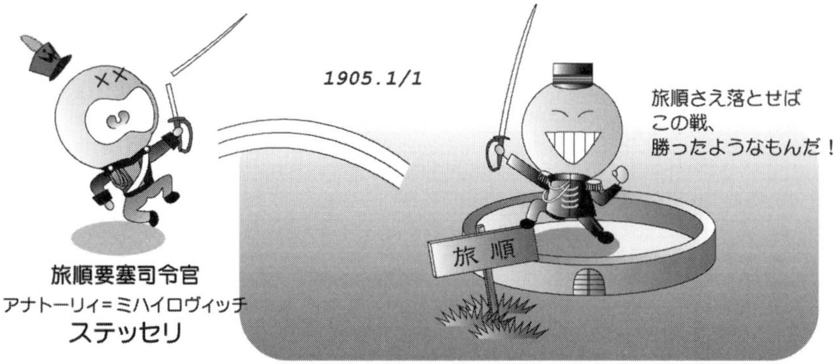
1905.1/1
旅順さえ落とせば
この戦、
勝ったようなもんだ！
旅順
旅順要塞司令官
アナトーリィ=ミハイロヴィッチ
ステッセリ

(＊01) 皇帝ニコライ2世は、常日頃から日本人のことを「Японский（ヤポンスキ/日本人）」とは呼ばずに「Макаки（マカーキー/猿）」と呼んでいましたし、れっきとした公文書にすら「Макаки」と記されていました。

(＊02) 詳しくは、拙著『世界史劇場 日清・日露戦争はこうして起こった』をご覧ください。

そしてついに、年が明けた正月元日には、あの“難攻不落”と謳《うた》われた世界最大・最強の大要塞・旅順《りょじゅん》（＊03）までもが陥落。（A-4/5）

この報には、皇帝《ツァーリ》も怒りを顕《あら》わにします。（A/B-3）

皇帝《ツァーリ》にしてみれば、「“難攻不落”のロシア自慢の大要塞が、“猿《マカーキー》の群《むれ》”に占拠された」という思いで、旅順《りょじゅん》要塞司令官であったA《アナトーリィ》.M《ミハイロヴィッチ》.ステッセリ中将に、死刑を宣告させたほどの怒りよう。（＊04）

さらにこの報は、ロシア人民《ナロード》にも大きな失望と落胆を与えました。

日々のつらく苦しい生活も、「大勝利！」「また勝った！」「連戦連勝！」の号外が飛び交えばこそ、ストレス発散の余地もありましょう。

しかし、つぎつぎと入ってくる報が、「海に敗けた！」「陸にも敗けた！」、しまいには「旅順《りょじゅん》まで陥《お》ちた！」では、浮かぶ瀬もありません。

—— 俺たちがこれほど生活を切り詰めてがんばっているのに、
　　軍隊は、たかが日本《マカーキー》ごときにまた敗けたのかよ！
—— 今度は、あの旅順《りょじゅん》まで陥《お》ちただと！?
　　旅順《りょじゅん》は“難攻不落”じゃないのか！?

こうした国民の不満は、その３週間後、ついに６万人規模のデモに発展していくことになります。

とはいえ。

このときのデモはあくまでも“平和的”なものでした。

デモを行った団体（＊05）は、れっきとした「警察公認団体」でしたし、

その日のデモも、警察に「デモの行進ルートから、その内容、規模まで」あらかじめ届出を出していましたし、

さらには、きちんと警察から許可も得ていました。

（＊03）20世紀初頭当時、旅順は「世界最大規模」「世界最先端設備」を擁する大要塞で、「旅順を越えることができるのは鳥しかいない」と謳われていました。

（＊04）ただし、敵将だった乃木希典大将が「ステッセリ助命嘆願運動」を行ったことが功を奏したのか、のちに禁錮10年に減刑されています。

（＊05）この団体名は「ペテルブルク市ロシア人工場労働者の集い」（A/B-1）と言います。

そのシュプレヒコールも、
「神よ！　陛下《ツァーリ》を護《まも》り給《たま》え！」
「皇帝陛下は慈愛《じあい》深き“我らが父”！
　子が父にすがるように、
　私たち労働者は正義と保護を求めて陛下の御許《みもと》に参りました」(B-1)
…といったように、きわめて穏健なもの。
　彼らは、このときにはまだ、
「我々労働者《プロレタリア》を苦しめているのは、あくまでも工場主や役人なのだ。
　陛下《ツァーリ》はきっと我々のこの惨状をご存じないのであろう。
　お知りくださりさえすれば、陛下《ツァーリ》はただちに工場主や役人を懲《こ》らしめ、
　この窮状《きゅうじょう》から我々をお救いくださるにちがいない！」
…などと考えていたのでした。(＊06)
　皇帝《ツァーリ》に牙《キバ》を剝《む》こうなどという気持ちは露《つゆ》ほどもありません。(＊07)
　無邪気に皇帝《ツァーリ》を慕《した》い、皇帝《ツァーリ》の肖像画を掲《かか》げ、皇帝《ツァーリ》を賛美し、国歌を斉唱しながらペテルブルクの街を練《ね》り歩いたのです。

さぁ、父なる陛下に
お願いに行きましょう！
広場にさえ行けば皇帝は
会ってくださるはずです！

(＊06) 当時、ロシアの民間には、「皇帝は人民に幸福を与えてくれる慈愛深き父のようなお方」との観念が広く深く浸透しており、革命派の人たちがどれほど「皇帝こそが人民の敵なのだ！」と訴えようとも、聞く耳を持たず、革命勢力が拡大しにくい素地がありました。

(＊07) もちろん、全会一致というわけではなく、一部には反抗心を持つ者もいないわけではありませんでしたが。

このデモを指導したのが G《ゲオルギー》.A《アポロノヴィッチ》.ガポン神父。
目的地は冬宮《エルミタージュ》(B-5)(＊08)前の広場。
そこに行けば、慈愛の微笑《ほほえ》みにあふれた皇帝《ツァーリ》が現れ、我々にあたたかい言葉をかけてくださるはず！
そんな“妄想”を抱いてここに集まってきていました。
しかし。
いざ冬宮《エルミタージュ》に着いてみると、そこに皇帝《ツァーリ》の姿はなく、銃を携《たずさ》えた軍隊が待ち構えていただけでした。
―― なんだ、なんだ？　あの軍隊は何？
―― 俺たちを撃とうってのか？
―― おぅ、おぅ！　撃てるものなら撃ってみやがれ！！
デモの労働者《プロレタリア》たちは、虚勢を張って見せます。

冬宮（現エルミタージュ美術館）
冬宮前広場
い～～っ！
この軍隊はどゆこと？
ちゃんと予めデモの
許可とってるのに？
おら
いっ！

(＊08) 当時は「冬宮」。もともとピョートル大帝のペテルブルク遷都に伴って造られた王宮。
その後、歴代皇帝が増改築を繰り返した結果、全体の統一感がなくなってしまったため、女帝エリザベータのときに全面的に建て替えることになり、エカチェリーナ２世の御代になって完成したもの。ピョートル大帝から数えて５代目の宮殿にあたります。
現在ではエルミタージュ美術館の本館になっています。

まさかよもや、撃つとは思わず。
しかし。
「構え！」
広場にその一声が響いたかと思うと、ラッパが鳴り、
「撃てーーっ！」
…と、武器も持たない民衆に、問答無用の容赦なき一斉掃射！
その日、1月22日は、この時期のロシアにはめずらしく、昨日までの雪がウソのように晴れ上がった雲ひとつない晴天で、広場《エルミタージュ》は一面真っ白なうつくしい雪景色でした。
そこが、労働者の絶叫・悲鳴とともに、労働者の血で真っ赤に染まることになったのです。(D-3)
真っ白な雪景色に、真っ赤な鮮血。
デモが行われたのは、労働者《プロレタリア》が仕事のない日曜日でしたので、後世、この事件のことを「血の日曜日」と呼ぶことになります。(＊09)

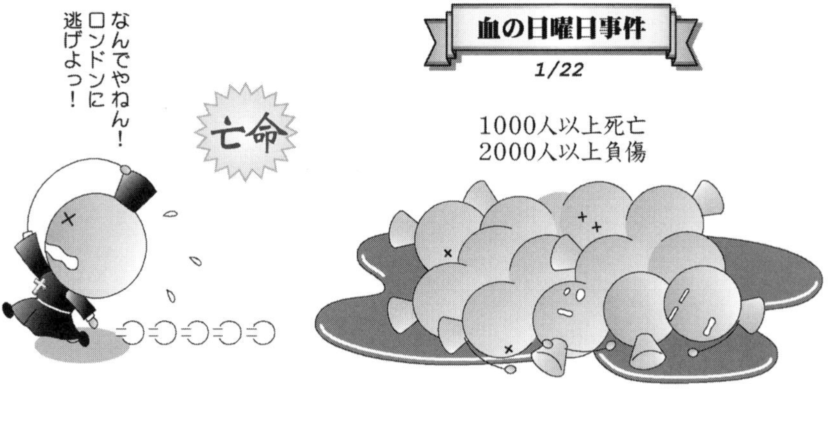
なんでやねん！
ロンドンに
逃げよっ！
亡命
血の日曜日事件
1/22
1000人以上死亡
2000人以上負傷

(＊09) このときニコライ2世は、現場から25kmほど南にあるツァールスコエ＝セローという町にあるアレクサンドロフスキー宮殿でティータイムを楽しんでいました。
これは、「フランス革命」が勃発したときのことを想起させます。そのときのルイ16世もまた、現場から20kmほど離れたベルサイユ宮殿で享楽にふけっていました。
こうした君主の「危機感のなさ」が革命を引きおこしたと言えるのかもしれません。

その死傷者は、2000とも4000とも。

ガポン神父はその足で亡命。(D-1/2)(＊10)

── なんだ、なんだ！

革命家たちの言っていた通りじゃないか！

皇帝《ツァーリ》は我々《ナロード》の敵だったのか！！

まさに、人民《ナロード》の心が皇帝《ツァーリ》から離れた瞬間でした。(＊11)

「覆水盆に返らず」

一度揺《ゆ》らいだ信頼関係はけっして元に戻ることはありません。

これにより、以後、「革命時代」の幕開けとなります。

ロマノフ朝300年の泰平《たいへい》は、この“たった１度の不手際”によって、余命わずか13年となったのでした。

体制側は何故《なにゆえ》にこんな愚かなことをしでかしたのでしょうか。

もしこのとき、ニコライ２世が冬宮《エルミタージュ》の窓から顔を出し、

「そちたちの気持ち、しかと受け取ったぞ！」

…とひとこと言ってやるだけで、民衆《ナロード》なんぞ、

── 皇帝《ツァーリ》万歳！！

── ニコライ２世万歳！！

…と涙を流しながら歓喜《かんき》したことでしょう。

そうすれば、こののち、レーニンがどれほど叫べど踊れど喚《わめ》けど、その声は民衆《ナロード》の耳に届くことはなく、結果、ロシア革命はなく、ニコライ２世もその天寿を全《まっと》うできたことでしょう。

しかし、まだイッパツ逆転のチャンスはありました。

ニコライ２世が民衆の前に出て、

(＊10) その後、彼は皇帝派スパイの容疑をかけられ、翌年、社会革命党員に暗殺されています。

(＊11) 君主国というものは、人民の信頼がなければ永くつづくものではありません。
のちにレーニンはこの事件について、「我々社会主義者が数十年にわたって努力しようとも得られなかったであろう成果が、たった一日で達成された。“血の日曜日”なくして、ロシア革命の成功はあり得なかっただろう」と述懐しています。

「こたびのことは悪い家臣たちの暴走によるものである！
　余の不明であった！　この通り！」
…と、頭を下げ、涙の一粒も流してやれば、民衆《ナロード》の心はふたたび戻ってきたにちがいありません。
　しかし、哀しいかな、ニコライ２世は愚帝。
　事件後も“事の重大性”がまったく理解できていませんでした。
　事件の１週間後（1月31日）、ニコライ２世は声明を発表します。
「余はこたびの労働者《プロレタリア》どもの反抗を赦《ゆる》す！」(E/F-3/4)

　ああ！！
　火に油を注ぐ、とはまさにこのこと。
　いよいよテロが活性化し、そのわずか半月後には、皇帝《ニコライ》の叔父でもあったモスクワ総督セルゲイ大公が爆殺されます。(F/G-2)（＊12）

（＊12）暗殺実行組織は、社会革命党に属する「戦闘団」。その指導者はボリス＝サヴィンコフ。直接の実行犯はイワン＝カリャーエフ。最初の実行（2月15日）では、セルゲイ大公が小さい子供を連れていたため、子供を道連れにすることが忍びなく、このときは爆弾の投擲を諦めている。その２日後に再チャレンジして成功。

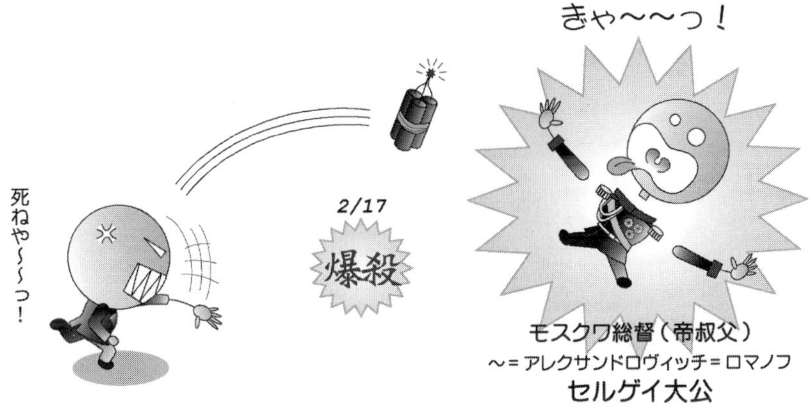
きゃ〜〜っ！
死ねや〜〜っ！
2/17
爆殺
モスクワ総督（帝叔父）
〜＝アレクサンドロヴィッチ＝ロマノフ
セルゲイ大公

　こうした内憂が深刻化するのと連動するようにして、外患すなわち日露戦争も悪化の一途を辿《たど》り、その翌月には、奉天会戦に敗北（F-5）、その翌々月には日本海海戦に敗北（H-5）します。

　こうして、日露戦争の敗北が決定的となった５月、モスクワ北東 250km にあるイヴァノヴォ州で、初めて「ソヴィエト[(＊13)]」が結成（H-1/2）されるや、決壊したダムのように、アッという間に「ソヴィエト」は全国に拡がりを見せ、半年もしないうちにゼネストに発展することになります。

　いよいよ帝国《インピェーリヤ》は断末魔の声をあげはじめました。

　もはや、王朝も風前の灯火《ともしび》。

　しかし、ここに、王朝にとって“救世主”が現れます。

　彼の八面六臂《ぴ》の活躍により、王朝はもう少し、寿命が延びることになります。

（＊13）ロシア語で「評議会」の意。
このときの「ソヴィエト」は、労働者だけでなく、資本家まで参加していましたから、上から下まで、いかに王朝に対する不満が募っていたかが窺えます。
しかし、軍隊の合流がなかったことがイタかった。

Column 戦艦ポチョムキン号事件

ロシア第一革命の余波は、海にも拡がりを見せます。

それこそが「戦艦ポチョムキン号水兵叛乱」です。

たいへん有名な叛乱ですが、事の発端は「メシがまずい」。

いや、「まずい」どころか、水兵に出された食事《ポルシチ》にウジがわいた肉が使われていたのです。

── こんなもん、食えるかぁ！！

不平を言う水兵たちを前にして、上官は答えます。

「それはウジではない。いいから文句《モンク》を言わずに食え！」

── ぬぁんだとぉ～～っ！？
　　これがウジでなければ何だ！？

答えに窮《きゅう》した上官、言うに事欠いて、こう答えます。

「それは、ただの“ハエの幼虫”にすぎん…」

いやいやいや…。それを「ウジ」って言います。

ここから騒動が大きくなり、ついに堪忍袋の緒《お》が切れた水兵たちは上官らを海に放り投げて殺してしまいます。

── おい、勢いで殺しちまったが、これからどうしよう？
　　このままでは反逆罪で死刑だぞ？

そこで頭をよぎったのが、内地で発生していた革命騒ぎです。

── 俺たちも、あの革命騒ぎに乗っかろうぜ？

── うむ、そうすれば、俺たちの行為を正当化できる！

こうして、ポチョムキン号は自分の保身のために革命に合流しようとしました。

革命というものは、軍を味方につけることに成功すると、その成功率がグッと高くなります。

これがもし成功していたら、歴史も大きく動いたでしょう。

しかし、やはり突発的・無計画だったことが災いし、結局、失敗に終わっています（ポチョムキン号はルーマニアに亡命）。

第2章 ロシア第一革命

第2幕

国会開設の約束

十月勅令

血の日曜日から始まった革命気運は、やがて、鉄道・郵便・電信・電気・水道、その他諸々のゼネストへと発展し、国家は死に体となっていった。王朝の大臣どもはなんら有効な措置を打ち出すことはできぬ中、そこへ帰国してきたのがヴィッテ。彼は、渋るニコライ2世を説き伏せ、ただちに「十月宣言」を発する。

陛下のご宸志で
あらせられるぞ！
（ウソだけど）
十月宣言
国家秩序の改善に関する宣言

〈十月勅令〉

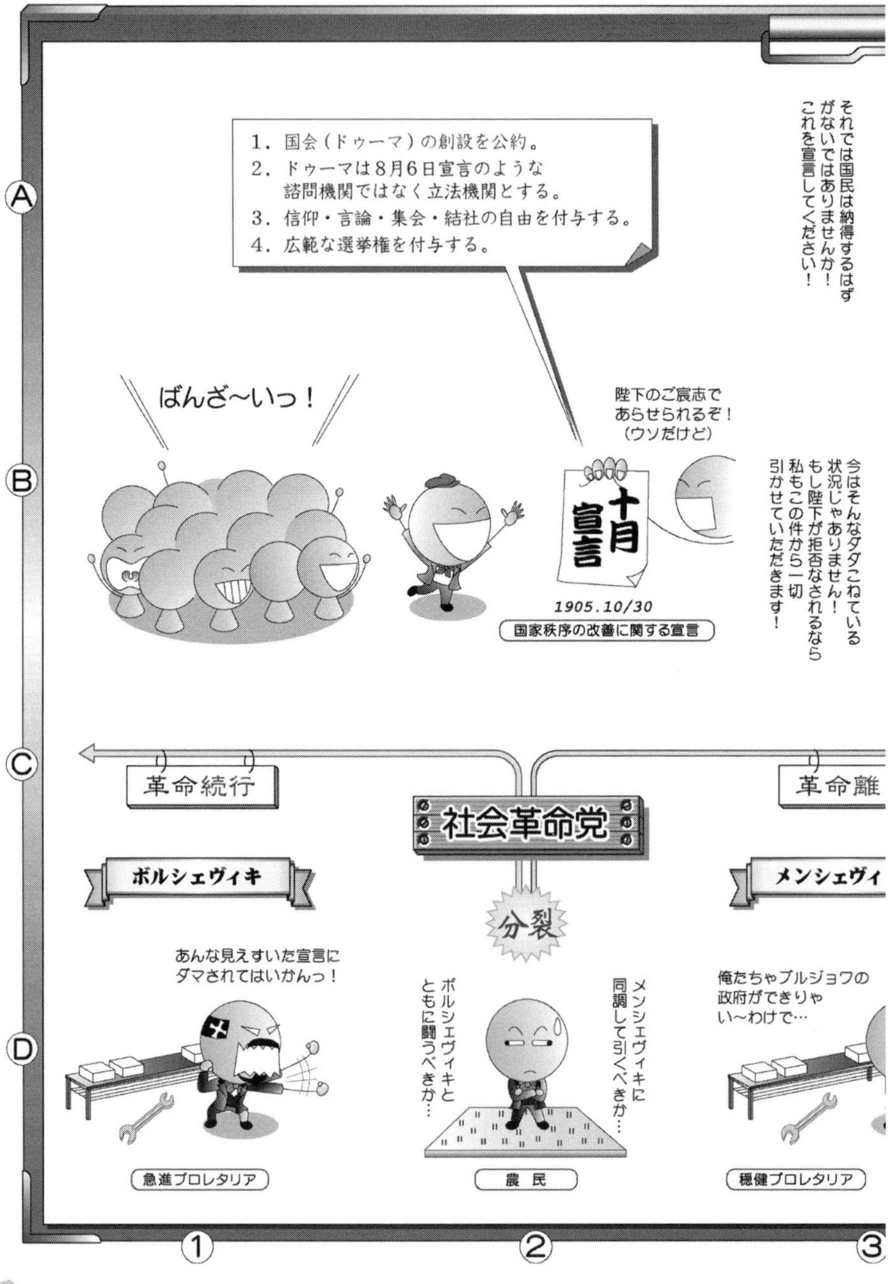

それでは国民は納得するはずがないではありませんか！これを宣言してください！
1．国会（ドゥーマ）の創設を公約。
2．ドゥーマは8月6日宣言のような諮問機関ではなく立法機関とする。
3．信仰・言論・集会・結社の自由を付与する。
4．広範な選挙権を付与する。
今はそんなダダこねている状況じゃありません！もし陛下が拒否なされるなら私もこの件から一切引かせていただきます！
陛下のご宸志であらせられるぞ！（ウソだけど）
ばんざ～いっ！
十月宣言
1905.10/30
国家秩序の改善に関する宣言
革命続行
社会革命党
革命離
ボルシェヴィキ
メンシェヴィ
分裂
あんな見えすいた宣言にダマされてはいかんっ！
メンシェヴィキに同調して引くべきか…
ボルシェヴィキとともに闘うべきか…
俺たちゃブルジョワの政府ができりゃい～わけで…
急進プロレタリア
農民
穏健プロレタリア
A
B
C
D
1
2
3

1905年10月

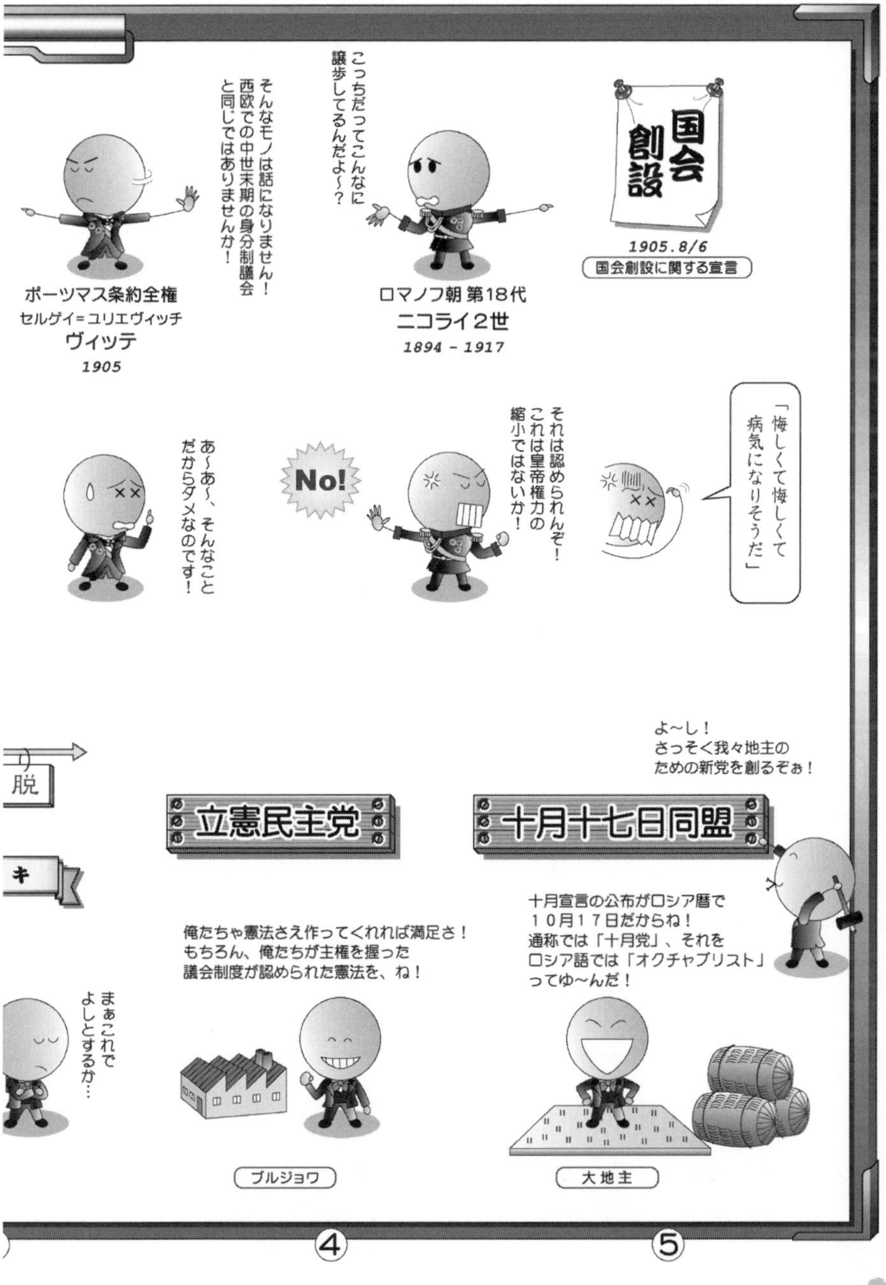
国会創設
1905.8/6
国会創設に関する宣言
こっちだってこんなに譲歩してるんだよ～？
そんなモノは話になりません！西欧での中世末期の身分制議会と同じではありませんか！
ロマノフ朝 第18代
ニコライ2世
1894 - 1917
ポーツマス条約全権
セルゲイ＝ユリエヴィッチ
ヴィッテ
1905
「悔しくて悔しくて病気になりそうだ」
それは認められんぞ！これは皇帝権力の縮小ではないか！
No!
あ～あ～、そんなことだからダメなのです！
脱
キ
立憲民主党
十月十七日同盟
よ～し！
さっそく我々地主の
ための新党を創るぞぉ！
十月宣言の公布がロシア暦で
１０月１７日だからね！
通称では「十月党」、それを
ロシア語では「オクチャブリスト」
ってゆ～んだ！
俺たちゃ憲法さえ作ってくれれば満足さ！
もちろん、俺たちが主権を握った
議会制度が認められた憲法を、ね！
まぁこれでよしとするか…
ブルジョワ
大地主
④
⑤

モスクワから250kmも離れた繊維都市イヴァノヴォの労働者が「ソヴィエト」を結成したのを皮切りに、その運動は全国に拡がり、アッという間にゼネスト(＊01)へと発展していきました。

9月にモスクワで起こった印刷工ストライキが、翌10月には帝都ペテルブルクに飛び火して、鉄道・馬車などの交通インフラ(＊02)、郵便・電信・電話・新聞などの通信インフラ、電気・ガス・水道などの生活インフラ、果ては、学校・商店に至るまで、ありとあらゆる産業がストライキに入ります。

これを「十月ゼネスト」と言います。

ストライキ程度では、国家はビクともしませんが、ゼネストとなると話は別です。

政府が命令ひとつ下そうにも、郵便・電信・電話が使えなくては、命令を下すこともできません。

軍を動員しようにも、鉄道が動かなければ、軍を動かすこともできません。

王侯貴族の普段の生活すらままならなくなります。

もはや、国家は“仮死状態”となってしまうのです。

ロマノフ王朝ともあろうものが、この民衆《ナロード》の動きにまったく対応できず、ただただ狼狽《ろうばい》するのみ。(＊03)

さて。

そこにひとりの男が帰国してきました。

「いったい、このザマはどうしたことだ!?

政府は何をしている!?」

彼こそが、S《セルゲイ》.Y《ユリエヴィッチ》.ヴィッテ。(A-3/4)

ポーツマス条約をまとめて、アメリカから帰国してきたところでした。

(＊01)「ゼネラル・ストライキ」の略。
ストライキは、あくまで一企業・一産業レベルの罷業ですが、それが全国規模、または全産業規模に拡がったものをゼネストと言います。

(＊02)「インフラストラクチャ」の略。国民生活や国民経済の発展に必要な公共施設のこと。

(＊03) このこと自体が、当時の政界にロクな人材がいないことを表しています。

皇帝《ツァーリ》に謁見を果たしたＳ《セルゲイ》．ヴィッテは尋ねます。

「私がちょっと留守をしている間に、この国はどうなってしまったのです？」

―― おお、ヴィッテ！

情けないことに、そちがちょっと渡米している間に、このザマだ。

「陛下。私が戻った以上、ご安心ください。

ただちにこの混乱を鎮《しず》めてみせましょうぞ！」

―― おお！　さすがヴィッテじゃ！

そちだけが頼りじゃ！　どうすればよい?

「事ここに至らば、もはや一定の妥協は避けられませぬ」

―― そんなことは、とっくにやっておる！

こちらも譲歩して、国会の創設を認めてやったのだ。(A-5)

にも関わらず、事態は一向に収拾せぬのだ！

「陛下、それではぜんぜんダメです。

それは“国会”とは名ばかり、単なる諮問《しもん》機関(＊04)ではありませんか」

“諮問《しもん》機関”とは、西欧なら、中世末期に現れた「身分制議会」です。

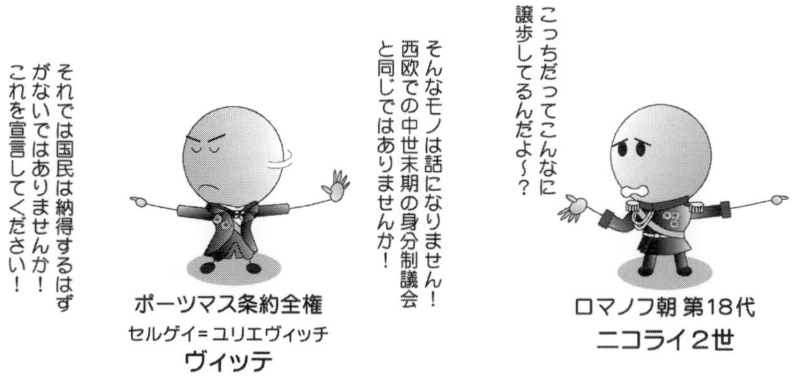
こっちだってこんなに譲歩してるんだよ～？
そんなモノは話になりません！西欧での中世末期の身分制議会と同じではありませんか！
それでは国民は納得するはずがないではありませんか！これを宣言してください！
ポーツマス条約全権
セルゲイ＝ユリエヴィッチ
ヴィッテ
ロマノフ朝 第18代
ニコライ２世

(＊04) 決議権や強制力を持たず、ただ、君主などから求められた相談に対して、参考となる意見を述べる権限しか持たない組織のこと。
君主は、その意見は聞くが、気に入らなければ従う必要はありません。

そんな“中世の遺物”を用意して、これを以《もっ》て「譲歩した」と考える皇帝《ニコライ2》の愚かさ。

「陛下！

譲歩というものは、“小出し”にしたのでは効果はありません。

またタイミングを逸《いっ》してもいけません。

すばやく、そして一気に退《ひ》かなければ意味がないのです！」(＊05)

―― では、どうすればよいのじゃ？

「まず、国民に国会《ドゥーマ》創設を約束するのは当然として、それはあくまでも、中世的な“諮問《しもん》機関”ではなく、近代的な“議決機関”とするのです！」(A-2)

―― なにっ！? それは断じて認められんぞ！?

それは皇帝権力の縮小ではないか！

皇帝《ニコライ2》は、ホンの僅《わずか》かでも皇帝権力が縮小することに激しい拒絶反応《アナフィラキシーショック》を示したのでした。

「ああ、陛下！

今はもう、そんなことを言っている時ではないのです。

今は退《ひ》けるところ(近代的国会《ドゥーマ》開設)は退《ひ》くことで、退《ひ》けないところ(帝制)を断固死守しなければならないところまできているのです！」

それは認められんぞ！
これは皇帝権力の
縮小ではないか！
No!
あ～あ～、そんなこと
だからダメなのです！
今はそんなダダこねている
状況じゃありません！
もし陛下が拒否なされるなら
私もこの件から一切
引かせていただきます！

(＊05)「焼け石」を冷却したいとき、1滴1滴水を垂らしたところで、文字通り「焼け石に水」。何の効果もありません。一気に大量の水をかけなければ効果はありません。
「小出し遅出しは兵法の愚」と言って、戦術というのは、投入する戦力の“量”と“タイミング”を正しく行ってはじめて効果が生まれるのです。

事ここに至っても、今自分の置かれた状況がまるで理解できておらず、危機感がまるでない皇帝《ニコライ2》。

S《セルゲイ》.ヴィッテのねばり強い説得によって、ニコライ２世もついに折れ、彼の進言をシブシブ承諾しましたが、それでもグチをこぼしています。

―― 余は、悔しくて、悔しくて、病気になりそうじゃ…（B-5)

こうして発布されたものが「十月宣言（十月勅令）」です。(B-2)

「皇帝《ツァーリ》陛下のご宸筆《しんぴつ》(＊06)であるぞ！（ウソだけど）」

すると。

―― やったァ！！

これで、我が国も「議決機関」を持つことになった！

我々の意見も国政に反映させることができるようになったのだ！！

国民は熱狂し、これまでの混乱がウソのように、一気に沈静に向かいます。

それと同時に、「国会《ドゥーマ》」が開かれるということになれば、各階級は「政党」を準備しなければなりません。

すでにご説明いたしましたように、労働者階級《プロレタリアート》は「社会民主労働党」を、農民過激派は「社会革命党」を持っていましたが、地主階級・資本家階級《ブルジョワジー》、および農民穏健派はまだ政党を持っていませんでしたので、この十月宣言に前後して、ぞくぞくと結党していきます。

・地主　階級　：十月十七日同盟（オクチャブリスト）（C/D-5)(＊07)
・資本家階級　：立憲民主党　　（カデット）　　　（C/D-4)
・農民穏健派　：勤労党　　　　（トルドヴィキ）

ところで。

社会民主労働党はすでに左右に分裂し、事実上「ボルシェヴィキ(D-1)」と

(＊06)「皇帝が御自ら執筆した」という意味。

(＊07) パネルを見ると、「十月宣言」が出された日付は「10月30日」となっていますが、本書はすべて「グレゴリウス暦」で統一されているためで、当時の露暦は「ユリウス暦」ですから、それで数えれば「10月17日」となります。

「メンシェヴィキ(D-3)」に分かれていましたが、このとき「十月宣言」の受諾をめぐって社会革命党《エスエル》内部でも意見が分かれ、右派と左派に分裂(C/D-2)してしまいます。

こうして、

社会革命党《エスエル》右派より“右”が、十月宣言に満足し、これからは国会《ドゥーマ》を通じて自己の政治主張を反映させていこうとしますので、「革命離脱(C-3)」していきます。(＊08)

これに対し、社会革命党《エスエル》左派より“左”は、

—— みんな!

あんなまやかしに騙《だま》されるんじゃねぇぞ!

このまま革命をつづけるのだ!

王朝を倒さない限り、我々に幸せは来ないのだ!

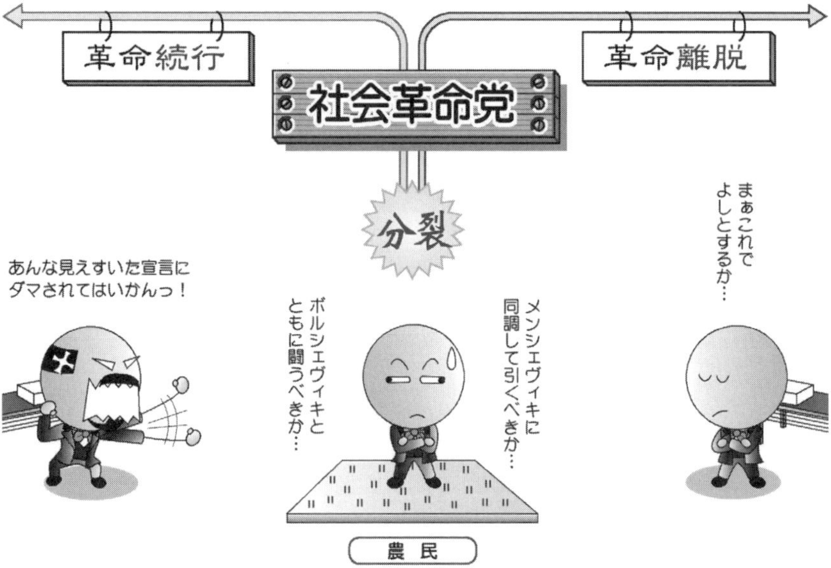

革命続行
革命離脱
社会革命党
分裂
まぁこれで
よしとするか…
メンシェヴィキに
同調して引くべきか…
ボルシェヴィキと
ともに闘うべきか…
あんな見えすいた宣言に
ダマされてはいかんっ!
農民

(＊08) 右派と左派の違いについては、本幕コラム「右派と左派」をご覧ください。

…と、「革命続行（C-1）」を主張します。

首相のＳ《セルゲイ》．ヴィッテは、燻《くすぶ》る左派を鎮圧しはじめます。

・翌11月上旬、クロンシュタットの叛乱　鎮圧
・　同　下旬、セヴァストーポリの叛乱　鎮圧
・翌12月中旬、ペテルブルク＝ソヴィエト　弾圧

これに対して、危機感を募らせたボルシェヴィキは、モスクワで武装蜂起を企てましたが、これもものの見事に失敗。

以降、革命の勢いは急速にしぼんでいくことになります。

立憲民主党
俺たちゃ憲法さえ作ってくれれば満足さ！
もちろん、俺たちが主権を握った
議会制度が認められた憲法を、ね！
ブルジョワ

十月十七日同盟
十月宣言の公布がロシア暦で
１０月１７日だからね！
通称では「十月党」、それを
ロシア語では「オクチャブリスト」
ってゆ～んだ！
大地主

Column 右派と左派

政治の勉強をしていると、よく右（右派／右翼）と左（左派／左翼）という表現がなされます。

この意味がわかっていないと、政治史はチンプンカンプンとなりますが、この右派・左派には明確な定義がなく、曖昧《あいまい》な概念なので、理解するのも説明するのも難しいものがあります。

本当にひとことで説明いたしますと、だいたい

- 右派：保守派・穏健派・　体制派・反動主義・資本主義
- 左派：革新派・急進派・反体制派・自由主義・社会主義

…といった感じになりますが、時代により、国により、状況により、その限りでもありません。

そもそも複雑怪奇な政治理念を「一本の線《ライン》」上に単純《シンプル》化したものなので土台ムリがあるのですが、しかしシンプル化している分、ひとたび「左右」に分類してしまえば、それぞれの政治的立場が理解しやすくなり、たいへん便利なため、多用されています。

たとえば、通常「資本主義勢力」は「右」として扱われますが、中世から近世に移り変わっていく時代は、「資本主義」こそが旧制度を壊しながら生まれてきたのですから、その意味において、資本主義は「左」です。

また、通常「社会主義勢力」は「左」として扱われますが、いったん「社会主義国家」が生まれてしまえば、その国の中では「社会主義」こそが「保守」となるため、「右」となります。

他にも、ナチスの正式名称は「国家社会主義ドイツ労働者党」で、「社会主義」で「労働者党」なんだから「左」とも解釈できますし、その政治理念は「右」とも解釈でき、歴史家の間でもモメるところです。

かように、「右派・左派」の概念をひとことで説明するのは至難ですが、上で述べた「基本理念」を理解した上で、あとは新しい政党・団体が登場するたびに「個別」に理解していくことで、その概念はなんとなく理解できるようになります。

第2章 ロシア第一革命

第3幕

雨後のタケノコの主張とは

ロシアの政党とその支持基盤

「十月宣言」によって、国会《ドゥーマ》の創設が公約された。
これにより、来たるべき国会《ドゥーマ》のための総選挙に備え、各階層からぞくぞくと政党が生まれることとなる。
本幕では、その主だった政党の支持基盤と主張内容を再確認していく。これが、ロシア革命を理解するためには欠かすことができない基礎知識となる。

十月十七日同盟
「帝国の一体不可分性」
「強固な君主権力」
大地主

〈ロシアの政党とその支持基盤〉

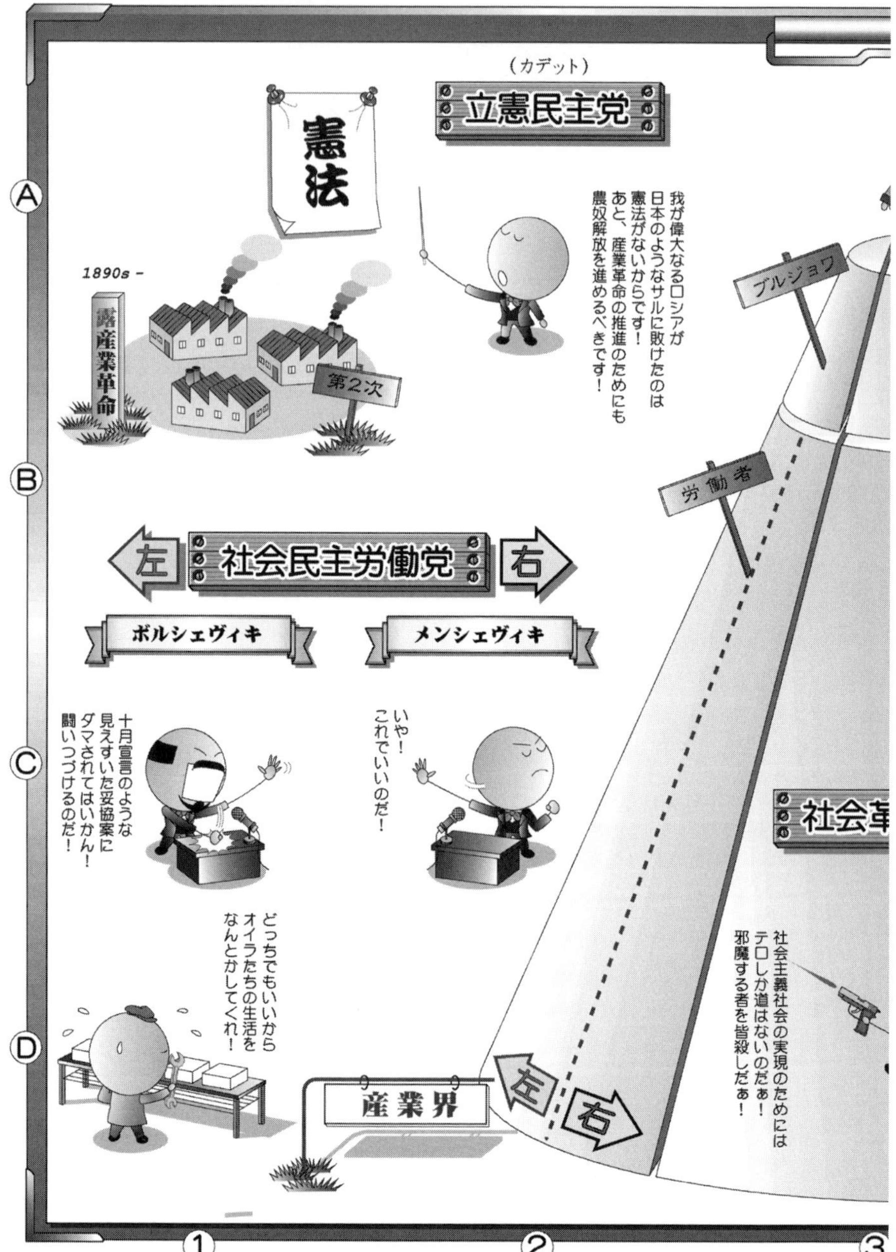

20世紀初頭

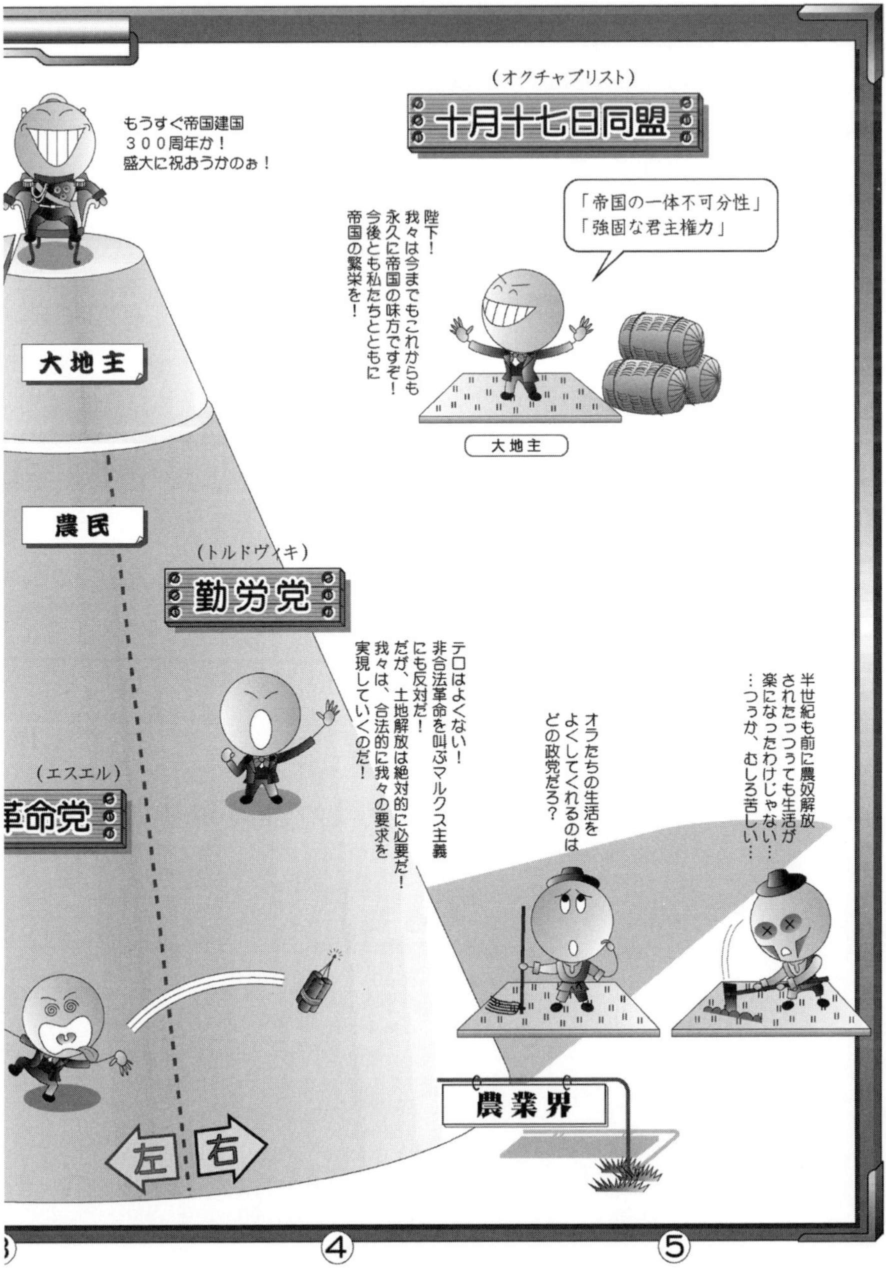
もうすぐ帝国建国
３００周年か！
盛大に祝おうかのぉ！
大地主
農民
（オクチャブリスト）
十月十七日同盟
陛下！我々は今までもこれからも永久に帝国の味方ですぞ！今後とも私たちとともに帝国の繁栄を！
「帝国の一体不可分性」「強固な君主権力」
大地主
（トルドヴィキ）
勤労党
テロはよくない！非合法革命を叫ぶマルクス主義にも反対だ！だが、土地解放は絶対的に必要だ！我々は、合法的に我々の要求を実現していくのだ！
（エスエル）
革命党
オラたちの生活をよくしてくれるのはどの政党だろ？
半世紀も前に農奴解放されたっつうても生活が楽になったわけじゃない…つうか、むしろ苦しい…
農業界
左
右
④
⑤

かくして、主要な政党が出そろいました。
前幕では、「十月宣言」とともに、雨後の筍《たけのこ》のようにわらわらと新政党が生まれたので、本幕ではこれをもう一度整理してみたいと思います。

とにかく、ロシア革命を理解するためには、各政党の「立場」「利害」「支持基盤」「主張内容」をしっかり理解しておくことが必須です。

まずは、本幕パネルをご覧ください。

ロシアの支配体制を円錐《えんすい》台で表してあります。

その頂点に君臨しているのが、ご存知ニコライ２世。(A-3)

まもなく帝国《インピェーリヤ》を滅亡に追いやる元凶・無能皇帝です。(＊01)

この円錐《えんすい》台は上下に分割(B-3)してありますが、上の円錐《えんすい》台が「上流階級」、下の円錐《えんすい》台が「下層民」を表しています。

縦にも分割(C-2/3)されていますが、向かって左側が「左派」、右側が「右派」を表しています。

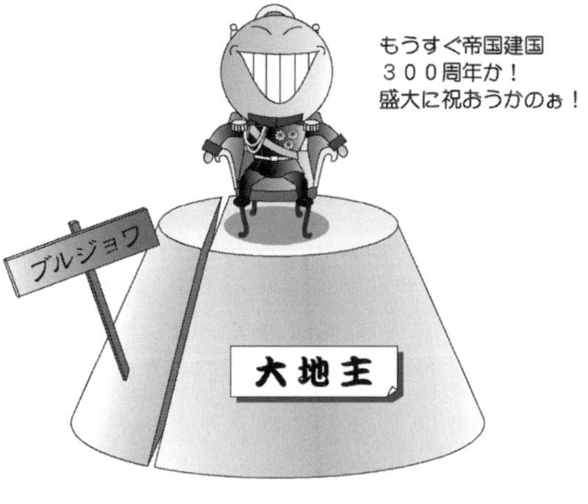
もうすぐ帝国建国
３００周年か！
盛大に祝おうかのぉ！
ブルジョワ
大地主

(＊01) 20世紀初頭、ヨーロッパには「帝国」が4つありました。
ドイツ第二帝国、オーストリア＝ハンガリー二重帝国、ロシア帝国、オスマン帝国。
しかし、このころ「4帝国」に現れた皇帝がそろいもそろって全員「過去の栄光」という幻影をどうしても払拭できず、帝国が亡び去るまで時代錯誤な政策を打ちつづけた無能ばかり。このため、「4帝国」は20世紀前葉までにすべて亡んでいくことになります。

列挙すると、こんな感じになります。

- 上流階級 右派 … 大地主（A/B - 3/4）
- 上流階級 左派 … 資本家《ブルジョワ》（A/B - 2/3）
- 下層民　 右派 … 農民　（ C　- 3/4）
- 下層民　 左派 … 労働者《プロレタリア》（ C　-　2 ）

まず、労働者《プロレタリア》を支持基盤に持つ政党が「社会民主労働党《R.S.D.R.P.》」(B/C-1/2) でしたが、結党早々、左派と右派に分裂。

その左派がレーニンに率いられた「ボルシェヴィキ」(B/C-1) を、右派がマルトフ・プレハーノフに率いられた「メンシェヴィキ」(B/C-2) を形成したことはすでに申し上げました。

じつは労働者《プロレタリア》と同じく、農民もまた左派と右派に分裂しています。

左派が「マルクス主義に基づくテロ」を叫ぶ過激《ラディカル》な「社会革命党《エスエル》（C-3）」を形成し、右派がマルクス主義を否定し、あくまでも議会主義を以て、平和的・合法的に土地解放を求める「勤労党《トルドヴィキ》（B-4）」を形成します。

上流階級では、資本家《ブルジョワ》を支持基盤としたのが「立憲民主党《カデット》」。(A-2)

彼らは近代憲法を制定してくれさえすれば満足で、帝国《インピェーリヤ》を滅ぼそうなどというつもりはまったくありません。

産業革命を推進させるために、労働者の創出のために、農民を土地から解放することも主張していましたから、「マルクス主義否定」「議会主義」「農民解放」などの点で、「勤労党《トルドヴィキ》」の主張と似ています。

最後に、大地主を支持基盤としたのが、「十月十七日同盟《オクチャブリスト》（十月党）」。(A-5)

(カデット)
立憲民主党
憲法
1890s -
露産業革命
第2次
我が偉大なるロシアが
日本のようなサルに敗けたのは
憲法がないからです！
あと、産業革命の推進のためにも
農奴解放を進めるべきです！

彼らは、300年にわたってロマノフ朝を支えてきた王朝の支持基盤でもあり、「帝国《インピェーリヤ》の一体不可分性」「強固な君主権力」(A-5)を叫び、「300年この方」の統治体制をそっくりそのまま維持したいと考える連中です。

したがって、皇帝とも“懇意《こんい》”の間柄で、「与党」的存在です。

こうした、各政党の「立場」「利害」「支持基盤」「主張内容」をしっかり理解した上で、いよいよ、具体的な歴史展開を見ていくことにいたしましょう。

忘れてしまったら、かならずこの幕に戻って確認するようにしてください。

第2章 ロシア第一革命

第4幕

皇帝の逆鱗

ヴィッテ首相時代

こうして「第1回総選挙」は開催された。
しかし、フタを開けてみれば、立憲民主党《カデット》が第一党、勤労党《トルドヴィキ》が第二党であり、皇帝ニコライ2世が期待した「十月党《オクチャブリスト》による単独過半数」など影も形もなかった。
皇帝《ツァーリ》は怒りに打ち震え、ただちにヴィッテを更迭《こうてつ》、ゴレムイキンに事後を託することとなったが…。

てめ～のゆぅ通りにしたら
えれ～ことになってきたぞ！
ど～してくれる！ えぇ？
てめ～はクビだっ！
スンマセン…
大臣会議議長（首相）初代
セルゲイ＝ユリエヴィッチ
ヴィッテ
ロマノフ朝 第18代
ニコライ２世

〈ヴィッテ首相時代〉

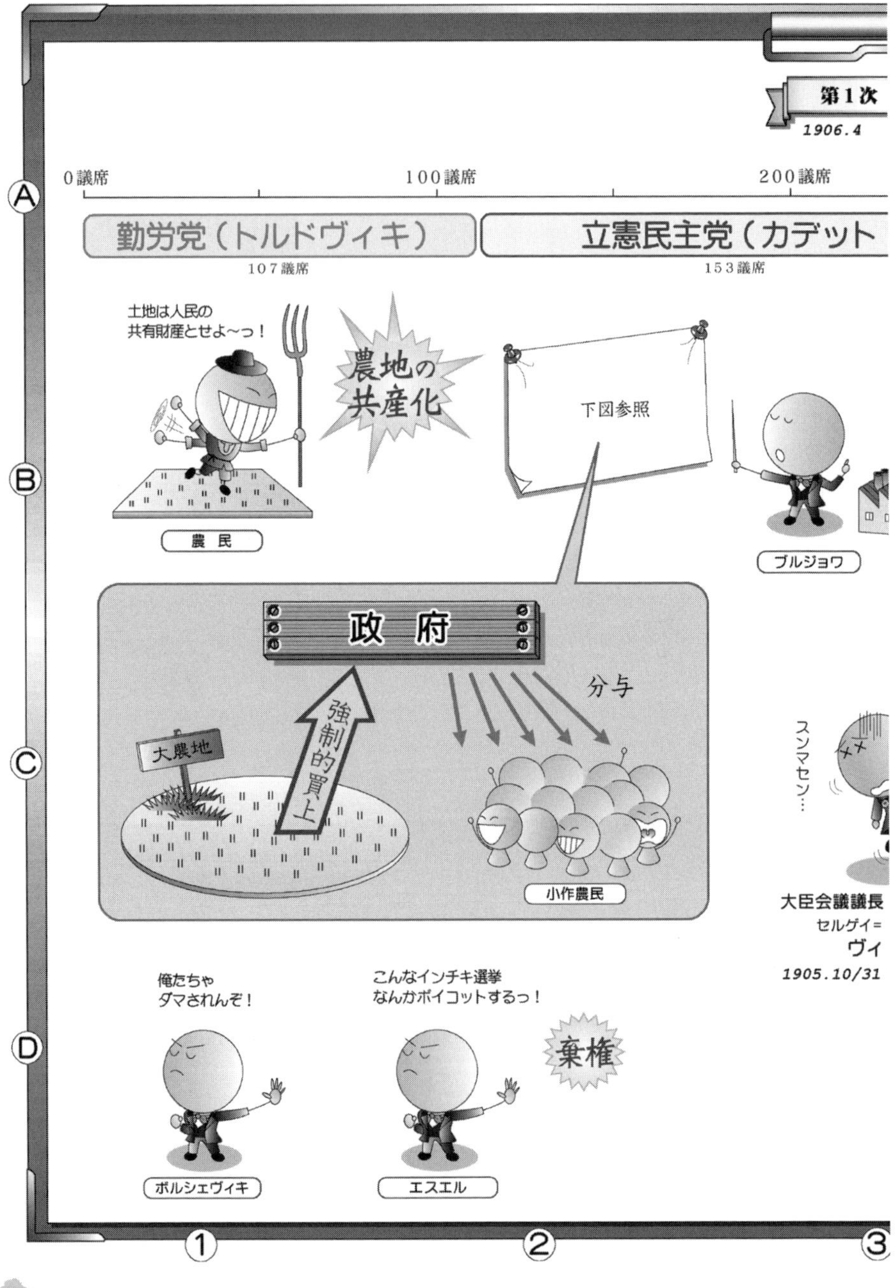

第1次
1906.4
0議席
100議席
200議席
勤労党（トルドヴィキ）
107議席
立憲民主党（カデット
153議席
土地は人民の
共有財産とせよ～っ！
農地の共産化
農民
下図参照
ブルジョワ
政府
強制的買上
大農地
分与
小作農民
スンマセン…
大臣会議議長
セルゲイ＝
ヴィ
1905.10/31
俺たちゃ
ダマされんぞ！
こんなインチキ選挙
なんかボイコットするっ！
棄権
ボルシェヴィキ
エスエル
A
B
C
D
1
2
3

1905～06年

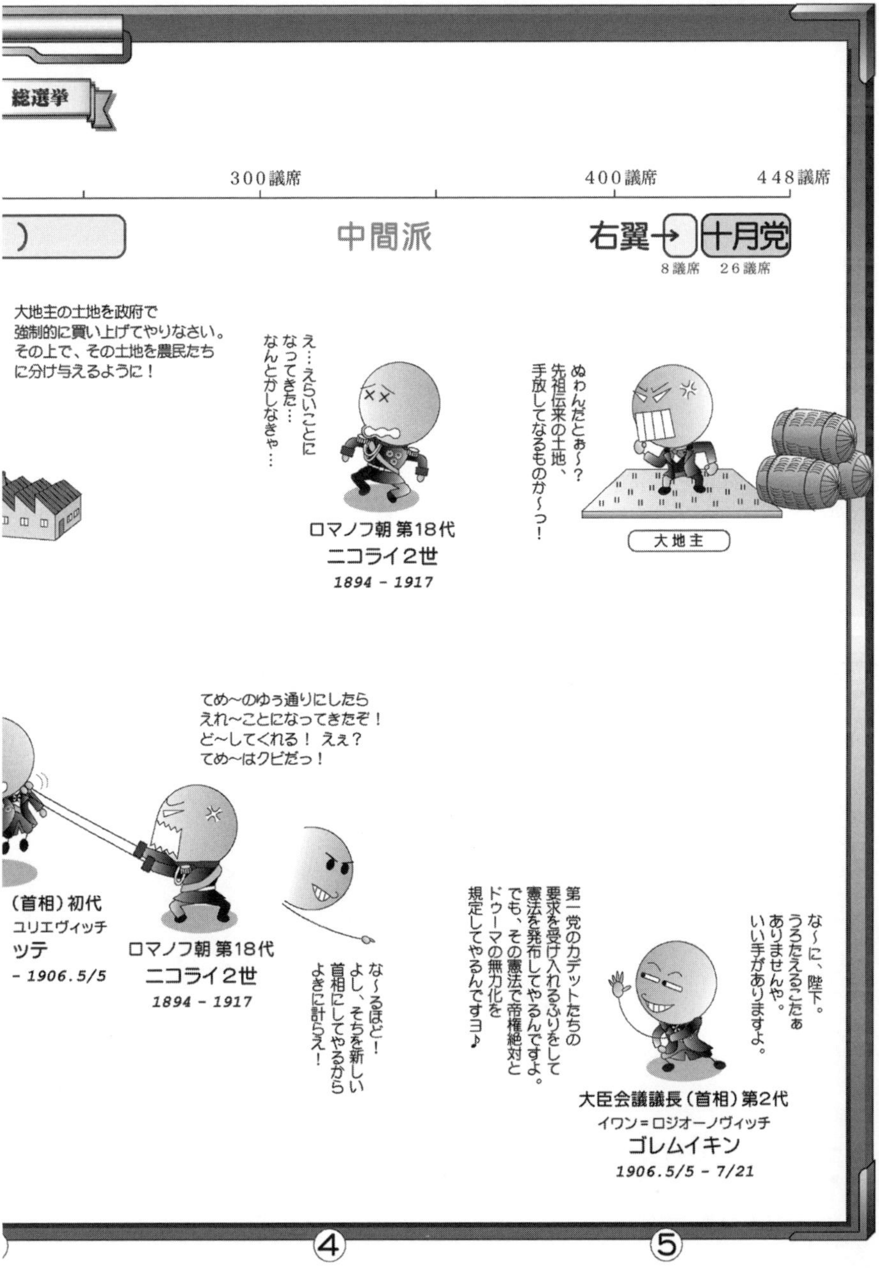

総選挙
300議席
400議席
448議席
)
中間派
右翼
十月党
8議席
26議席
大地主の土地を政府で
強制的に買い上げてやりなさい。
その上で、その土地を農民たち
に分け与えるように！
え…えらいことに
なってきた…
なんとかしなきゃ…
ロマノフ朝 第18代
ニコライ2世
1894 - 1917
ぬわんだとぉ～？
先祖伝来の土地、
手放してなるものか～っ！
大地主
てめ～のゆぅ通りにしたら
えれ～ことになってきたぞ！
ど～してくれる！ えぇ？
てめ～はクビだっ！
(首相) 初代
ユリエヴィッチ
ッテ
- 1906.5/5
ロマノフ朝 第18代
ニコライ2世
1894 - 1917
な～るほど！
よし、そちを新しい
首相にしてやるから
よきに計らえ！
第一党のカデットたちの
要求を受け入れるふりをして
憲法を発布してやるんですよ。
でも、その憲法で帝権絶対と
ドゥーマの無力化を
規定してやるんですヨ♪
な～に、陛下。
うろたえるこたぁ
ありませんや。
いい手がありますよ。
大臣会議議長（首相）第2代
イワン＝ロジオーノヴィッチ
ゴレムイキン
1906.5/5 - 7/21
④
⑤

そもそも、S《セルゲイ》.ヴィッテは日露戦争には反対でした。
国内には飢饉《ききん》が拡がり、財政は破綻《はたん》的状態で、とても戦争が遂行《すいこう》できるとは思えなかったからです。

しかし、結局、無能な大臣らに唆《そそのか》され、皇帝《ニコライ2》は開戦を決意。

その結果が、たかが「極東の貧乏弱小国（日本）」にコテンパンに敗れるという大恥をかかされた挙句、今や帝国《インピェーリヤ》は青息吐息《あおいきといき》、窒息《ちっそく》寸前というザマ。

――戦前、ヴィッテの申しておった通りになったではないか！

さすがに己《おのれ》の無明《むみょう》を恥じたか、戦前、自らの手で閑職《かんしょく》に追いやっていたヴィッテを召還し、戦後処理にポーツマスに向かわせ、帰国後は、彼に改革を一任します。(＊01)

ヴィッテはただちに「十月宣言」を発布し、事態の収拾を図りましたが、それで万事解決したわけではありません。

むしろ、これからがたいへんです。

国会《ドゥーマ》の創設に伴い、半年後の「総選挙」に備えなければなりません。

皇帝《ニコライ2》は、自分の“お抱え政党”である「十月党《オクチャブリスト》」が過半数を取り、与党になると期待し、またそう信じていました。

土地は人民の
共有財産とせよ～っ！
農民

大地主の土地を政府で
強制的に買い上げてやりなさい。
その上で、その土地を農民たち
に分け与えるように！
ブルジョワ

（＊01）…といえば聞こえはいいですが、要するに、自分がしでかした失態の尻ぬぐいをさせているだけです。

ヴィッテも、そうした皇帝《ニコライ2》の期待に応《こた》えるべく、選挙対策に奔走《ほんそう》します。

しかし。

翌 1906 年４月、「第１回総選挙」（A-3）のフタを開けてみれば、

十月党《オクチャブリスト》は、過半数どころか、たったの 26 議席（全体の６％弱）。（A-5）

完膚《かんぷ》なきまでの惨敗。

第一党は、153 議席（34％）を取った立憲民主党《カデット》。（A-2/3）

第二党は、107 議席（24％）を取った勤労党《トルドヴィキ》。（A-1）（＊02）

前幕でも触れましたように、この２党は主張内容に共通点も多い（＊03）ので連立を組むことも不可能ではなく、そうなれば過半数を取ることができます。

とはいえ、所詮《しょせん》は「資本家」と「農民」ですから、主張内容に相違はありますので、その調整は必要です。

まず、勤労党《トルドヴィキ》は叫びます。

「ただちに農地を共産化すべし！！」

これに対して、立憲民主党《カデット》たちは、資本家《ブルジョワ》が支持基盤です。

労働者《プロレタリア》の創出のためには、「農地解放」は必要だと考えていましたが、「共産化」には反対です。

え…えらいことに
なってきた…
なんとかしなきゃ…
ロマノフ朝 第18代
ニコライ２世

ぬわんだとぉ～？
先祖伝来の土地、
手放してなるものか～っ！
大地主

（＊02）ちなみに、ボルシェヴィキとエスエルは選挙そのものを棄権しています。（D-1/2）

（＊03）たとえば、マルクス主義（革命主義）を否定していること、非合法手段に拠らず議会主義であること、農地の解放が必要であると考えていること、など。

そこで、妥協案を出します。

――まぁまぁ、おちついて。

我々が連立を組めば過半数になるのですから、仲良くいきましょう。

そこで、こういう妥協案はいかがですかな？

とりあえず、大地主の農地を強制的に政府に買い上げさせます。

そして、その買い上げた土地を小作農たちに分け与えるのです。

これで、小作農は明日から「自営農民」です。

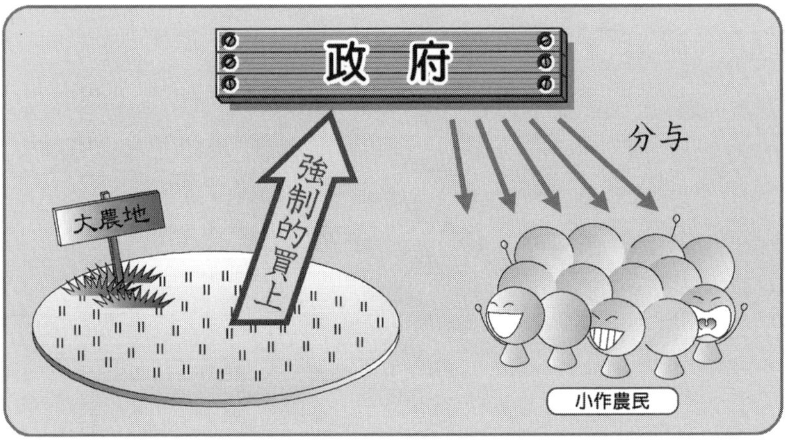

「しかし、それでは買い上げた土地に対して、小作人の数が多すぎて、全員にゆき渡らないのでは？」

――あぶれた小作人は都市に出て、労働者《プロレタリア》になればよろしい。

我々が彼らを雇い入れて、面倒を見ましょう。

これで一石二鳥、資本家《ブルジョワ》も農民も Win Win の政策です。

しかし。

それをされたが最後、大地主は先祖伝来の土地を一夜にして奪われ、ニコライ2世は、300年間にわたってロマノフ朝を支えてきた支持基盤を一瞬にして失ってしまいます。（B-4/5）

大地主だけが“唯一の王朝支持基盤”と信じて疑わない皇帝《ニコライ2》は激怒。

―― おいこら、ヴィッテ！！

話が違うじゃねぇか！！

貴様、この始末、どう付けてくれるんだ！？（C-3/4）

皇帝《ツァーリ》の逆鱗に触れ、Ｓ《セルゲイ》．ヴィッテはあっけなく更迭《こうてつ》。

後任は、皇帝にゴマを擂《す》ることしかできないＩ《イワン》．Ｌ《ロジオーノヴィッチ》．ゴレムイキン。

“旧き良き時代”の因習に縛られ、頭の固い、無能な男でしたが、それゆえに、ニコライ２世とはウマがあったのかもしれません。

「陛下、どうか私めにお任せを。

な〜に、狼狽《うろた》えるこたァありません、いい手があります。

むしろ、立憲民主党《カデット》たちの要求を受け容れるフリをして、新憲法を発布してやるのです。

その憲法で、“帝権の絶対・国会《ドゥーマ》の無力化”を規定してやるんです。

これでやつらは手も足も出ません」

―― な〜るほど。

頼りになるヤツめ。

そちに任せる！

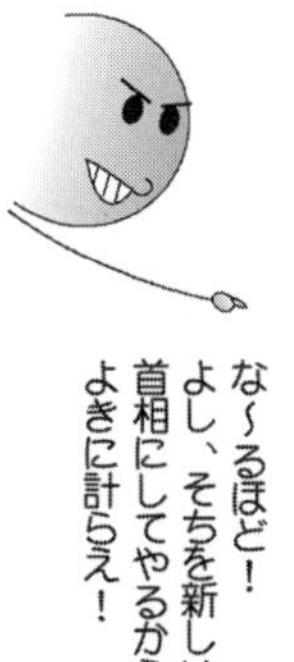
な〜るほど！
よし、そちを新しい
首相にしてやるから
よきに計らえ！

な〜に、陛下。
うろたえるこたぁ
ありませんや。
いい手がありますよ。
第一党のカデットたちの
要求を受け入れるふりをして
憲法を発布してやるんですよ。
でも、その憲法で帝権絶対と
ドゥーマの無力化を
規定してやるんですヨ♪

大臣会議議長（首相）第2代
イワン＝ロジオーノヴィッチ
ゴレムイキン

こうして制定されたのが「ロシア帝国憲法（＊04）」でした。

内容は以下の通り。

- 皇帝《ツァーリ》は、神の命じ給《たも》うところによって“最高の専制権力”を有し（第4条）、
- 行政府は、大臣を任命するのも、罷《ひ》免するのも皇帝《ツァーリ》の胸三寸（第17条）であり、内閣は皇帝《ツァーリ》のみに責任を持つ（第123条）ため、政府は単なる「皇帝《ツァーリ》の傀儡《かいらい》」でしかない。
- 軍部も、皇帝《ツァーリ》が統帥《とうすい》権・宣戦・講和の権利を有し、旧来の帝権を追認したものにすぎないし、
- 立法府においても、国会《ドゥーマ》を召集するのも皇帝《ツァーリ》（第7条）、議題を決めるのも皇帝《ツァーリ》、法案を発効させるのも皇帝《ツァーリ》（第9条）、少しでも気に障《さわ》れば即解散させるのも皇帝《ツァーリ》、艱難辛苦《かんなんしんく》を乗り越えてようやく法案を通過させようとも、ここで拒否権を発動（第86条）させることができるのも皇帝《ツァーリ》。

そのうえ、大地主の「1票」に対して、資本家《ブルジョワ》は「1/2票」、農民は「1/15票」、労働者《プロレタリア》に至っては「1/45票」の価値しか持たせない。

もはや「これでどうやって法案を通せってゆぅんだ！？」という、ガチガチに「ツァーリズム体制」を保障する憲法を作ったのでした。

当然、国会《ドゥーマ》の怒りは爆発！

「皇帝《ツァーリ》に対して戦う国会《ドゥーマ》」を宣言するほど先鋭化してしまいます。

俺たちゃ
ダマされんぞ！
こんなインチキ選挙
なんかボイコットするっ！
棄権
ボルシェヴィキ
エスエル

（＊04）正式名称は「ロシア国家基本法」。
皇帝が「憲法」という近代的な表現を嫌ったため、この表現がなされました。

第2章 ロシア第一革命

第5幕

「まずは平静を」

ストルイピン首相時代 ①

選挙結果に不満だった皇帝ニコライ2世は、ヴィッテを更迭《こうてつ》し、ゴレムイキンに代えてしまう。
しかし、彼はただ無能をさらけ出すのみで、時代の変化に何ひとつ対応できず、3ケ月《みつき》と保《も》たずに失脚する。
そこで登場したのがストルイピン。彼は叫びます。
「まずは平静を！しかるのち改革を！」

憲法に基づき
議会を解散する！
憲法
解散

ロマノフ朝 第18代
ニコライ2世

〈ストルイピン首相時代 ①〉

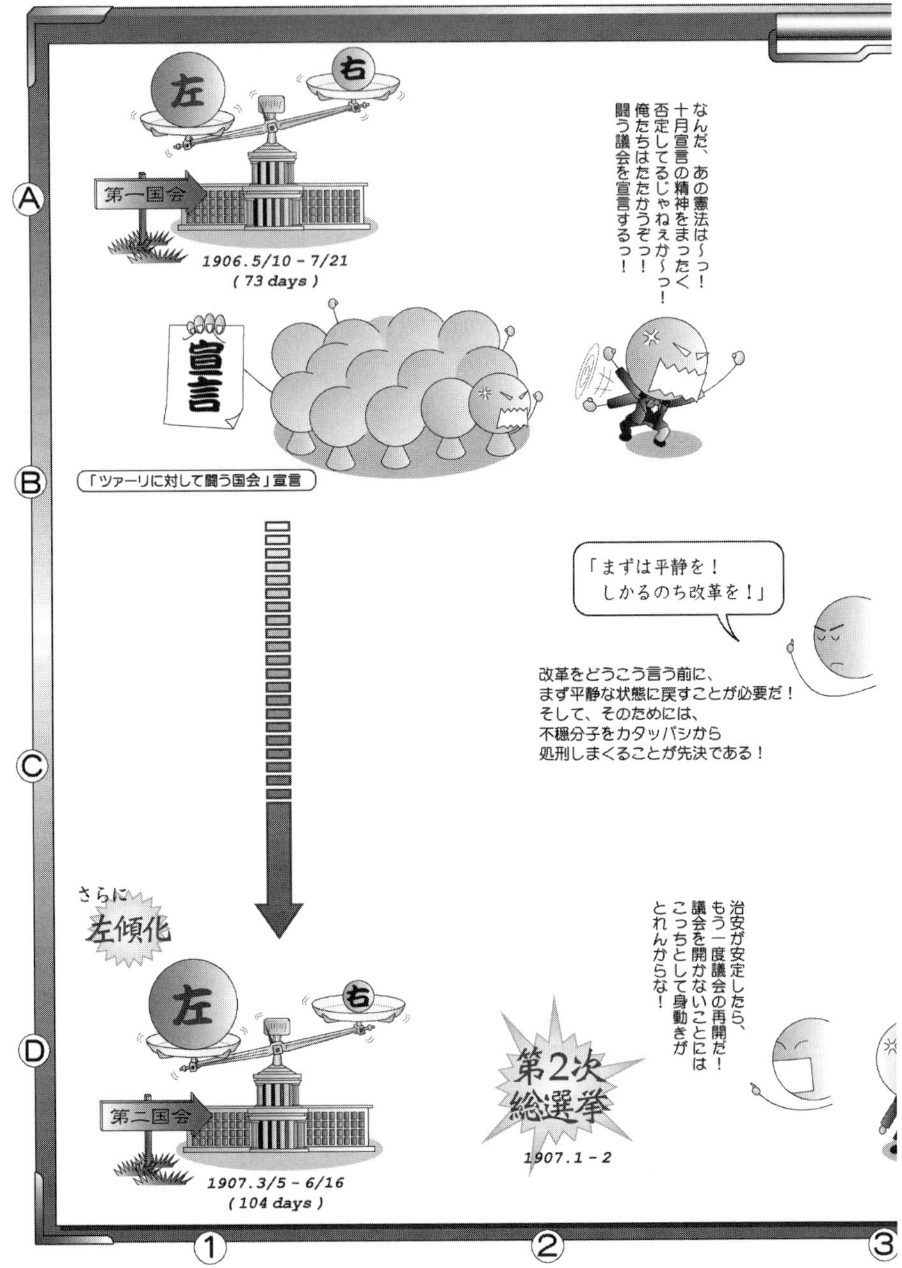

A
B
C
D
左
右
第一国会
1906.5/10 - 7/21
(73 days)
なんだ、あの憲法は～っ！
十月宣言の精神をまったく
否定してるじゃねぇか～っ！
俺たちはたたかうぞっ！
闘う議会を宣言するっ！
宣言
「ツァーリに対して闘う国会」宣言
「まずは平静を！
しかるのち改革を！」
改革をどうこう言う前に、
まず平静な状態に戻すことが必要だ！
そして、そのためには、
不穏分子をカタッパシから
処刑しまくることが先決である！
さらに
左傾化
左
右
第二国会
1907.3/5 - 6/16
(104 days)
第2次
総選挙
1907.1 - 2
治安が安定したら、
もう一度議会の再開だ！
議会を開かないことには
こっちとして身動きが
とれんからな！
1
2
3

1906～07年

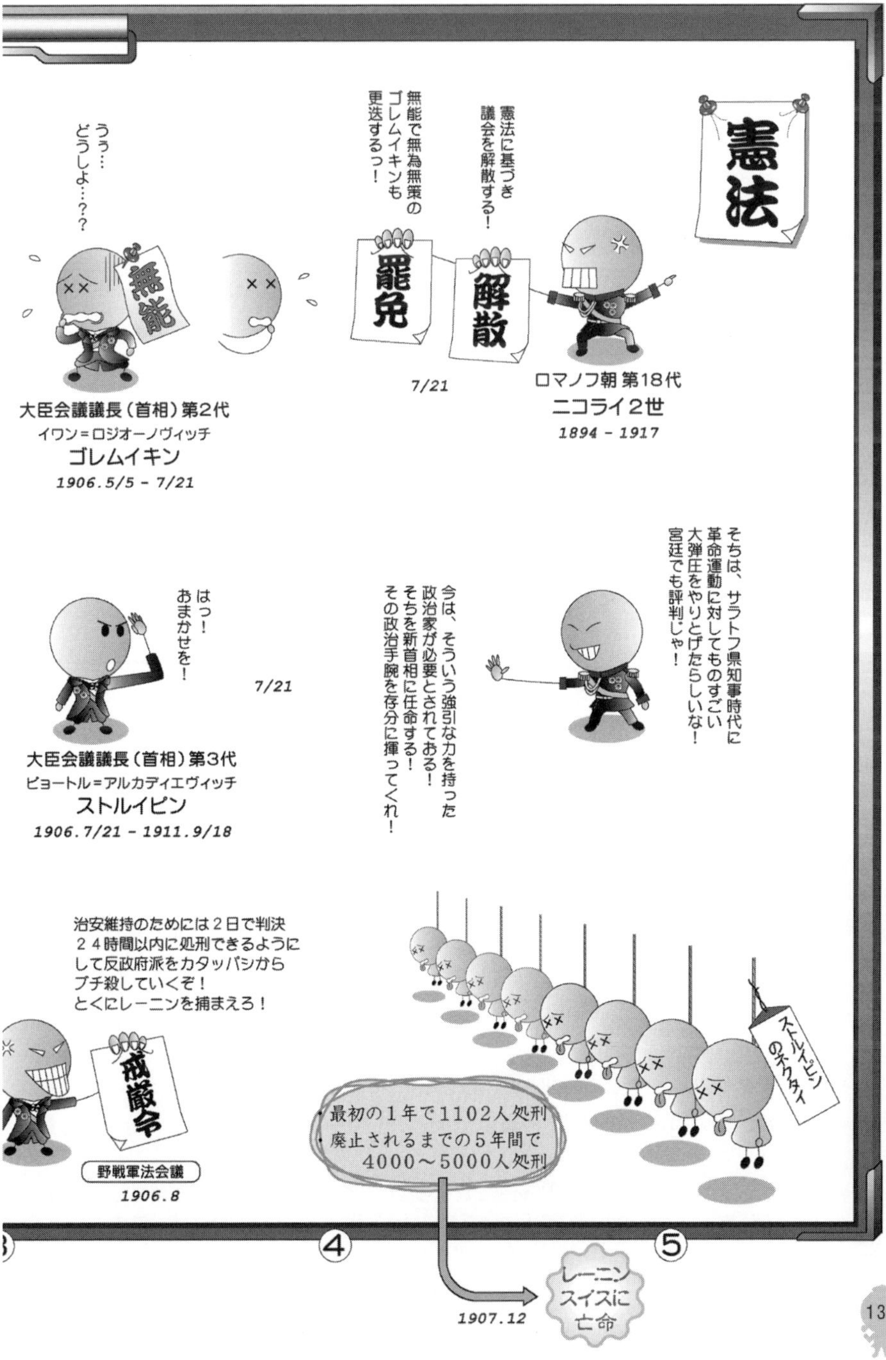
憲法
憲法に基づき議会を解散する！
無能で無為無策のゴレムイキンも更迭するっ！
解散
罷免
7/21
ロマノフ朝 第18代
ニコライ２世
1894 - 1917
うぅ…どうしよ…??
無能
大臣会議議長（首相）第2代
イワン＝ロジオーノヴィッチ
ゴレムイキン
1906.5/5 - 7/21
そちは、サラトフ県知事時代に革命運動に対してものすごい大弾圧をやりとげたらしいな！宮廷でも評判じゃ！
今は、そういう強引な力を持った政治家が必要とされておる！そちを新首相に任命する！その政治手腕を存分に揮ってくれ！
はっ！おまかせを！
7/21
大臣会議議長（首相）第3代
ピョートル＝アルカディエヴィッチ
ストルイピン
1906.7/21 - 1911.9/18
治安維持のためには２日で判決２４時間以内に処刑できるようにして反政府派をカタッパシからプチ殺していくぞ！
とくにレーニンを捕まえろ！
戒厳令
野戦軍法会議
1906.8
ストルイピンのネクタイ
・最初の１年で1102人処刑
・廃止されるまでの５年間で4000～5000人処刑
3
4
5
1907.12
レーニン スイスに亡命

ゴレムイキンの弥縫《びほう》策（＊01）により、国会《ドゥーマ》は一気に先鋭化してしまいました。（A/B-2）

とはいえ。

あんなこと（＊02）をすれば、そうなることは子供でもわかりそうなこと。

ゴレムイキンだって痩《や》せても枯《か》れても首相にまで昇りつめるほどの男。

そんなことは想定内であり、当然のごとく的確な対策を講じた —— のかと思いきや。

なんと、彼は「こんな事態になるとは夢にも思っていなかった」と、急変するロシア情勢にまったく対応できず、ただただ狼狽《ろうばい》するのみ。

あまりの無能ぶりに、さしもの皇帝《ニコライ2》もすぐに愛想を尽かし、この男《ゴレムイキン》を更迭《こうてつ》します。（A-4/5）（＊03）

なんだ、あの憲法は〜っ！
十月宣言の精神をまったく
否定してるじゃねぇか〜っ！
俺たちはたたかうぞっ！
闘う議会を宣言するっ！
うぅ…
どうしよ…？？
無能

大臣会議議長（首相）第2代
イワン＝ロジオーノヴィッチ
ゴレムイキン

（＊01）その場かぎり、一時しのぎに取りつくろった方策のこと。

（＊02）前幕で解説した“ツァーリズム保障憲法”ともいうべき「ロシア帝国憲法（国家基本法）」を制定したこと。

（＊03）ゴレムイキンは、内閣を3ヶ月と保たせることができませんでした。政治情勢をまったく理解できない、旧い思想に凝り固まったガチガチの石頭ジィさんにすぎなかったのです。

「まずは平静を！
しかるのち改革を！」
そちを新首相に
任命する！
その政治手腕を
存分に揮ってくれ！
はっ！
おまかせを！

大臣会議議長（首相）第3代
ピョートル＝アルカディエヴィッチ
ストルイピン

　そこで皇帝《ニコライ2》が白羽の矢を立てたのが、P《ピョートル》.A《アルカーディエヴィッチ》.ストルイピン。

　このとき、彼はまだ44歳。

「首相」としてはかなり若いですが、県知事時代（1903年）に革命運動を大弾圧して、その辣腕《らつわん》を揮《ふる》ったことで、政府から一目置かれるようになり、さきのゴレムイキン内閣では内相を務めるほど出世していました。

　しかし、彼が首相に就任したとき、すでに事態は深刻でした。

　さきにも述べました通り、国会《ドゥーマ》は「皇帝《ツァーリ》に対して闘う国会《ドゥーマ》」(＊04) を宣言するほど先鋭化していましたし(B-1)、テロは活性化し、多くの政治家がつぎつぎと命を落とすような状態で、すでに政治は機能不全に陥っていました。

　そこで、彼《ストルイピン》は宣言します。

「まずは平静を！　しかるのち改革を！」(B/C-2/3)

　改革を行うにしても、まずはこの政治混乱を落ち着かせることが先決である。

　ごもっとも。

(＊04) ほんの数ヶ月前まで、カデットたちの口から「皇帝に対して闘う」などという言葉が出るなど、考えられないことでした。こういうところからも、“想像を絶するすさまじい勢い”で革命化が浸透・拡大していることがわかります。

彼は、首相になったその日のうちに、皇帝《ツァーリ》に第一国会《ドゥーマ》（A-1）(＊05)を解散させます。

つぎに、戒厳令を敷き（D-3/4）、

・あやしい者は証拠がなくてもとりあえず逮捕！

・逮捕後は、たいした審議もなく48時間以内に判決！

・判決が出たら、24時間以内に執行！

ひとたび逮捕されたが最後、3日以内に判決、処刑されてしまうのです。

その数、最初の1年だけで1102人。

彼の治世年間に4000～5000人ほど絞首刑に処されたため、その縄《ロープ》は「ストルイピンのネクタイ」と揶揄《やゆ》されたほど。

彼は「平静を取り戻すため」に、まさにロベスピエール張りの恐怖政治を敷《し》いたのでした。

こうした反動の嵐が吹き荒れる中で、レーニンも亡命しています。(＊06)

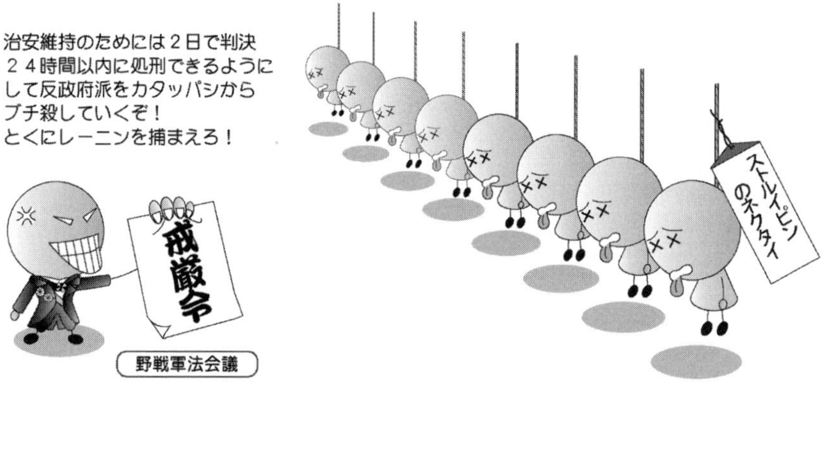

（＊05）前幕の「第1回総選挙（1906年4月）」によって生まれた国会のこと。
書物によって解散日時にブレがある（7月21日 or 22日）のは、21日の深夜から翌22日未明にかけて軍隊が投入され、解散したため。開催期間、わずかに73日間。

（＊06）つぎにレーニンがロシアに帰国するのは1917年4月です。約10年間にわたってレーニンがロシアを留守にしたことで、その間、ボルシェヴィキの党勢は衰えつづけます。

こうして、ある程度、秩序が回復したところで、1907 年 1 月、第 2 次総選挙が行われ、「第二国会《ドゥーマ》」が生まれました。

しかし。

今回は、第 1 次総選選挙をボイコットしていたボルシェヴィキや社会革命党《エスエル》も参加したため、フタを開けてみれば、「第一国会《ドゥーマ》」よりさらに左傾化していました。

あわてたストルイピンは、すぐに理由をつけてこれを解散！（＊07）

ただちに選挙法を改正して、これまでも、

「地主の 1 票 ＝ 労働者の　45　票」という理不尽なものだったのに、

「地主の 1 票 ＝ 労働者の 543 票」とさらに劣悪なものにし、そのうえで第 3 次総選挙（1907 年 11 月）を挙行。

ここまでして、ようやく十月党《オクチャブリスト》が大勝利しました。（＊08）

第三国会《ドゥーマ》でようやく「右傾化」させることに成功します。

さて、いよいよ「しかるのち改革を」に取りかからねばなりません。

これについては、次幕にて。

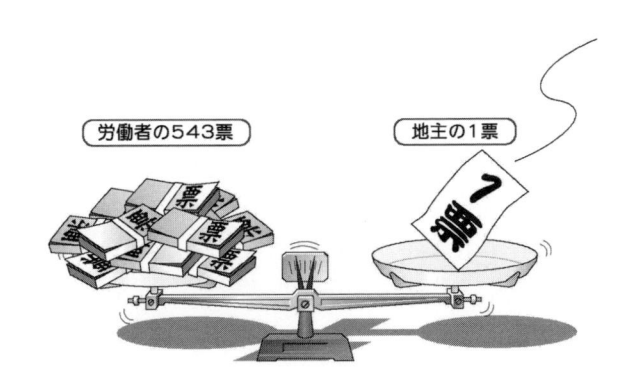

（＊07）「皇帝暗殺の陰謀があった」という、取って付けたような理由でした。解散した日がユリウス暦で 6 月 3 日だったため、以降のストルイピン体制を「六・三体制」と呼びます。

（＊08）しかし、それでも十月党が単独過半数というわけにはいきませんでした（35％）。
そのため、他の右翼政党と「六月三日同盟」を結び、連立することで過半数与党（62％）となります。

Column 1905～11年のアジア

ロシアにおいて、S《セルゲイ》．ヴィッテからP《ピョートル》．ストルイピンにかけて帝国《インピェーリヤ》再生のための“最後の改革”が行われたのが1905～11年。

しかし、これもストルイピン暗殺という結末によって失敗に終わると、あとは怪僧《ラスプーチン》が宮廷を引っかき回し、世界大戦《ミロヴァーヤヴォイナ》に巻き込まれ、革命《リェヴォリューツィア》が勃発し、帝国《インピェーリヤ》は収拾がつかない混乱の中で亡《ほろ》んでいくことになります。

ところで、とかくロマノフ朝とよく比較されるのが清朝。

建国したのもロマノフ朝と同じころ（1613年と1616年）、隆盛期も同じころ（ピョートル大帝と康熙帝、エカチェリーナ２世と乾隆帝）、亡んだのも同じころ（1917年と1912年）です。

そして、“最後の改革”が行われていた時期まで同じでした。

清朝は、すでに1901年から“最後の改革（光緒《こうちょ》新政）”に取りかかっていましたが、なかなか軌道に乗らず、これがようやく本格化しはじめたのが1905年、そして失敗に終わったのが1911年。

まさにロシアと同じころ（1905～11年）、“最後の改革”に尽力し、失敗し、亡《ほろ》んでいったのでした。

さらに、西アジアでも、カージャール朝が旧《ふる》い体制の中で近代化を進めていました。

それが「イラン立憲革命」ですが、これまた、始まったのが1905年、失敗に終わったのが1911年。

そして、カージャール朝もまもなく亡《ほろ》びます（1925年）。

奇《く》しくも、1905～11年というのは、ユーラシア大陸規模で、

- その北部、ロシア　　　　　では「ヴィッテ・ストルイピン改革」
- その東部、清朝　　　　　　では「光緒《こうちょ》新政」
- その西部、カージャール朝では「イラン立憲革命」

…と、旧《ふる》い王朝が断末魔の声を上げていた時だったのです。

そして、皆、ほどなく亡《ほろ》んでいったのでした。

第2章 ロシア第一革命

第6幕

「しかるのち改革を」

ストルイピン首相時代 ②

ストルイピンは苦悩する。地主を支持基盤とした従来のロシア統治システムはもはや時代遅れなのは明らか。生き残っていくためには、新しく資本家を支持基盤とするしかないのに、愚帝ニコライにはどうしてもそれが理解できない。そこで、ストルイピンは、苦肉の策として「富農《クラーク》」の創出を考える。

〈ストルイピン首相時代 ②〉

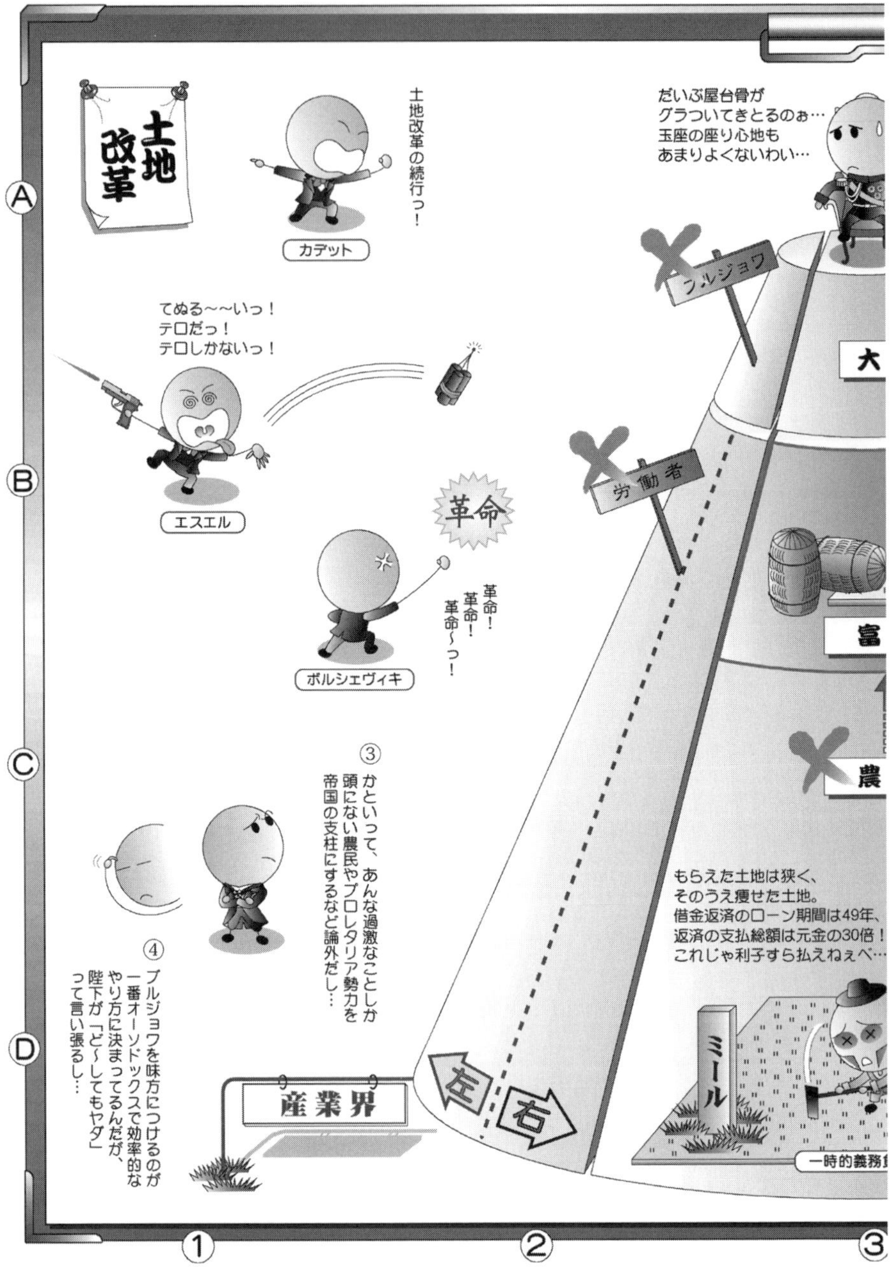

1907～11年

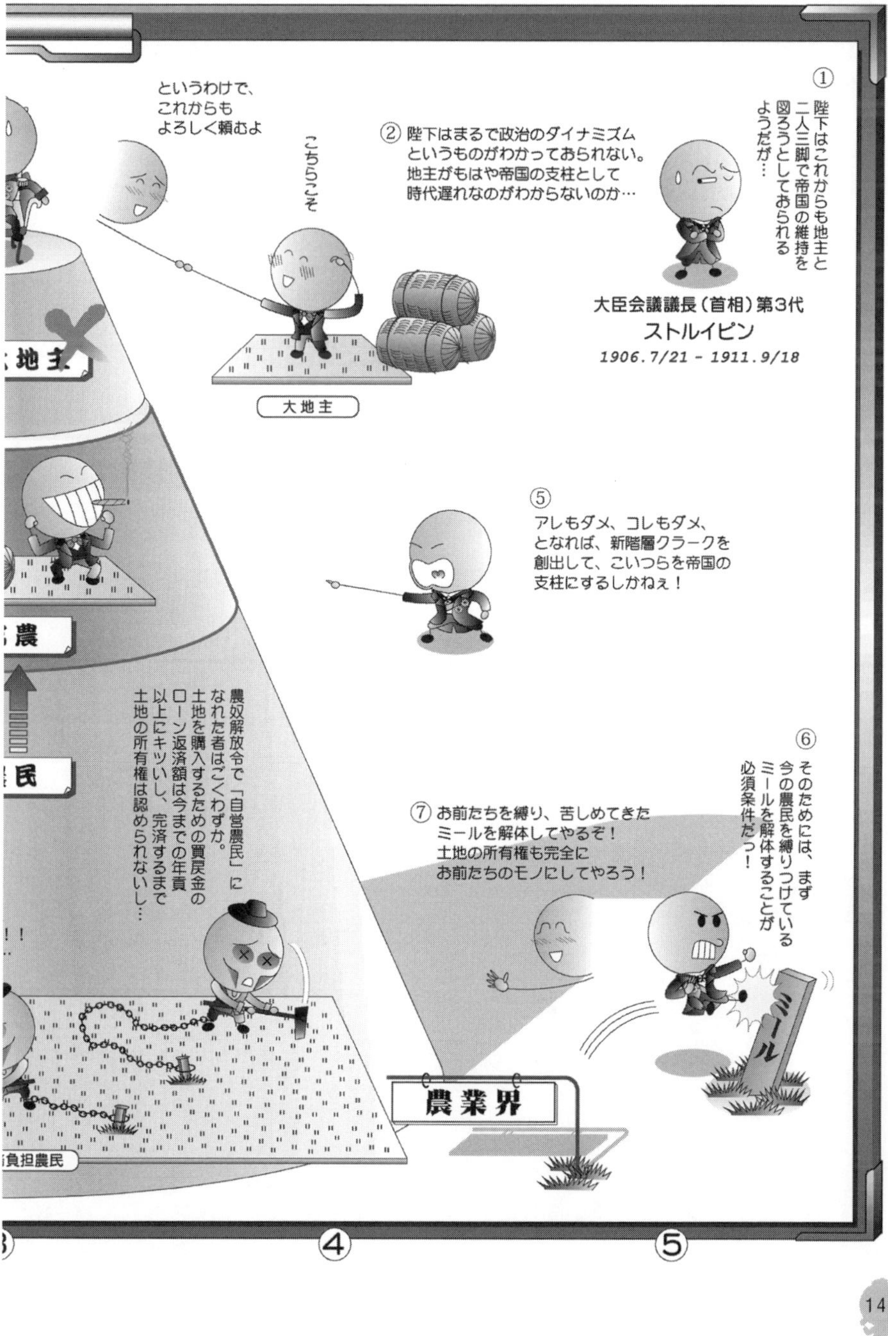

というわけで、
これからも
よろしく頼むよ
こちらこそ
② 陛下はまるで政治のダイナミズム
というものがわかっておられない。
地主がもはや帝国の支柱として
時代遅れなのがわからないのか…
① 陛下はこれからも地主と二人三脚で帝国の維持を図ろうとしておられるようだが…
大臣会議議長（首相）第3代
ストルイピン
1906.7/21 - 1911.9/18
地主
大地主
⑤
アレもダメ、コレもダメ、
となれば、新階層クラークを
創出して、こいつらを帝国の
支柱にするしかねぇ！
農
民
農奴解放令で「自営農民」になれた者はごくわずか。土地を購入するための買戻金のローン返済額は今までの年貢以上にキツいし、完済するまで土地の所有権は認められないし…
⑥ そのためには、まず今の農民を縛りつけているミールを解体することが必須条件だっ！
⑦ お前たちを縛り、苦しめてきた
ミールを解体してやるぞ！
土地の所有権も完全に
お前たちのモノにしてやろう！
ミール
農業界
負担農民
④
⑤

それでは、本幕ではストルイピンの具体的な改革案について見ていくことにいたします。

あらかじめ確認しておきますが、P《ピョートル》.ストルイピンの立場は、あくまでも「首相」です。(＊01)

ロシア帝国憲法により、皇帝《ツァーリ》によって任命され、皇帝《ツァーリ》にのみ責任を負い、皇帝《ツァーリ》によって解任される役職です。(＊02)

したがいまして、ストルイピンの好むと好まざるとに関わらず、皇帝《ニコライ2》の意向を汲《く》まないわけにはいきません。

ニコライ2世の望みは、「王朝創建以来300年と同様、これから以降も未来永劫《えいごう》、大地主を支持基盤に、絶対君主として君臨しつづける」こと。

これを一歩たりとも譲るつもりはない。

そうなるようになんとかしろ。

それが皇帝《ツァーリ》のご意向。

しかし、そんな“夢物語”は実現不可能というのが「現実」。

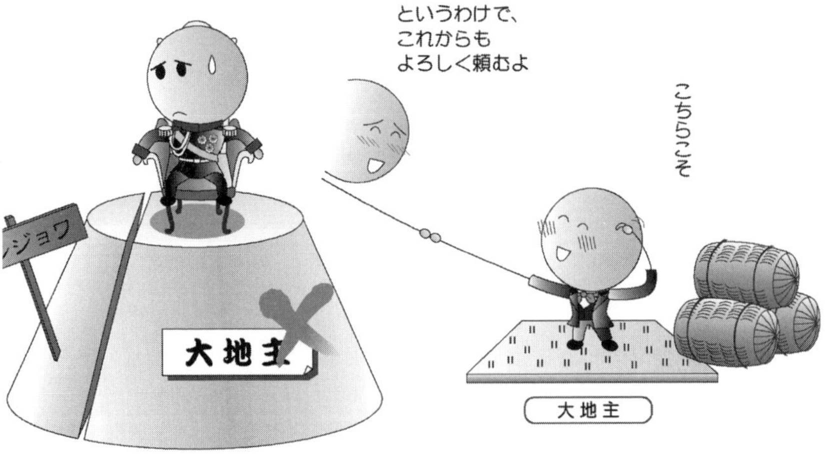

（＊01）正式名称は「大臣会議議長」。ヴィッテを初代とし、ストルイピンは3代目。

（＊02）憲法 第10条、第17条、第123条による。

　ストルイピンはその板挟《ばさ》みに苦しみます。
　もう、“バカ殿”のわがままに頭を抱える老中みたいなもの。
　しかし、「地主を支持基盤とする統治システム」など、西欧でいえば、中世の封建体制です。
　西欧では、近世に入れば「商業資本家」を、18 世紀には「産業資本家」を、19 世紀には「金融資本家」を支持基盤とし、どんどん進展しているのに、我がロシアは、依然として「地主」を支持基盤とし、また、皇帝もそれを望んでいる状態。
　そうした歪《ひず》みが限界を迎え、悲鳴を上げて、それが今、目の前で革命騒ぎとなり、帝国《インピェーリヤ》は存亡の危機に立たされているというのに、皇帝《ツァーリ》にはそれがどうしても理解できない。
　ストルイピンがどれほど「現実」を説明しようが説得しようが、とりつく島もなし。
「帝国《インピェーリヤ》が揺らいでいるなどあり得ぬ！　断じて認めぬ！」
「御託《ごたく》はいいから、この叛徒どもをさっさとなんとかせい！」
　これがニコライ２世。
　ロシアよりも先を進んでいる西欧の歴史を鑑《かんが》みれば、ロシアは一刻も早く中世さながらの「地主依存体制」を脱却し、ブルジョワを支持基盤とする新しい国家秩序を形成しなければならないところ。
　ストルイピンもホントはそうしたい。
　しかし、皇帝《ニコライ2》は頑《ガン》として首を縦に振りません。
「余は、資本家《ブルジョワ》どもがどうも好かん！」
　あ… いや… あの…好きとか嫌いとか、そういう問題じゃないのですが…。
　いずれにせよ、皇帝《ニコライ2》が「うん」と言わない以上、資本家《ブルジョワ》はダメです。
　しかし、だからといって「革命だ！」「テロだ！」「社会主義だ！」と過激思想をわめく労働者《プロレタリア》や農民を支持基盤とすることもできません。
―― 地主はもはや時代遅れ。
　　しかし、最有力候補の資本家《ブルジョワ》は、陛下がどうしても認めてくれない。
　　労働者《プロレタリア》・農民など、問題外！
　　いったいどうすればよいのだ！?

そこで、ストルイピンは一計を案じます。

現有階級に適切な支持基盤が見いだせないというのなら、新たに“理想的”な支持基盤を創出すればよい！

そこで。

1861年の農奴解放令以降、農民は“法的”には農奴でなくなり、そのほとんどは「一時的義務負担農民(D-3)(*03)」となりましたが、現実には、彼らを支配・束縛していた者が「地主」から「村落共同体《ミール》(*04)」に移っただけのことで、旧来の「農奴」となんら変わらない生活・権利の中で生きていました。

彼らを本当の意味で「解放」してあげるのです。

彼らをミールの呪縛から解き放ち、借金をチャラにしてあげ、土地を与えてやります。

彼らは泣いて喜ぶに違いなかろう。

そして、もらった土地を売買するのも自由にします。

土地を売ったカネを元手にして資本家《ブルジョワ》になるのも自由、都市に出て労働者《プロレタリア》になるのも自由。

彼らに自由な経済活動を行う権利を与えてやるのです。

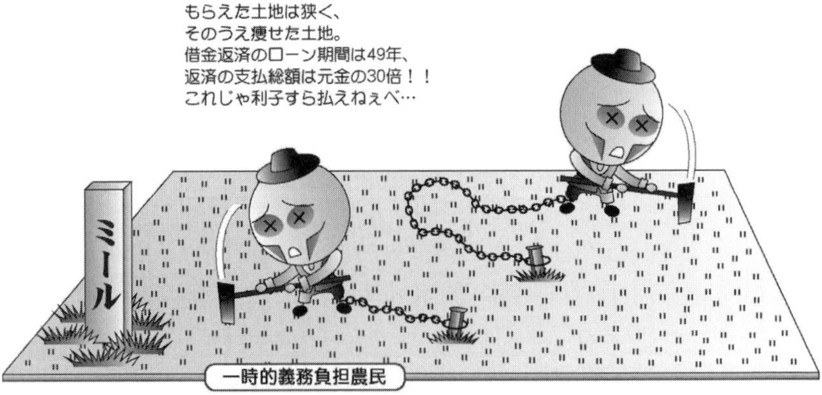

(*03) わかりやすい言葉で言い換えれば「莫大な借金を抱えた小作人」です。

(*04) 原義は「平和」。詳しくは、次ページのコラムを参照のこと。

Column 村落共同体ミール

1861 年に「農奴解放令」が発布され、農奴は「法的自由」と「土地」が与えられることになりました。

しかし、いつの時代もどこの国も「特権階級」が自らの手でその特権を手放すということはありません。

農奴解放の精神は、地主たちによって徹底的にねじ曲げられ、形骸化します。

地主の耕地のうち、約 2/3 が解放農民のために分与されることになったのですが、当然、彼らは、自分の土地の中から恣意《しい》的に痩《や》せた土地を分与します。

解放農民たちは、従来よりも狭くて（解放前の 40％程度）痩《や》せた土地を耕しながら、その土地の「買戻金」を支払わされることになります。

もちろん、一括で支払える農奴などいるはずもなく、割賦《ローン》返済ということになりますが、その期間は 49 年、利子を含めた支払総額は元金の 30 倍となりました。

つまり、土地価格が 3000 万円だった場合、49 年間にわたって毎年毎年 1800 万円ずつ支払わなければならないことになります。

理不尽なこと、この上なし。

彼らは農閑期には都市に出稼ぎ労働に出かけ、身を粉《こ》にして働きましたが、利子を支払うこともままならず、借金は膨《ふく》らむ一方。

こうした割賦《ローン》返済中の農民を「一時的義務負担農民」と言いますが、名は「一時的」でも、実質的に「半永久的」な義務負担農民でした。

そして、「完済」まで自由を拘束されましたから、「解放」とは名ばかりの、農奴以上に厳しい生活を強いられます。

しかし、建前上はあくまで「地主からは解放された」という“設定”ですから、地主に代わって彼らを管理し、縛りつけておく「組織」が必要になります。

この役割を担ったのがロシア特有の村落共同体「ミール」でした。

そうすれば、その中から「富農《クラーク》」になる者も出てくるはずです。(B/C-3)

彼らはきっと、

「昨日まで食うや食わずだった俺たちが“今”あるのは、皇帝《ツァーリ》のおかげ！」

…と、帝国《インピェーリヤ》の強力な支持基盤になるに違いない。

皇帝《ニコライ2》も、「産業界」に嫌悪感があっても「農業界」なら妥協してくれるだろう。

そのために、まず、農民をがんじがらめに縛りあげているミールを解体しなければならない。

ところが。

このミールの解体がうまくいきません。

それは、農民自身がミールの解体に抵抗したからです。

彼らは言います。

―― オラたちは今のままでええだ。
　　もう放《ほ》っといてほしいだ。

え？　なぜ???

土地が手に入るのに？

自由が与えられるのに？

―― たしかに今の生活は苦しいだども、なんとか食っていけるだし。
　　政府のアマイ言葉に乗ると、ロクなことにならねぇだし。
　　ミールに助けてもらっている部分もあるだし。

たしかにミールには「互助組合」の意味合いもあり、困ったときには助けてもらえる側面もありましたが、農奴解放令で“ダマされた”という思いが、農民を保守化させてしまったのでしょう。

こうして、ミール解体は遅々として進みません。

そうこうしているうちに、彼は、社会革命党《エスエル》党員（ドミートリー＝ポグロフ）に暗殺され、改革は頓挫《とんざ》してしまいます。

時、1911年9月18日。

彼亡きあと、ロシアにはロクな政治家が現れることなく、それどころか、宮廷に1匹の“妖怪”がはびこり、帝国《インピェーリヤ》は急速に衰亡していくことになります。

第7幕

不吉な予言

怪僧ラスプーチン

ストルイピンが暗殺されたことにより、帝国滅亡のカウントダウンは始まった。その寸前まで、宮廷を支配していたのは「怪僧」であった。面妖な顔つき。奥底に闇を潜《ひそ》ませる妖《あや》しい目つき。ド田舎の粗野な百姓まるだしの風貌《ふうぼう》、口の利き方。彼は、皇帝夫婦を意のままに操り、宮廷を引っかき回していく。

信じます！
ラスプーチン様に
身も心も捧げます！
ニコライ2世 皇后

〈怪僧ラスプーチン〉

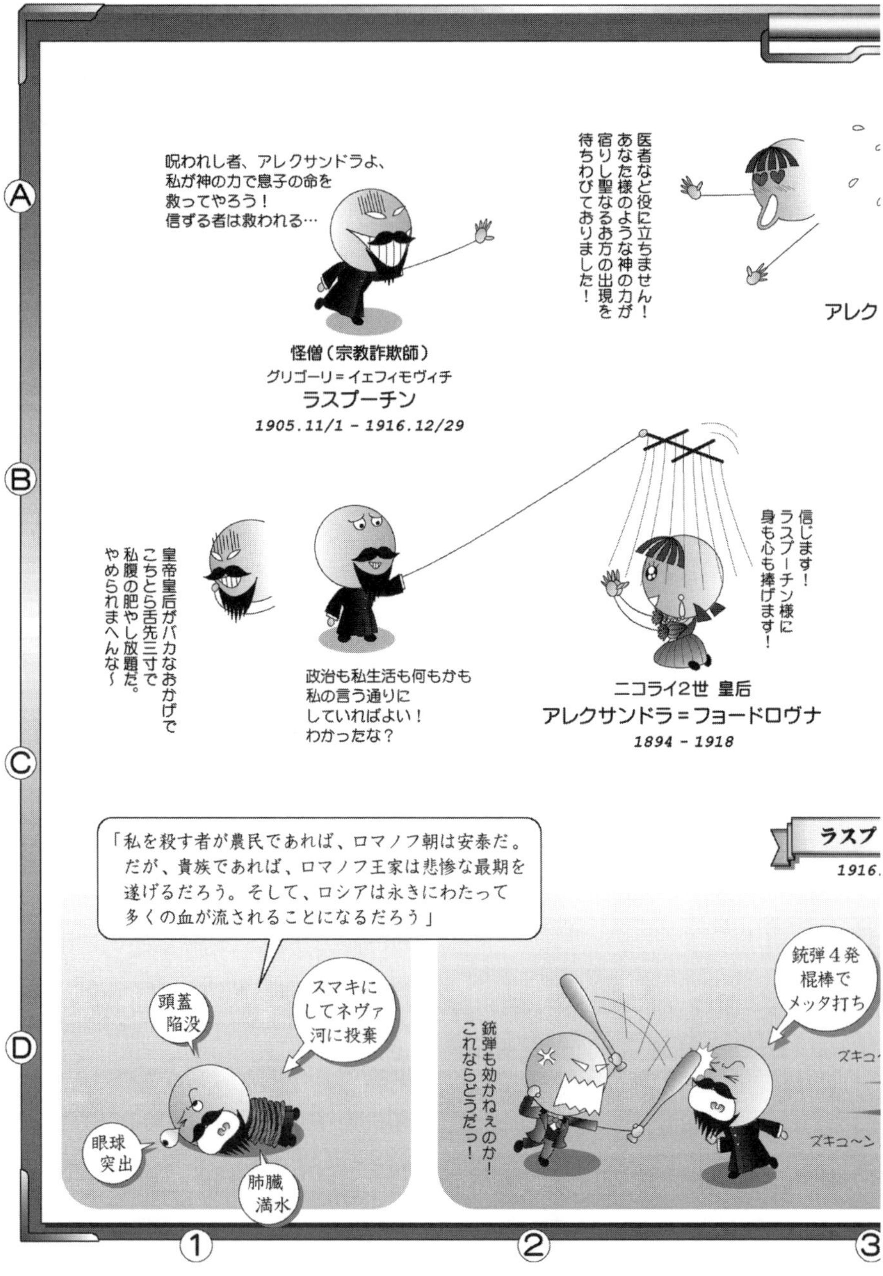
A
B
C
D
1
2
3
呪われし者、アレクサンドラよ、
私が神の力で息子の命を
救ってやろう！
信ずる者は救われる…
医者など役に立ちません！
あなた様のような神の力が
宿りし聖なるお方の出現を
待ちわびておりました！
アレク
怪僧（宗教詐欺師）
グリゴーリ＝イェフィモヴィチ
ラスプーチン
1905.11/1 - 1916.12/29
信じます！
ラスプーチン様に
身も心も捧げます！
皇帝皇后がバカなおかげで
こちとら舌先三寸で
私腹の肥やし放題だ。
やめられまへんな～
政治も私生活も何もかも
私の言う通りに
していればよい！
わかったな？
ニコライ2世 皇后
アレクサンドラ＝フョードロヴナ
1894 - 1918
「私を殺す者が農民であれば、ロマノフ朝は安泰だ。
だが、貴族であれば、ロマノフ王家は悲惨な最期を
遂げるだろう。そして、ロシアは永きにわたって
多くの血が流されることになるだろう」
ラスプ
1916.
頭蓋
陥没
スマキに
してネヴァ
河に投棄
眼球
突出
肺臓
満水
銃弾4発
棍棒で
メッタ打ち
銃弾も効かねぇのか！
これならどうだっ！
ズキュ～
ズキュ～ン

1911～16年

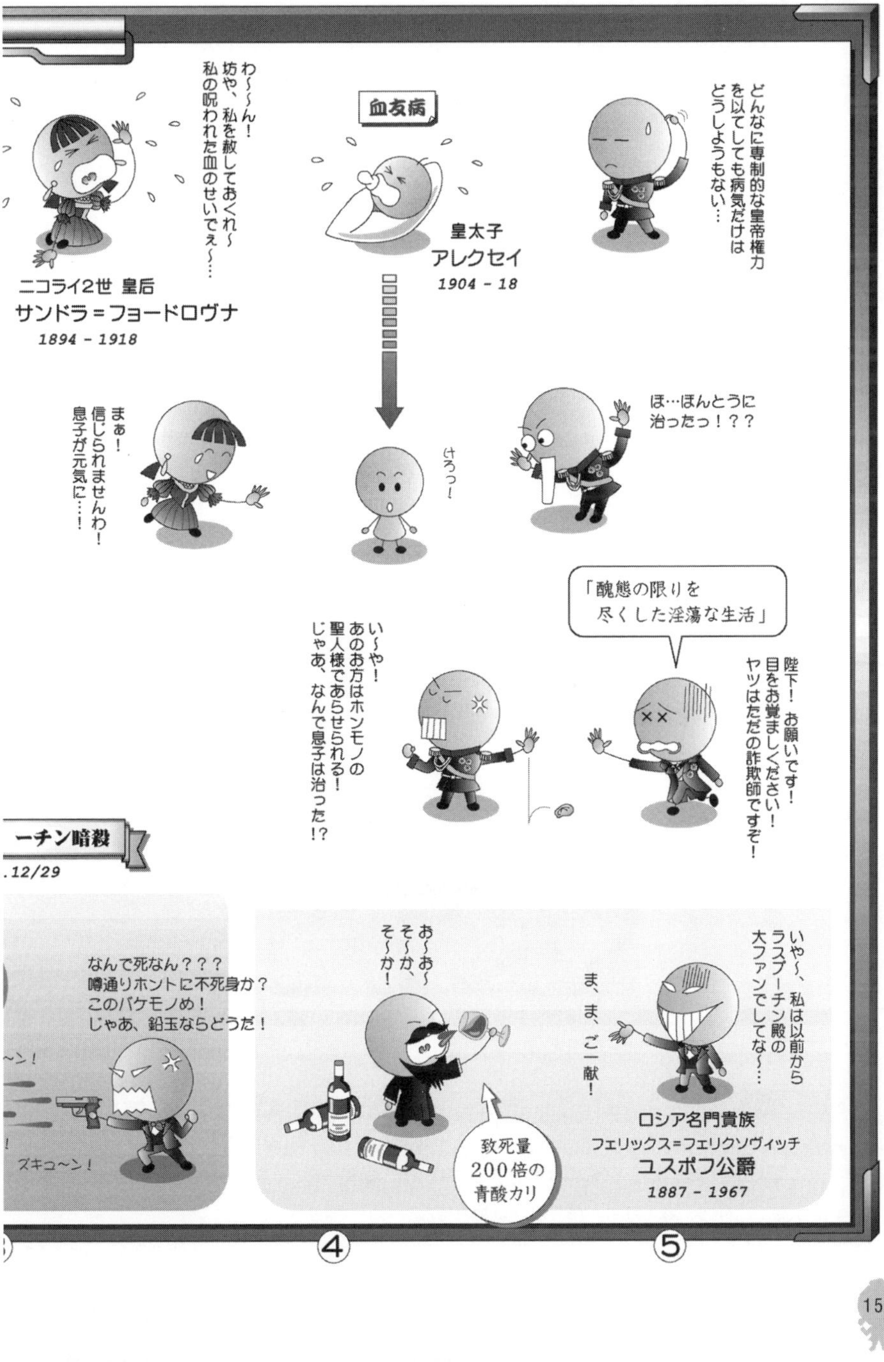
どんなに専制的な皇帝権力を以てしても病気だけはどうしようもない…
血友病
皇太子
アレクセイ
1904 - 18
わ～～ん！坊や、私を赦しておくれ～私の呪われた血のせいでぇ～…
ニコライ2世 皇后
サンドラ＝フョードロヴナ
1894 - 1918
ほ…ほんとうに治ったっ！？？
けろっ！
まぁ！信じられませんわ！息子が元気に…！
「醜態の限りを尽くした淫蕩な生活」
陛下！お願いです！目をお覚ましください！ヤツはただの詐欺師ですぞ！
い～や！あのお方はホンモノの聖人様であらせられる！じゃあ、なんで息子は治った!?
ーチン暗殺
.12/29
いや～、私は以前からラスプーチン殿の大ファンでしてな～…
ま、ま、ご一献！
ロシア名門貴族
フェリックス＝フェリクソヴィッチ
ユスポフ公爵
1887 - 1967
お～お～そ～か、そ～か！
致死量200倍の青酸カリ
なんで死なん？？？
噂通りホントに不死身か？
このバケモノめ！
じゃあ、鉛玉ならどうだ！
ズキュ～ン！
④
⑤

第1章　ロシア社会主義の胎動
第2章　ロシア第一革命
第3章　ロシア三月革命
第4章　臨時政府時代
第5章　十一月革命

ロシア第一革命が起こってから、つぎの第二革命(＊01)が起こるまで、12年の時間差《タイムラグ》があります。

そのうち1905～11年までの間は、所謂「ヴィッテ＝ストルイピン時代」と呼ばれる改革期(＊02)でしたが、ストルイピンが暗殺《テロ》に倒れたことにより、以後、帝国《インピェーリヤ》が滅亡する直前（1916年末）まで、1匹の“妖怪”が、ロシアをメチャクチャに引っかき回すことになります。

その“妖怪”の名こそ、G《グリゴーリ》.E《イェフィモヴィッチ》.ラスプーチン。

面妖な顔つき。

奥底に闇を潜《ひそ》ませる妖《あや》しい目つき。

ボウボウに生やし放題の髭《ひげ》、鬚《ひげ》、髯《ひげ》。(＊03)

ド田舎の粗野な百姓まるだしの風貌《ふうぼう》。

さらには、その身のこなしから、一挙手一投足に至るまで、全身から妖《あや》しい雰囲気を放ち、まさに「怪僧」という二つ名にピッタリの男。

G.E.ラスプーチン（1869～1916）

（＊01）所謂「ロシア三月革命」と「十一月革命」を総称して「ロシア第二革命」と言います。

（＊02）ロシア帝国最後の改革。じつは、そのちょうど同じころ、清朝も最後の改革期（光緒新政）に入っていました。詳しくは第2章5幕のコラムを参照のこと。

（＊03）髭：口ひげ、鬚：あごひげ、髯：ほおひげ。

ところで。

ニコライ２世は、即位したその年（1894年）のうちに恋《こ》い焦《こ》がれていた女性と結婚しましたが、２人の間に生まれてくる子は女の子ばかりで、なかなか世継ぎ（男子）に恵まれませんでした。

まわりの者は、無責任に言うものです。

「また女子《おなご》か！　女子《おなご》はもうよいわ！」

「女腹め、いいかげん男を産んだらどうだ！？」

「つぎこそは世継ぎを頼みますぞ！」

生まれてくる子供の性別コントロールなどできないのですから、そんなこと言われてもどうしようもありませんが、皇后《アレクサンドラ》様のプレッシャーは相当なものだったことでしょう。

しかし、結婚10年目、５回目の出産にして、ついに男子を授かります。

皇帝夫婦の歓《よろこ》びようは、それはそれはたいそうなものでした。

ところが、その歓《よろこ》びはすぐに暗転します。

待望の皇太子アレクセイは、まもなく血友病（＊04）を発症したのです。（A-4）

血友病は、当時、ほとんどは子供のうちに死んでしまう不治の病です。

皇后アレクサンドラの哀《かな》しみはいかばかりか。

わ～～ん！
坊や、私を赦しておくれ～
私の呪われた血のせいでぇ～…

ニコライ２世 皇后
アレクサンドラ＝フョードロヴナ

血友病

皇太子
アレクセイ
1904 – 18

（＊04）体の内部で出血を引きおこす遺伝子病。当時は不治の病。
現在でも、症状を抑えることはできても、根本治癒は難しい（完治の例はあります）。

第１章　ロシア社会主義の胎動
第２章　ロシア第一革命
第３章　ロシア三月革命
第４章　臨時政府時代
第５章　十一月革命

「おぉ！　坊や、許しておくれ！
　私の呪われた血のせいで、お前をこんな体に産んでしまって！」
　血友病の因子《キャリア》を持っていたのはたしかに母親《アレクサンドラ》でしたが、だからとって、“母親の責任”というわけではありません。
　しかし、アレクサンドラは自分を責めつづけます。(＊05)
「ああ！　私のせいで！　私のせいで！」
　つぎつぎと国中から名医を呼びつけますが、サジを投げられるだけ。
「この子を治すためなら、妾《わらわ》はどんなことでもするわ！」
　そんなときです。
　怪僧ラスプーチンが突如として帝都ペテルブルクに現れたのは。
　彼は、人々の病気を癒《いや》す“奇蹟の御業《みわざ》”(＊06)をして回るようになり、その噂が宮廷にまで届くや、皇后《アレクサンドラ》はすぐに彼を呼びよせます。
　ラスプーチンは、そのゴツい手で皇太子《アレクセイ》のやわらかい体をやさしくさすりながら、自分が子供のころの昔話 —— 野山を駆け回り、いたずらをして大人に叱《しか》られた話など —— をはじめる。

呪われし者、アレクサンドラよ、
私が神の力で息子の命を
救ってやろう！
信ずる者は救われる…

怪僧（宗教詐欺師）
グリゴーリ＝イェフィモヴィチ
ラスプーチン

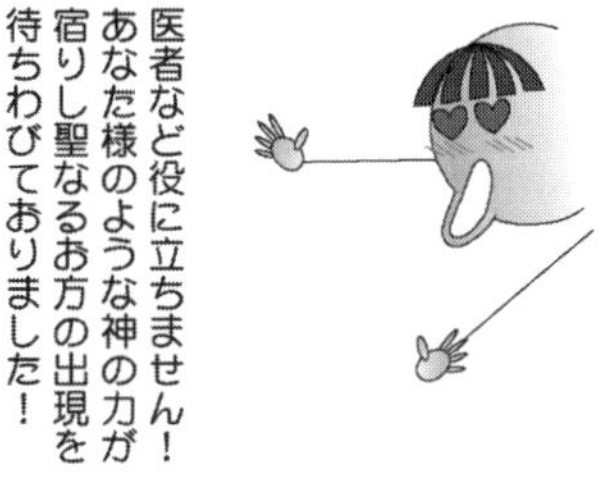
医者など役に立ちません！
あなた様のような神の力が
宿りし聖なるお方の出現を
待ちわびておりました！

(＊05) 筆者も生まれつき右腕が動きませんが、そのことで母親は相当自分を責めたようです。どれほど「べつになんとも思ってないから」「自分を責めなくてもいいから」と言っても聞き入れてくれません。「母親」とはそういうもののようです。

(＊06) 洋の東西と古今を問わず、新興宗教の教祖らが行う“信者獲得と集金のためのデモンストレーション”—— 要するに「手品」にすぎませんが。

宮廷から外に出たこともなく、同い年の子供と走り回って遊んだこともない皇太子《アレクセイ》は、眼をキラキラと輝かせながら彼の言葉に聞き入ります。

するとどうしたことでしょう。

不思議なことに、病気の症状が和《やわ》らぐのでした。(＊07)

これを見て、皇帝夫婦はビックリ！

アレクサンドラは、狂喜します。

「ああ！　あなた様こそが、本物の聖人《スヴィトーイ》様！

どうか！　どうか、この子をお救いください！

そのためなら、どんなことでもいたします！」

詐欺師《ペテン》にひっかかった瞬間でした。

ひとたび宗教詐欺師に引っかかると、その被害者が自ら騙《だま》されていることに気づくのは至難の業です。

彼女《アレクサンドラ》は、この詐欺師《ラスプーチン》に心酔し、文字通り「身も心も」彼に捧げます。(＊08)

(＊07) 彼の使った「手」は、一種の催眠療法と思われます。
本当は病気そのものが治ったわけではありませんが、気持ちが高揚し、たのしい気分になることによって、病気の症状が一時的に治まることは、自然なことです。

(＊08) 証拠はありませんが、皇后とラスプーチンが男女の関係であったことは、当時から噂されていました。皇太子の命を握っている男から迫られれば、彼女は断れなかったでしょう。

皇后《アレクサンドラ》を意のままに操ることができるようになったラスプーチンは、つぎに、皇帝《ニコライ2》の心をもつかみます。

彼は、皇帝《ニコライ2》の前でも、わざと粗野《そや》で横柄《おうへい》な態度で臨《のぞ》み、平伏するようなことをしませんでした。

これまで、自分に対して、誰もがかしずき、恐縮する姿しか見たことがないニコライの目には、かえってこれが新鮮に映ったようです。

「我が友よ！」

逆に、皇帝の方がこの詐欺師《ペテン》にへりくだり、崇《あが》める始末で、ついには、政治のことまで、いちいちラスプーチンに助言を求めるようになります。

こうなれば、もはやラスプーチンに恐いものはありません。

宮廷内では、皇后から貴婦人・子女にいたるまで、手当たり次第に手を出し、およそ宮廷はラスプーチンの“売春宿”と化したといわれています。（＊09）

重臣たちは、見るに見かね、代わる代わる皇帝《ニコライ2》に諫言《かんげん》します。

―― 陛下！

　あの者をお側《そば》に置いてはなりませぬ！

「醜態の限りを
尽くした淫蕩な生活」
陛下！ お願いです！
目をお覚ましください！
ヤツはただの詐欺師ですぞ！
い〜や！
あのお方はホンモノの
聖人様であらせられる！
じゃあ、なんで息子は治った!?

（＊09）彼がほんとうに貴婦人たちと同衾していたのかどうか、その証拠はありませんが、あの風貌で短期間のうちに宮中の貴婦人たちを夢中にすることができたのは、当時から「巨根と絶倫精力」のおかげだと噂されていました。「彼の死後、実際に巨根が確認され、切り取られ、ホルマリン漬けにされた」といわれており、それは現在、サンクト＝ペテルブルクの博物館に展示されています。それが「本物」かどうかはわかっていませんが。

── そうですぞ、陛下！
　あの者は、口にするのも憚《はばか》られるような、醜態の限りを尽くした淫蕩《いんとう》な生活を繰り返しているのですぞ！
　しかし、その声は、皇帝《ニコライ2》の心には届きません。
「い～や！
　あのお方こそ、イエス様から遣《つか》わされた、真《まこと》の聖人《スヴィトーイ》様であらせられる！」
　とりつく島なし。
　しかし、時は待ってくれません。
　そうこうしているうちに、1914年、ついに第一次世界大戦が勃発。
　ロシアは、むしろこの戦争に参加し、大勝利することで、ぐらぐらと揺《ゆ》らいでいる専制《ツァーリズム》体制を強化しようと目論みます。（＊10）
　遠征用の軍需物資は、たったの３ヶ月分しかなかったにもかかわらず、
「なんのなんの、それまでにベルリンを陥《お》とせばよいだけのことじゃ！」
　なんともはや。
　この“国運をかけた大戦争”に参入するのに、「４ヶ月目以降のことは何も考えていない」という、ズサンな見切り発車だったのです。
　“破滅の足音”が、もうすぐそばまで迫ってきているのがわかります。
「３ヶ月」などアッという間に過ぎ去り、すぐに戦局は悪化します。
「案の定」とはこのことか。
　それに伴い、国民生活もたちまち破綻《はたん》に向かいます。
　急速に悪化していく国情に、狼狽《ろうばい》した皇帝《ニコライ2》がしたこと。
　それは、ラスプーチンに相談することでした。
「おお！　我が友ラスプーチンよ！
　余はこれからどうしたらよいのじゃ？」

（＊10）ロシアが第一次世界大戦に巻き込まれていった詳細については、拙著『世界史劇場 第一次世界大戦の衝撃』（ベレ出版）で解説されておりますので、ここでは触れません。

── そうですな、陛下。
　皇帝御《おん》みずから前線に立ち、兵を鼓舞《こぶ》するとよろしい。
　兵の士気は天にも昇る勢いとなることでしょう。

　このラスプーチンの進言により、ニコライ２世は陣頭指揮を執《と》るために、当時、大本営が置かれていたモギリョフに向かいます。（＊11）

　しかし、このことがさらに事態を悪化させることになりました。

　ニコライ２世が帝都《ペトログラード》を離れ、大本営《モギリョフ》に籠《こ》もるようになったことで、その間、銃後を託《たく》された皇后《アレクサンドラ》は、逐一《ちくいち》ラスプーチンに“お伺《うかが》い”を立てる有様となってしまったからです。

　こうなると、政治も人事もラスプーチンの思うがまま。

　事あるごとにラスプーチンの行状を皇帝《ツァーリ》に讒言《ざんげん》していた貴族らは、たちまち左遷《させん》され、宮廷はラスプーチンの支持者《イエスマン》で牛耳られてしまいます。

　もはや、ラスプーチンが「皇帝《ツァーリ》」のよう。

　しかし。

　ラスプーチンの“我が世の春”もここまで。

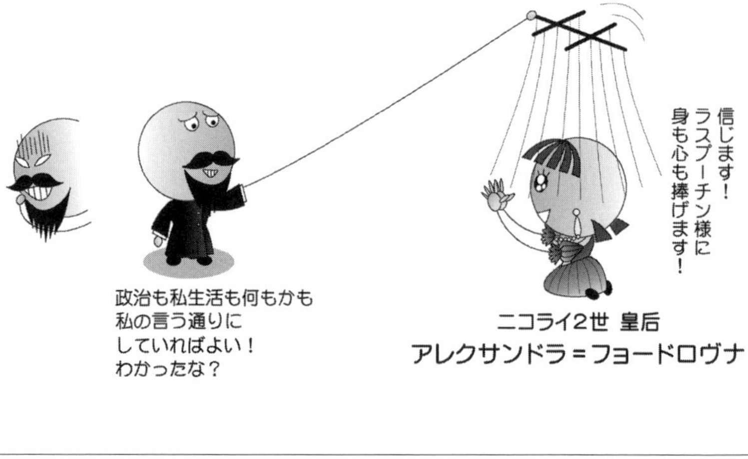
政治も私生活も何もかも
私の言う通りに
していればよい！
わかったな？
信じます！
ラスプーチン様に
身も心も捧げます！
ニコライ2世 皇后
アレクサンドラ＝フョードロヴナ

（＊11）ラスプーチンによる、体のよい“厄介払い”のようにも見えます。
皇帝を宮廷から追い出せば、ラスプーチンは皇后を意のままに操り、さらに宮廷をコントロールしやすくなりますから。
ちなみに、モギリョフというのは、帝都ペトログラードより南へ670km下った町。

Column カリスマ的支配

Ａ《アレクサンドル》.ケレンスキーは、「ラスプーチンなくしてレーニンなし」という言葉を残しています。

「ラスプーチンが、悩める皇后《アレクサンドラ》様を詐欺《ペテン》にかけ、宮廷を思うがままに操り、政治を、社会を、国を混乱させた。

その結果、帝国《インピェーリヤ》は一気に“革命”へと傾いていったのだ」と。

しかし。

何の後盾《うしろだて》も持たなかった彼《ラスプーチン》が、さも血友病が治ったように見せかけ、皇后《アレクサンドラ》の心を摑《つか》んだだけでなく、宮廷内の多くの者からも信奉され、果ては、皇帝ニコライ２世からも全幅の信頼を得る。

“舌先三寸”だけで、そこまでのことができるものでしょうか？

じつは、できます。

いえ、「世の中にはできる人がいる」と言った方が正確でしょうか。

ごくごく稀《まれ》に、

「その人がどんな見え透《す》いたウソ八百を並べ立てようとも、まわりの人はその人に魅了され、心服し、すべてを信じ、平服してしまう」

…という“不思議な力”…というか雰囲気を持つ人がいます。

これを「カリスマ」と言います。

有名どころでは、Ａ《アドルフ》.ヒトラーや、毛沢東《マオツオトン》。

彼らは、その特殊能力「カリスマ」を以《もっ》て国を牽引《けんいん》し、そして、国民を地獄へと堕《お》としていきました。

おそらくラスプーチンもそういう人物だったのでしょう。

残念ながら、「カリスマ」は写真や動画《ムービー》には映りませんので、後世の人が彼ら《カリスマ》の映像を見ても、その「すごさ」がまったく理解できず、

「なんでこんなヤツに騙《だま》されるかなぁ？」と思ってしまいますが、現実に「カリスマ」を目の前にすれば、一般人に抗《あらが》う術《すべ》はありません。

そうしてみると、詐欺師《ラスプーチン》に騙《だま》されたとはいえ、皇后《アレクサンドラ》を責めることはできないかもしれません。

日に日に戦局が悪化し、国民生活が苦しくなってくると、必然的にその不満は「怪僧＆皇后」ペアに向けられることになります。

―― あのドイツ女め！(＊12)

こんなにも戦況が悪化しているのは、あの雌狐《めぎつね》がドイツに軍事機密を漏《も》らしているからに違いない！

―― あの怪僧《バケモノ》は、日夜、宮廷の女を片端から抱いているそうだ。

皇后もあの男の情婦だそうだ。

宮廷の奥底のことですから、本当に宮廷が“ラスプーチンの売春宿”と化していたのかどうか、その確たる証拠はありません。

しかし、あの悪党まるだしのツラ構えに加え(＊13)、そもそもこの男が「詐欺《ペテン》師」であることは間違いない事実。

まさにこのラスプーチンという男は、モリエールの書いた喜劇『タルチュフ』の主人公が実体化したような人物ですから、そうであったとしても不思議ではない…というより、そちらの方が自然です。

真偽はどうあれ、当時、上は貴族から下は庶民まで、万民から忌《い》み嫌われていたラスプーチン。

ついに“そのとき”は訪れました。

名門貴族であったF《フェリックス》.F《フェリクソヴィッチ》.ユスポフ公爵(＊14)は、ラスプーチンの熱烈な信奉者を装って、揉《も》み手で彼に接近します。

「聖人《スヴィトーイ》様。どうか拙邸の晩餐《ばんさん》会にお越しくださいませ。

粗末なものしか出せませんが、精一杯接待させていただきます」

―― おお、そうかそうか。

それでは伺《うかが》わせていただこうか。

(＊12) 皇后アレクサンドラのことを罵って言った言葉。
彼女の父がドイツのヘッセン大公だったため。母はヴィクトリア女王の娘。

(＊13)「顔は関係ないだろう？」と思われるかもしれませんが、美醜ではなく、顔には「人間性」が顕れるものです。「40歳を過ぎたら自分の顔に責任を持て」といわれる所以です。

(＊14) ニコライ2世の姪と結婚し、ロマノフ家より金持ちだったといわれるほどの名門貴族。

晩餐《ばんさん》会では、豪華な食事が用意され、公爵《ユスポフ》みずからラスプーチンのためにギターを弾《ひ》き、歌を唄《うた》い、彼を歓待します。

「本日は聖人《スヴィトーイ》様のために、最高級のワインも用意してございます。
　ささ、御一献《こん》！」

―― うむ。

お酒には目のないラスプーチン。

彼のグラスに注《つ》がれたワインには、致死量の 200 倍近い(28g) 青酸カリがたっぷりと混ぜてありました。

「ささ、ささ！　ぐぐっと！　どうぞご遠慮なく！
　旨《うま》いですぞぉ！　まさに“天にも昇るほど”に…ね」

ラスプーチンがグラスを傾けるのを固唾《かたず》を呑《の》んで見守る貴族たち。

これまで、この憎《に》っくき怪僧《バケモノ》に対して、ハラワタ煮《に》えくりかえる思いをグッと押し殺して、えびす顔と揉《も》み手におべっかで堪《た》えてきたのも、すべてはこの一瞬のため！！

やがて、ワインのグラスが傾きます。

ごくっ、ごくっ…

―― う〜〜む、なるほど、旨《うま》いワインじゃのぉ！
　こりゃたまらんわい！

いや〜、私は以前からラスプーチン殿の大ファンでしてな〜…
ま、ま、ご一献！
お〜お〜そ〜か、そ〜か！
ロシア名門貴族
フェリックス＝フェリクソヴィッチ
ユスポフ公爵
1887 – 1967
致死量200倍の青酸カリ

一同、唖《ア》然。
（なぜだっ！?　なぜヤツは平然としている???）(＊15)
（知るかっ！！）
（やつのバケモノぶりは、噂《うわさ》通り…いや、噂以上だな…）
（そんなことより、どうする！?）
（バカ野郎、ここで引けるか！　こうなりゃ、実力行使だ！！）
ズキューン！　ズキューン！　ズキューン！
彼の体に銃弾を4発を撃ち込む！
しかし、それでも死なず、外に逃げようとするラスプーチン。
銃声を聞きつけ、2階で待機していた仲間が飛び出してきて、ラスプーチンを棍棒でメッタ打ちにする。
頭蓋《ずがい》が陥没《かんぼつ》し、眼球が飛び出すほど袋叩きにしても、まだ死なない。
「こ、こいつ、バケモノか！
まだ死なないぞ！」

(＊15) なぜ青酸カリが効かなかったのか。一説に「ラスプーチンの胃壁が分厚かったからだろう」とするものがありますが、胃壁が分厚いくらいで効かないものではありません。
滑稽話としてはおもしろいかもしれませんが、ここは、「古くなった青酸カリが酸化して、無害の炭酸カリウムに変質していたため」と考えるのが自然です。

そこで、最後は、スマキにして氷の張ったネヴァ河に放り込んでやります。

時、1916年12月29日から、翌30日未明にかけて。

その３日後、年が明けて、1917年元日。

ひとつの死体がネヴァ河から引き上げられました。

死体を調べたところ、死因はなんと“溺死《できし》”。

なんと彼は、青酸カリでも銃弾でも棍棒でも死んでいなかったのです。

ところで、彼は生前、こう公言していました。

「私を殺す者が農民であれば、ロマノフ朝は安泰であろう。

だが、もしそれが貴族であるならば、ロマノフ王家は悲惨な最期を遂《と》げ、

さらにロシアは永きにわたって多くの血が流されることになるだろう！」

すると、以後の歴史は、彼の言葉どおりに展開することになります。

事件後、まもなく帝国《インピェーリヤ》は亡び、ニコライ一家は革命政府によって皆殺しにされ、その後もレーニン・スターリン時代を中心に、数えきれない罪なき人々が殺されつづける地獄絵図のような歴史が幕開けたのです。

まるで彼の死が、その合図であったかのように。

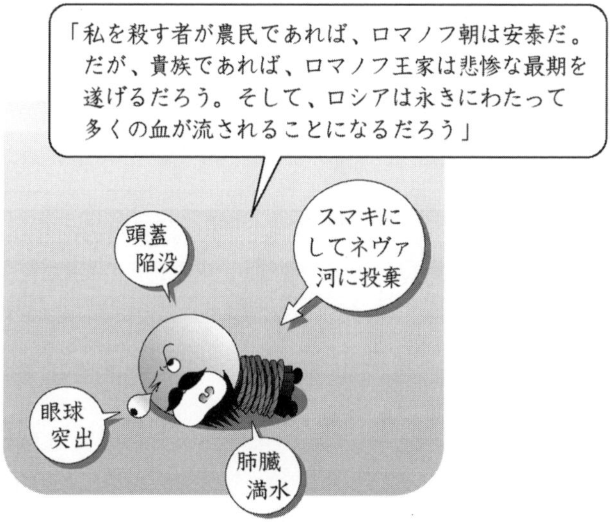
「私を殺す者が農民であれば、ロマノフ朝は安泰だ。
だが、貴族であれば、ロマノフ王家は悲惨な最期を
遂げるだろう。そして、ロシアは永きにわたって
多くの血が流されることになるだろう」
頭蓋陥没
スマキにしてネヴァ河に投棄
眼球突出
肺臓満水

Column アナスタシア伝説

1918年7月17日、ニコライ一家は、革命政府によって裁判も受けさせてもらうこともなく、地下室で皆殺しにされた…はずでした。

しかし、その後、「四女のアナスタシアは生きている！」という噂《うわさ》が流れはじめ、それに伴い、「私こそがアナスタシア」と名乗る者がわらわらと（少なくとも30人）現れます。

そのほとんどはすぐに“化けの皮”が剝《は》がれる程度のものでしたが、ひとりだけ、どうしても「偽者」と断定できない女性がいました。

彼女の仮の名は、「アンナ＝アンダーソン」。

彼女は、外反母趾《がいはんぼし》・耳の形・体中にある銃痕《じゅうこん》らしき傷跡など、アナスタシアの身体的特徴も備えていましたし、ロシア宮廷・ロマノフ一家に関する知識は驚くべきもので、専門家がどんな細かな質問をしても、立て板に水、その場にいなければ絶対にわからないであろうことまで流暢《りゅうちょう》に答えることができました。

まもなく彼女は「ロマノフ家の唯一の生き残り」として、ロマノフ王朝の資産を継承する訴訟を起こしています。

しかし、裁判の過程で、彼女《アンダーソン》が「そもそもロシア語が話せない」「顔も似ていない」などの致命的な問題が浮き彫りになり、結局、裁判には勝てませんでしたが、彼女は1984年（84歳？）に亡くなるまで、自分がアナスタシア本人だとの主張は曲げませんでした。

しかし。

彼女が亡くなったあと、ニコライ一家の遺骨が発見され、これをDNA鑑定した結果、その中からアナスタシアの遺骨が発見されます。

さらに、アンナ＝アンダーソンの遺体の一部（小腸）をDNA鑑定した結果、ロマノフ家とは何の関係もない人物であることが判明しています。

やはり彼女も偽者でした。

DNA鑑定により、その正体は99.7％の確率でフランツィスカ＝シャンツコフスカというポーランド人の農民の娘だと判明しています。

第3章 ロシア三月革命

第１幕

血の日曜日ふたたび

ペトログラード暴動

戦況は日に日に悪化し、国民生活は苦しくなる一方。
「国際婦人デー」の日、女性たちによるデモが始まった。
しかし、ハバーロフ中将は「やつらの口にパンのひとつも放り込んでやればよい」と楽観視していた。
実際そうしていれば、沈静化したであろう。
しかし、皇帝からの命令は違った。「武力弾圧せよ！」

「明日中にも暴動を
終息せしめるべし！」
ハバーロフ将軍に
そう伝えよ！
ははっ！
大本営

〈ペトログラード暴動〉

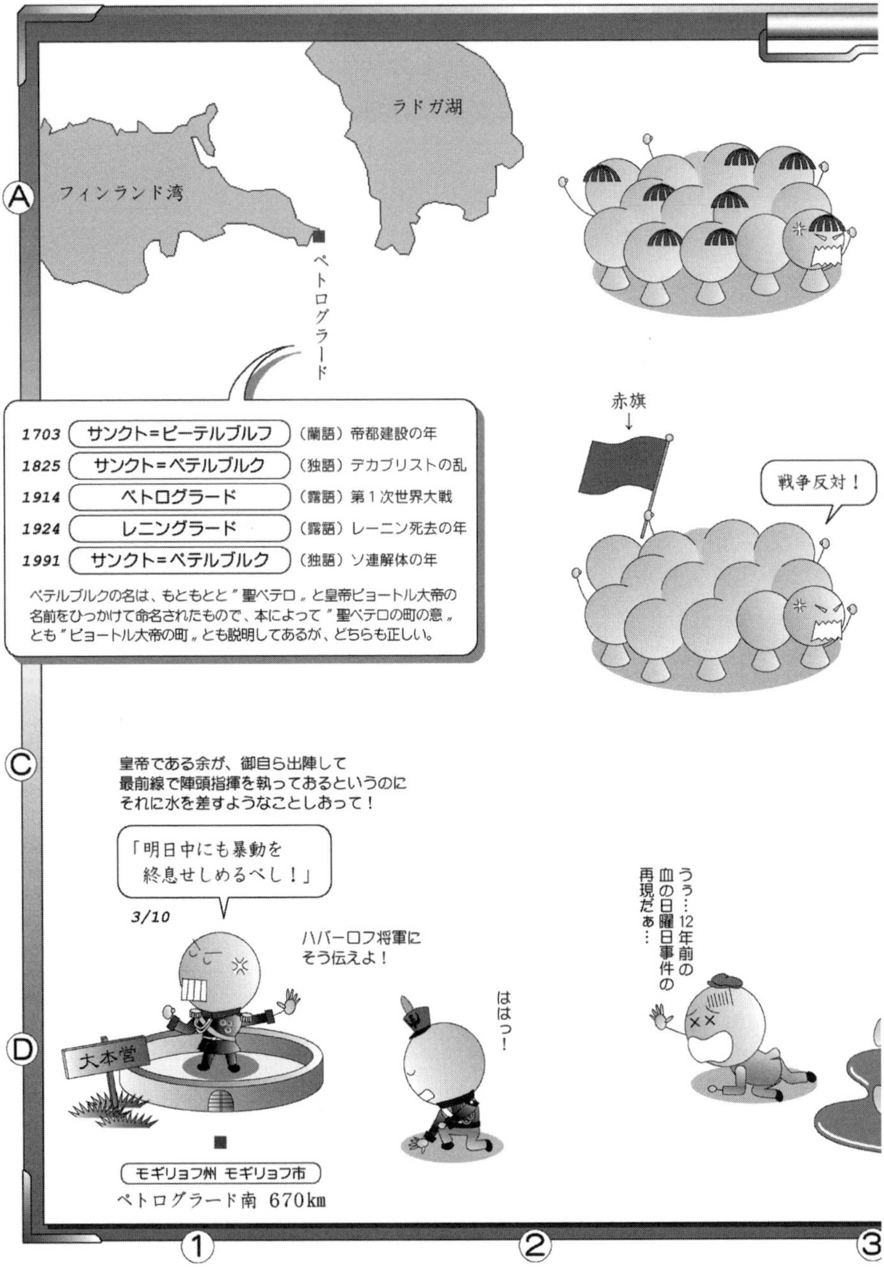

ラドガ湖
フィンランド湾
ペトログラード
A
C
D
1703 サンクト=ピーテルブルフ （蘭語）帝都建設の年
1825 サンクト=ペテルブルク （独語）デカブリストの乱
1914 ペトログラード （露語）第１次世界大戦
1924 レニングラード （露語）レーニン死去の年
1991 サンクト=ペテルブルク （独語）ソ連解体の年
ペテルブルクの名は、もともとと″聖ペテロ〃と皇帝ピョートル大帝の名前をひっかけて命名されたもので、本によって″聖ペテロの町の意〃とも″ピョートル大帝の町〃とも説明してあるが、どちらも正しい。
赤旗
戦争反対！
皇帝である余が、御自ら出陣して最前線で陣頭指揮を執っておるというのにそれに水を差すようなことしおって！
「明日中にも暴動を終息せしめるべし！」
3/10
ハバーロフ将軍にそう伝えよ！
大本営
ははっ！
うぅ…12年前の血の日曜日事件の再現だぁ…
モギリョフ州 モギリョフ市
ペトログラード南 670km
1
2
3

1917年３月８～10日

ロシアの宮廷と政界を引っかき回すだけ引っかき回した怪僧ラスプーチンは、全国民の恨《うら》みを買って、ついに惨殺《ざんさつ》されました。

以後、彼の生前の予言（＊01）をなぞるようにして、ロシアの歴史は動いていくことになります。

彼の死体がネヴァ河から引き上げられたのが、1917年の元日。

その年は、第一次世界大戦が大きな転換点《ターニングポイント》を迎える年です。（＊02）

いよいよドイツの敗色は濃厚となり、もはや時間の問題となってきていましたので、もう少し踏んばれば「戦勝国」として、のちのパリ講和会議に名を連ね、オーデル＝ナイセ線（＊03）以東をごっそり要求したことでしょう。

しかし、そうした崩壊寸前のドイツよりも、もっと危機的な状況にあったのがロシアでした。

戦争による国民生活の破綻《はたん》、長く戦時生活を強いられたことによる鬱屈《うっくつ》した国民の不満はついに臨界点を迎え、1917年の年始ごろから、ロシア情勢はまさに文字通り“日々刻々と”悪化していきます。

そこで、本章は、日付を追いながら見ていくことにいたしましょう。

（＊01）前幕を参照のこと。もっともこれは「予言が当たった」というのではなく、命を狙われていることを自覚していたラスプーチンが暗殺を抑制させるために言った「デマカセ・脅し」が、たまたまその通りの歴史展開になったというのが本当のところですが。

（＊02）これを歴史用語で「1917年の転機」と呼びます。

（＊03）現在のドイツ - ポーランド間の国境です。

■ 1917年3月8日（露暦（＊04）2月23日）―― 帝国滅亡まであと8日 ――

“それ”は、いつもの見慣れた些細《ささい》なデモから始まりました。

この日は「国際婦人デー」（＊05）だったこともあり、帝都《ペトログラード》の紡績工場の女工たちがデモを始めたのでした。（A-3）

「パンよこせ～っ！」

「パンよこせ～っ！」

ほどなく男工も加わり、8万人規模にまで拡大していきましたが、このころのペトログラードでは、この程度のことは日常茶飯事《さはんじ》。

帝都戒厳司令官であったハバーロフ中将も、「またか…」程度のもの（A-5）で、まさかこれがきっかけでわずか8日後には「300年にわたって永々とつづいてきた帝国《インピェーリヤ》が滅亡」するなど、夢にも思いません。

「閣下！

今回はけっこう大きな規模のデモですが、いかがいたしましょう？」

―― バカもん！！

そんなことでいちいち儂《わし》の手を煩《わずら》わせるでないわ！

いつものことだろうが！

たかが女ごときに何ができる！

放っておけ！」

こうして、いつもなら軍隊が出動し、ムチを振るって退散させるところを、今回は（軍は出動したものの）兵たちはデモを傍観するのみでした。

この判断ミスが命取りとなります。

兵が動かないことに勢いを得たデモ隊は、過激化し、商店街を襲い、ときどき「皇帝《ツァーリ》を倒せ～っ！！」の声も混じりはじめます。

（＊04）当時のロシアはユリウス暦を使用していましたので、これを「露暦」ということがあります。ユリウス暦は誤差が激しく、当時、グレゴリウス暦とは13日ほどの差がありました。

（＊05）1904年3月8日、アメリカのニューヨークで婦人参政権を求めて女性労働者によるデモが起きたことがありましたが、これを記念して始まった記念日。

■1917年3月9日（露暦2月24日）―― 帝国《インピェーリヤ》滅亡まであと7日 ――

「軍隊は我々に危害を加えなかった！」

気をよくした民衆は、翌日には倍の16万(＊06)のデモを築きます。

シュプレヒコールも、「パンよこせ！」から、

「皇帝《ツァーリ》を倒せ！」「ドイツ女（皇后《アレクサンドラ》）を倒せ！」「戦争反対！」「専制《ツァーリズム》反対！」…と政治的要求にウェイトが移っていき、「赤旗」(＊07)まで掲げられ、あちこちで破壊活動が行われるようになっていきました。

こうなると、もはや「デモ」ではなく「暴動」です。

この報告に、司令官《ハバーロフ》も多少の危機感を抱《いだ》きながらも、まだ事態を楽観視していました。（B-5）

―― ふん！

「皇帝《ツァーリ》を倒せ！」と叫ぶその口にパンのひとつもツッコんでやれば、

すぐに「皇帝《ツァーリ》万歳！」を叫びながら家に帰るさ！(＊08)

本当にそうしていれば、今回のデモは「革命」に発展しなかったでしょう。

戦争反対！
ドイツ女を倒せ！
専制反対！
ペトログラード
男工

(＊06)「16万」というと、当時、ペトログラード市全労働者の半分です。

(＊07)「赤旗」は“革命”や“労働者の闘争”を象徴する旗です。

(＊08) これは、革命派たちですら同意見でした。ボルシェヴィキの指導者であったアレクサンドル＝シリャプニコフもこう吐き捨てています。「革命だって？　はん！　何が革命だ。どうせひとり500gのパンを政府が配れば、それでおしまいさ！」

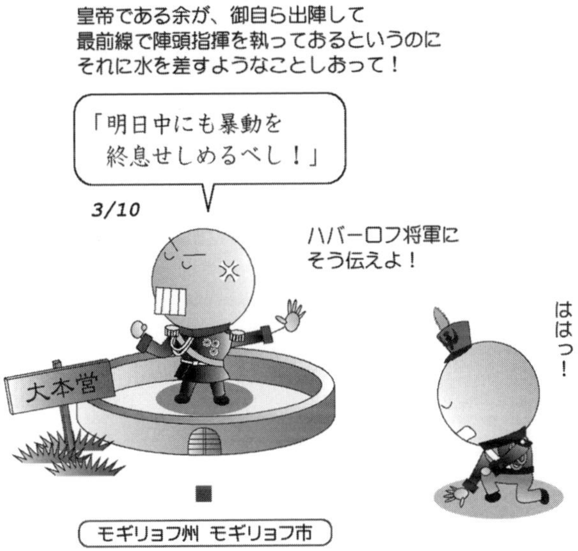
皇帝である余が、御自ら出陣して
最前線で陣頭指揮を執っておるというのに
それに水を差すようなことしおって！
「明日中にも暴動を
終息せしめるべし！」
3/10
ハバーロフ将軍に
そう伝えよ！
ははっ！
大本営
モギリョフ州　モギリョフ市

■1917年3月10日（露暦2月25日）―― 帝国《インピェーリヤ》滅亡まであと6日 ――

そこで、司令官《ハバーロフ》は数百t《トン》のパンを帝都《ペトログラード》に運び込むよう、手配をかけようとした、そんなとき。

大本営《モギリョフ》(＊09)にいる皇帝《ニコライ2》から命令書が届きます。

―― この国家の難局にあって、かくのごとき騒擾《そうじょう》許しがたし！

軍事力を以《もっ》て、明日中に暴動を鎮圧せしめよ！（C/D-1）

皇帝《ニコライ2》がその命令を下したころには、すでに帝都《ペトログラード》では24万人のゼネスト・暴動と化していました。

「24万」といえば、全ペトログラード市の労働者《プロレタリア》の2/3にあたる数字です。

ここまで大規模化してしまうと、もはや「力」による弾圧は逆効果です。

しかし、それが理解できる皇帝《ニコライ2》ではありませんでした。

（＊09）当時の大本営がモギリョフにあり、そこでニコライ２世が「最高軍司令官」として陣頭指揮を執っていたことはすでに前幕で触れました。

■1917年3月11日（露暦2月26日）── 帝国《インピェーリヤ》滅亡まであと5日 ──

パンを配ることで混乱を収拾させようと考えていた司令官《ハバーロフ》でしたが、皇帝《ツァーリ》の命令には逆らえません。

翌日は日曜日でしたが、戒厳令が敷かれ、街の各地に武装した兵が配備され、市民は家から外出しないように布告されましたが、労働者《プロレタリア》はお構いなしにぞくぞくと街の中心部に集まってきます。

そして、ついに。

「撃てっ！！」

正午ごろ、群衆に向かって軍の発砲が行われ（D-5）、200人前後もの死者を出す惨事となります。

思い返せば12年前の日曜日。

帝都《ペテルブルク》（＊10）で「血の日曜日事件」が起きましたが、まさにこの再現。

そこで、この事件のことを「第二の血の日曜日事件」（D-3/4）と呼ぶことがあります。

帝国《インピェーリヤ》滅亡まで、あと5日のことでした。

（＊10）ややこしいですが、ロマノフ朝の帝都は、1825～1914年までは「ペテルブルク」。
1914～24年までは「ペトログラード」と呼びます。
詳しくは、次幕コラム「帝都の名称の変遷」を参照のこと。

第3章 ロシア三月革命

第２幕

帝国は無政府状態なり！

暴動から革命へ

今回のデモには軍まで合流しはじめる。こうなると、ひとつ対処を誤れば、帝国の滅亡に直結する緊急事態。
狼狽したロジャンコはただちに電信を打った。
「一刻ノ遅延ハ破滅ニ通ズト確信ス！」
しかし、皇帝《ニコライ》の返事は、彼の無能を示すものであった。
「あのデブめが！　意味不明なことを吐《ぬ》かしおって！」

〈暴動から革命へ〉

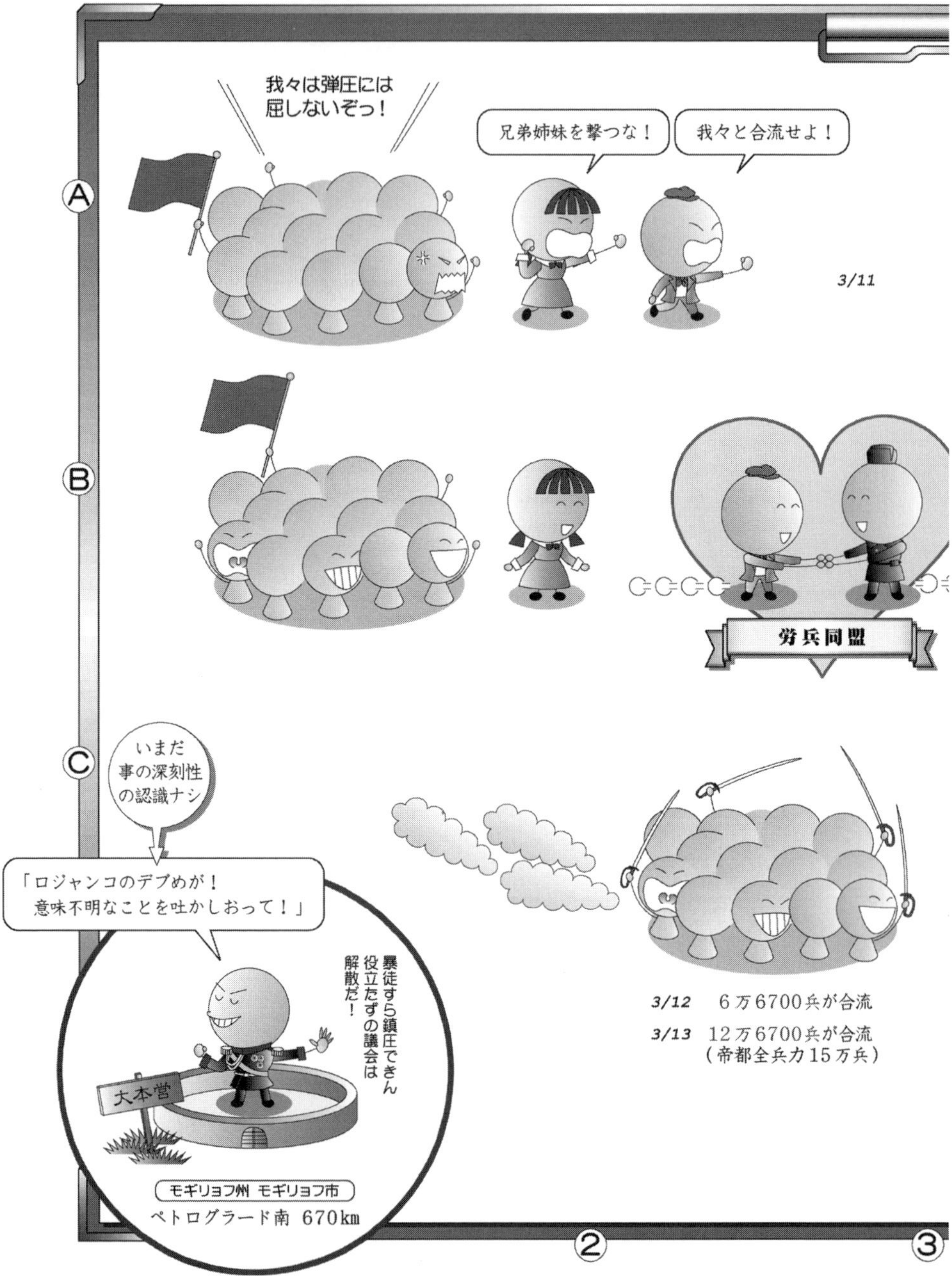

A
我々は弾圧には
屈しないぞっ！
兄弟姉妹を撃つな！
我々と合流せよ！
3/11
B
労兵同盟
C
いまだ
事の深刻性
の認識ナシ
「ロジャンコのデブめが！
意味不明なことを吐かしおって！」
暴徒すら鎮圧できん
役立たずの議会は
解散だ！
大本営
モギリョフ州 モギリョフ市
ペトログラード南 670km
3/12 6万6700兵が合流
3/13 12万6700兵が合流
（帝都全兵力15万兵）
②
③

1917 年 3 月 11 日～ 12 日

前回、1905年の「血の日曜日事件」は、結局、尻すぼみに終わってしまいました。

政府を打倒する革命へと発展しきれなかった理由のひとつが、S《セルゲイ》．ヴィッテというすぐれた政治家が事態の収拾に当たったため。

渋《しぶ》る皇帝《ツァーリ》を説得し、反対政治家を説き伏せ、十月宣言を発し、国会《ドゥーマ》を創設し、民衆の心をつかみ、彼の八面六臂《はちめんろっぴ》の活躍でたちまち革命気運は沈静化していきました。

もうひとつの理由が、軍部が政府を支持したため。

革命の成否は、軍部を味方に付けることができるかどうかにかかっています。

軍部が政府を支持すれば革命は失敗、革命を支持すれば政府は滅亡です。

前回は、「ポチョムキン号事件」が勃発し、革命勢力と軍部が手を結ぼうとしましたが、あれも偶発的に起こった軍乱が、革命を利用しようとしただけで、しかも結局失敗しています。

しかし今回は状況が違います。

あれから12年。

政府の中枢には、すでにヴィッテも亡《な》く、ストルイピンも亡《な》く。

残っていたのは、私腹を肥やすことしか頭にない無能政治家ばかり。

国民生活は苦しくなる一方。

前回とでは、国民不満の“レベル”が違います。

上官からの発砲命令を受けても兵は動揺します。

――あのデモの中には、俺たちの親兄弟がいる。

――俺たち軍人だって生活は苦しい。

彼らの気持ちはよくわかる。撃ちたくない。

むしろ、我々だってデモに加わりたいくらいだ。

しかし、軍人にとって上官の命令は絶対です。

「何をしておる！?

撃てぇっ！！

軍命違反は懲罰《ちょうばつ》なるぞ！！

さっさと撃たんかーーっ！！」

こうした「撃ちたくない」という気持ちと、上官の発砲命令の板挟《ばさ》みにあい、その葛藤《かっとう》に押しつぶされた一部の兵によって衝動的な発砲は行われ（第二の血の日曜日事件）たものの、あくまで散発的であって、被害も前回よりもはるかに少ないものでした。

一応その日はデモを解散させることに成功し、兵たちは寄宿舎に戻ったものの、彼らの動揺と狼狽《ろうばい》は頂点に達します。

発砲してしまった者はそれを悔《く》やみ、発砲しなかった者は処分を懼《おそ》れ、彼らはその日の夜のうちに、革命派と合流することを決意し、ぞくぞくと寄宿舎から抜け出します。

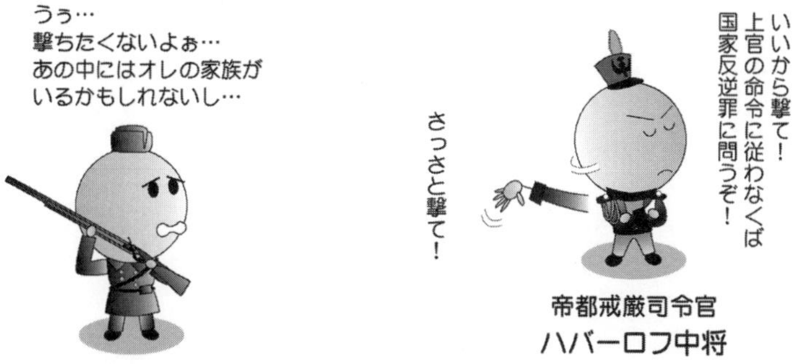
うぅ…
撃ちたくないよぉ…
あの中にはオレの家族が
いるかもしれないし…
いいから撃て！
上官の命令に従わなくば
国家反逆罪に問うぞ！
さっさと撃て！
帝都戒厳司令官
ハバーロフ中将

このような情勢にあって、国会《ドゥーマ》議長だったＭ《ミハイル》．Ｖ《ウラジーミロヴィッチ》．ロジャンコ（＊01）も、狼狽《ろうばい》しながら、皇帝《ニコライ2》に電報を打っています。

―― 事態重大、帝国《インピェーリヤ》は無政府状態なり！

政府は機能を停止す！　即刻、責任内閣を施行する必要あり！

一刻の遅延は破滅に通ずると確信す！（C-5）

まったくその通り。

今や、一刻の猶予もありません。

この電報を受け取った皇帝《ニコライ2》は、吐き棄《す》てるように言っています。

「ロジャンコのデブめが！

意味不明なことを吐《ぬ》かしおって！（＊02）

暴徒どもの鎮圧もできん議会《ドゥーマ》など解散だ！」（D-1）

愚帝《ニコライ2》には、帝国《インピェーリヤ》滅亡まであと5日に迫っているなど、夢想だにできませんでした。

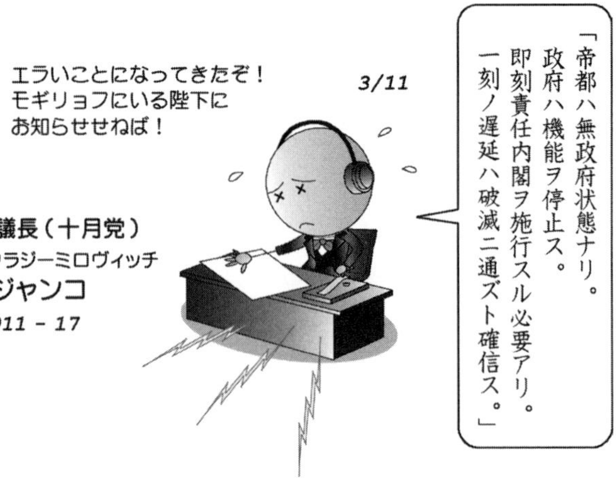

（＊01）「十月十七日同盟（十月党／オクチャブリスト）」の創設者のひとり。大地主。
第三国会（1907～12年）では副議長、当時は、第四国会（1912～17年）の議長を務めていました。

（＊02）事態が急変しているときというのは、一瞬の判断の遅れが致命傷になります。
しかし、哀しいかな、愚者は「今、事態が急変している」ということが理解できません。

■1917年3月12日（露暦2月27日）―― 帝国《インピェーリヤ》滅亡まであと4日 ――

さて、11日深夜に寄宿舎から出奔《しゅっぽん》した兵は、そのまま革命側に合流を果たし（労兵同盟）（B-3）、翌12日には、6万6700もの兵がデモ隊に加わります。（C/D-3）

“戦いの専門家”を手に入れたデモ隊は、一気に過激化。

「まずは武器の調達」とばかりに兵器廠《しょう》を襲撃して、10万丁の銃を手に入れ、専制政治《ツァーリズム》の象徴であった監獄「ペトロパブロフスク要塞」を攻撃します。（＊03）

翌13日には12万6700もの兵が革命側に合流（＊04）します。

帝都戒厳司令官ハバーロフ中将は、海軍本部に立て籠もるのが精一杯、それとて時間の問題。（D-4）

もはや事態は“深刻”を通り越して、“破滅”寸前となります。

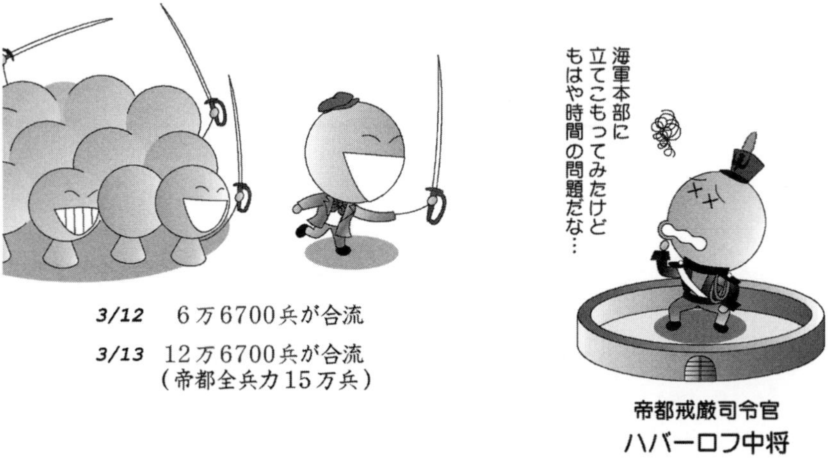
3/12　6万6700兵が合流
3/13　12万6700兵が合流
（帝都全兵力15万兵）
海軍本部に
立てこもってみたけど
もはや時間の問題だな…
帝都戒厳司令官
ハバーロフ中将

（＊03）この動きは、フランス革命に酷似しています。1789年のフランスにおいて、暴徒たちはまず武器調達のために廃兵院（アンヴァリッド）を襲い、つぎに「旧体制の権力の象徴」であったバスティーユ牢獄を襲撃しています。

（＊04）当時、帝都の全兵力が15万でしたから、なんと、たった2日で、85％の兵が革命側に寝返ったことになります。これではハバーロフ中将もどうしようもありません。

Column　帝都の名称の変遷

ロシアの帝都であった町の名は、めまぐるしく変転しています。

まず、北方戦争にメドがついたピョートル大帝が、海上発展をめざし、ここに帝都を遷《うつ》したことから始まります。

その名も「聖ペテロ」の名を冠し、「サンクト＝ピーテルブルフ」。

これは、名目上は「聖ペテロの名を冠して」ということでしたが、「ペテロ」は、時の皇帝《ツァーリ》ピョートルの名でもありますので、その実、「ピョートル大帝の町」との意味も込めていました。

遷都当時はオランダ商人が行き交う貿易港だったため、オランダ語表記でしたが、時代が下るとともに、ドイツ商人が行き交うようになったため、1825年、ドイツ語風に「サンクト＝ペテルブルク」と改められました。

しかし、1914年、第一次世界大戦が始まると、ドイツを敵国として戦わなければならなくなったため、帝都の名もロシア語風に「ペトログラード」と改められます。

この際、頭の「聖《サンクト》」を取ったことで、名実ともに「ピョートル大帝の町」という意味にもなりました。

しかし、それからほどなく帝国《インピェーリヤ》は滅亡し、ソ連が成立。

まもなく“建国の父”レーニンが亡くなると、その年1924年、町の名も「レニングラード（レーニンの町）」と改められました。

社会主義国家の建設で“地上の楽園”を夢見たソ連人でしたが、実際には、70年の地獄を味わわされます。

ソ連滅亡とともに、その怒りが爆発、レーニンの像は引きずり倒され、町の名前も「サンクト＝ペテルブルク」に戻されたのでした。

したがいまして、

1905年に帝都で起こった暴動は「ペテルブルク暴動」なのに、

1911年、同じ帝都で起こった暴動であるにも関わらず「ペトログラード暴動」と表記が違うのはそうしたわけです。

第3章 ロシア三月革命

第3幕

信念に徹するがゆえに

ソヴィエトの成立

こたびの三月革命は「自然発生的」に生まれたもので、指導者の綿密な計画に基づいて行われたものではなかった。革命は成功しそうな勢いであったが、それゆえに事後の展望などまったくない。つまり、これを統制《コントロール》することができた者が革命を乗っ取ることができる。

その名乗りを挙げたのはメンシェヴィキであった。

〈ソヴィエトの成立〉

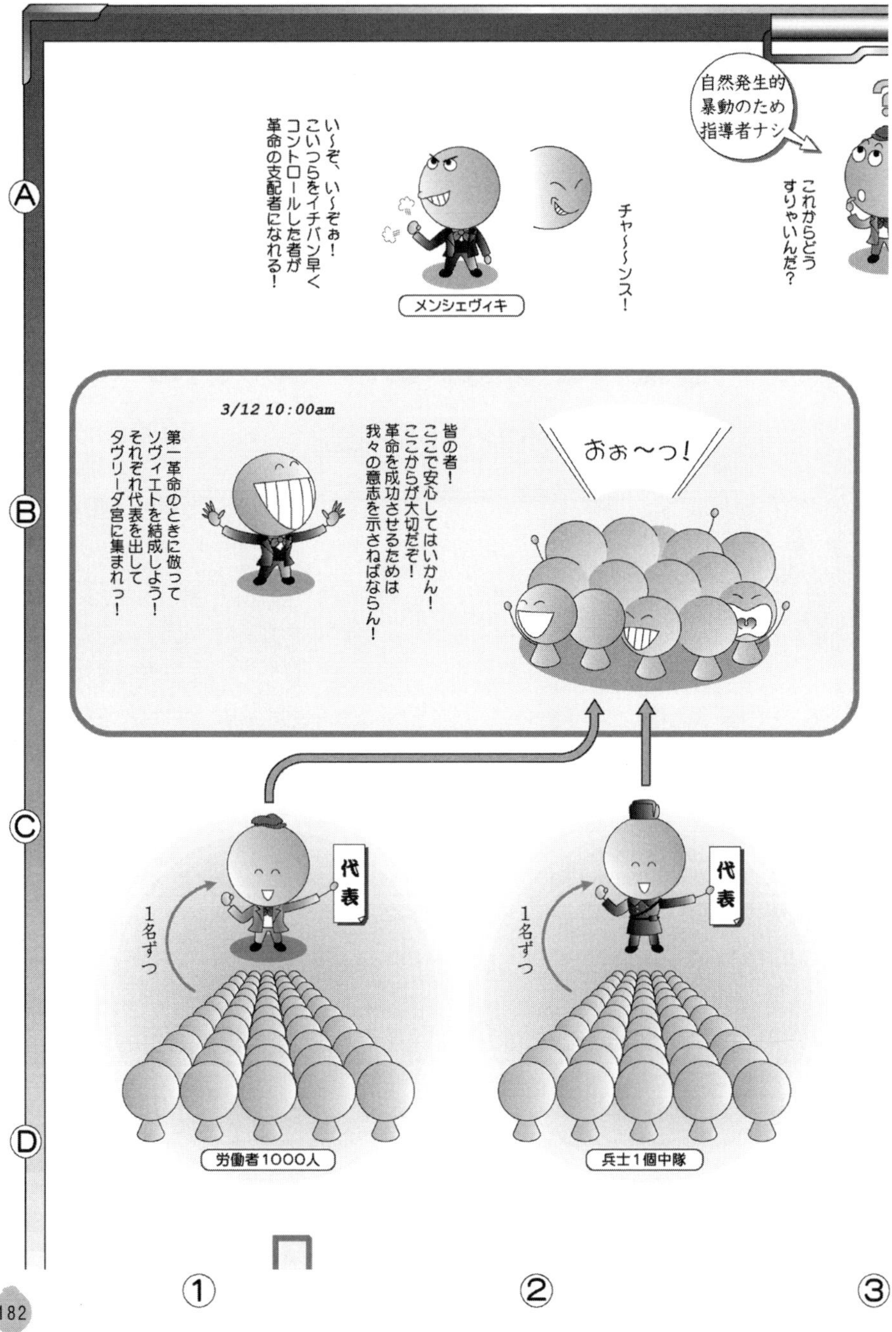

A
自然発生的暴動のため指導者ナシ
これからどうすりゃいいんだ？
チャ〜〜ンス！
メンシェヴィキ
い〜ぞ、い〜ぞぉ！
こいつらをイチバン早く
コントロールした者が
革命の支配者になれる！
B
おぉ〜っ！
皆の者！
ここで安心してはいかん！
ここからが大切だぞ！
革命を成功させるためは
我々の意志を示さねばならん！
3/12 10:00am
第一革命のときに倣って
ソヴィエトを結成しよう！
それぞれ代表を出して
タヴリーダ宮に集まれっ！
C
代表
1名ずつ
兵士1個中隊
代表
1名ずつ
労働者1000人
D
①
②
③

1917年3月12日

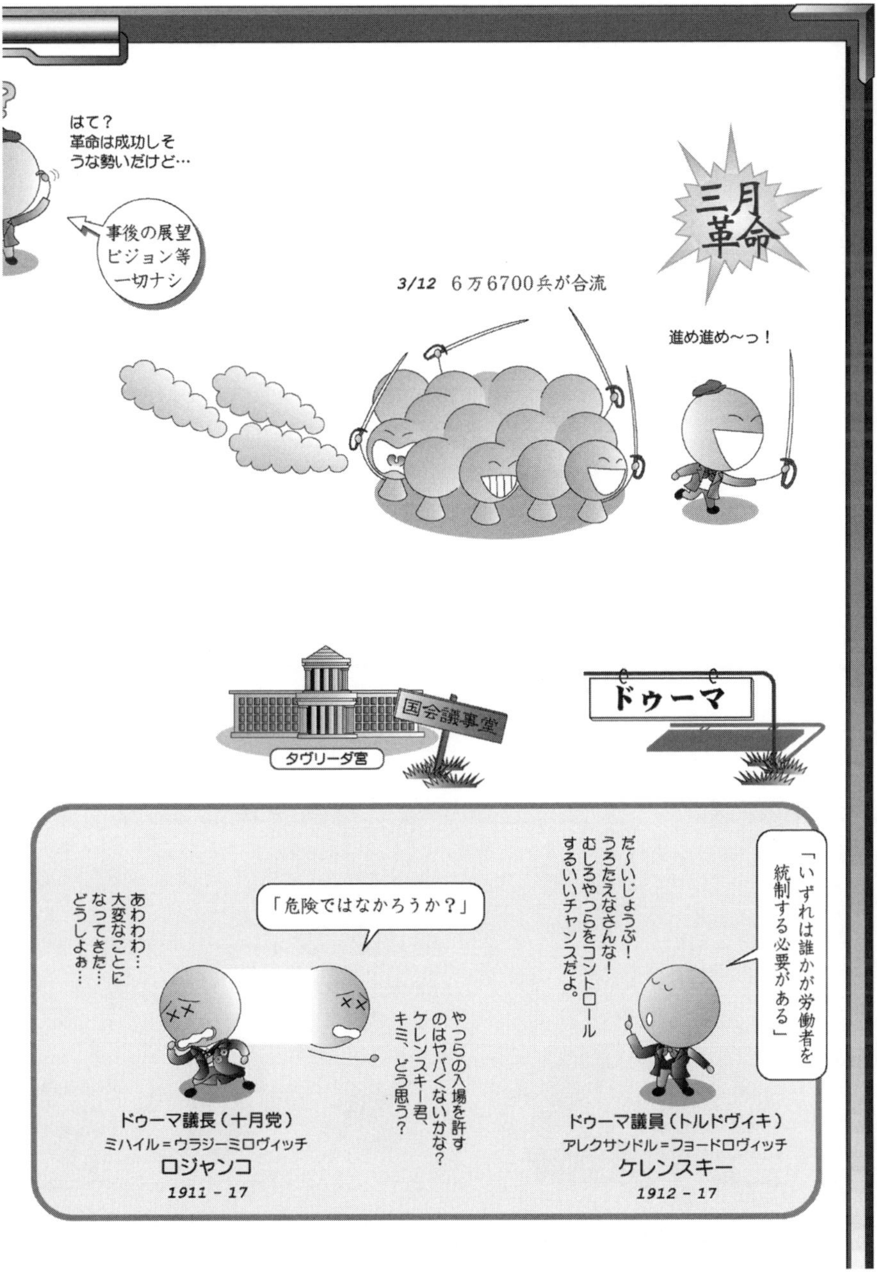
はて？
革命は成功しそうな勢いだけど…
事後の展望ビジョン等一切ナシ
三月革命
3/12　６万6700兵が合流
進め進め～っ！
国会議事堂
タヴリーダ宮
ドゥーマ
あわわわ…
大変なことになってきた…
どうしよぉ…
「危険ではなかろうか？」
やつらの入場を許すのはヤバくないかな？
ケレンスキー君、キミ、どう思う？
ドゥーマ議長（十月党）
ミハイル＝ウラジーミロヴィッチ
ロジャンコ
1911 - 17
「いずれは誰かが労働者を統制する必要がある」
だ～いじょうぶ！
うろたえなさんな！
むしろやつらをコントロールするいいチャンスだよ。
ドゥーマ議員（トルドヴィキ）
アレクサンドル＝フョードロヴィッチ
ケレンスキー
1912 - 17

④　⑤

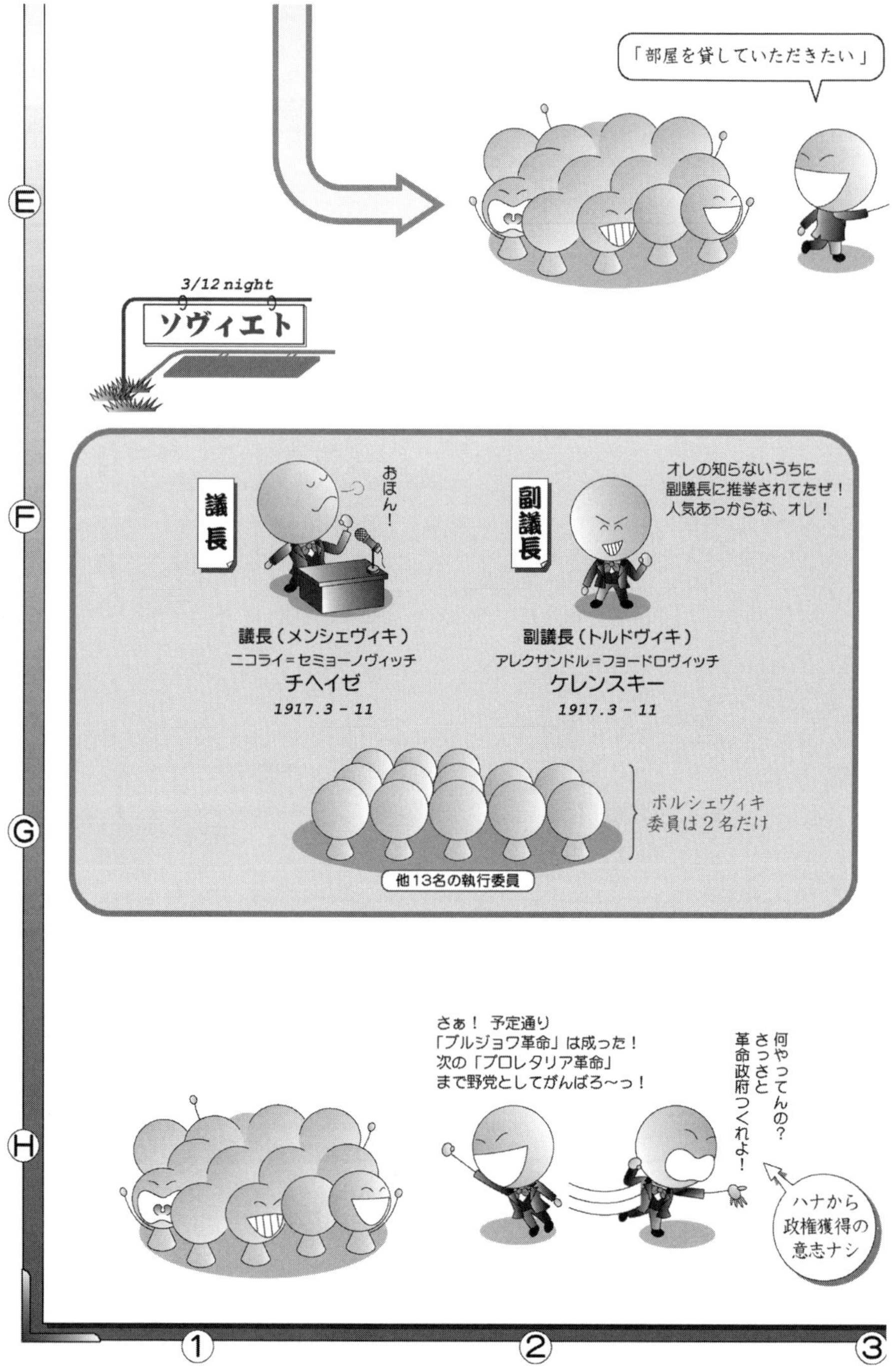

「部屋を貸していただきたい」
3/12 night
ソヴィエト
議長
おほん！
副議長
オレの知らないうちに
副議長に推挙されてたぜ！
人気あっからな、オレ！
議長（メンシェヴィキ）
ニコライ=セミョーノヴィッチ
チヘイゼ
1917.3 - 11
副議長（トルドヴィキ）
アレクサンドル=フョードロヴィッチ
ケレンスキー
1917.3 - 11
ボルシェヴィキ
委員は２名だけ
他13名の執行委員
さぁ！ 予定通り
「ブルジョワ革命」は成った！
次の「プロレタリア革命」
まで野党としてがんばろ〜っ！
何やってんの？
さっさと
革命政府つくれよ！
ハナから
政権獲得の
意志ナシ
E
F
G
H
1
2
3

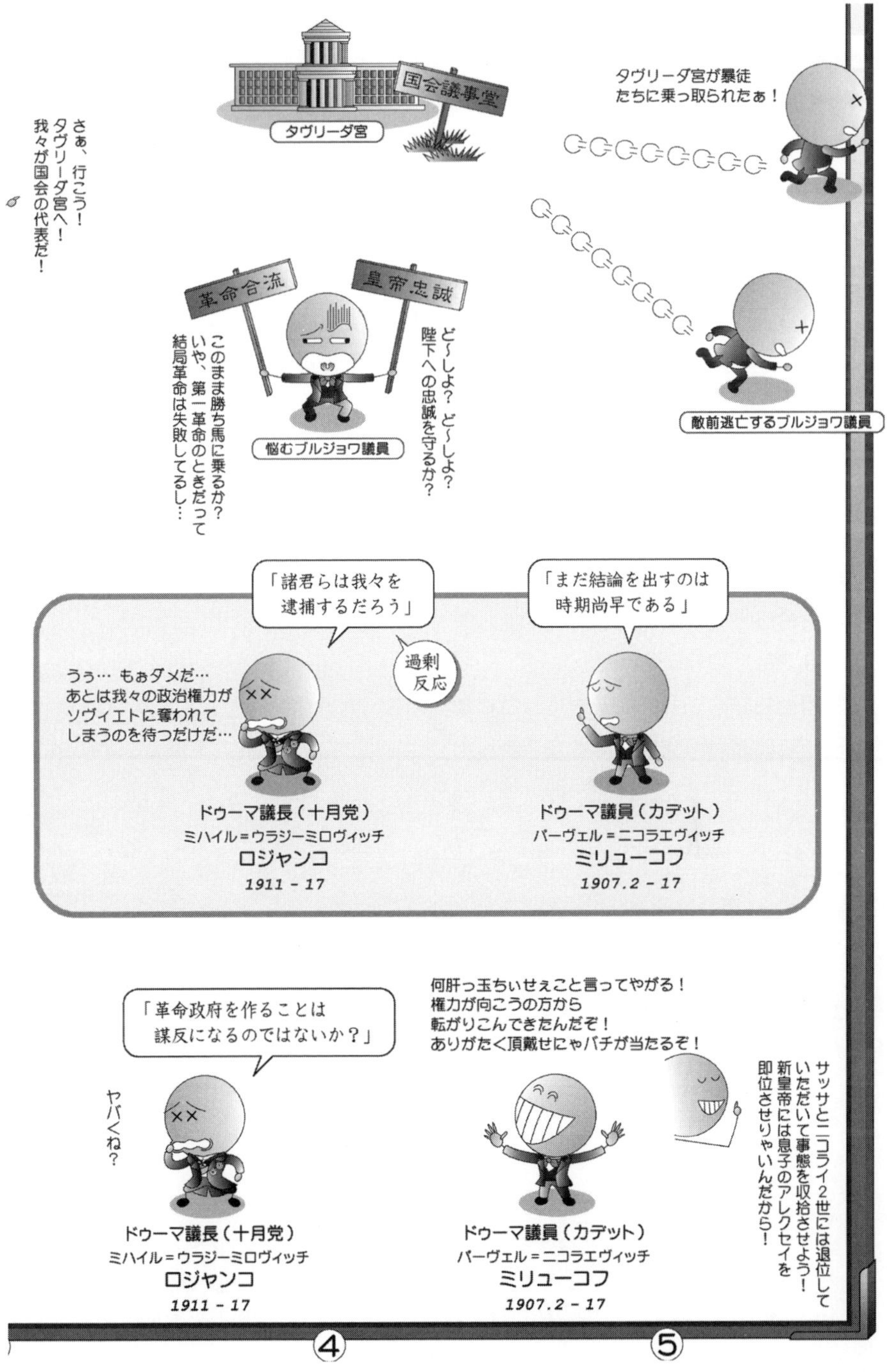
さぁ、行こう！
タヴリーダ宮へ！
我々が国会の代表だ！
国会議事堂
タヴリーダ宮
タヴリーダ宮が暴徒
たちに乗っ取られたぁ！
革命合流
皇帝忠誠
このまま勝ち馬に乗るか？
いや、第一革命のときだって
結局革命は失敗してるし…
ど～しよ？ ど～しよ？
陛下への忠誠を守るか？
悩むブルジョワ議員
敵前逃亡するブルジョワ議員
「諸君らは我々を
逮捕するだろう」
過剰
反応
「まだ結論を出すのは
時期尚早である」
うぅ… もぉダメだ…
あとは我々の政治権力が
ソヴィエトに奪われて
しまうのを待つだけだ…
ドゥーマ議長（十月党）
ミハイル＝ウラジーミロヴィッチ
ロジャンコ
1911 - 17
ドゥーマ議員（カデット）
パーヴェル＝ニコラエヴィッチ
ミリューコフ
1907.2 - 17
「革命政府を作ることは
謀反になるのではないか？」
ヤバくね？
何肝っ玉ちいせぇこと言ってやがる！
権力が向こうの方から
転がりこんできたんだぞ！
ありがたく頂戴せにゃバチが当たるぞ！
サッサとニコライ2世には退位して
いただいて事態を収拾させよう！
新皇帝には息子のアレクセイを
即位させりゃいいんだから！
ドゥーマ議長（十月党）
ミハイル＝ウラジーミロヴィッチ
ロジャンコ
1911 - 17
ドゥーマ議員（カデット）
パーヴェル＝ニコラエヴィッチ
ミリューコフ
1907.2 - 17
④
⑤

こうして、女性の「パンよこせ」デモから始まった“日常的な”出来事が、たった3日後には、革命へと発展してしまいます。

しかし、まだこの段階では“革命”と呼ぶにはあまりにも致命的な欠陥がありました。

それは、この革命騒ぎが“自然発生的”に生まれたものだったため、指導者がいなかったこと。(A-3)

指導者のいない“革命”など、最初どれほど勢いがあろうとも「首を断ち落とされたヘビ」と同じ。

しばらく暴れまわったあと、静かに死を迎えるだけです。

実際、この“革命”は、すぐに統制が効かなくなってきます。

アレクサンドル2世像の首を落として、満面の笑みで記念撮影。(＊01)

アレクサンドル3世像に「カバ野郎《ビギモート》」と落書きする。(＊02)

意味もなく関係のない通行人に暴行を始める、強盗を働く。

商店街への掠奪《りゃくだつ》行為が横行する。

もはやただの「野盗集団」。

指導者もなく、何の展望《ビジョン》も持ち合わせていない大衆運動など、こんなもの。

そこで、革命政党は色めき立ちました。

い～ぞ、い～ぞぉ！
こいつらをイチバン早くコントロールした者が革命の支配者になれる！
メンシェヴィキ
はて？
革命は成功しそうな勢いだけど…
これからどうすりゃいいんだ？

(＊01) アレクサンドル2世は、ニコライ2世の祖父で2代前の皇帝。
ちなみに、こうした革命の中から生まれたソ連の指導者(レーニン・スターリンら)の像もやがて国民によって引き倒されることになります。歴史は繰り返す。

(＊02) アレクサンドル3世は、ニコライ2世の父で、先代皇帝。カバは彼のあだ名。

「いいぞ、いいぞ！
　いち早くこいつらを統制《コントロール》できた者が、この革命の手柄を独《ひと》り占《じ》めすることができる！」
　そう考えたのがメンシェヴィキでした。(A-1/2)
　そのためには、やつらを統制《コントロール》するための組織が必要になります。
「そうだ！
　先の革命(＊03)においては“評議会《ソヴィエト》”なるものが作られたではないか。
　あれに倣《なら》って、今回もソヴィエトを結成しよう！」(B-1/2)
　労働者1000人につきひとりずつ(C/D-1)、兵士は1個中隊につきひとりずつ(C/D-2/3)の代表をソヴィエトに送り込み、今後の革命方針を話し合わせることにします。
　そうなると、今度は「話し合うための場所」が必要となってきます。
　当時、国会議事堂として機能していたのがタヴリーダ宮。(C-4)(＊04)
　なんと彼らは、あろうことか、そのタヴリーダ宮にやってきて、
「部屋を貸していただきたい！」(E-3)
…と要求してきます。

「部屋を貸していただきたい」
さぁ、行こう！
ダブリーダ宮へ！
我々が国会の代表だ！

(＊03) もちろん、12年前の「ロシア第一革命」のことです。第一革命そのものはたしかに失敗に終わりましたが、そのときの経験こそが、今回の革命に指針を与え、革命を成功に導いていくことになります。おそらく第一革命の経験がなかったら、今回の革命も成功していたかどうか。失敗は成功のもと。第一革命の失敗も無駄ではなかったということです。

(＊04) もともとはタヴリーダ公ポチョムキンの館、彼の死後は皇室の宮殿だったところです。

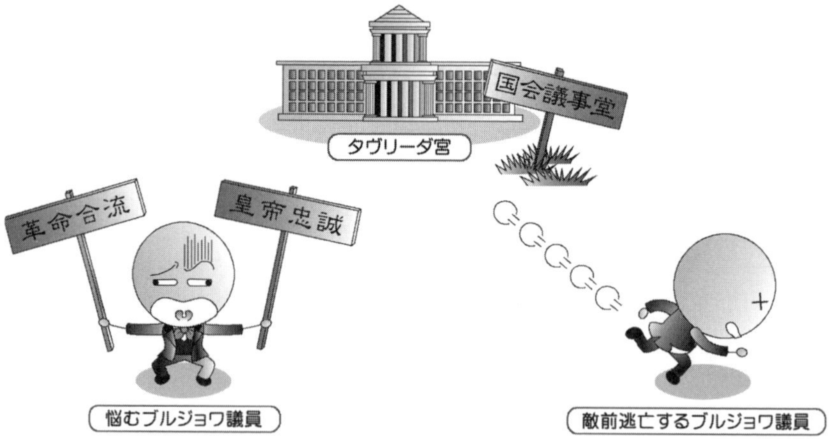
国会議事堂
タヴリーダ宮
革命合流
皇帝忠誠
悩むブルジョワ議員
敵前逃亡するブルジョワ議員

　大挙して押し寄せるソヴィエト議員に対して、タヴリーダ宮の国会《ドゥーマ》議員たちは狼狽《ろうばい》。

「寄らば大樹の陰」、革命側へ寝返って身の保身を図るべきか、

「命は鴻毛《こうもう》より軽《かろ》し」、あくまで皇帝への忠誠を貫《つらぬ》くべきか。

　これを思案する者。(E/F-4)

　はたまた、とっととしっぽを巻いてタヴリーダ宮から逃げ出す者。(E-5)

　当時、国会《ドゥーマ》の議長であったM《ミハイル》.ロジャンコ(C/D-3/4)も狼狽《うろた》え、A《アレクサンドル》.F《フョードロヴィッチ》.ケレンスキー(C/D-5)(＊05)に相談しています。

—— ケレンスキー君、どうしたものだろうか。

　このまま彼らをここ《タヴリーダ》に入場させれば、そのまま議会を乗っ取られてしまう懼《おそ》れがあるのではなかろうか？

　かといって、彼らを押しとどめる力は我々にはない。

　軍隊は革命側についていましたから、国会《ドゥーマ》はどうしようもありません。

(＊05) 当時、勤労党(トルドヴィキ)出身のドゥーマ議員。
以後、ロシア共和国期(1917年3月～11月)において活躍する重要人物。

しかし、A《アレクサンドル》.ケレンスキーは嗤《わら》って答えます。

── まぁまぁ、ロジャンコ殿。

そう狼狽《うろた》えなさんな。

大衆どもに展望《ビジョン》などありません。

つまり、いずれは誰かがやつら《ソヴィエト》を統制《コントロール》する必要がある。

今はそれをメンシェヴィキのやつらがやろうとしている。

もし、やつらにどこか他のところでコソコソ密談されたら、我々は彼らの動静を知ることもできなければ、統制《コントロール》することもできないところ。

それが、やつら、ズに乗りおって、自ら我々の懐《ふところ》に飛び込んできたのですぞ。

やつらには、我らの懐《テリトリー》で動いてもらった方が、こっちとしてもやつらを統制《コントロール》しやすくして、むしろチャンスでしょうが。

ピンチはチャンス。(＊06)

「いずれは誰かが労働者を統制する必要がある」
だ～いじょうぶ！
うろたえなさんな！
むしろやつらをコントロールするいいチャンスだよ。
あわわわ…
大変なことになってきた…
どうしよぉ…

ドゥーマ議長（十月党）
ミハイル＝ウラジーミロヴィッチ
ロジャンコ

ドゥーマ議員（トルドヴィキ）
アレクサンドル＝フョードロヴィッチ
ケレンスキー

(＊06) 凡人にはどこからどう見ても「ピンチ」に見えないことも、賢者が見れば、そこに「千載一遇のチャンス」を見いだす。歴史を学んでいると、こういうシーンによく出くわします。ピンチに陥ったとき、「むしろチャンスではないのか？」と冷静になって考えてみることが道を切り拓くのに必要だと、歴史は教えてくれます。

さて、その日の夜、ソヴィエトでは、議長にN《ニコライ》．S《セミョーノヴィッチ》．チヘイゼ、副議長にA《アレクサンドル》．ケレンスキー、その他13名の執行委員が選出され、着々と組織作りが進みます。(F/G-1/2/3)

国会《ドゥーマ》議長ロジャンコも、

── もはや我々はソヴィエトによって逮捕されるに違いない。(F/G-4)

…と完全に白旗を揚《あ》げ、P《パーヴェル》．N《ニコラエヴィッチ》．ミリューコフ(＊07)がたしなめるほど。

── ロジャンコ殿。

まだそうと決まったわけではありませぬ。

結論を出すのは時期尚早《しょうそう》ですぞ。(F/G-5)

とはいえ、事ここに至れば、国会《ドゥーマ》の閉鎖、ソヴィエト政権の成立は確実！！

…かに見えました。

ところが。

ソヴィエトは国会《ドゥーマ》に意外なことを要求してきます。

「さあ、お膳《ぜん》立ては仕上がった！

国会《ドゥーマ》議員たちにおいては、早々に革命政府を作って、どうか、この国を導いてもらいたい！

我々は野党に徹するゆえ…」

さぁ！ 予定通り
「ブルジョワ革命」は成った！
次の「プロレタリア革命」
まで野党としてがんばろ〜っ！
何やってんの？
さっさと
革命政府つくれよ！

(＊07) 立憲民主党(カデット)結成者。ドゥーマ議員。
この人物も、ロシア共和国期(1917年3月〜11月)において活躍する重要人物。

へ？

軍部まで味方につけ、革命を成功に導きながら、すべての権力を手放して、その手柄をぜんぶ国会《ドゥーマ》議員たちに譲っちゃうの???

どうして？

こうした一見不可解な動きを理解するためには、どうしても、彼らの理念《イデオロギー》を理解しなければなりません。

思い出してください、メンシェヴィキの理念《イデオロギー》を。（＊08）

彼らは、きわめてマルキシズムに忠実で、

- 現在のロシアは、西欧に当てはめれば「絶対主義段階」に相当すると見做《みな》し、
- したがって、当面の目標は「ブルジョワ市民革命」。
- しかし、ロシアの資本家《ブルジョワ》はその力がないので、労働者《プロレタリア》が支援《バックアップ》・お膳《ぜん》立てして、ブルジョワ革命を成功に導いてあげる。
- 革命はあくまでも「ブルジョワ革命」なので、革命が成功した暁《あかつき》には、政権を資本家《ブルジョワ》に譲る。
- 以後、労働者《プロレタリア》は、次のプロレタリア社会主義革命が起こるまで100年以上にわたって、自分たちが作った資本家《ブルジョワ》に搾取《さくしゅ》されつづける。

「革命政府を作ることは
謀反になるのではないか？」
ヤバくね？
ドゥーマ議長（十月党）
ミハイル＝ウラジーミロヴィッチ
ロジャンコ
何キン○マちぃせぇこと言ってやがる！
権力が向こうの方から
転がりこんできたんだぞ！
ありがたく頂戴せにゃバチが当たるぞ！
ドゥーマ議員（カデット）
パーヴェル＝ニコラエヴィッチ
ミリューコフ

（＊08）忘れちゃった人は、もういちど「第１章 第３幕」を読み返してください。

…という考え方《イデオロギー》の社会主義者たちでした。
すべては、K《カール》．マルクスの予言を実現するため。
彼らの一見不可解な行動も、じつは、きちんとした信念《ポリシー》に基づいた行動だったのです。
しかし。
まさに「棚《たな》からボタ餅《もち》」状態だというのに、ロジャンコ議長（H-3/4）はまだ狼狽《うろた》えていました。
―― 我々が革命政府を作ってしまったら、謀反《むほん》になるのではなかろうか？
これにミリューコフが背中を押します。
―― なに肝っ玉小さいことおっしゃっておるのです！?
向こうから権力が転がりこんできたのですぞ！
ありがたく頂戴せにゃ、バチが当たりますぞ！（H/5）
しかし。
そうは問屋が卸《おろ》しませんでした。

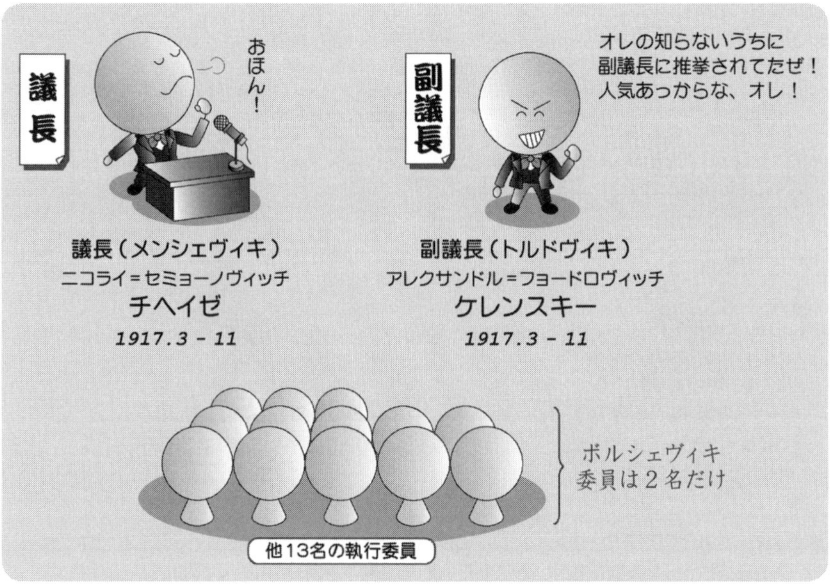
議長
おほん！
副議長
オレの知らないうちに
副議長に推挙されてたぜ！
人気あっからな、オレ！
議長（メンシェヴィキ）
ニコライ＝セミョーノヴィッチ
チヘイゼ
1917.3 - 11
副議長（トルドヴィキ）
アレクサンドル＝フョードロヴィッチ
ケレンスキー
1917.3 - 11
ボルシェヴィキ
委員は２名だけ
他13名の執行委員

第４幕

「命令第一号」宣言す

二重権力時代の到来

三月革命を指導することに成功したメンシェヴィキ。しかし、彼らは現実より理論を優先し、「マルキシズムに反するから」という理由で政権は取らず、国会《ドゥーマ》議員たちを中心に「臨時政府」をつくらせる。しかし、革命側についた軍部は「命令第一号」を発し、政府に従うことを拒否したため、「二重権力」が生まれてしまう。

〈二重権力時代の到来〉

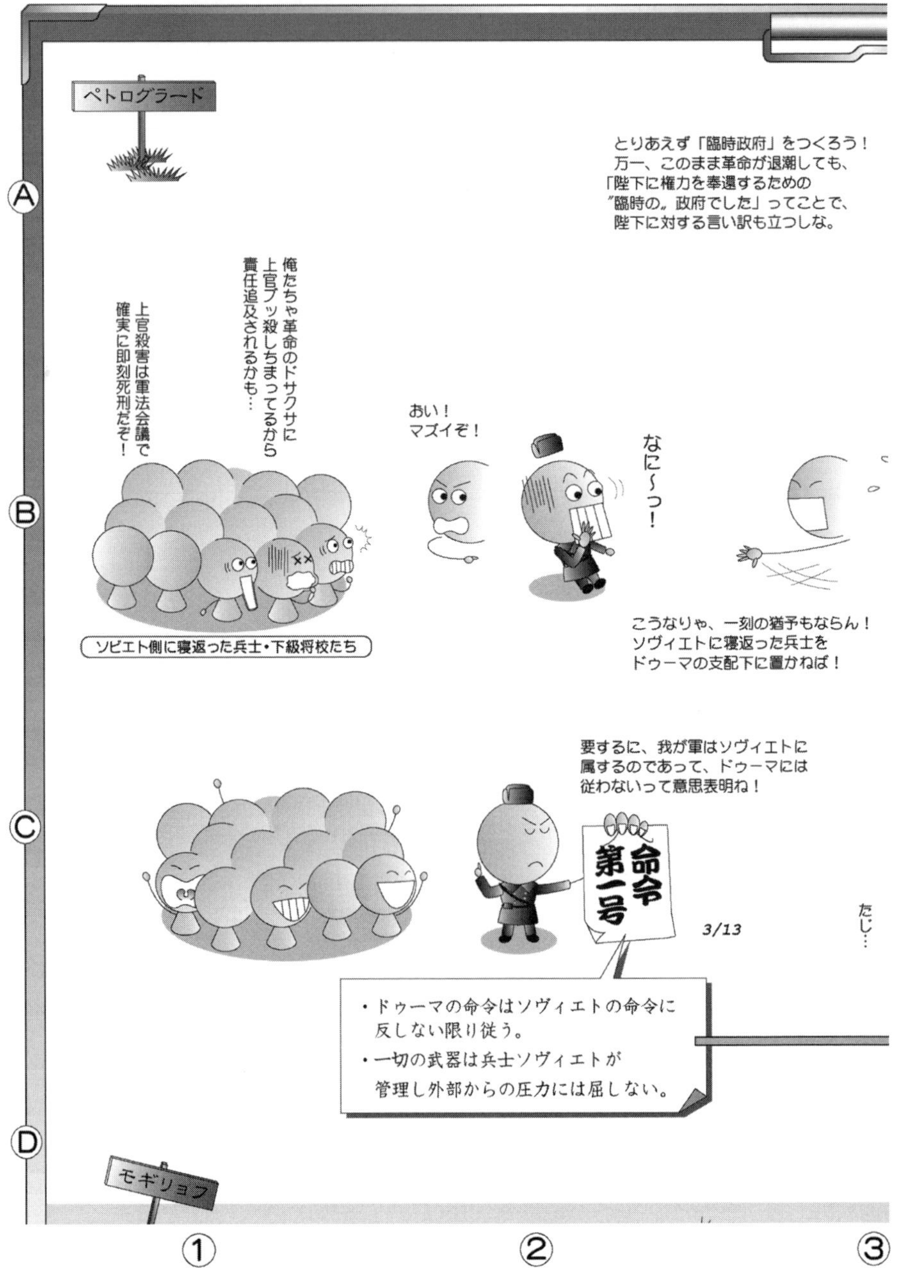

ペトログラード
とりあえず「臨時政府」をつくろう！
万一、このまま革命が退潮しても、
「陛下に権力を奉還するための
″臨時の〃政府でした」ってことで、
陛下に対する言い訳も立つしな。
A
俺たちゃ革命のドサクサに
上官ブッ殺しちまってるから
責任追及されるかも…
上官殺害は軍法会議で
確実に即刻死刑だぞ！
おい！
マズイぞ！
なに〜っ！
B
ソビエト側に寝返った兵士・下級将校たち
こうなりゃ、一刻の猶予もならん！
ソヴィエトに寝返った兵士を
ドゥーマの支配下に置かねば！
要するに、我が軍はソヴィエトに
属するのであって、ドゥーマには
従わないって意思表明ね！
C
命令
第一号
3/13
たじ…
・ドゥーマの命令はソヴィエトの命令に
反しない限り従う。
・一切の武器は兵士ソヴィエトが
管理し外部からの圧力には屈しない。
D
モギリョフ
①
②
③

1917年3月13〜14日

3/13 2:00 am
よ〜し！
オレも男だ！
覚悟を決めるか！
ドゥーマ議長（十月党）
ミハイル＝ウラジーミロヴィッチ
ロジャンコ
1911 - 17
…って、ハラくくった途端
軍部が解体してしまった…
えらいこっちゃ…
い…いきなり出鼻をくじかれた…
とにかく臨時政府をつくらねば…
3/13 noon
海軍本部に立て籠もって
最後の抵抗を試みたが
もはやこれまで！
軍を解散とする！
解散！
帝都戒厳司令官
ハバーロフ中将
軍部消滅
3/12
ソヴィエト
二重権力
3/14
臨時政府
くそ…
軍事
政権
④
⑤

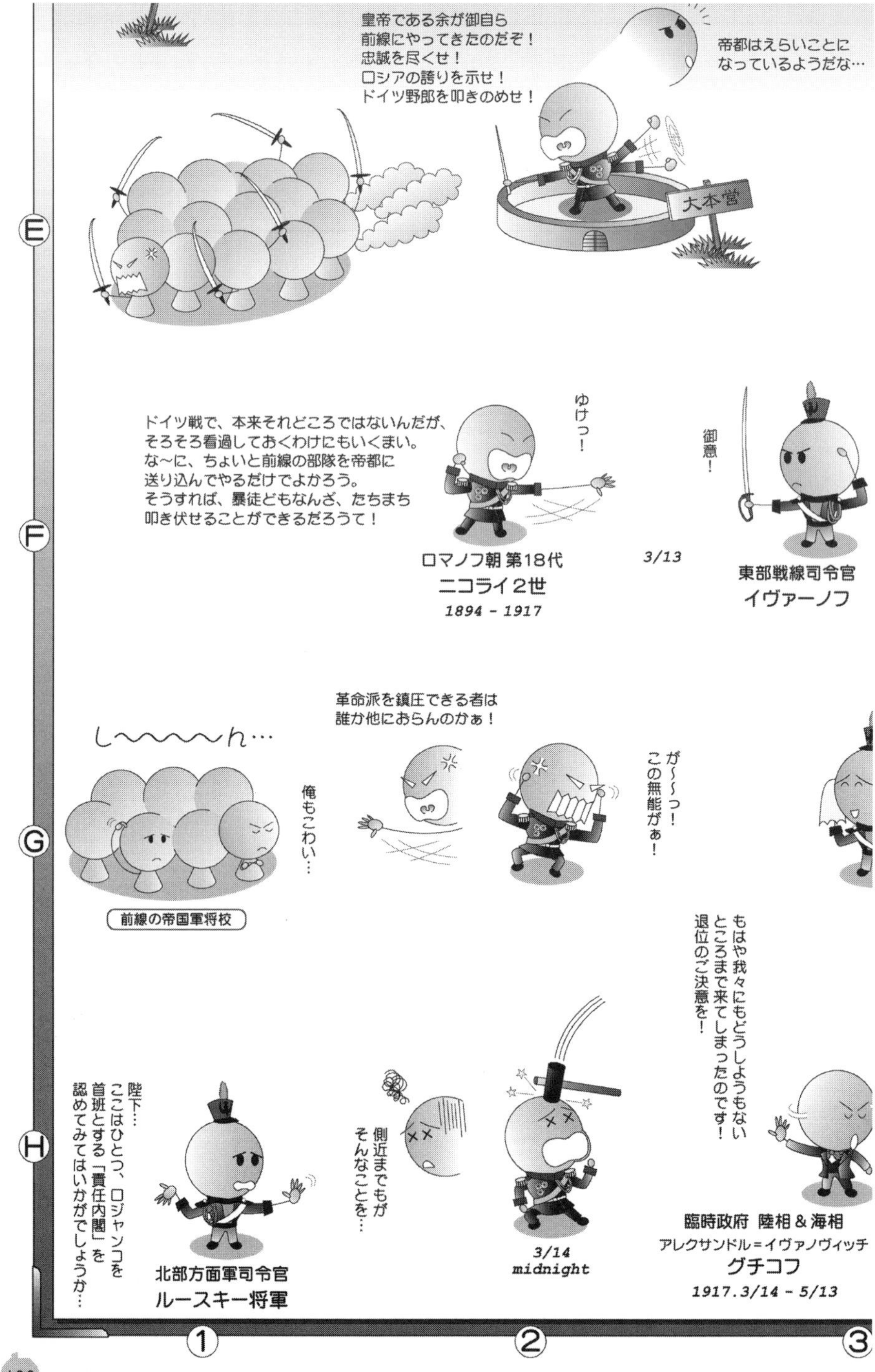
E
皇帝である余が御自ら
前線にやってきたのだぞ！
忠誠を尽くせ！
ロシアの誇りを示せ！
ドイツ野郎を叩きのめせ！
帝都はえらいことに
なっているようだな…
大本営
F
ドイツ戦で、本来それどころではないんだが、
そろそろ看過しておくわけにもいくまい。
な～に、ちょいと前線の部隊を帝都に
送り込んでやるだけでよかろう。
そうすれば、暴徒どもなんざ、たちまち
叩き伏せることができるだろうて！
ゆけっ！
ロマノフ朝 第18代
ニコライ2世
1894 - 1917
3/13
御意！
東部戦線司令官
イヴァーノフ
G
し～～～ん…
前線の帝国軍将校
俺もこわい…
革命派を鎮圧できる者は
誰か他におらんのかぁ！
が～～っ！
この無能がぁ！
H
陛下…
ここはひとつ、ロジャンコを
首班とする「責任内閣」を
認めてみてはいかがでしょうか…
北部方面軍司令官
ルースキー将軍
側近までもが
そんなことを…
3/14
midnight
もはや我々にもどうしようもない
ところまで来てしまったのです！
退位のご決意を！
臨時政府 陸相＆海相
アレクサンドル＝イヴァノヴィッチ
グチコフ
1917.3/14 - 5/13
1
2
3

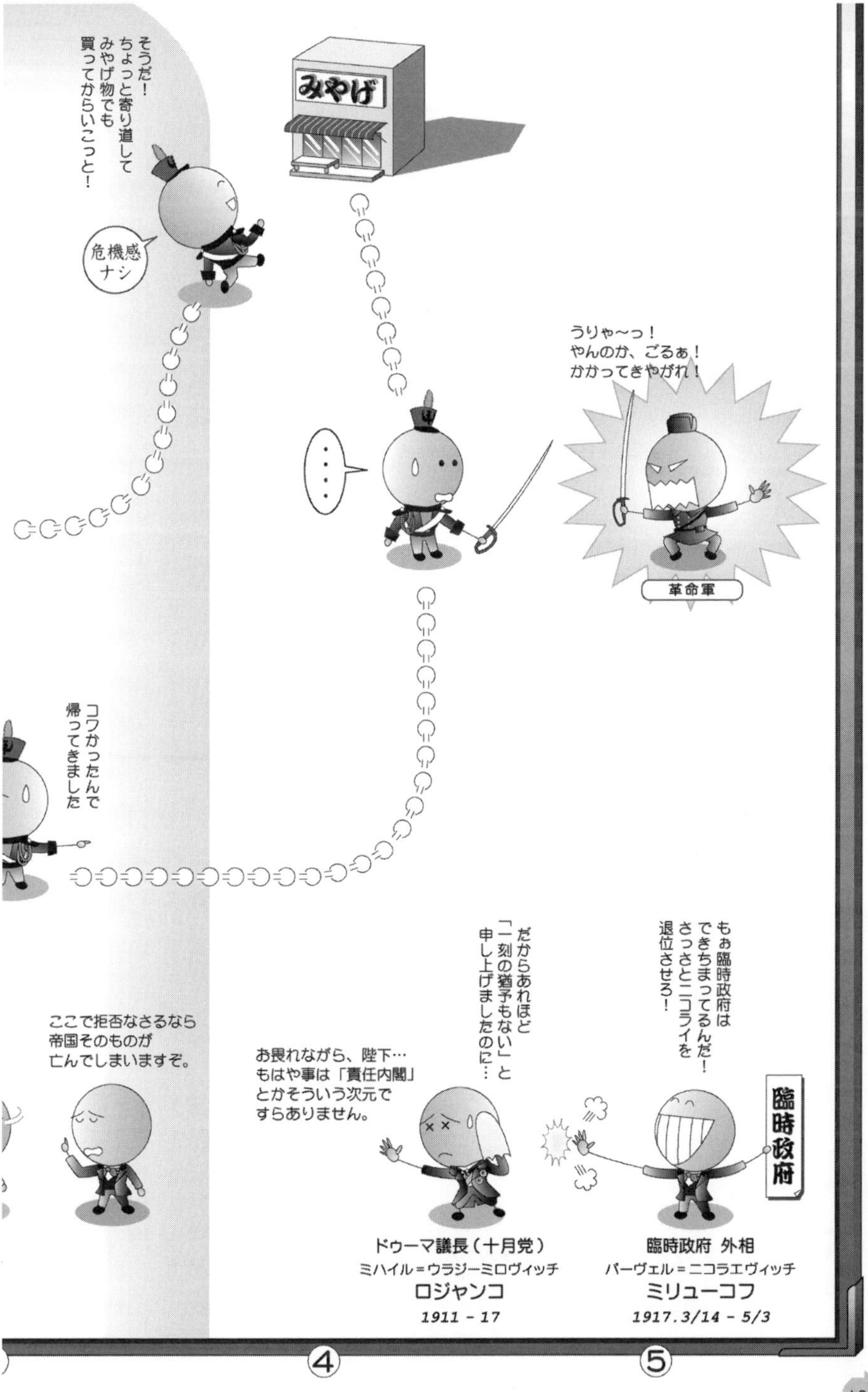
そうだ！
ちょっと寄り道して
みやげ物でも
買ってからいこっと！
危機感ナシ
みやげ
うりゃ〜っ！
やんのか、ごるぁ！
かかってきやがれ！
…
革命軍
コワかったんで
帰ってきました
ここで拒否なさるなら
帝国そのものが
亡んでしまいますぞ。
もぉ臨時政府は
できちまってるんだ！
さっさとニコライを
退位させろ！
だからあれほど
「一刻の猶予もない」と
申し上げましたのに…
お畏れながら、陛下…
もはや事は「責任内閣」
とかそういう次元で
すらありません。
臨時政府
ドゥーマ議長（十月党）
ミハイル＝ウラジーミロヴィッチ
ロジャンコ
1911 - 17
臨時政府 外相
パーヴェル＝ニコラエヴィッチ
ミリューコフ
1917.3/14 - 5/3
④
⑤

愚者というものは、「上からの命令」が入らなければ動くこともできず、しかも、「前例」と見較《くら》べながら、それをそっくりそのままなぞることしかできません。

激変する目の前の状況に対して、自分の頭《おつむ》で考え、判断し、臨機応変に行動する ―― ということがまったくできないため、「命令」がなければ何をしてよいかわからないし、「前例」がなければどうしていいかわからないのです。

ただ、思考機能が停止し、狼狽《ろうばい》するだけとなります。

ロジャンコは、その典型的な人物でした。

彼の頭にあることは、ただ「陛下のご意向は？」「前例がない！」ばかり。

彼が頭を抱えているうちに、日付が変わってしまいます。

■1917年3月13日（露暦2月28日）―― 帝国《インピェーリヤ》滅亡まであと3日 ――

日が明け、いよいよ皇帝《ニコライ2》退位まで48時間を切ります。

しかし、この時点では、いまだ誰ひとりとして、それを想像できる者はいませんでした。

ロジャンコはもちろん、革命派ですら。

最左派のレーニンですら。（＊01）

3/13 2:00 am
とりあえず「臨時政府」をつくろう！
万一、このまま革命が退潮しても、
「陛下に権力を奉還するための
″臨時の〃政府でした」ってことで、
陛下に対する言い訳も立つしな。
よ～し！
オレも男だ！
覚悟を決めるか！

ドゥーマ議長（十月党）
ミハイル＝ウラジーミロヴィッチ
ロジャンコ

（＊01）というより、このときレーニンはスイス（チューリッヒ）に亡命中で、ロシアの情報がなかなか入ってこず、三月革命が起こっていることすら知りませんでした。
ロマノフ朝滅亡のビッグイベントにおいて、レーニンは完全に“蚊帳の外”だったのです。

夜通し悩んだロジャンコは、午前２時ごろ、ついに「新政府」を作る覚悟を決めました。

―― よし！　では、「革命政府」ではなく、「臨時政府」を作ろう！
「臨時政府」にしておけば、あとで革命騒ぎが退潮したあとでも、
「あくまでも革命をやり過ごし、権力を陛下に奉還するまでの“臨時の”政府でした」って言い訳が立つからな！

新政府が「革命政府」ではなく、「臨時政府」と名乗ったのには、こうした背景からでしたが、とにもかくにも新政府は生まれました。

ところが。

今度は、その日の昼に、海軍本部に立て籠もっていたハバーロフ中将が軍の解散を発表したのです。(A/B-4/5)(＊02)

これにより、体制側の軍部が完全に消滅することになりました。

これにはロジャンコも仰天。

3/13 noon
解散！
海軍本部に立て籠もって
最後の抵抗を試みてみたが
もはやこれまで！
軍を解散とする！
軍部消滅

帝都戒厳司令官
ハバーロフ中将

(＊02)「本章 第２幕」を思い出してください。
前の月（３月１２日）、ぞくぞくと兵が革命側に寝返りはじめたため、あくまで皇帝への忠誠を貫かんとする残りの兵は、丸一日の間、海軍本部に立て籠もっていました。
その「体制側の最後の権力基盤」であった「最後の軍部」が職務を放棄したのです。

政府というものは、軍部という後盾がないかぎり、何の権威もありません。

困惑したロジャンコは、ソヴィエト側に寝返った軍隊 12 万を「臨時政府の麾《き》下《か》」に戻そうとします。(B-3)

しかし、それを知った 12 万の兵には動揺が走ります。(B-2) (＊03)

なにせ、一度 帝国《インピェーリヤ》を裏切り、革命《ソヴィエト》側についた部隊です。

その際、革命のドサクサの中で、上官をブッ殺してしまっています。

通常、「上官殺害」は、いかなる理由があろうとも即刻死刑です。

もはや、彼らの正当性を保障してくれるのは「ソヴィエト」だけです。

しかし。

その“恃《たの》みの綱”のソヴィエトは政権を取るつもりまったくナシ。(＊04)

(＊03) 日本でいえば、「二・二六事件」において、「今カラデモ遅クナイカラ原隊へ帰レ」と言われたときの 1488 名の兵の立場に似ています。

(＊04) すでにご説明してまいりましたように、このときのソヴィエトは、「我々が政権を取る社会主義革命は 100 年先」と信じるメンシェヴィキによって指導されていましたので。

こうなると、兵士ソヴィエトは行き場を失ってしまいます。

かといって、ドゥーマから「原隊へ帰レ」と言われて、「はいわかりました」というわけにもいきません。

ここでおめおめ「原隊」に戻ったら、反逆罪によって“粛清の嵐”が吹くかもしれないのですから。

そこで、兵士ソヴィエト(＊05)は「命令第一号」を出します。

要するに、我が軍はソヴィエトに属するのであって、ドゥーマには従わないって意思表明ね！
命令第一号
3/13

- ドゥーマの命令は、ソヴィエトの命令に反しないかぎり従う。
- 一切の武器は、兵士ソヴィエトが管理し、外部からの圧力には屈しない。

要するに、

「我々の主人はソヴィエトであって、ドゥーマではない！」

「武装解除もしない！」

…という意思表示でした。

(＊05) 第一革命のときに生まれた「ソヴィエト」は、その構成員は労働者のみでしたが、今回（三月革命）の「ソヴィエト」は兵士が加わりましたので、「兵士ソヴィエト」と「労働者ソヴィエト」という２つのソヴィエトが内在していました。

先ほども触れましたように、そもそも政府というものは軍部と表裏一体でなければなりません。
通常、「政府」が決定したことは、「軍部」が強制力を持たせます。
その軍部が「新政府を支持しない」ということになれば、「政権」と「軍権」という2つの権力が分離したという異常事態を意味します。
これを「二重権力」と呼びます。

さて。
こうして、帝都の軍がすべてソヴィエトに忠誠を誓ったことが、大本営《モギリョフ》でドイツ軍と交戦中の皇帝《ニコライ2》に伝わります。
「うぉのれぇ〜…
こちとら、ドイツ軍との戦で余裕がないとゆぅに！
仕方がない、イヴァーノフ将軍よ！
ただちに帝都に向かい、叛徒どもを蹴散らしてこい！」（F-1/2）
――ははっ！　お任せあれ！

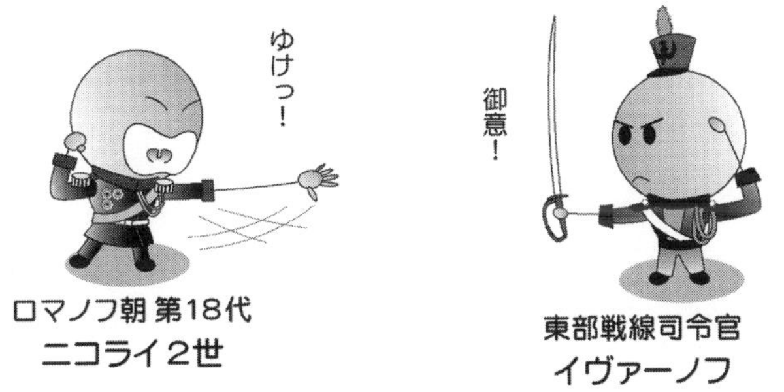

　こうして、イヴァーノフ将軍は数個連隊を率い、帝都に向かいます。

　しかし。

　このホンの数日間で、帝都の情勢がどれほど激変していたのか、大本営《モギリョフ》はまるで理解できておらず（＊06）、たかが数個連隊で鎮圧できる程度のものだと思っていたことが窺《うかが》われます。

　イヴァーノフ将軍に至っては、まるで危機感がなく、「久しぶりの帝都だから」と友人たちへのみやげ物を買い整えてから出発するという呑気《のんき》さ。（E-4）

　しかし、帝都に入る手前のツァールスコエ＝セローで革命軍に阻《はば》まれ（F-5）、戦わずしてそのまま撤兵しています（G-3）。（＊07）

「えぇい、情けないヤツめ！！
　他に帝都を制圧できる者はおらんのか！？」（G-2）

　イヴァーノフ将軍からの情報で、ようやく大本営《モギリョフ》でも事の重大性に気づきはじめ、誰もが尻込みする有様。（G-1）

　北方方面軍司令官のルースキー将軍も皇帝《ニコライ2》をたしなめています。

（＊06）前章でも触れましたように、皇帝が帝都を離れたのは、返す返すも失敗でした。
そのせいで、皇帝は帝都の激変ぶりをまったく理解できなくなってしまったのです。
いや、もっとも彼の場合、たとえ帝都にいても理解できなかったかもしれませんが。

（＊07）撤兵した理由は諸説あります。多勢に無勢で勝ち目がなかった、“同じ釜のメシ”を食った者の同士討ちを懼れた、味方の軍が今にも革命側に寝返りそうな気運だった、など。

── 畏《おそ》れながら陛下。

　事ここに至らば、もはや、ロジャンコを首班とする責任内閣制をお認めになるしかないかと。

　側近にまで見放され、いよいよ孤立化する皇帝ニコライ２世。

■1917年３月14日（露暦２月29日）── 帝国《インピェーリヤ》滅亡まであと２日 ──

　ついに帝都では臨時政府が発足《ほっそく》。（＊08）

　このときにはもはや、「責任内閣」とかいう次元ですらなくなっていました。

　ドゥーマ議長のロジャンコ（H-4/5）も、臨時政府外相のミリューコフ（H-5）も、陸相兼海相のグチコフ（H-3）も、皇帝に「退位」を迫ります。

── 陛下。

　もはや、我々にはどうしようもないところまで来てしまったのです。

　帝国《インピェーリヤ》を護るためにも、陛下に退位していただくより他ありません。

　ニコライ２世が自分の置かれた状況を理解したのは、退位する１～２時間前のことでした。

ここで拒否なさるなら
帝国そのものが
亡んでしまいますぞ。
もはや我々にもどうしようもない
ところまで来てしまったのです！
退位のご決意を！
3/14
midnight
臨時政府 陸相＆海相
アレクサンドル＝イバノヴィッチ
グチコフ

（＊08）臨時政府の発足は、組閣された「３月14日」説、帝国が滅亡した「16日」説があります。

第3章 ロシア三月革命

第５幕

ミハイル大公の決断

ロマノフ朝ロシア帝国の滅亡

発足したばかりの臨時政府は、ニコライ2世に退位を迫った。皇帝に責任を取らせ、皇太子に譲位させることで、なんとしても「帝政」だけは護持《ごじ》奉《たてまつ》らんとしたのである。しかし、新皇帝に指名された弟ミハイルが即位を辞退。これにより帝位を継ぐ者がいなくなり、臨時政府の意図に反して、帝国は滅びることになる。

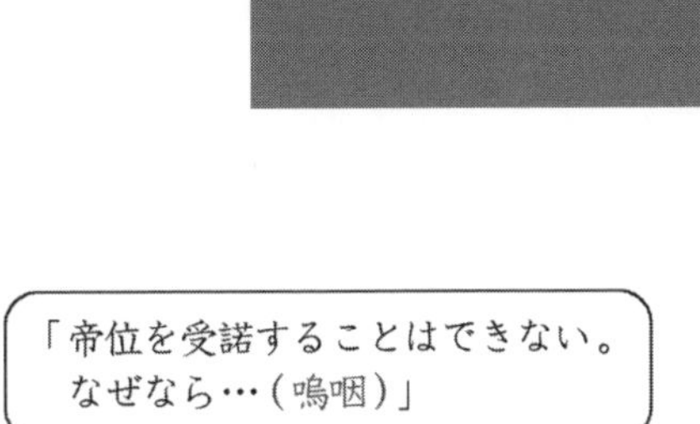
「帝位を受諾することはできない。
なぜなら…（嗚咽）」
お断りする

ニコライ2世 実弟
ミハイル＝ロマノフ

〈ロマノフ朝ロシア帝国の滅亡〉

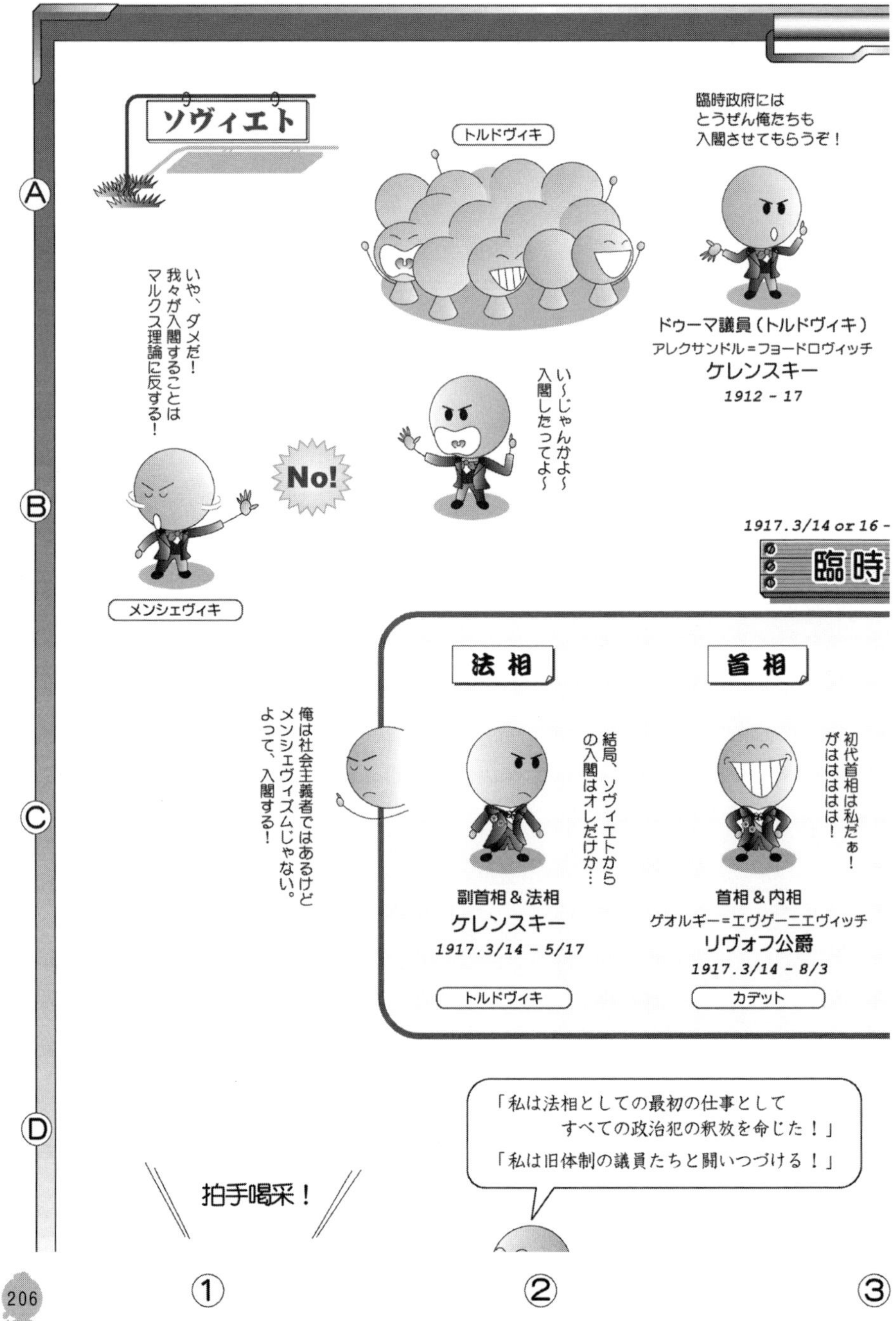

ソヴィエト
トルドヴィキ
臨時政府には
とうぜん俺たちも
入閣させてもらうぞ！
ドゥーマ議員（トルドヴィキ）
アレクサンドル＝フョードロヴィッチ
ケレンスキー
1912 − 17
いや、ダメだ！
我々が入閣することは
マルクス理論に反する！
No!
い～じゃんかよ～
入閣したってよ～
メンシェヴィキ
1917.3/14 or 16 −
臨時
法相
首相
俺は社会主義者ではあるけど
メンシェヴィズムじゃない。
よって、入閣する！
結局、ソヴィエトから
の入閣はオレだけか…
初代首相は私だぁ！
がははははは！
副首相＆法相
ケレンスキー
1917.3/14 − 5/17
トルドヴィキ
首相＆内相
ゲオルギー＝エヴゲーニエヴィッチ
リヴォフ公爵
1917.3/14 − 8/3
カデット
「私は法相としての最初の仕事として
すべての政治犯の釈放を命じた！」
「私は旧体制の議員たちと闘いつづける！」
拍手喝采！
A
B
C
D
①
②
③

1917年3月15～16日

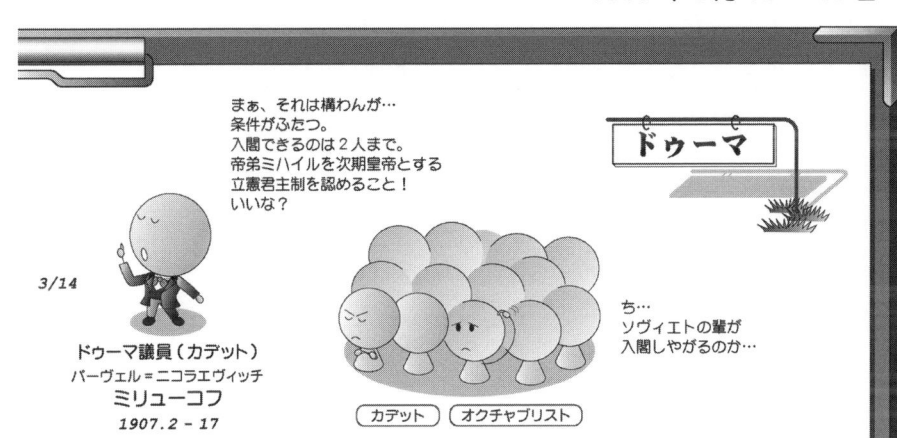

まぁ、それは構わんが…
条件がふたつ。
入閣できるのは２人まで。
帝弟ミハイルを次期皇帝とする
立憲君主制を認めること！
いいな？

3/14

ドゥーマ議員（カデット）
パーヴェル＝ニコラエヴィッチ
ミリューコフ
1907.2 - 17

ち…
ソヴィエトの輩が
入閣しやがるのか…

カデット　オクチャブリスト

- 11/8 2:00 am

政府

外相

陸海相

リヴォフをお飾りにしておくか…
実権はオレ様よ！

外相
ミリューコフ
1917.3/14 - 5/3
カデット

陸相＆海相
アレクサンドル＝イヴァノヴィッチ
グチコフ
1917.3/14 - 5/13
オクチャブリスト

- 言論・出版・集会の自由、団結権・争議権の付与。
- 身分・信教・民族による差別の撤廃。
- 政治犯への大赦。
- 秘密投票に基づく普通直接選挙による憲法制定会議の準備。
- 現政府はあくまで「臨時」であり、
  正式な国体・政府の確定は新憲法にて確定する。

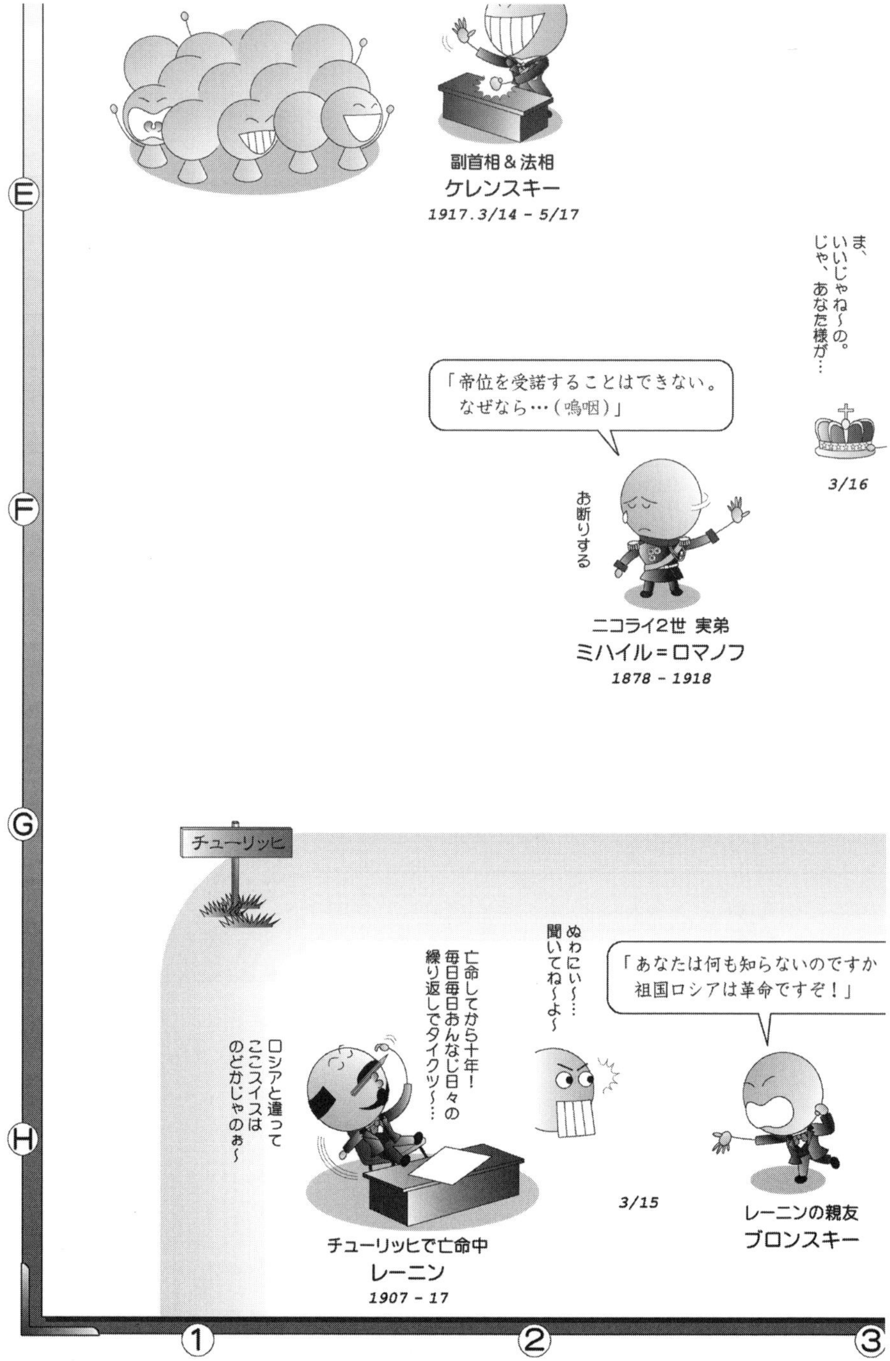

副首相＆法相
ケレンスキー
1917.3/14 - 5/17
ま、
いいじゃね～の。
じゃ、あなた様が…
3/16
「帝位を受諾することはできない。
なぜなら…（嗚咽）」
お断りする
ニコライ2世 実弟
ミハイル＝ロマノフ
1878 - 1918
チューリッヒ
「あなたは何も知らないのですか
祖国ロシアは革命ですぞ！」
ぬわにぃ～…
聞いてね～よ～
亡命してから十年！
毎日毎日おんなじ日々の
繰り返しでタイクツ～…
ロシアと違って
ここスイスは
のどかじゃのぉ～
3/15
レーニンの親友
ブロンスキー
チューリッヒで亡命中
レーニン
1907 - 17
E
F
G
H
1
2
3

臨時政府第一声明
3/16
ロシア帝国
1613－1917
わかった…
余は退位するが皇太子は病弱じゃから、帝位は我が弟ミハイルに譲る！
1917.3/15
12:00 am
退位
やっと退位してくれたと思ったら、今度は息子に継がせるのがヤダってさ
3/16
滅亡
こ…これは断じて滅亡ではありませんぞ！
あくまで「空位」にすぎませんぞ！
「新政府への完全な不信任を宣言せよ！
いかなる支持も表明してはならない！」
3/15
!?
なに悠長に構えてるんですか！
④
⑤

臨時政府の組閣《そかく》は３月14日（露暦２月29日）に行われました。立憲民主党《カデット》（資本家《ブルジョワ》）が中心となり、これに十月党《オクチャブリスト》（地主）も加わる組閣で、メンシェヴィキ（労働者《プロレタリア》）はマルクスの理念《イデオロギー》に従ってこれに参加せず、社会革命党《エスエル》（農民）もこれに同調しました。

しかし、勤労党《トルドヴィキ》（農民）所属のケレンスキー（＊01）はこれに異を唱えます。

「我々は革命の功労者だ。
その我々が入閣するのは当然だろう！
私も入閣させてもらうぞ！」（B-2）

臨時政府には
とうぜん俺たちも
入閣させてもらうぞ！
まぁ、それは構わんが…
条件がふたつ。
入閣できるのは２人まで。
帝弟ミハイルを次期皇帝とする
立憲君主制を認めること！
いいな？
ドゥーマ議員（トルドヴィキ）
アレクサンドル＝フョードロヴィッチ
ケレンスキー
ドゥーマ議員（カデット）
パーヴェル＝ニコラエヴィッチ
ミリューコフ

これに対し、ドゥーマ側も条件を出します。

―― それは構わぬが、条件が２つ。
まず、ソヴィエトから入閣できるのは２人まで。
もうひとつは、立憲君主制を認めること。

（＊01）「勤労党（トルドヴィキ）所属」とありますが、書物によっては「社会革命党（エスエル）所属」とあります。これはちょうどこのころ勤労党と社会革命党が合流したからであって、もともとケレンスキーは勤労党所属です。

法相
結局、ソヴィエトから
の入閣はオレだけか…
首相
初代首相は私だぁ！
がはははは！
外相

副首相＆法相
ケレンスキー

首相＆内相
ゲオルギー＝エヴゲーニエヴィッチ
リヴォフ公爵

外相
ミリューコフ

こうして、以下の閣僚を以て、臨時政府（第１次内閣）は発足《ほっそく》します。

- 首相兼内相： G《ゲオルギー》．E《エヴゲーニエヴィッチ》．リヴォフ公爵（立憲民主党《カデット》）
- 副首相兼法相： A《アレクサンドル》．F《フョードロヴィッチ》．ケレンスキー（勤労党《トルドヴィキ》）
- 外相 ： P《パーヴェル》．N《ニコラエヴィッチ》．ミリューコフ（立憲民主党《カデット》）
- 陸相兼海相： A《アレクサンドル》．I《イヴァノヴィッチ》．グチコフ（十月党《オクチャブリスト》）

臨時政府の政見は、なんとしても帝国《インピェーリヤ》を護持《ごじ》すること。

そのためにも、こたびの状況を引きおこした元凶・ニコライ２世には、責任を取ってもらってご退位いただく。

そして、病弱で幼い（満 12 歳）皇太子アレクセイをお飾りの新皇帝とし、ボンクラの皇弟ミハイルを執政に据《す》えることで、実権は臨時政府が握る。

これが臨時政府の目論見《もくろみ》でした。

こうして、ニコライ２世の説得工作に入ったことは、前幕で触れました。

退位を承諾した皇帝《ニコライ2》でしたが、それに、ひとつ条件を付けます。

「わかった、余は退位しよう。
ただ、この混沌《こんとん》とした帝国《インピェーリヤ》の玉座を病弱の我が子アレクセイに継がせるのは忍びない。
そこで、帝位は我が弟ミハイルに譲りたいと思う」

臨時政府の思惑《おもわく》とはすこし違いましたが、政府としてはどちらでもよいことでしたので、これはすぐに受諾します。

■1917年3月15日（露暦3月1日）―― 帝国《インピェーリヤ》滅亡まであと1日 ――

こうして、日付が変わった直後、ついに皇帝《ニコライ2》は退位。（E/F-5）

ところで。

ロシアからスイスのチューリッヒ（G-1）(＊02) に視点を移しますと、その日の昼ごろ、ある人物が衝撃《ショック》を受けていました。

その人物こそが、V《ウラジミル》.I《イリイチ》.U《ウリヤノフ》.レーニン。（H-2）

彼《レーニン》は、1907年にスイスに亡命。

以来10年、ここで「髀肉《ひにく》の嘆《たん》」(＊03) の時をすごしていました。

彼《レーニン》は、「もはや自分の出番はない」と嘆息《たんそく》し、三月革命の直前（1917年1月9日）にも「我々の生きている時代に革命を見ることはないだろう」と自嘲気味に語ったばかりでした。

そうしたいつもの昼下がり。

おとついや昨日と同じように、今日も無為にすぎていく…。

「あなたは何も知らないのですか!?
祖国ロシアは革命ですぞ！」
なに悠長に構えてるんですか！
ぬわにぃ〜…聞いてね〜よ〜
亡命してから十年！毎日毎日おんなじ日々の繰り返しでタイクツ〜…
チューリッヒで亡命中
レーニン
レーニンの親友
ブロンスキー

（＊02）本幕パネルの一番下（G/H段）の枠の中だけ、チューリッヒの動向を表しています。

（＊03）中国の後漢末、劉備は「漢復興」の大志を抱きながら、荊州のいなかで7年ほど無為にすごしていたことがありました。そのころの有名な故事ですが、まるでこのときに溜まったエネルギーを爆発させるように、劉備の“真の飛躍”はこの直後から始まります。
そして、このときのレーニンもまたそうでした。

そう思っていたレーニンが昼食をすませ、一服していたときでした。(＊04)

突然、友人のブロンスキーが血相変えて飛び込んできます。

「何を呑気《のんき》にしているんです！？　あなたはまだ何も知らないのですか！？
祖国ロシアでは革命が起きておるのですぞ！！」(H-3)

驚き、慌《あわ》てふためいた彼《レーニン》は、ただちにロシアへ電報を打ちます。(H-4)

―― 新政府への完全な不信任を宣言せよ！
　いかなる支持も表明してはならない！

え？　なぜ？

せっかく革命が成功し、国民も新政府の樹立を喜んでいるのに？

じつは、ここにこそ、彼《レーニン》の“本性”が隠れています。

これからおいおい彼《レーニン》の行動規範《エートス》が明らかになっていきますが、彼《レーニン》にとって、もっとも重要なことは「自分が革命の中心にいる」こと。

自分が蚊帳《かや》の外にいる革命など、無条件で認めません。

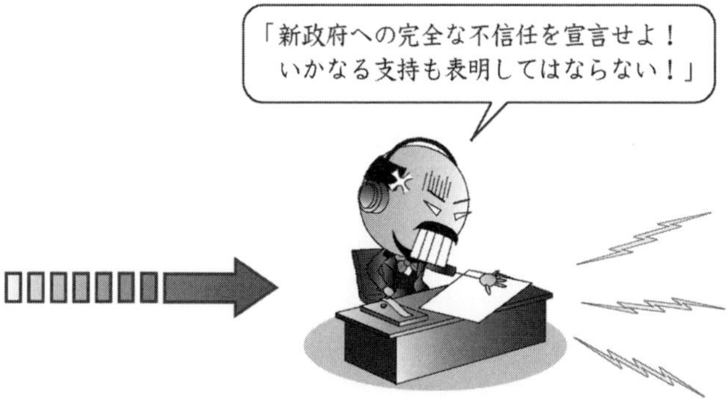

(＊04) 人というものは、夢や希望を失ったとき、急速に老け込むものです。当時のレーニンの容貌も、46歳の若さですでに髪は薄くなり、まるで老人のようであったといいます。
しかし、ここから脳卒中で倒れる1922年までの約5年間、彼はふたたび野望に目覚め、若いころの鋭い眼光が戻り、精力的に動き回ります。
しかしその5年間で、数えきれないほどの人々が彼に虐殺されていくことになるのですが。

■1917年3月16日(露暦3月2日)―― 帝国《インピェーリヤ》滅亡当日 ――

さて、ふたたびロシアに目を向けますと、ついにその日はやってきました。

ニコライ2世の退位を受け、皇弟ミハイルに継承されることになりましたが、そのことが発表されるや、ペトログラードで激しい反対運動が起こります。

この弟《ミハイル》も、兄《ニコライ》に負けず劣らず、市民から嫌われていたようで。

これには臨時政府も動揺し、

・外相ミリューコフと、陸相グチコフは、帝制を護持《ごじ》することに奔走《ほんそう》し、
・首相リヴォフと国会《ドゥーマ》議長ロジャンコは、別の者への譲位を画策し、
・法相ケレンスキーは、帝制そのものを廃止させようとします。

苦悩するミハイル大公に、ロジャンコはダメ押しのように告げました。

「もし、あなた様が帝位に就いた場合、
残念ながら我々は、閣下の命の保障は致しかねます…」

この言葉が決定打となり、ミハイル大公は、決断します。

―― 私は帝位を受諾することはできない。
なぜなら……

このあとは嗚咽《おえつ》となって言葉になりませんでした。

外相ミリューコフや陸相グチコフは、

「これは単なる空位である！　滅亡ではない！」

…と喚《わめ》いていましたが、二度と帝位に就く者は現れませんでしたので、これを以て「ロマノフ朝ロシア帝国の滅亡」となります。

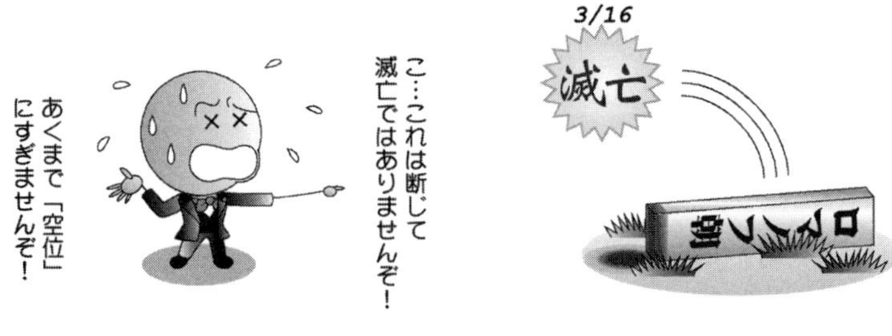

第4章 臨時政府時代

第1幕

封印列車、出発！

レーニン帰国への努力

スイスに亡命中だったレーニンは、三月革命のことを知り、焦燥《しょうそう》する。今すぐただちに帰国したい！　帰国して、自分も革命に加わりたい！　そう熱望するも、当時はドイツとロシアは交戦中であり、帰国の方法がない。彼は寝ても覚めても、帰国することを考え、ついに、ドイツを利用して帰国する方法に辿《たど》りつく。

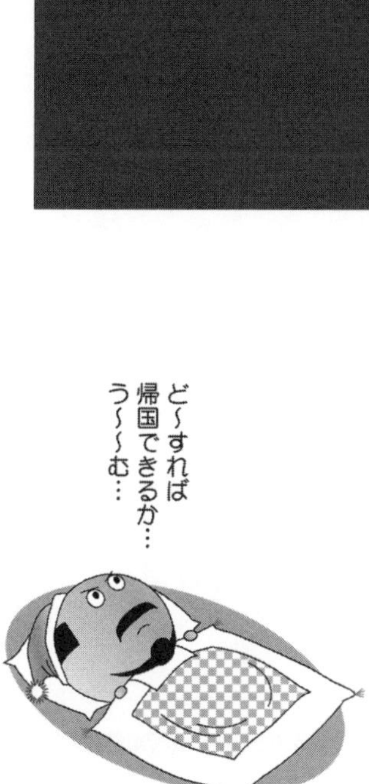

ど〜すれば
帰国できるか…
う〜〜む…

〈レーニン帰国への努力〉

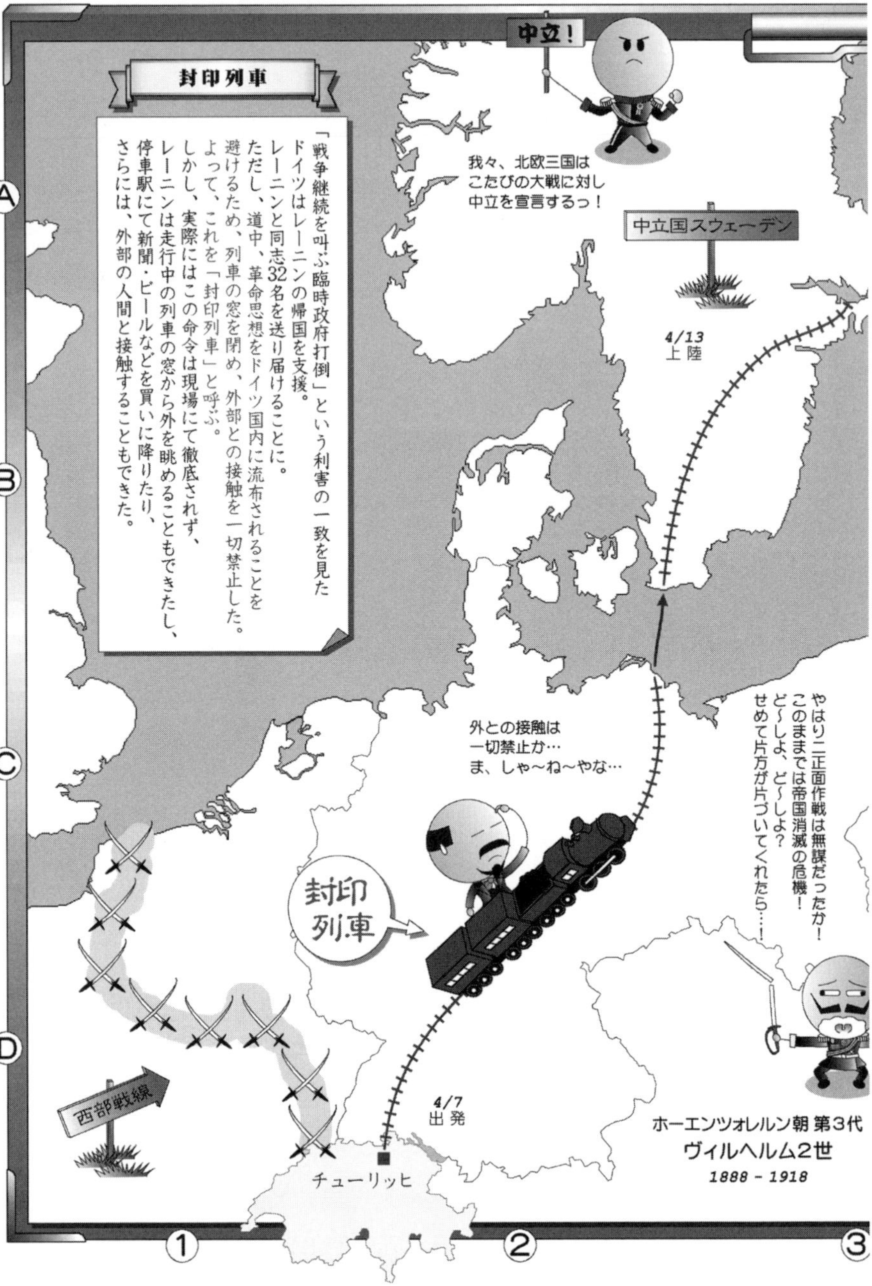

封印列車
「戦争継続を叫ぶ臨時政府打倒」という利害の一致を見たドイツはレーニンの帰国を支援。
レーニンと同志32名を送り届けることに。
ただし、道中、革命思想をドイツ国内に流布されることを避けるため、列車の窓を閉め、外部との接触を一切禁止した。
よって、これを「封印列車」と呼ぶ。
しかし、実際にはこの命令は現場にて徹底されず、レーニンは走行中の列車の窓から外を眺めることもできたし、停車駅にて新聞・ビールなどを買いに降りたり、さらには、外部の人間と接触することもできた。
中立！
我々、北欧三国はこたびの大戦に対し中立を宣言するっ！
中立国スウェーデン
4/13 上陸
外との接触は一切禁止か…ま、しゃ～ね～やな…
封印列車
やはり二正面作戦は無謀だったか！
このままでは帝国消滅の危機！
ど～しよ、ど～しよ？
せめて片方が片づいてくれたら…！
西部戦線
4/7 出発
チューリッヒ
ホーエンツォレルン朝 第3代
ヴィルヘルム2世
1888 - 1918
A
B
C
D
1
2
3

1917年4月

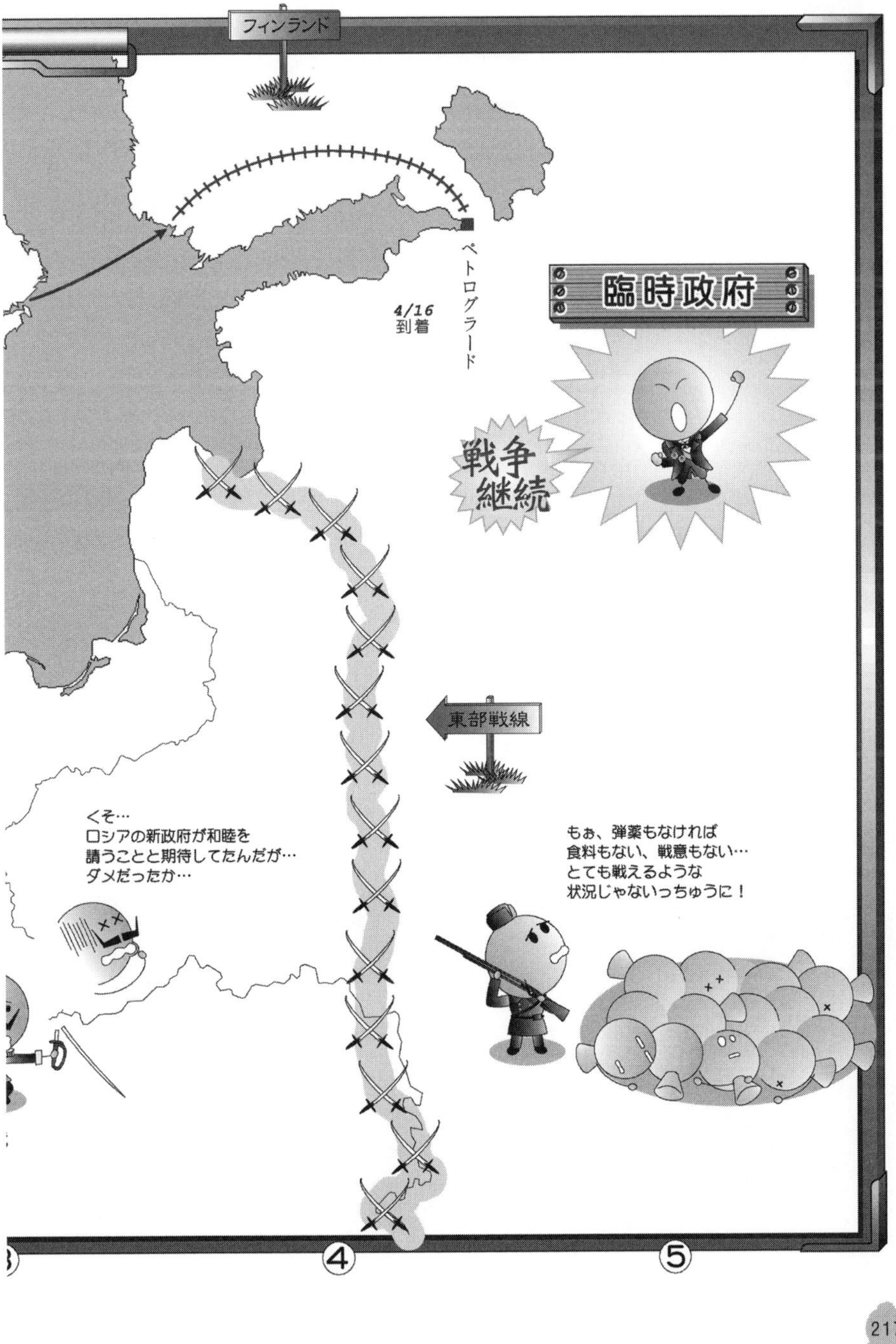
フィンランド
ペトログラード
4/16
到着
臨時政府
戦争継続
東部戦線
くそ…
ロシアの新政府が和睦を
請うことと期待してたんだが…
ダメだったか…
もぉ、弾薬もなければ
食料もない、戦意もない…
とても戦えるような
状況じゃないっちゅうに！
④
⑤

祖国ロシアで革命が勃発！
そのままロマノフ朝も滅亡し、これを知ったレーニンは焦燥《しょうそう》します。

「一刻も早く帰国せねば！　一刻も早く！！」

とはいえ、当時は第一次世界大戦の真っ最中。

帰国への道は戦場（B/C/D-4）ですから、それができる状況ではありません。

彼《レーニン》は、寝ても覚めても帰国する方法を考え、その方策を方々に打診します。

しかし、ここで同志からもツッコミが。

―― しかし、レーニン同志？
今さら帰国してどうするおつもりで？
もうとっくに革命は終わり、新政府が樹立され、安定しています。
すでにレーニン同志の活躍の場はありませんよ？

まったくその通り。

だいたいそもそも。

レーニンは自説において、メンシェヴィキが主張していた「労資同盟」を全否定し、「労農同盟」しかありえない、と主張していました。（＊01）

そ〜ですよ〜
レーニンさんの
予言は見事に
ハズれたわけ
ですからね〜…
それにしても、レーニン同志？
帰国していかがなさるおつもりで？
今さらレーニンさんがノコノコ
出掛けても、もぉ、レーニンさんの
仕事は残ってないんじゃ…？
うぅ…
イタイところを…

（＊01）このあたり、お忘れになってしまった方は、「第１章 第３幕（メンシェヴィズム理論）」と「第１章 第４幕（レーニニズム理論）」をもう一度、しっかりと読み返しておいてください。ここをきちんと理解しておかないと、ここから先の革命史が理解できなくなります。そのための「第１章」であり、「第１章」こそが革命理解のための根本です。

しかし、現実には、三月革命において「労資同盟」という形で革命は展開し、そして成功しています。

レーニンが「成功するはずがない！」と力説した「労資同盟」が。

レーニニズムの予言はモノの見事に大ハズレ、メンシェヴィズムの方が正しい、ということが歴史的に証明されたわけです。（＊02）

“間違った理論”を唱えつづけ、革命時、ロシアにすらいなかったレーニンが、革命が終わりかけている今、帰国することに何の意味があるでしょう？

イタいところをツッコまれ、さぞや狼狽《ろうばい》したのか、と思いきや。

「いーーーや！！

ここで革命を終わらせてはならんのだ！

このまま一気に“社会主義革命”へと邁進《まいしん》しなければならない！！（＊03）

にもかかわらず、やつらはブルジョワ革命で満足して、革命の手を緩《ゆる》めようとしている！

彼らの過ちを正すため、革命の灯《ひ》を絶やさぬため、是《ぜ》が非《ひ》でも私は帰国しなければならないのだ！！」

「ここで革命を終わらせてはいかん！
このままイッキに社会主義革命へと
突き進まなければならないっ！」
…と、ロシアを導かねばならん！
そのために、私はロシアに
帰らなければならないのだ…
え〜〜〜っ！
それって、今までレーニンさんが
さんざん非難しつづけてきた
「永続革命論」じゃないスかぁ！？

（＊02）少なくとも、この時点までは。メンシェヴィズム全体が正しいわけではありません。

（＊03）この考え方は「永続革命論」といって、それまでトロツキーが主張していたものです。レーニンはそれまで「二段階革命論」を唱え（メンシェヴィキも同様）、「永続革命論」をコケミソに非難していました。

はぁ??? なに言ってんの?

もぉ、ほとんど意味不明、支離滅裂《しりめつれつ》。

「ブルジョワ革命から社会主義革命まで一気に成し遂げてしまおう!」というのは、これまでレーニンがさんざん非難してきた「永続革命論《トロツキズム》」(＊04)です。

彼《レーニン》は、何のためらいもなく、あっさりと自説を棄《す》て去ったのみならず、しれっと何くわぬ顔で論敵《トロツキー》の思想に乗っかったのです。

なんたる厚顔無恥《こうがんむち》! なんたる無定見!

あまりの掌《てのひら》返しに、同志《ボルシェヴィキ》内からも困惑と反発が起こるほどでした。

しかし、この無定見ぶりこそが、彼《レーニン》の“本質”を示しています。

そもそも「信念」というものは、滅多やたらとブレるものではなく(＊05)、そうした「信念」を根本とするイデオロギーもまたブレないものです。

それが、レーニンのように恥も外聞もなくコロコロと変わるというのは、彼の「真意」が別のところに隠されていることを表しています。

その「隠された真意」が何であるかは、これからおいおいとわかってくるでしょう。

閑話休題《それはそれとして》。

とにかく帰国せねば。

しかし、どうやって?

「中立国のスウェーデン人に変装して行くってのはどうだ!?」

―― 同志、あなたはそもそもスウェーデン語が話せないでしょう?

「そういや、そうだったな。

ならば、聾唖《ろうあ》者を装えば……って、ダメ?

じゃ、飛行機をチャーターしてひとっ飛びってのはどうだ!?」

(＊04) 本書「第1章 第5幕 トロツキズム理論」を参照のこと。

(＊05) というより、「確固たる教え」「ブレない価値理念」を信念と言います。
状況により、損得により、利害によりコロコロと変わるものは、そもそも「信念」と呼べるような代物ではありません。

―― そんなカネ、どこにあるんです！?

　そもそも、戦場の上を飛行機が飛んだら撃墜されるでしょうが！

―― な、なるほど…。

　それもそうだな。（＊06）

考えあぐねていたところに、いろいろな方面に打診していた、そのひとつが反応してきました。

それは、やはり誰もが「非現実的だ！」「あり得ない！」と思っていた方法。

なんと、「敵国ドイツに列車を用意させ、護送させて、堂々ドイツ本国のド真ん中をぶっちぎってペトログラードまで一気に渡ろう」というもの。

―― ドイツは我々の敵です！

　そのドイツが、我々ロシア人のために列車を用意するわけがない！」

「いや。かならず用意するね。賭《か》けてもいい」

レーニンの言葉通り、ホントにドイツが接触してきたのです。

じつは、当時のドイツは西に英仏（D-1）、東にロシア（C-5）の二正面作戦を強いられており、弱り果てていました。（D-3）

そんなときに、レーニンの動向が耳に入ったのです。

（＊06）このように、レーニンという人は、ふつうの人が考えもしないような突拍子もないことを思いつき、後先考えず発言し、即断即行する人でした。歴史上、業績を残し、名を残す人物はたいていこういうタイプですが、その分、失敗も多くなります。

―― こいつ《レーニン》は、帰国した暁《あかつき》には「ロシアの戦争をやめさせる」と言っている。
我が国《ドイツ》にとって、東部戦線（B/C/D-4）が消滅してくれるなら、これほどありがたいことはない！
この男《レーニン》がどこまで信用できるか、まったく未知数だが、送り届けるだけならタダだし……ダメ元で、送ってやるか？

こうして、ドイツとレーニンの思惑《おもわく》と利害が一致し、ドイツの手によってレーニンはロシアに送り届けられることになったのです。

この情報が入ってきたとき、レーニンは狂喜し、叫びました。

「今日！　今すぐ！　最初の汽車で行こう！」

レーニンはたった２時間で身支度をして、同志32名とともに列車に飛び乗りました。

ただし、ドイツの条件は、

「列車の窓や出入口はすべて封鎖し、外部との接触は一切しないこと」。

道中、レーニンがドイツ国民と接触することで革命思想がドイツ国内に流布されることを懼《おそ》れたため、また、レーニンがドイツ国内の見聞情報をロシアに持ち帰ることを懼《おそ》れたためでした。(＊07)

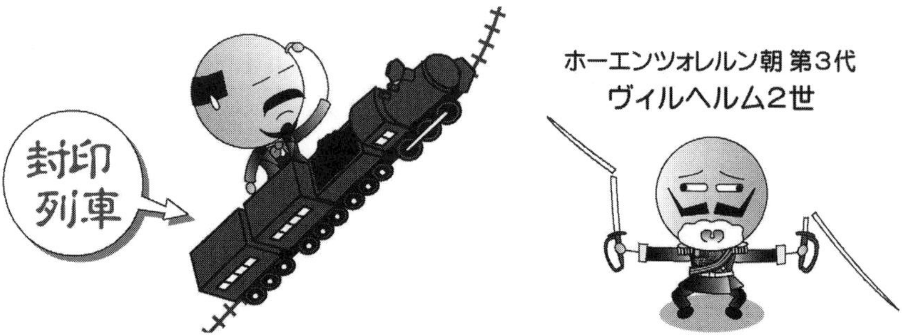
封印列車
ホーエンツォレルン朝 第3代
ヴィルヘルム2世

(＊07) これを「封印列車」と言います。ただし、この命令は現場では徹底されませんでした。レーニンは走行中の列車の窓から外を眺めることもできましたし、停車駅ではプラットホームに降りたり、さらには、外部の人間と接触することもできたようです。

第4章 臨時政府時代

第2幕

論敵から盟友へ

レーニン帰国

レーニンは、祖国に帰国するや否や、「四月テーゼ」を発表。しかし、その内容はあまりにも場当たり的だったため、論敵のメンシェヴィキに攻撃されるどころか、身内のボルシェヴィキにすら批判を受けてしまう。
孤立化するレーニンに対して、手を差しのべたのが、この前までレーニンの論敵だったトロツキーであった。

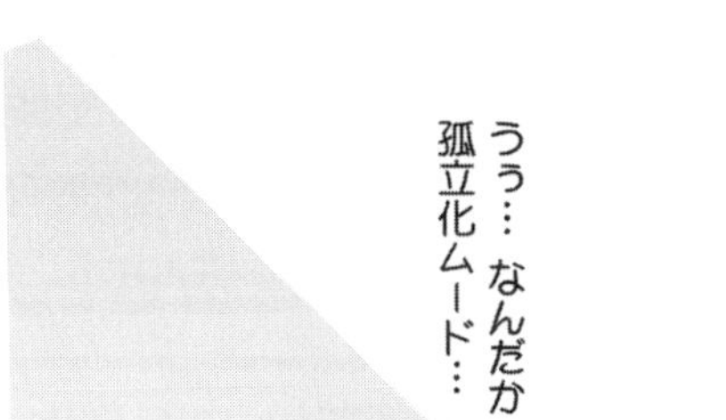
うう… なんだか
孤立化ムード…

〈レーニン帰国〉

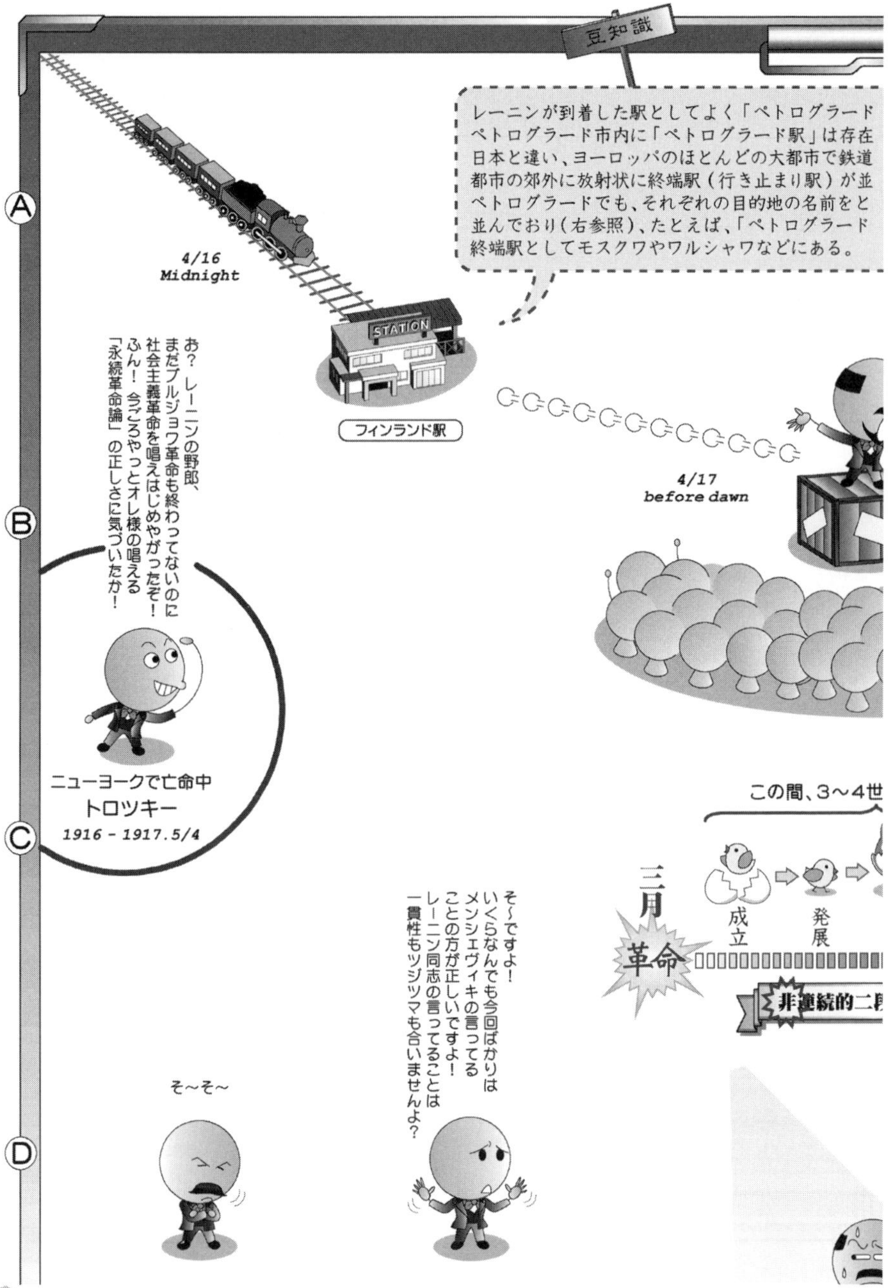

豆知識
レーニンが到着した駅としてよく「ペトログラード
ペトログラード市内に「ペトログラード駅」は存在
日本と違い、ヨーロッパのほとんどの大都市で鉄道
都市の郊外に放射状に終端駅（行き止まり駅）が並
ペトログラードでも、それぞれの目的地の名前をと
並んでおり（右参照）、たとえば、「ペトログラード
終端駅としてモスクワやワルシャワなどにある。
A
4/16 Midnight
STATION
フィンランド駅
4/17 before dawn
B
お？ レーニンの野郎、まだブルジョワ革命も終わってないのに社会主義革命を唱えはじめやがったぞ！ ふん！ 今ごろやっとオレ様の唱える「永続革命論」の正しさに気づいたか！
ニューヨークで亡命中
トロツキー
1916 - 1917.5/4
C
この間、3～4世
三月革命
成立
発展
非連続的二段
D
そ～そ～
そ～ですよ！ いくらなんでも今回ばかりはメンシェヴィキの言ってることの方が正しいですよ！ レーニン同志の言ってることは一貫性もツジツマも合いませんよ？

① ② ③

1917年4月

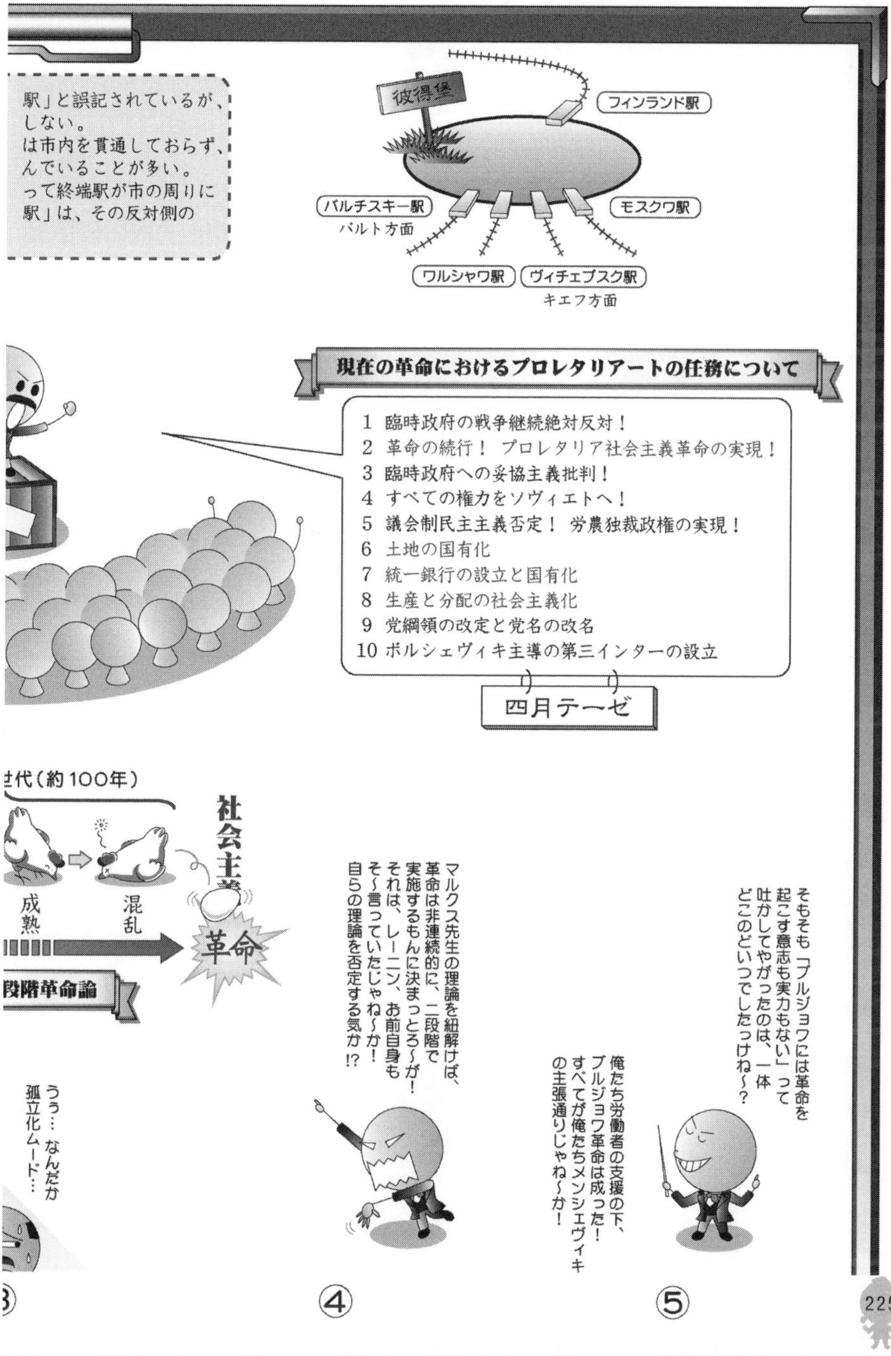
駅」と誤記されているが、
しない。
は市内を貫通しておらず、
んでいることが多い。
って終端駅が市の周りに
駅」は、その反対側の
彼得堡
フィンランド駅
バルチスキー駅
バルト方面
モスクワ駅
ワルシャワ駅
ヴィチェブスク駅
キエフ方面
現在の革命におけるプロレタリアートの任務について
1 臨時政府の戦争継続絶対反対！
2 革命の続行！ プロレタリア社会主義革命の実現！
3 臨時政府への妥協主義批判！
4 すべての権力をソヴィエトへ！
5 議会制民主主義否定！ 労農独裁政権の実現！
6 土地の国有化
7 統一銀行の設立と国有化
8 生産と分配の社会主義化
9 党綱領の改定と党名の改名
10 ボルシェヴィキ主導の第三インターの設立
四月テーゼ
代(約100年)
成熟
混乱
革命
段階革命論
そもそも「ブルジョワには革命を起こす意志も実力もない」って吐かしてやがったのは、一体どこのどいつでしたっけね～?
俺たち労働者の支援の下、ブルジョワ革命は成った！すべてが俺たちメンシェヴィキの主張通りじゃね～か！
マルクス先生の理論を紐解けば、革命は非連続的に、二段階で実施するもんに決まっとろ～が！それは、レーニン、お前自身もそ～言っていたじゃね～か！自らの理論を否定する気か!?
うう… なんだか孤立化ムード…
③
④
⑤

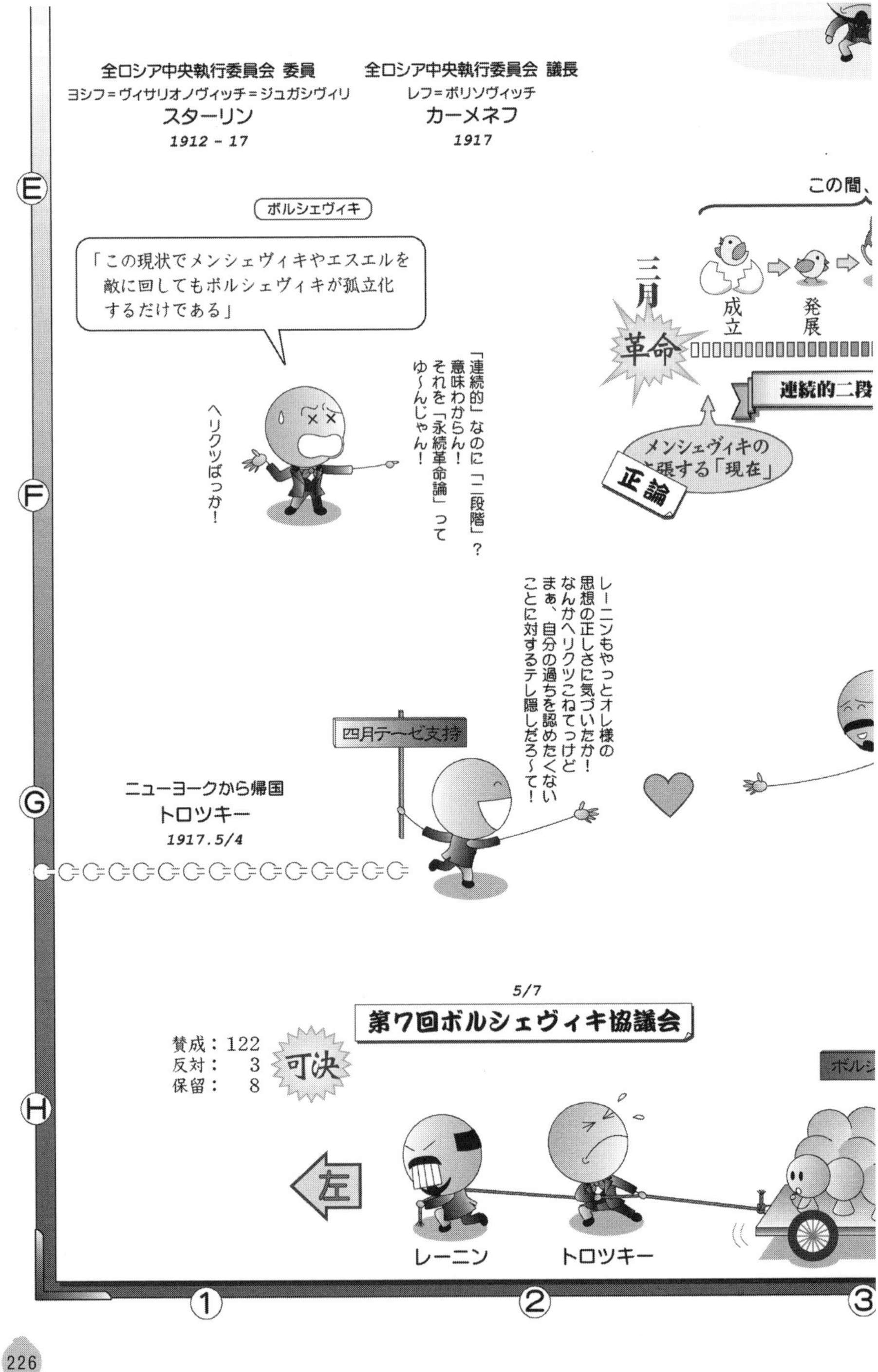

全ロシア中央執行委員会 委員
ヨシフ＝ヴィサリオノヴィッチ＝ジュガシヴィリ
スターリン
1912 – 17
全ロシア中央執行委員会 議長
レフ＝ボリソヴィッチ
カーメネフ
1917
E
ボルシェヴィキ
「この現状でメンシェヴィキやエスエルを敵に回してもボルシェヴィキが孤立化するだけである」
ヘリクツばっか！
「連続的」なのに「二段階」？意味わからん！それを「永続革命論」ってゆ〜んじゃん！
この間、
三月革命
成立
発展
連続的二段
メンシェヴィキの
張する「現在」
正論
F
レーニンもやっとオレ様の思想の正しさに気づいたか！なんかヘリクツこねてっけどまぁ、自分の過ちを認めたくないことに対するテレ隠しだろ〜て！
四月テーゼ支持
ニューヨークから帰国
トロツキー
1917.5/4
G
5/7
第7回ボルシェヴィキ協議会
賛成：122
反対：　3
保留：　8
可決
ボルシ
H
左
レーニン
トロツキー
①
②
③

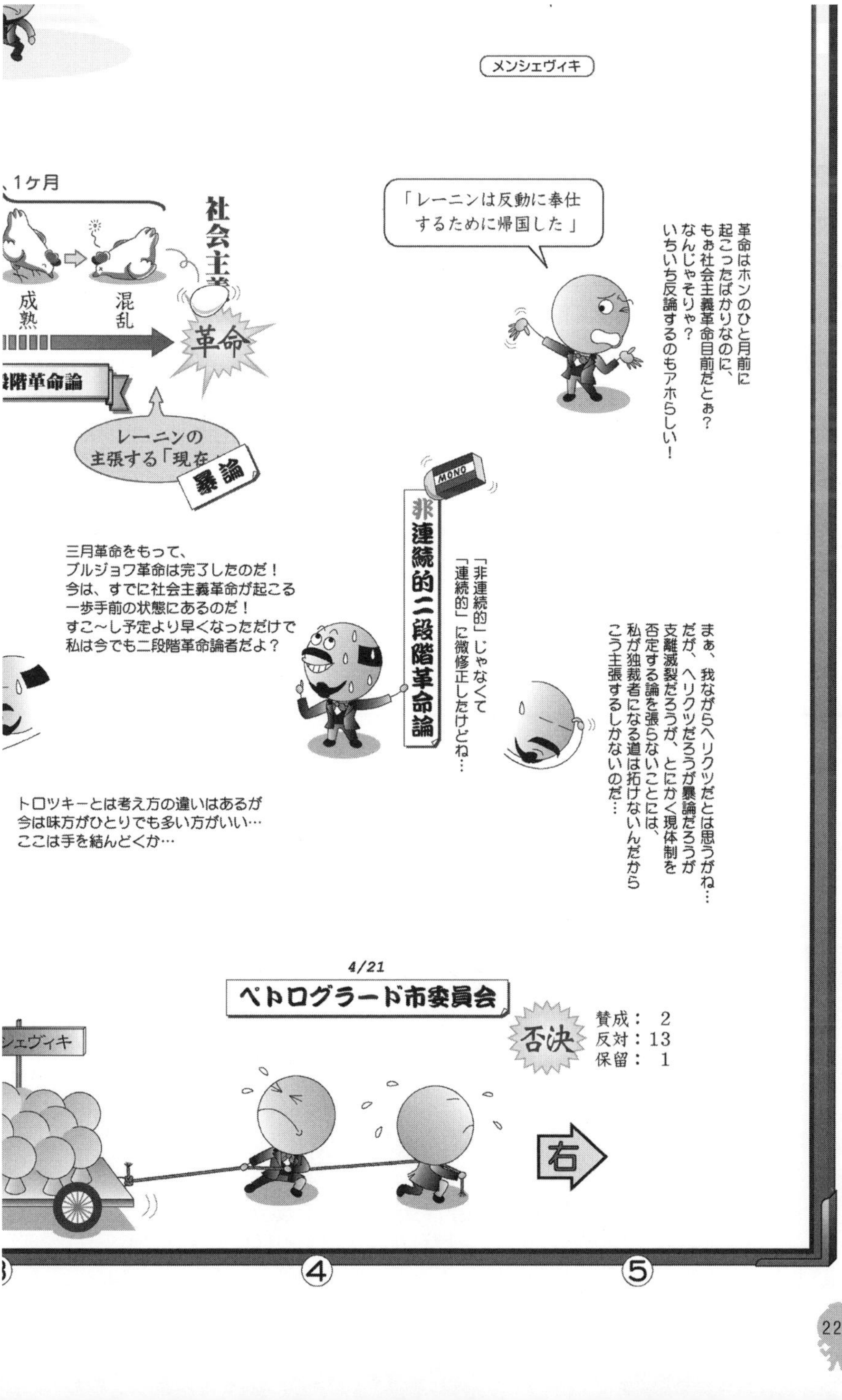

メンシェヴィキ
1ケ月
成熟
混乱
社会主
革命
階革命論
レーニンの
主張する「現在
暴論
「レーニンは反動に奉仕するために帰国した」
革命はホンのひと月前に
起こったばかりなのに、
もぉ社会主義革命目前だとぉ？
なんじゃそりゃ？
いちいち反論するのもアホらしい！
MONO
非連続的二段階革命論
「非連続的」じゃなくて
「連続的」に微修正したけどね…
三月革命をもって、
ブルジョワ革命は完了したのだ！
今は、すでに社会主義革命が起こる
一歩手前の状態にあるのだ！
すこ〜し予定より早くなっただけで
私は今でも二段階革命論者だよ？
まぁ、我ながらヘリクツだとは思うがね…
だが、ヘリクツだろうが暴論だろうが
支離滅裂だろうが、とにかく現体制を
否定する論を張らないことには、
私が独裁者になる道は拓けないんだから
こう主張するしかないのだ…
トロツキーとは考え方の違いはあるが
今は味方がひとりでも多い方がいい…
ここは手を結んどくか…
4/21
ペトログラード市委員会
否決
賛成：　2
反対：13
保留：　1
シェヴィキ
右
④
⑤

レーニンは、4月7日にチューリッヒを発《た》ち、ドイツのド真ん中をほぼ縦断。キール軍港からは船で中立国スウェーデンに上陸を果たしたのが13日。（前幕パネル参照）

そこからはふたたび鉄道でストックホルムを目指し、ストックホルムからは船でバルト海を横断、フィンランドに上陸すると、そこからふたたび列車に揺られます。

チューリッヒからペトログラードまで、なんと9日半。

16日深夜（11：10 pm）になって、ようやくペトログラードのフィンランド駅（A/B-1/2）(＊01)に到着するまで、ずっと列車や船に揺られていたことになりますから、レーニンも相当疲労困憊《こんぱい》していたはずです。

ここは「ちょっと一眠りしてから」と思いきや。

彼は、すぐさま演説の準備をさせ、日付が変更した翌17日未明、まだこの地に足を付けてから数時間しか経っていないというのに、演説をはじめています。

このときの彼の演説のタイトルが、「現在の革命における労働者階級《プロレタリアート》の任務について」（B-5）。

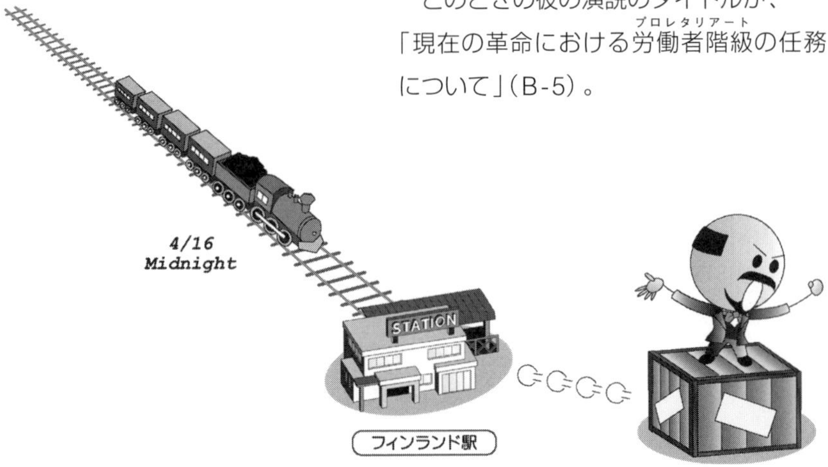

（＊01）このときレーニンが到着した駅を「ペトログラード駅」と誤記している書物が散見されますが、ペトログラード市内に「ペトログラード駅」は存在しません。（A/B-5）
日本では「駅のある場所」が駅名となりますから、「東京駅」は東京に、「名古屋駅」は名古屋にあります。しかし、ヨーロッパは「目的地」が駅名になるため、「ペトログラード駅」がフィンランドにあり、「フィンランド駅」がペトログラードにあるのです。（A-2/3/4）

所謂《いわゆる》「四月テーゼ」（B-5）(＊02)です。

―― 労働者《プロレタリア》諸君！

今、諸君らは革命の成功に浮かれ、“真の目的”を見失っている！

このまま一気に社会主義革命までブッちぎるのだ！！

そのためにはまず、すべての権力をソヴィエトへ集めねばならん！

今のような「二重権力」状態ではダメだ！

ブルジョワ政府をただちに倒さなければならない！！

前幕でも触れましたように、これはトロツキーの「永続革命論」です。

ついこの間まで、レーニンがさんざんコキ下ろした理論です。(＊03)

思想家にとって、無定見は致命的です。

時により場合により、主張内容がコロコロ変わるようなヤツの言葉を、誰が信頼することができましょう。

これには、メンシェヴィキはもちろん、同志のボルシェヴィキ内部からも非難を喰らってしまいます。

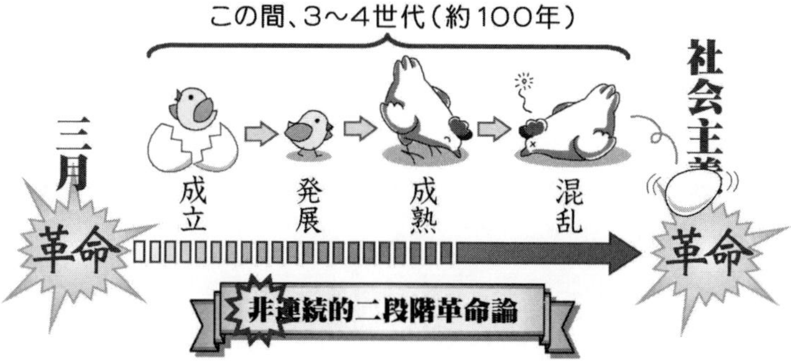

（＊02）ちなみにこのとき、パネルではレーニンが「みかん箱の上」に乗って演説していますが、実際には「装甲車の上」です。本パネル絵は、筆者が描いているのですが、装甲車がどうしてもうまく描けなかったので、「みかん箱」でゴマかしました。お許しを。

（＊03）レーニンとトロツキーが最初から仲がよかったと勘違いしている方も多いですが、じつは、このころまでは論敵でした。

「お前は、これまでさんざん“二段階革命論”を唱えてきたではないか！
その点だけは俺たち《メンシェヴィキ》と同じ意見だっただろうが！
それがなんだ、今回の演説は！？
お前は自説を否定する気か！」（D-4）
「そもそも、“労資同盟など不可能だ”とかおっしゃっていたのはどこのどなたでしたっけねぇ？」（D-5）

そもそも「ブルジョワには革命を起こす意志も実力もない」って吐かしてやがったのは、一体どこのどいつでしたっけね～？
俺たち労働者の支援の下、ブルジョワ革命は成った！すべてが俺たちメンシェヴィキの主張通りじゃね～か！
マルクス先生の理論を紐解けば、革命は非連続的に、二段階で実施するもんに決まっとろ～が
それは、レーニン、お前自身もそ～言っていたじゃね～か！
自らの理論を否定する気か!?

「いくらなんでも、これはレーニン同志の言っていることがおかしい」（D-2）
…と同志《ボルシェヴィキ》からも総スカンを喰らってしまったレーニン。
さすがに「まずい！」と思ったか、弁明を始めます。
――皆の者、勘違いしてもらっては困る。
私はべつに「二段階革命論」を棄《す》て、「永続革命論」に鞍替えしたのではないのだ。
ん？　どういうこと？
――「二段階革命論」であることには違いないのだが、ブルジョワ革命から社会主義革命までの期間《タイムラグ》が、これまで「3～4世代（約100年）」（C-3）はかかると思われていたのだが、実際には「1ヶ月」（E-3）だっただけである。
まさに開いた口が塞がらない、聞くに堪えないヘリクツ…。
どこからツッコんでよいものやら。

第一章で学んでまいりましたように、科学的社会主義の根幹は「唯物弁証法」にあります。

これを否定することは、科学的社会主義の全否定と言ってもよい。

革命によって新しい時代が生まれたら、それは弁証法の

「正《テーゼ》 → 反《アンチテーゼ》 → 合《ジンテーゼ》」「正《テーゼ》 → 反《アンチテーゼ》 → 合《ジンテーゼ》」を繰り返しながら、

「成立 → 発展 → 成熟 → 混乱」の歴史を辿《たど》っていかなければなりません。

その“熟成期間”には途方もない時間を要するのです。

それがたったの「１ヶ月」？

もはや、何をか言わんや。

レーニンは強弁をつづけます。

―― したがって、あくまでも「二段階」なのは間違いない。

「二段階」だけど「連続」で革命は起こさなければならないのだ。

彼は、これを「連続的二段階革命論」と呼び（F/G-4/5）、あくまでも「永続革命論」ではないことを強調しました。

「二段階」なのに「連続」？

言葉を言い換えただけで、中身はまるっと「永続革命論」です。

メンシェヴィキも呆れ果てます。

「レーニンは、反動に奉仕するために帰国した」（E-5）

さらに、同志《ボルシェヴィキ》からも反発の声が噴出。

「この状況で、メンシェヴィキや社会革命党《エスエル》を敵に回しても、

ボルシェヴィキが孤立化するのみである！」(E/F-1)

彼の必死の弁明(＊04)もあまり功を奏さず、孤立の度合いは深まります。

四月テーゼ発表から４日後（４月21日）に開催された「ペトログラード市委員会」でも、四月テーゼが否決されてしまったほど。(H-4/5)

しかし、レーニン絶体絶命の窮地《きゅうち》にあって、心強い援軍が現れました。

じつは、レーニンの変節を知って喜んでいたのが、当時、ニューヨークにあって亡命中だったＬ《レフ》．トロツキーです。(B/C-1)

「レーニンの野郎め、さんざん私の理論をコキ下ろしておきながら、

ようやく私の理論のすばらしさに気づきやがったか！」

そこで、トロツキーも帰国し（5月４日）、ただちに「四月テーゼ支持！」を表明、以後、レーニンと共闘することになります。

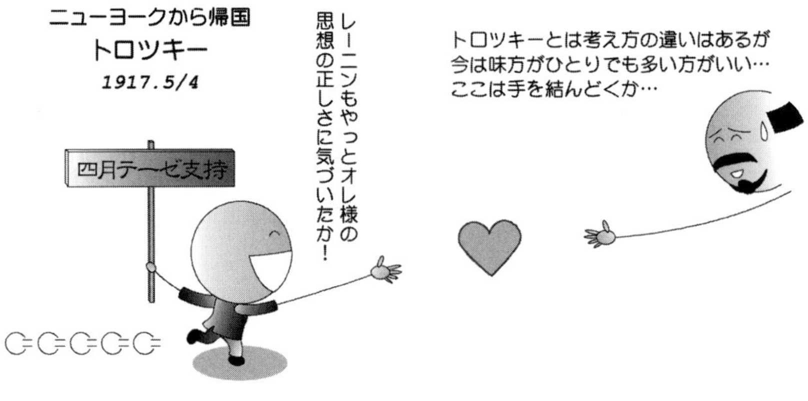

ニューヨークから帰国
トロツキー
1917.5/4
四月テーゼ支持
レーニンもやっとオレ様の思想の正しさに気づいたか！
トロツキーとは考え方の違いはあるが
今は味方がひとりでも多い方がいい…
ここは手を結んどくか…

(＊04) もしこれを本気で言っているなら単なるバカですが、彼はバカではありませんので、彼も自分の主張が暴論だということは自覚していたでしょう。
しかし、自分がブルジョワ革命（三月革命）に参画できなかった以上、自分が権力の座に就くためには、是が非でももう一度革命を起こしてもらうしかなかったのです。

冴《さ》えわたる彼《トロツキー》の弁舌に、臨時政府の失態（後述）が重なり、レーニン支持派は急速に息を吹き返していきます。

こうして、５月７日、第７回ボルシェヴィキ協議会が開催されますと、

・賛成：122票

・反対：３票

…という、圧倒多数で「四月テーゼ」が可決されました。(H-2)(＊05)

もしここで、トロツキーの共闘がなかったら、こののちのレーニンはなかったかもしれません。

これにより、これまでは「論敵」だった２人は、以降「盟友」となっていったのです。

（＊05）ここでの勝因のひとつに、党員のマルキシズムの無理解が挙げられます。
ボルシェヴィキの中でも上層の者は、きちんとマルキシズムを理解していたので、「四月テーゼ」には猛反発しましたが、末端党員らはマルキシズムをあまり理解できていなかったため、「四月テーゼ」がいかに支離滅裂であるかが理解できず、むしろ「今すぐ自分たちが権力を握るべき！」とするレーニンの主張の方が受け容れやすかったのでした。

Column　三月革命時の多数派

ロシア社会民主労働党《RSDRP》は、事実上の結党大会である「第２回党大会」でいきなり分裂し、その左派がボルシェヴィキ、右派がメンシェヴィキになったことは本文でもご説明いたしました。

ボルシェヴィキは「多数派」、メンシェヴィキは「少数派」という意味であることはよく知られていますので、

「党内において、つねに多数派であったのがボルシェヴィキで、
つねに少数派だったのがメンシェヴィキ」

…だと勘違いされている方も多く、また、そのような説明をしている書物も散見されます。

しかし、そうではありません。

1905年（ロシア第一革命）のころは、帝都ペテルブルクで有力だったのがメンシェヴィキ、モスクワで有力だったのがボルシェヴィキで、2つの勢力はまだ均衡していました。

しかし、翌06年、ボルシェヴィキ主導の「モスクワ武装蜂起」が失敗したことで党勢が傾き、翌07年、ストルイピンによる粛清の嵐（ストルイピンのネクタイ）の中でレーニンも命からがら亡命せざるをえなくなり、さらに勢力が衰えていきます。

ボルシェヴィキは、良きにつけ悪《あ》しきにつけ、レーニンで保《も》っているような組織だったため、彼の10年間におよぶ不在によって、党勢は衰える一方。

そのため、17年に三月革命が勃発したころには、ボルシェヴィキはすっかり衰え、したがって、革命はメンシェヴィキを中心として動いていくことになったのでした。

このころは、完全にメンシェヴィキが「多数派」、ボルシェヴィキが「少数派」です。

ボルシェヴィキが「多数派」という名に相応《ふさわ》しい勢力を持つようになるのは、1917年、10年ぶりにレーニンが帰国したあとのことです。

第4章 臨時政府時代

第3幕

指導者なき暴動

リヴォフ公内閣の動揺

臨時政府はブルジョワ政府である。戦争ほど儲かる商売はないので、当然のように「戦争続行」を表明した。
しかし、それを知った市民が暴動を起こし、臨時政府は発足早々危機に陥る。所謂「四月危機」である。
リヴォフ公は、エスエルやメンシェヴィキを取り込んで内閣を再組閣することで、事態の打開を図った。

各国同盟国宛に
我が国の決意のほどを
表明しておこう！
連合国の決定的勝利まで戦争を完遂する！
外相
ミリューコフ

〈リヴォフ公内閣の動揺〉

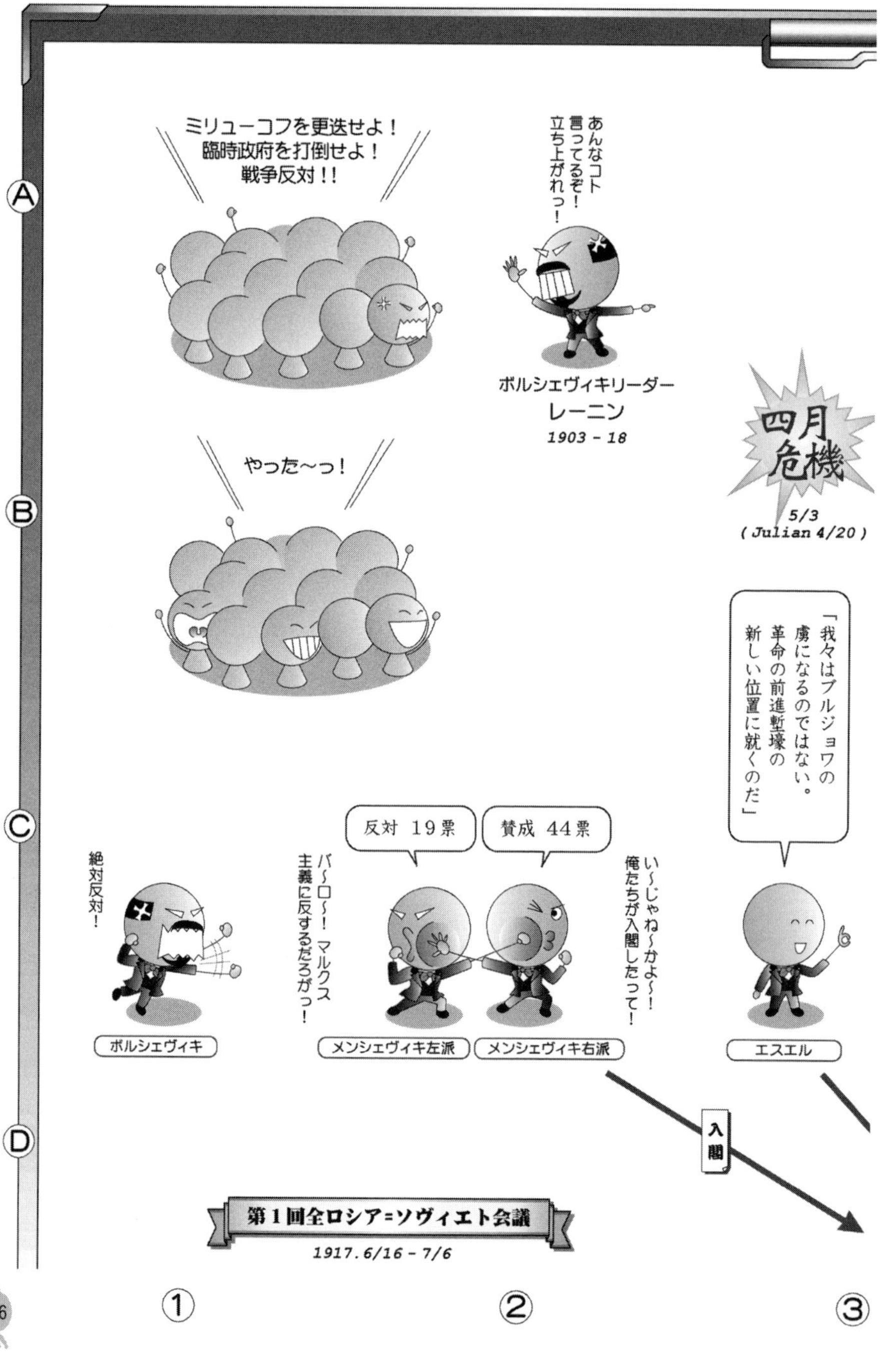
A
B
C
D
ミリューコフを更迭せよ！
臨時政府を打倒せよ！
戦争反対！！
あんなコト
言ってるぞ！
立ち上がれっ！
ボルシェヴィキリーダー
レーニン
1903 - 18
やった〜っ！
四月
危機
5/3
(Julian 4/20)
「我々はブルジョワの
虜になるのではない。
革命の前進塹壕の
新しい位置に就くのだ」
絶対反対！
ボルシェヴィキ
反対 19票
賛成 44票
バ〜ロ〜！ マルクス
主義に反するだろがっ！
い〜じゃね〜かよ〜！
俺たちが入閣したって！
メンシェヴィキ左派
メンシェヴィキ右派
エスエル
入閣
第1回全ロシア=ソヴィエト会議
1917.6/16 - 7/6
①
②
③

1917 年 4 ～ 7 月

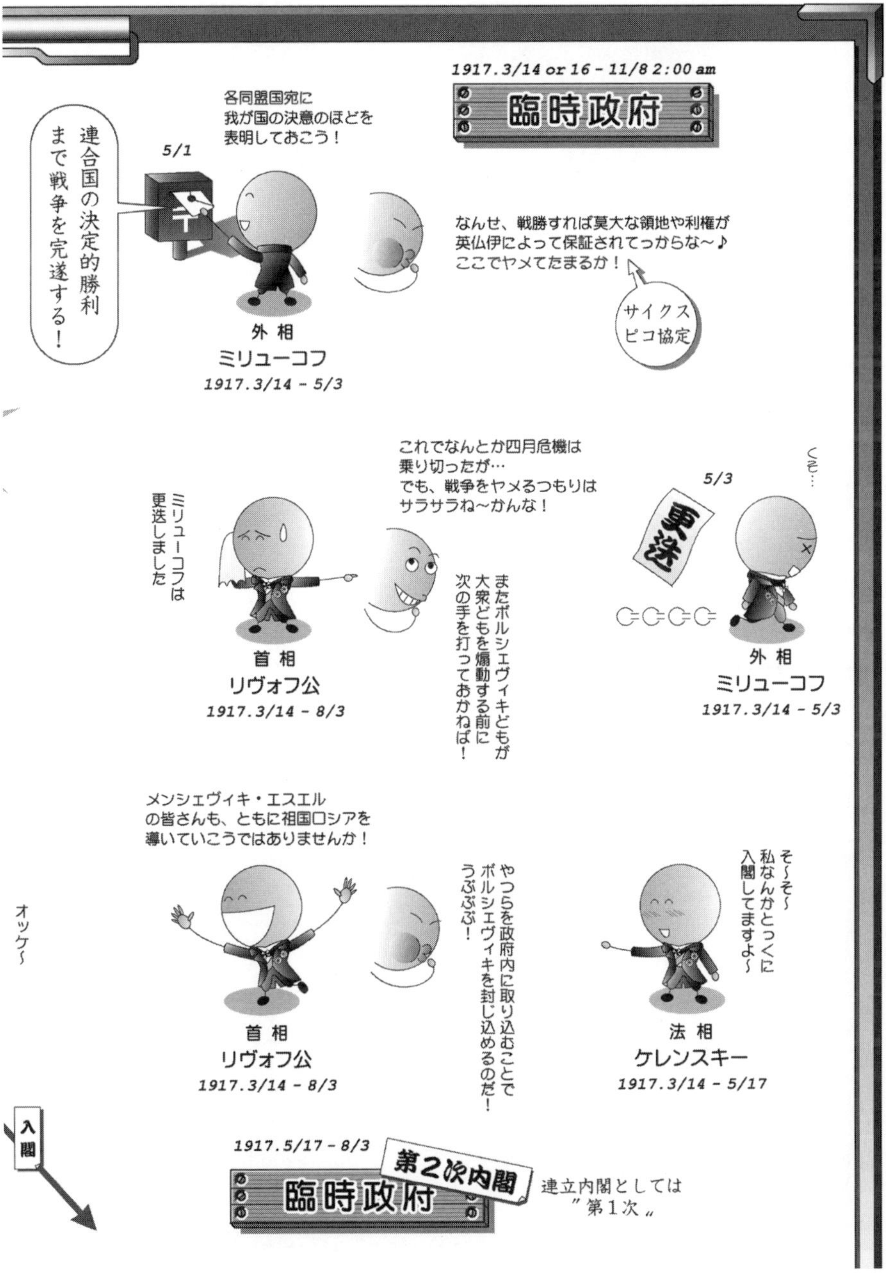

③　④　⑤

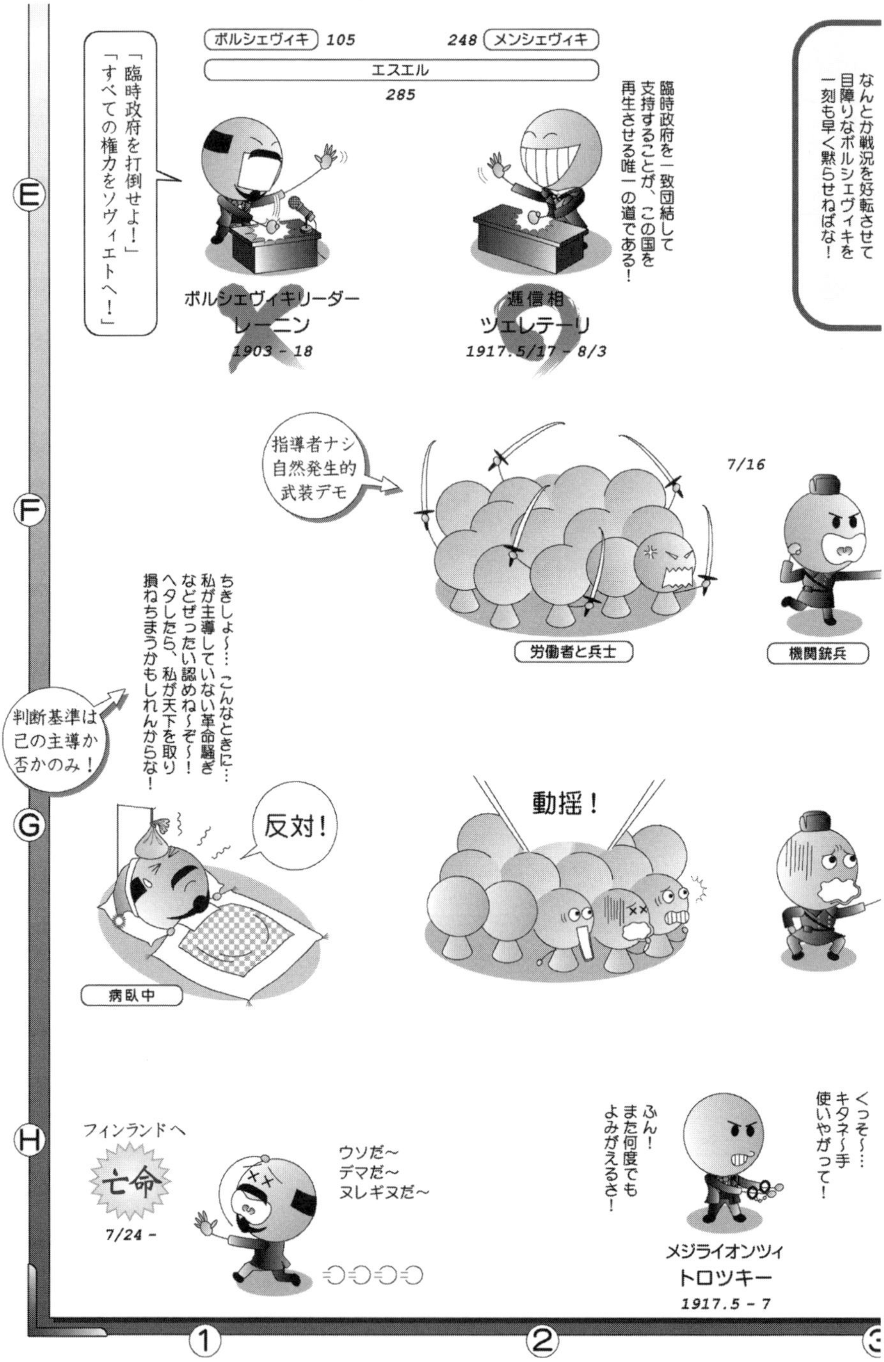

なんとか戦況を好転させて
目障りなボルシェヴィキを
一刻も早く黙らせねばな！
ボルシェヴィキ 105
248 メンシェヴィキ
エスエル
285
臨時政府を一致団結して
支持することが、この国を
再生させる唯一の道である！
遞信相
ツェレテーリ
1917.5/17 - 8/3
「臨時政府を打倒せよ！」
「すべての権力をソヴィエトへ！」
ボルシェヴィキリーダー
レーニン
1903 - 18
E
7/16
指導者ナシ
自然発生的
武装デモ
労働者と兵士
機関銃兵
F
ちきしょ～…こんなときに…
私が主導していない革命騒ぎ
などぜったい認めね～ぞ～！
ヘタしたら、私が天下を取り
損ねちまうかもしれんからな！
判断基準は
己の主導か
否かのみ！
動揺！
反対！
病臥中
G
くっそ～…
キタネ～手
使いやがって！
ふん！
また何度でも
よみがえるさ！
メジライオンツィ
トロツキー
1917.5 - 7
フィンランドへ
亡命
7/24 -
ウソだ～
デマだ～
ヌレギヌだ～
H
1
2
3

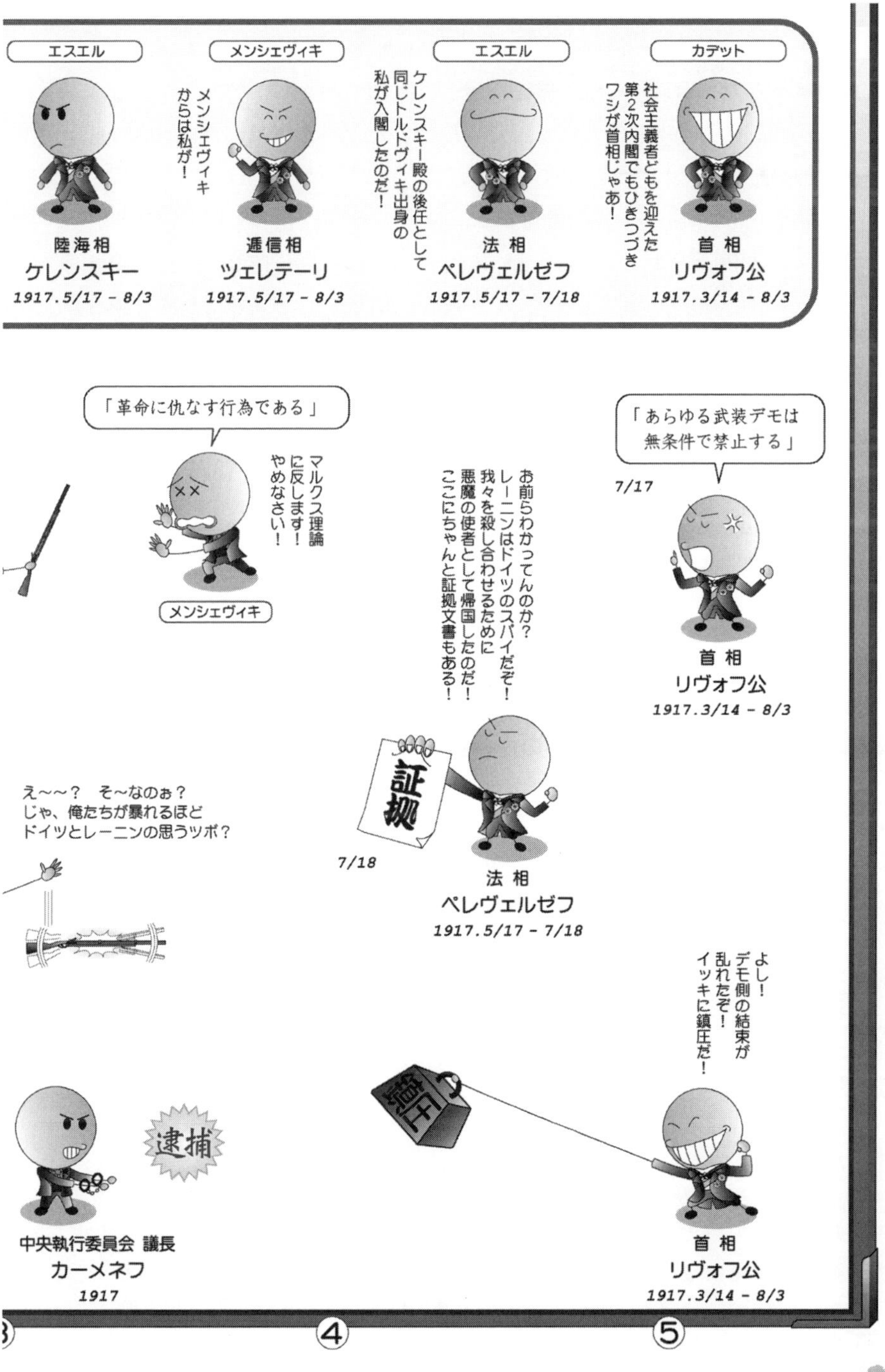
カデット
社会主義者どもを迎えた第2次内閣でもひきつづきワシが首相じゃあ！
首 相
リヴォフ公
1917.3/14 - 8/3
エスエル
ケレンスキー殿の後任として同じトルドヴィキ出身の私が入閣したのだ！
法 相
ペレヴェルゼフ
1917.5/17 - 7/18
メンシェヴィキ
メンシェヴィキからは私が！
逓信相
ツェレテーリ
1917.5/17 - 8/3
エスエル
陸海相
ケレンスキー
1917.5/17 - 8/3
「あらゆる武装デモは無条件で禁止する」
7/17
首 相
リヴォフ公
1917.3/14 - 8/3
よし！デモ側の結束が乱れたぞ！イッキに鎮圧だ！
首 相
リヴォフ公
1917.3/14 - 8/3
お前らわかってんのか？レーニンはドイツのスパイだぞ！我々を殺し合わせるために悪魔の使者として帰国したのだ！ここにちゃんと証拠文書もある！
証拠
7/18
法 相
ペレヴェルゼフ
1917.5/17 - 7/18
「革命に仇なす行為である」
マルクス理論に反します！やめなさい！
メンシェヴィキ
え〜〜？　そ〜なのぉ？
じゃ、俺たちが暴れるほど
ドイツとレーニンの思うツボ？
逮捕
中央執行委員会 議長
カーメネフ
1917
③
④
⑤

三月革命から十一月革命までのわずか８ヶ月間だけ存在していた政権。
それが「ロシア共和国 臨時政府」です。

この政府の寿命はわずか８ヶ月でしたが、たいへん中身の濃い、まさに「激動を極めた８ヶ月」だったと言えます。

・３月 … 三月革命　―― を皮切りに、以下、
・４月 … 四月テーゼ
・５月 … 四月危機（＊01）
・６月 … 夏期大攻勢
・７月 … 七月暴動
・ ８月 … ケレンスキー内閣の成立（第４幕）
・ ９月 … コルニーロフ将軍の政変《クーデタ》（第５幕）
・10月 … ボルシェヴィキ勢力拡大（第６幕）
・11月 … 十一月革命　　　　　　（第５章）

…と、十一月革命まで、ほぼ毎月のように、歴史を動かすような重大事件が起こっています。

このうち、本幕では、５月から７月の動きを見ていくことにいたします。

三月革命によって生まれた臨時政府はブルジョワ政府でした。（＊02）

資本家《ブルジョワ》というのは、戦争特需でボロ儲けする階級。（＊03）

（＊01）「５月」に「四月危機」が起こっているのは、本書の日付「５月」がグレゴリウス暦で表記されているのに対して、「四月」がユリウス歴（露歴）に由来する名称だからです。

（＊02）革命を主導したメンシェヴィキがそれを望んだためです。

（＊03）軍需物資の発注はブルジョワにされますので。またこのころはすでにドイツの敗北は決定的で時間の問題、戦争に勝利すれば莫大な利権・領土・賠償金が入ってくるはずでした。

したがって、戦争をやめるつもりなどさらさらありません。

　しかし、民意は「戦争反対！」「即時停戦！」。

　こういう場合、政府としては、

「なるべく態度をはっきりさせず、暖簾《のれん》に腕押し状態で、

　ずるずると時間稼ぎをして、ドイツが倒れるまで戦争続行！」

…というのが得策です。

　ところが。

　臨時政府の実質的実権者であった P《パーヴェル》.ミリューコフ（＊04）が大ポカをやらかします。

　よせばいいのに、わざわざ「連合国の決定的勝利まで戦争を完遂《かんすい》する！」との旨の覚書《おぼえがき》を同盟諸国に送ったのです。（＊05）

　これが国民の知るところなり、その怒りが爆発します。

―― ミリューコフを更迭《こうてつ》せよ！！

―― 臨時政府を打倒せよ！！

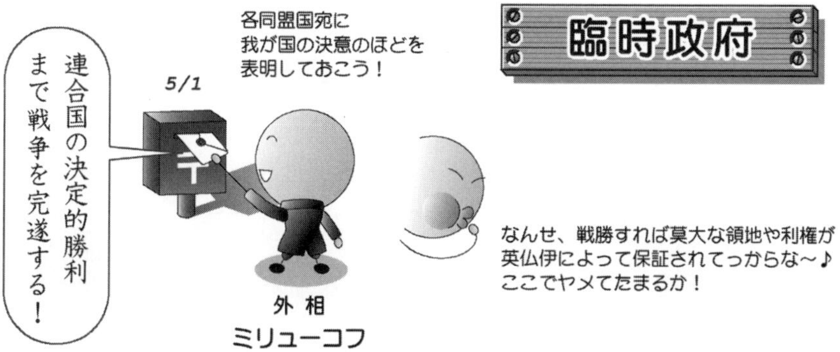
各同盟国宛に
我が国の決意のほどを
表明しておこう！
臨時政府
5/1
連合国の決定的勝利まで戦争を完遂する！
外相
ミリューコフ
なんせ、戦勝すれば莫大な領地や利権が
英仏伊によって保証されてっからな～♪
ここでヤメてたまるか！

（＊04）臨時政府の第１次内閣では、首相のリヴォフ公は“お飾り”的な存在で、実権はミリューコフにありました。

（＊05）新政府というのは、諸外国に承認してもらうことが大切です。そこで、ミリューコフ外相は「戦争完遂」を表明することで、諸外国の支持を得ようとしたのですが、これにより「外国の支持」は得られても、肝心の「国民の支持」を失うことには気づかなかったようです。

じつは、これを盛んに煽《あお》っていたのがレーニン。

前幕を思い出してください。

レーニンはちょうどこのころ、苦境に立たされていました。

つい先日、「四月テーゼ」が政敵《メンシェヴィキ》はもちろん、身内《ボルシェヴィキ》からも総スカンを喰《く》らい、「ペトログラード市委員会」では否決されてしまったほど。

レーニン、絶体絶命！！

しかし、このレーニンという男は運が強い。（＊06）

困り果てていたところに、ミリューコフが大ポカをやらかしたのです。

レーニンはこれに飛びつきます。

身内の結束を高めるもっとも簡単な方法は、外敵を作ることです。

そのきっかけを、絶妙のタイミングで政府が自ら作ってくれたのです。

こうして、反戦デモが吹き荒れるや、レーニンはドサクサに「四月テーゼ」のスローガンも叫ばせます。

―― すべての権力をソヴィエトへ！！

―― すべての権力をソヴィエトへ！！

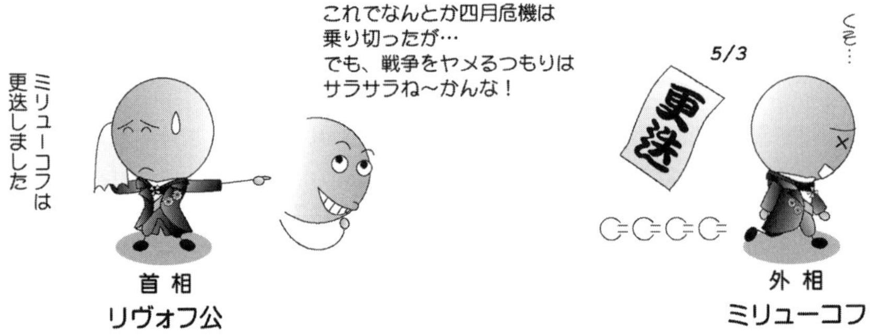

ミリューコフは
更迭しました
これでなんとか四月危機は
乗り切ったが…
でも、戦争をヤメるつもりは
サラサラね～かんな！
首相
リヴォフ公
5/3
更迭
くそ…
外相
ミリューコフ

（＊06）「頂点に君臨する人」がかならず持っている“共通点”があります。それは「強運」。
哀しいかな、運がない人はどんなに「すぐれた才」があっても「たゆまぬ努力」をしても頂点に君臨することはできませんし、逆に、運さえ強ければ、それらに関係なく頂点に立つこともあります。残念ながら、「努力は裏切らない」というのはウソです。
「才」や「努力」は、あくまで“運の不足分”を補うものでしかありません。

こうした大混乱を「四月危機」(B-3)と呼びます。

今回、政府の対応が早かった。

ただちに外相ミリューコフを更迭《こうてつ》したため、すみやかに混乱は沈静化していきました。

とはいえ、政府も無傷ではありません。

巻き添えを喰って、陸海相グチコフまで辞任に追い込まれ、内閣は崩壊状態。

そこで、再組閣することになったリヴォフ公は、ボルシェヴィキを封じ込めるため、メンシェヴィキや社会革命党《エスエル》を抱き込もうと考えます。

「どうだろう？

混迷するこの国をともに導いていこうではないか！」

この甘言に、

―― え？　俺たちも入閣させてもらえるの!?

―― 入閣したい！　でも理念《イデオロギー》上ダメなんじゃ？

―― いや、いいんじゃないかな！

“入閣したい”という願望と“入閣してはならない”という理念《イデオロギー》との葛藤の中で、社会主義者たちは動揺します。

その反応も三者三様。

ボルシェヴィキは理念《イデオロギー》上、絶対拒否！(C/D-1)

メンシェヴィキはモメにモメましたが、結局は了承。(C/D-2)

社会革命党《エスエル》はあっさり了承。(B/C/D-3)

反対　19票
賛成　44票
バ～ロ～！ マルクス主義に反するだろがっ！
い～じゃね～かよ～！ 俺たちが入閣したって！
オッケ～
メンシェヴィキ左派
メンシェヴィキ右派
エスエル

こうして、四月危機が契機となって、臨時政府は社会革命党《エスエル》やメンシェヴィキを加え、「第2次内閣」として再発足します。（D-4）

主要メンバーは以下の通り。

エスエル
なんとか戦況を好転させて目障りなボルシェヴィキを一刻早く黙らせねばな！
陸海相
ケレンスキー
メンシェヴィキ
メンシェヴィキからは私が！
逓信相
ツェレテーリ
エスエル
ケレンスキー殿の後任としておなじトルドヴィキ出身の私が入閣したのだ！
法相
ペレヴェルゼフ

- 首相　：G《ゲオルギー》．E《エヴゲーニエヴィッチ》．リヴォフ公爵（立憲民主党《カデット》）
- 法相　：P《パーヴェル》．N《ニコラエヴィッチ》．ペレヴェルゼフ（社会革命党《エスエル》）
- 逓信相　：I《イラクリー》．G《ゲオルギエヴィッチ》．ツェレテーリ（メンシェヴィキ）
- 陸相兼海相　：A《アレクサンドル》．F《フョードロヴィッチ》．ケレンスキー（社会革命党《エスエル》）

さて。

もう一度、よ～く「メンシェヴィズム」を思い出してください。

この理念《イデオロギー》では、自分たち《プロレタリアート》が作ってやったブルジョワ政府が、これから100年にわたってしでかす悪虐《あくぎゃく》非道の政治をじっと堪《こら》えて、ぐっと我慢して、歯を食いしばって辛抱しつづけなければならないはずでした。(＊07)

（＊07）もし、本当にメンシェヴィキたちが「100年」我慢したとすると、戦間期を乗り越え、第二次世界大戦を乗り越え、冷戦期を乗り越え、21世紀（2017年ごろ）になって、ようやく「社会主義革命！」となるはずでした。
しかし、21世紀の今、メンシェヴィキなど影も形もありません。

「そんなことできっこない！！」

当時からツッコまれてはいたことですが、彼らはその批判を突っぱね、あくまで持論を貫いてきたはずです。

ところが。

フタを開けてみれば。

100年どころか！　10年どころか！　1年どころか！

わずか1ヶ月《ひとつき》で、堪《こら》えきれず、入閣してしまいました。

滑稽《こっけい》、ここに窮《きわ》まれり。

目の前にぶら下げられた「ニンジン」に食いついてしまったメンシェヴィキは、この瞬間、己《おのれ》の理念《イデオロギー》を自ら否定したことになり、すでにこの時点で社会主義政党としては“死に体”となったと言ってよいでしょう。

しかし、勢力としてはまだまだメンシェヴィキは強い。

その証拠に、その1ヶ月《ひとつき》後、ロシア国内のすべての社会主義者が集まって、「第１回 全ロシア＝ソヴィエト会議」（D/E-1/2）が開催されることになったときのこと。

第１回全ロシア=ソヴィエト会議
1917.6/16 - 7/6
ボルシェヴィキ 105
248 メンシェヴィキ
エスエル
285
「臨時政府を打倒せよ！」
「すべての権力をソヴィエトへ！」
臨時政府を一致団結して
支持することが、この国を
再生させる唯一の道である！
ボルシェヴィキリーダー
レーニン
1903 - 18
逓信相
ツエレテーリ
1917.5/17 - 8/3

「臨時政府を打倒せよ！」
「すべての権力をソヴィエトへ！」(E-1)
　レーニンがどれほど叫べどわめけど、カラ回り。
　如何《いかん》せん、800ちかい議席数の中で、ボルシェヴィキはたった105議席。
　これに対して、メンシェヴィキが248議席、社会革命党《エスエル》は285議席でしたから、この6月の時点ではまだまだメンシェヴィキの党勢は相当なものだったことがわかります。
　ところで。
　臨時政府新内閣の陸海相となったA《アレクサンドル》.ケレンスキー(D/E-3)は、「ロシアのナポレオン」を自任(＊08)しており、「この戦争が終わりさえすれば、目の前に山積しているすべての問題はカタがつく！(＊09)」と信じていました。
　そこで、陸海相になるや、東部戦線で大攻勢をかけることにします。
　これを「夏期大攻勢」と言いますが、惨憺《さんたん》たる大失敗。
　その影響は、当然、国内の社会・経済・政治の歪《ひず》みとなって返り、市民の不満は頂点に達します。

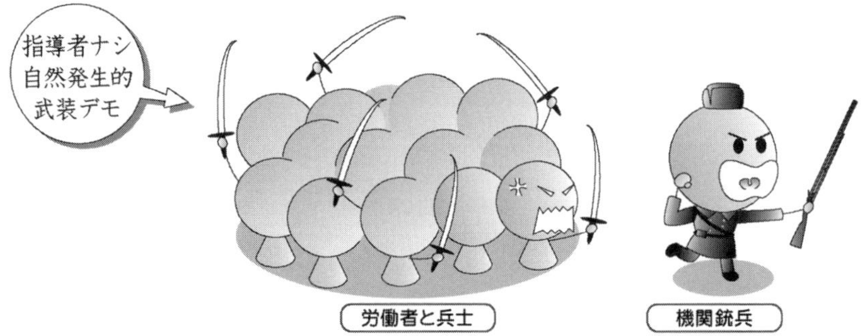

(＊08) 自分の執務室には「ナポレオン胸像」を飾り、人の前で演説するときには、ナポレオンのように右腕を腹部に置くポーズをしたほど、ナポレオンに心酔していたようです。

(＊09)「この戦争」とはもちろん第一次世界大戦のこと。ケレンスキーは、もはや倒壊寸前のドイツを「あとひと押し」するだけでこの戦争に勝利できると考えていました。
しかし、皮肉にも、ドイツより臨時政府の方が先に倒れることになりましたが。

こうして、7月16日、「七月暴動」が勃発します。
　自然発生的に生まれた武装デモは、「すべての権力をソヴィエトへ！」と叫びながら、臨時政府のあるタヴリーダ宮へ行進していきました。(F-2/3)
　臨時政府は、
「革命に仇《あだ》なす行為である！」(F-3/4)
「あらゆる武装デモは無条件で禁止する！」(F-5)(＊10)
…と立てつづけに声明を発表しますが、その後もぞくぞくと労働者と兵士は集まり、翌日には、その数35～40万人に達します。(＊11)
　しかし。
　これほどの規模に達しながら、今回の暴動は急速にしぼんでいくことになりました。
　ひとつには、今回の暴動も三月革命の時と同じく「自然発生的」に生まれたものですが、前回とは違って、ついにこれを操ろうとする「指導者」が現れなかったこと。

「革命に仇なす行為である」
マルクス理論
に反します！
やめなさい！
メンシェヴィキ
「あらゆる武装デモは
無条件で禁止する」
首相
リヴォフ公

(＊10) 自分たちの地位が、ロマノフ朝に対する「デモ」「武装蜂起」によって築かれたものだということはすっかりお忘れのようで。
この言葉から、所詮、体制側も革命側も「同じ穴のムジナ」ということがわかります。

(＊11) これは成功裡に終わった「三月革命」に匹敵する規模です。

「すべての権力をソヴィエトへ！」と四月テーゼを叫んでいるのですから、ボルシェヴィキが「指導者」として名乗りを上げればよさそうなものですが、当時のボルシェヴィキの指導者には、その覚悟も指導力もありませんでした。

レーニン本人は何をしていたのか？

じつは、この大事なときに、彼《レーニン》は病に伏しており、身動きが取れない状態でした。(G-1)

それでも、情報収集だけはさせ、病床から暴徒に指示を与えるのかと思いきや、それすらしていません。

それどころか、この暴動に「反対！」の意思すら表します。

彼は、つねに「自分が前面に立っていない革命」はすべて認めません。(＊12)

たとえそれが「自説」をシュプレヒコールするデモであろうとも！

そうこうするうちに、法相ペレヴェルゼフが仰天発表で反撃に出ます。

── お前たち、自分たちが何しでかしてるのか、わかっているのか!?

　レーニンは祖国を滅ぼすためにやってきたドイツのスパイだぞ!?

　レーニンは、この戦争中になぜロシアに帰国できたと思っておる!?

　ドイツの手引きがあったからだ。

反対！
病臥中
ちきしょ〜… こんなときに…
私が主導していない革命騒ぎ
などぜったい認めね〜ぞ〜！
ヘタしたら、私が天下を取り
損ねちまうかもしれんからな！
判断基準は己の主導か否かのみ！

(＊12) これに賛意を与えるとなると、自分は病床から指示だけ与え、実際に先頭で民衆の前に立って暴動を指導するのは「別の人物」ということになりますが、そうなれば、その人物に人気が集まってしまうかもしれません。「権力欲の権化」のようなレーニンにとって、自分以外の者が脚光を浴びるなど許されないことでした。

え～～？　そ～なのぉ？
じゃ、俺たちが暴れるほど
ドイツとレーニンの思うツボ？

お前らわかってんのか？
レーニンはドイツのスパイだぞ！
我々を殺し合わせるために
悪魔の使者として帰国したのだ！
ここにちゃんと証拠文書もある！
証拠
法相
ペレヴェルゼフ

たしかに、ドイツの手引きがあったことは事実です。

―― ドイツが手引きしたのだ、ドイツの意向が働いているに決まっている！
ヤツ《レーニン》こそは、我々ロシア社会を混乱に陥《おとしい》れるため、我々ロシア人を殺し合わせるために帰国してきた、悪魔の使者だぞ！！
ここにちゃんと証拠文書もある！（F/G-4/5）

これには暴徒たちも動揺が隠せません。（G-2/3）
暴動は一気にしぼんでいき、 形勢は一気に逆転。（H-4/5）
トロツキー、カーメネフは逮捕され、（H-3）
レーニンはフィンランドへ亡命を余儀なくされることになります。（H-1）

こうして、「大山鳴動《たいざんめいどう》ネズミ一匹」…といった始末となります。

フィンランドへ
亡命
7/24 -
ウソだ～
デマだ～
ヌレギヌだ～

Column 血の流れていない思想

「労働者《プロレタリア》は、自らが擁立したブルジョワ政府によって、100年にわたり搾取《さくしゅ》され、理不尽に抑圧されつづけなければならない！」

本幕でも触れられました、メンシェヴィズムのこの主張を聞くと、我々はどうしても違和感を覚えます。

―― そんなこと、できるわけがないじゃん！?

しかし、メンシェヴィキたちは大まじめ。

胸を張って、自信満々に、堂々と答えます。

「できますとも！！」

この認識の差《ギャップ》はいったいどこから来るのでしょうか。

それは、社会主義思想というものが、我々と違って、「人の心」とか「感情」というものをまったく軽視あるいは無視しているためです。

「人の心」を無視して、社会・政治など成り立つはずもないのに、彼らにはそれがまったく理解できません。

人間は「機械《マシーン》」ではありません。

ちゃんと心があり、感情があり、血が流れ、涙を流します。

そんな基本的なことすら彼らは受け容れることができません。

「人間などアミノ酸でできた機械《マシーン》にすぎぬ！」（唯物史観）

そういう、まさに“心も感情も血も涙も流れてない”思想に基づいて政治が行われるのですから、彼らの統《す》べる社会がことごとく「地獄絵図」となるのは“必然”と言えるでしょう。

レーニン・スターリン・毛沢東《マオツォトン》。

人類史上の大量殺戮者トップ３が全員社会主義者（レーニンとヒトラーは僅差。史料によっては逆転）だというのも偶然ではありません。

イデオロギーとは、カンタンにいえば「こうすれば世の中はもっとよくなるはずだ！」という考え方のことです。

そのイデオロギーが人々を地獄へ落とし、殺戮していく…。

思想ほど、おそろしい“諸刃の剣”もありません。

第4章 臨時政府時代

第4幕

不安定な三頭政治

ケレンスキー内閣の成立

臨時政府 第2次内閣も3ヶ月と保《も》たず崩壊。これを受けて、第3次内閣としてケレンスキー内閣が発足する。しかし、右（資本家《ブルジョワ》）からも左（労働者《プロレタリア》）からも突き上げを喰らい、ケレンスキー内閣もまた発足早々崩壊の危機に陥《おちい》る。そこで、右はコルニーロフ、左はサヴィンコフとともに「三頭政治」で乗り切ろうとするが…。

うぅ…
もぉ限界だ…
これじゃいつ分解
してもおかしくない…
左
右

第3次内閣首相
ケレンスキー

〈ケレンスキー内閣の成立〉

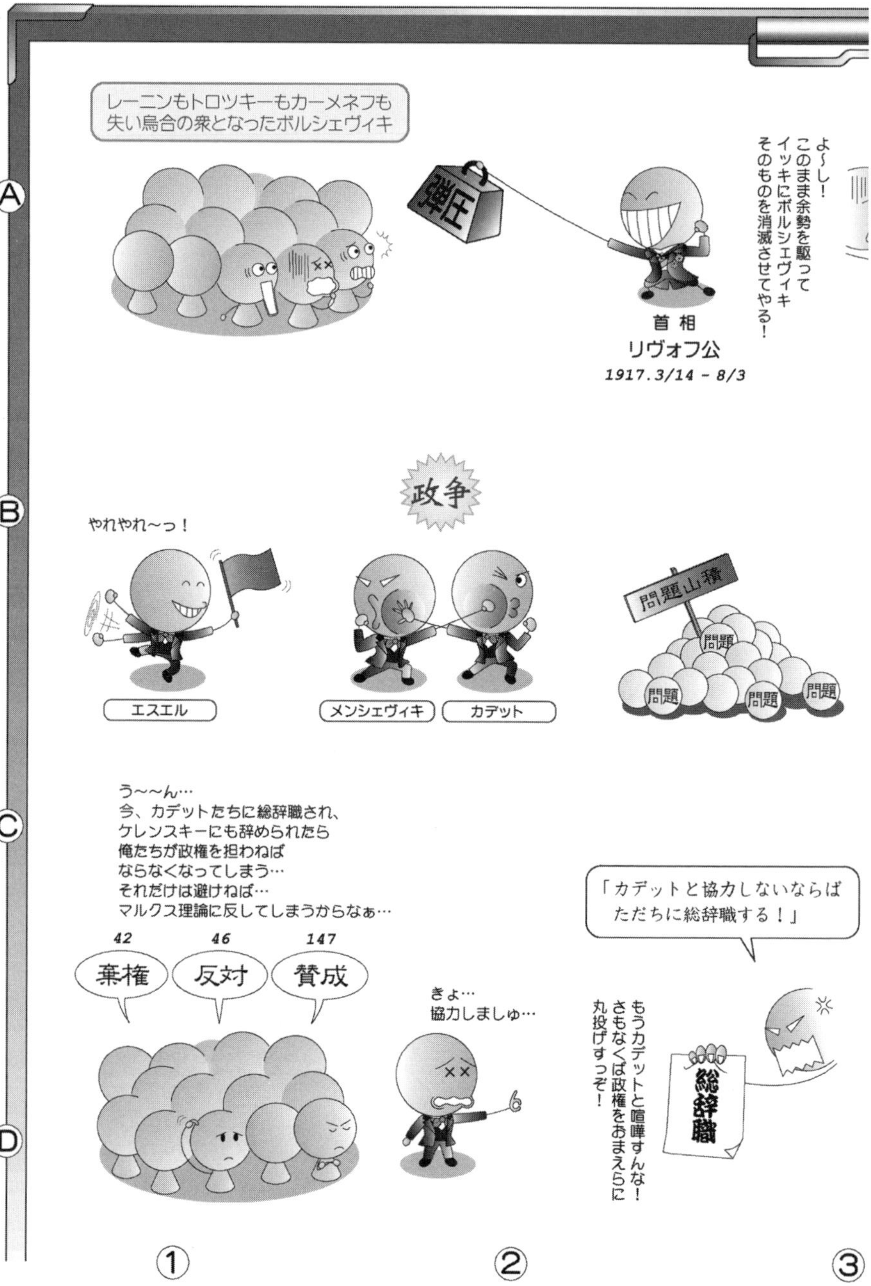
A
B
C
D
レーニンもトロツキーもカーメネフも
失い烏合の衆となったボルシェヴィキ
弾圧
よ〜し！
このまま余勢を駆って
イッキにボルシェヴィキ
そのものを消滅させてやる！
首相
リヴォフ公
1917.3/14 - 8/3
政争
やれやれ〜っ！
エスエル
メンシェヴィキ
カデット
問題山積
問題
問題
問題
問題
う〜〜ん…
今、カデットたちに総辞職され、
ケレンスキーにも辞められたら
俺たちが政権を担わねば
ならなくなってしまう…
それだけは避けねば…
マルクス理論に反してしまうからなぁ…
「カデットと協力しないならば
ただちに総辞職する！」
42
46
147
棄権
反対
賛成
きょ…
協力しましゅ…
もうカデットと喧嘩すんな！
さもなくば政権をおまえらに
丸投げすっぞ！
総辞職
①
②
③

1917年8月

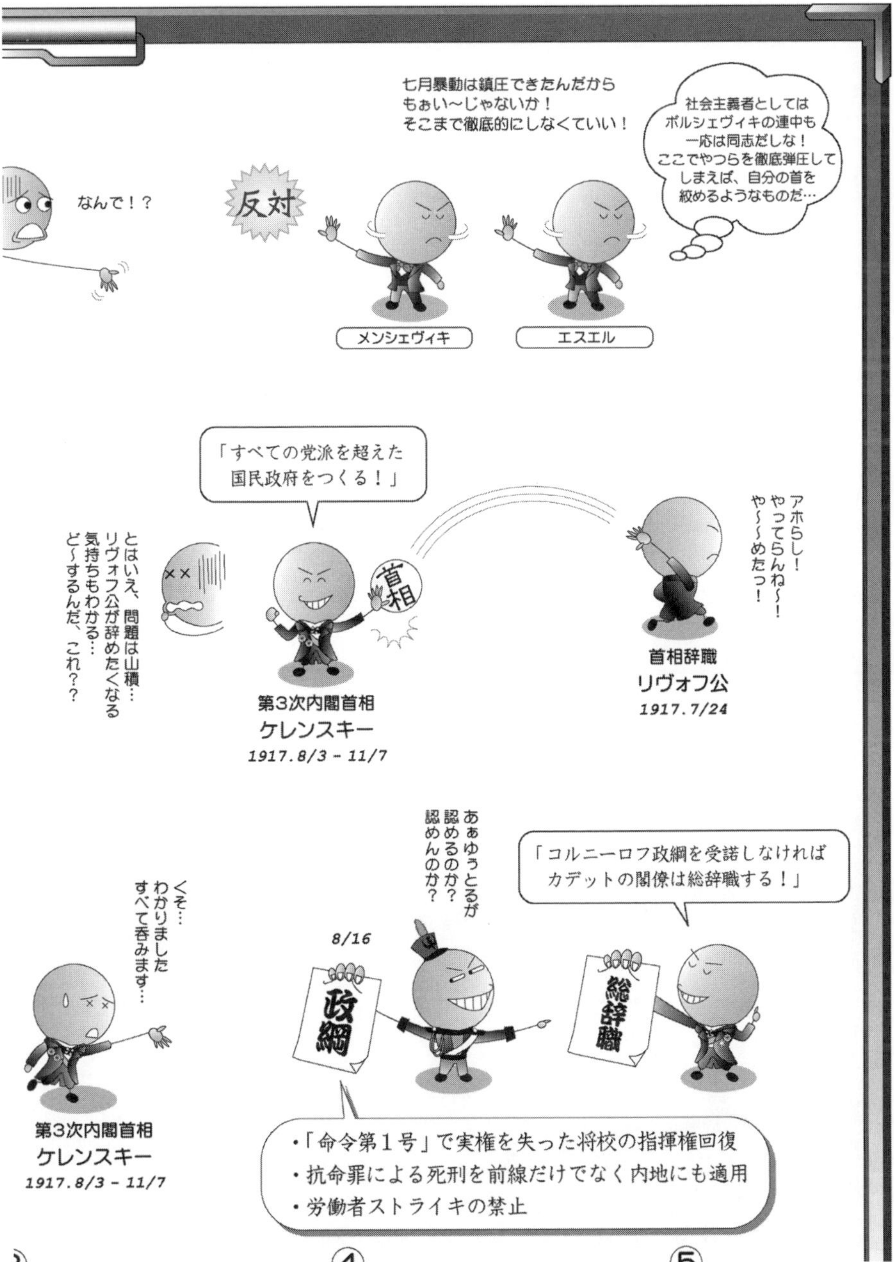
なんで！？
反対
七月暴動は鎮圧できたんだから
もぉい～じゃないか！
そこまで徹底的にしなくていい！
社会主義者としては
ボルシェヴィキの連中も
一応は同志だしな！
ここでやつらを徹底弾圧して
しまえば、自分の首を
絞めるようなものだ…
メンシェヴィキ
エスエル
「すべての党派を超えた
国民政府をつくる！」
とはいえ、問題は山積…
リヴォフ公が辞めたくなる
気持ちもわかる…
ど～するんだ、これ？？
首相
アホらし！
やってらんね～！
や～～めたっ！
第3次内閣首相
ケレンスキー
1917.8/3 - 11/7
首相辞職
リヴォフ公
1917.7/24
くそ…
わかりました
すべて呑みます…
あぁゆぅとるが
認めるのか？
認めんのか？
「コルニーロフ政綱を受諾しなければ
カデットの閣僚は総辞職する！」
8/16
政綱
総辞職
第3次内閣首相
ケレンスキー
1917.8/3 - 11/7
・「命令第１号」で実権を失った将校の指揮権回復
・抗命罪による死刑を前線だけでなく内地にも適用
・労働者ストライキの禁止

③　④　⑤

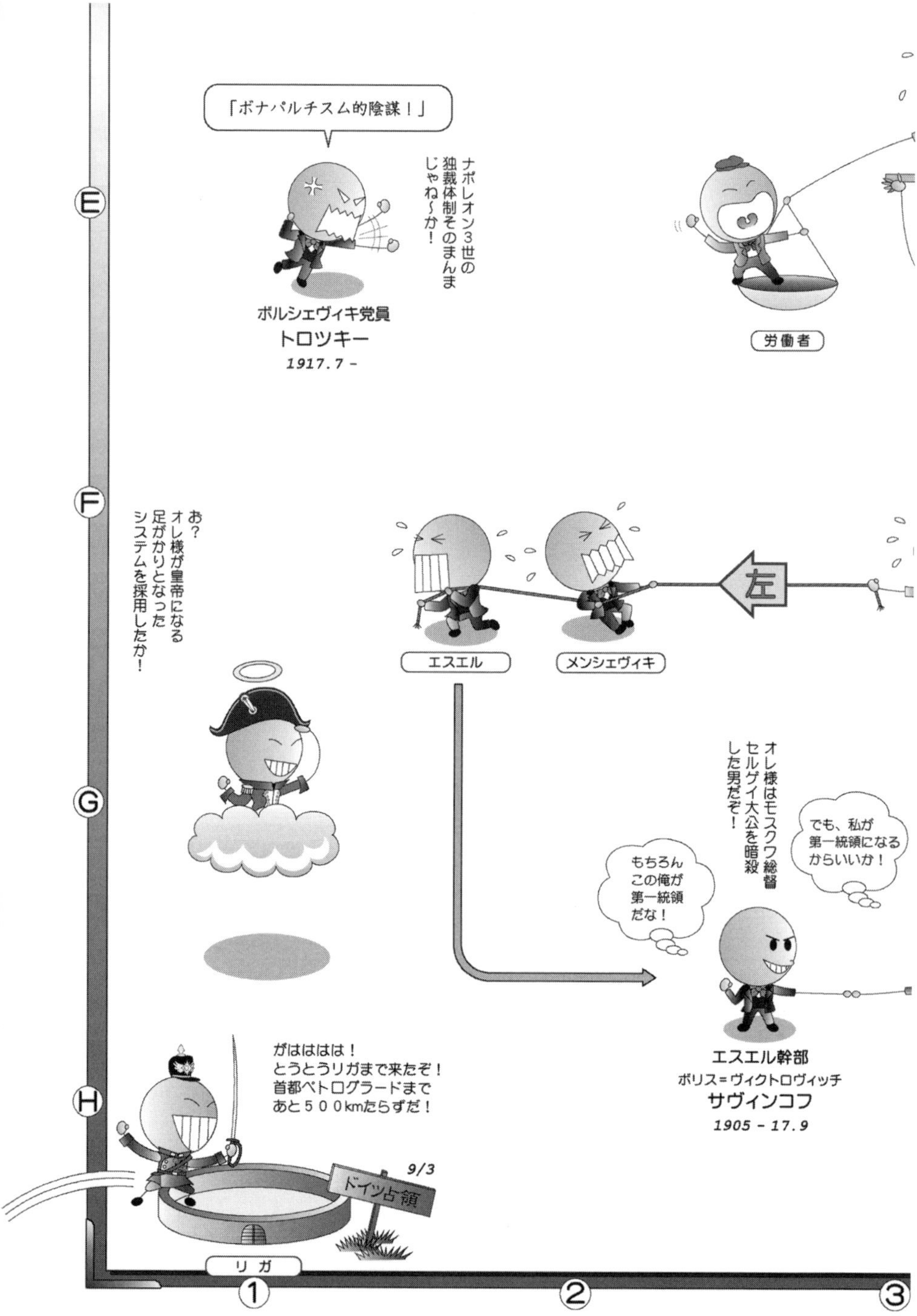

「ボナパルチスム的陰謀！」
ナポレオン3世の
独裁体制そのまんま
じゃね～か！
ボルシェヴィキ党員
トロツキー
1917.7 -
労働者
お？
オレ様が皇帝になる
足がかりとなった
システムを採用したか！
左
エスエル
メンシェヴィキ
オレ様はモスクワ総督
セルゲイ大公を暗殺
した男だぞ！
でも、私が
第一統領になる
からいいか！
もちろん
この俺が
第一統領
だな！
エスエル幹部
ボリス＝ヴィクトロヴィッチ
サヴィンコフ
1905 - 17.9
がはははは！
とうとうリガまで来たぞ！
首都ペトログラードまで
あと５００kmたらずだ！
9/3
ドイツ占領
リガ
E
F
G
H
1
2
3

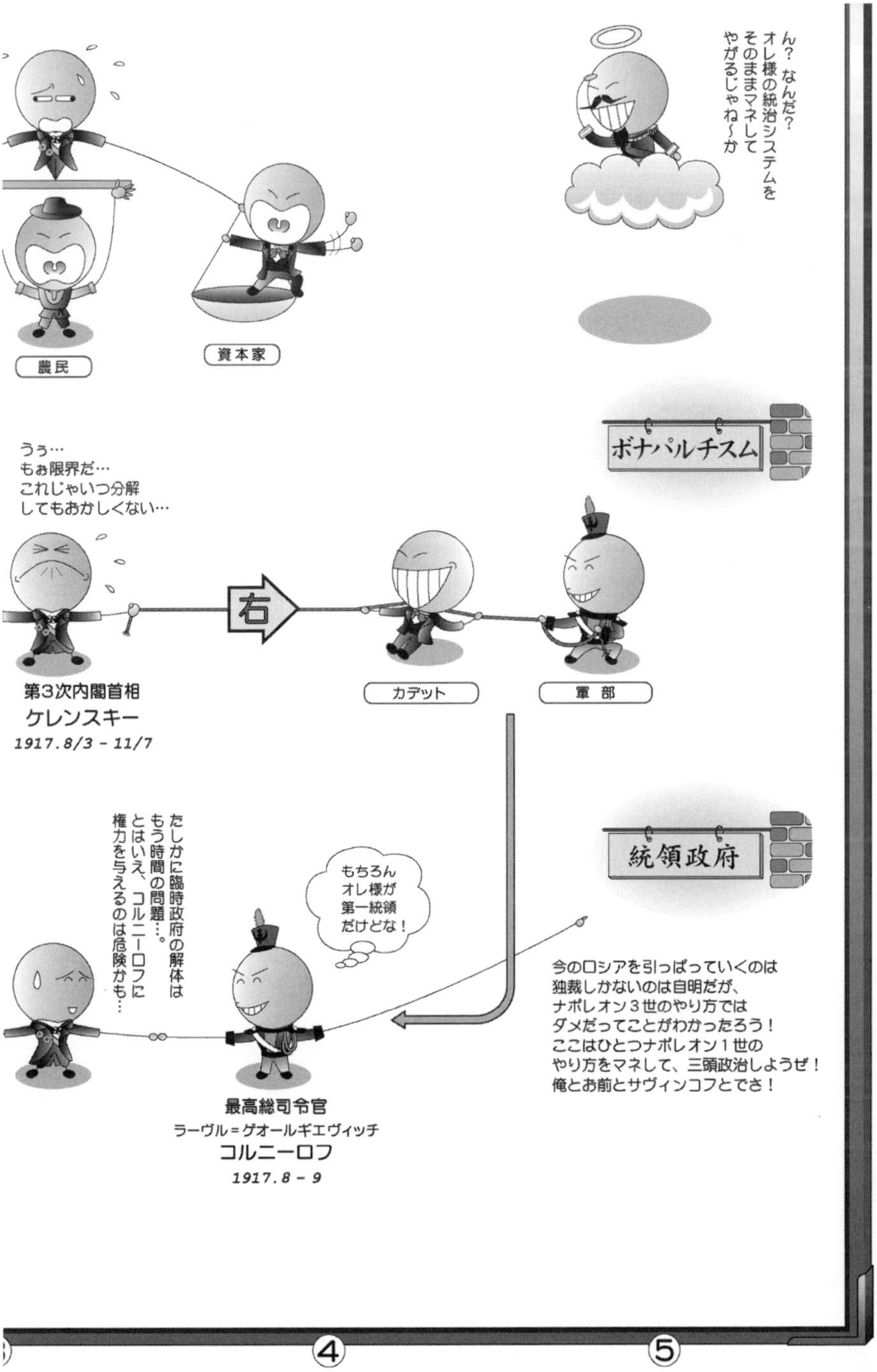
ん？ なんだ？
オレ様の統治システムを
そのままマネして
やがるじゃね～か
農民
資本家
ボナパルチスム
うぅ…
もぉ限界だ…
これじゃいつ分解
してもおかしくない…
右
カデット
軍 部
第3次内閣首相
ケレンスキー
1917.8/3 - 11/7
統領政府
たしかに臨時政府の解体は
もう時間の問題…。
とはいえ、コルニーロフに
権力を与えるのは危険かも…
もちろん
オレ様が
第一統領
だけどな！
今のロシアを引っぱっていくのは
独裁しかないのは自明だが、
ナポレオン３世のやり方では
ダメだってことがわかったろう！
ここはひとつナポレオン１世の
やり方をマネして、三頭政治しようぜ！
俺とお前とサヴィンコフとでさ！
最高総司令官
ラーヴル＝ゲオールギエヴィッチ
コルニーロフ
1917.8 - 9
④
⑤

本幕では、1917年の8月を中心に解説していきます。
期間的にいえば、「三月革命」と「十一月革命」のちょうど半《なか》ばあたり。

先月、七月暴動の失敗で、カーメネフ逮捕、トロツキー逮捕、レーニン亡命と、おもだった指導者を失って烏合《うごう》の衆と化したボルシェヴィキ。(A-1)

臨時政府のリヴォフ公(＊01)は、このチャンスに一気にボルシェヴィキを大弾圧してやろうと意気込みました(A-2)が、これにメンシェヴィキ・社会革命党《エスエル》が「待った！」をかけます。(A-4/5)

ここにきて、臨時政府の第2次内閣が社会主義者たちを抱き込んで「連立内閣」にしたこと(＊02)の弊害が表面化してきました。

メンシェヴィキ・社会革命党《エスエル》にしてみれば、多少の意見の相違があるとはいえ、ボルシェヴィキも同じ社会主義者。

ここでボルシェヴィキを殲滅《せんめつ》してしまえば、政界バランスが崩れ、“明日は我が身”と考えたからです。

何ひとつ自分の思い通りにならない事実を前にして、首相リヴォフ公および立憲民主党《カデット》大臣らは、嫌気がさして総辞職してしまい(B-5)、第2次内閣は崩壊しました。

後任には、ケレンスキーが選ばれます。

(＊01) 立憲民主党(カデット)所属。

(＊02) 前幕を参照のこと。

Column　三ッ巴策

左のページで触れましたように、七月暴動の失敗後、一気にボルシェヴィキの殲滅《せんめつ》を図ったリヴォフ公でしたが、これに対して、メンシェヴィキと社会革命党《エスエル》が反対しています。

これは、ボルシェヴィキを庇《かば》ったというよりは、ブルジョワ勢力・メンシェヴィキ（＆社会革命党《エスエル》）・ボルシェヴィキの「三ッ巴」状態を維持することで、身の安全を図るためです。

しかし、ここでボルシェヴィキの息の根を止めておかなかったために、3ヶ月《みつき》もすれば形勢は逆転、今度はメンシェヴィキたちの方が殲滅《せんめつ》されてしまうことになるのですから、「あのときボルシェヴィキを叩きつぶしていれば！！」という想いにも駆《か》られます。

とはいえ、それは「結果論」であって、このときメンシェヴィキが行った「三ッ巴《どもえ》策」自体は、悪い策ではありません。

中国史でいえば、諸葛亮の「天下三分の計」です。

ただ、この「三ッ巴」は、「１強vs２弱」という絶妙な均衡《バランス》に細心の注意を払わなければなりません。

「２弱」はけっして仲間割れしてはならないのです。

しかし、三國志において、このことをどうしても理解できなかったのが呉の軍師呂蒙《りょもう》。

彼は「士別れて三日なれば、刮目《かつもく》して相《あい》待つべし」と啖呵《たんか》を切ったことで有名ですが、所詮《しょせん》、付焼刃《つけやきば》で身につけた浅薄《せんぱく》な知識。

深遠な知識を持つ諸葛亮や魯粛《ろしゅく》の足元にも及ばぬ軍師でした。

三國志では「１強」は魏、「２弱」は蜀呉であることは明白なのですから、蜀呉が連携・協力することこそ最重要課題。

しかし、「阿蒙《あもう》」にはどうしてもそれが理解できず、あろうことか、魏と手を結び、蜀に戦争をふっかけるという愚挙に出ます。

その結果、三国の均衡《バランス》がアッという間に崩れ、蜀呉の寿命を一気に縮めることになったのでした。

「すべての党派を超えた国民政府をつくる！」(B-4)

ケレンスキーはそう宣言しましたが、問題は山積です。(B/C-3)

そもそも第2次内閣が崩壊したのは、立憲民主党《カデット》とメンシェヴィキが決裂したためです。(B/C-2)

しかし、メンシェヴィキは、理念上《イデオロギー》、どうしても資本家《ブルジョワ》に政権を取ってもらわなければならないため(＊03)、たった今、出ていった立憲民主党《カデット》たちに頭を下げてでも戻ってきてもらわなければなりません。

この弱みにつけ込んだ立憲民主党《カデット》は、“入閣の条件”として、資本家《ブルジョワ》にとって都合のよい要求をいくつか突きつけてきました。

「立憲民主党《カデット》たちと協力しないならば、ただちに総辞職する！」(D-3)

ケレンスキーの恫喝《どうかつ》にメンシェヴィキも屈します。(D-1)

こうして、立憲民主党《カデット》が主導権《イニシアチブ》を握って成立したのが第3次内閣です。

そこで増長してきたのが、L《ラーヴル》．G《ゲオールギエヴィッチ》．コルニーロフ将軍。(＊04)

「すべての党派を超えた国民政府をつくる！」
首相
とはいえ、問題は山積…
リヴォフ公が辞めたくなる
気持ちもわかる…
第3次内閣首相
ケレンスキー
首相辞職
リヴォフ公

(＊03) 本書「第1章 第3幕」を参照のこと。もっとも“理念上”を持ち出すなら、そもそも「入閣」自体がダメですが、彼らは「野党だから」と自己の行動を必死に正当化していました。

(＊04) 三月革命の際には、革命側に加担し、皇帝一家を逮捕した将軍。
ケレンスキーが推進した夏期大攻勢で、ロシア軍が崩壊しかけると、これを建て直し、ケレンスキーに恩を売っています。

組閣２週間後の８月16日、彼《コルニーロフ》がケレンスキーの下《もと》を訪れ、「政綱」を掲げました。（C/D-4）

・さきの「命令第一号」(＊05)を撤廃すること
・抗命罪による「死刑」を前線だけでなく、内地にも通用させること
・労働者ストライキの禁止

さらに、立憲民主党《カデット》も「政府が彼《コルニーロフ》の政綱を受諾しなければ、我々は総辞職する！」とこれを後押し。（C/D-5）

とても受諾できるような内容ではありませんでしたが、受諾しなければ、ケレンスキー政権は崩壊してしまいます。

狼狽《ろうばい》したケレンスキーでしたが、これを知った各地のソヴィエトが騒ぎ出したことで、このときは事なきを得ます。(＊06)

一難は去ったものの、依然として、ケレンスキー政権は、
「農民を基盤とし、資本家《ブルジョワ》と労働者《プロレタリア》の微妙な均衡《バランス》の上に成り立つ」（E-3/4）
…というたいへん殆《あや》うい政権。

あぁゆうとるが
認めるのか？
認めんのか？
「コルニーロフ政綱を受諾しなければ
カデットの閣僚は総辞職する！」
政綱
総辞職

（＊05）本書「第３章 第４幕」を参照のこと。これにより軍部の下級将校以下の統帥権は事実上ソヴィエトに移っていましたが、ふたたび高級将校の指揮権に戻るように要求したもの。

（＊06）しかし、彼の掲げた「政綱」が通らなかったことで、このときすでにコルニーロフ将軍は軍事クーデタを決意したようです。

じつはこれ、ナポレオン３世の独裁体制《ボナパルチスム》とそっくりだったため、そこをトロツキーに攻撃されています。(E-1)

―― ボナパルチスム的陰謀である！！

やつ《ケレンスキー》は“独裁者ナポレオン３世”(E-5)になろうとしている！(＊07)

こうして、右《コルニーロフ》からの圧力が去ったと思えば、左《トロツキー》からインネンつけられ、不安定きわまりないケレンスキー政権。(F-2/3/4)

そこで、この三者による「三頭政治」が生まれました。

左からは、社会革命党《エスエル》幹部 B《ボリス》.V《ヴィクトロヴィッチ》.サヴィンコフ。(G/H-2/3)

右からは、最高総司令官の L《ラーヴル》.G《ゲオールギエヴィッチ》.コルニーロフ。(G/H-4)

そして、その間を取り持つ A《アレクサンドル》.F《フョードロヴィッチ》.ケレンスキー。(G/H-3/4)

しかし、不安定なのは変わりません。

内では、三者が三者とも「俺が第一統領になってやる」と牽制《けんせい》合戦が行われ、

外からはトロツキーが、「ナポレオン(G-1)(＊08)張りの統領政府である！」と非難・攻撃していました。

ケレンスキー政権は成立当初から“風前の灯火”だったのです。

もちろん この俺が 第一統領 だな！
でも、私が 第一統領になる からいいか！
もちろん オレ様が 第一統領 だけどな！
エスエル幹部
ボリス＝ヴィクトロヴィッチ
サヴィンコフ
最高総司令官
ラーヴル＝ゲオールギエヴィッチ
コルニーロフ

(＊07) 実際には、ケレンスキーにそのような余裕はなかったと思いますが。

(＊08) こちらの「ナポレオン」はさっきとは違って「１世」の方。

第4章 臨時政府時代

第5幕

“ハイキング”の結末

コルニーロフ将軍の軍事クーデタ

ついにコルニーロフ将軍は決起した。何もなき野を往《ゆ》くが如く快進撃するコルニーロフ軍を前にして狼狽《ろうばい》したケレンスキーは、カデットに協力を要請するも無視され、メンシェヴィキやエスエルも態度を保留。
孤立化したケレンスキーに救いの手を差しのべたのは、彼ともっとも敵対していたボルシェヴィキであった。

〈コルニーロフ将軍の軍事クーデタ〉

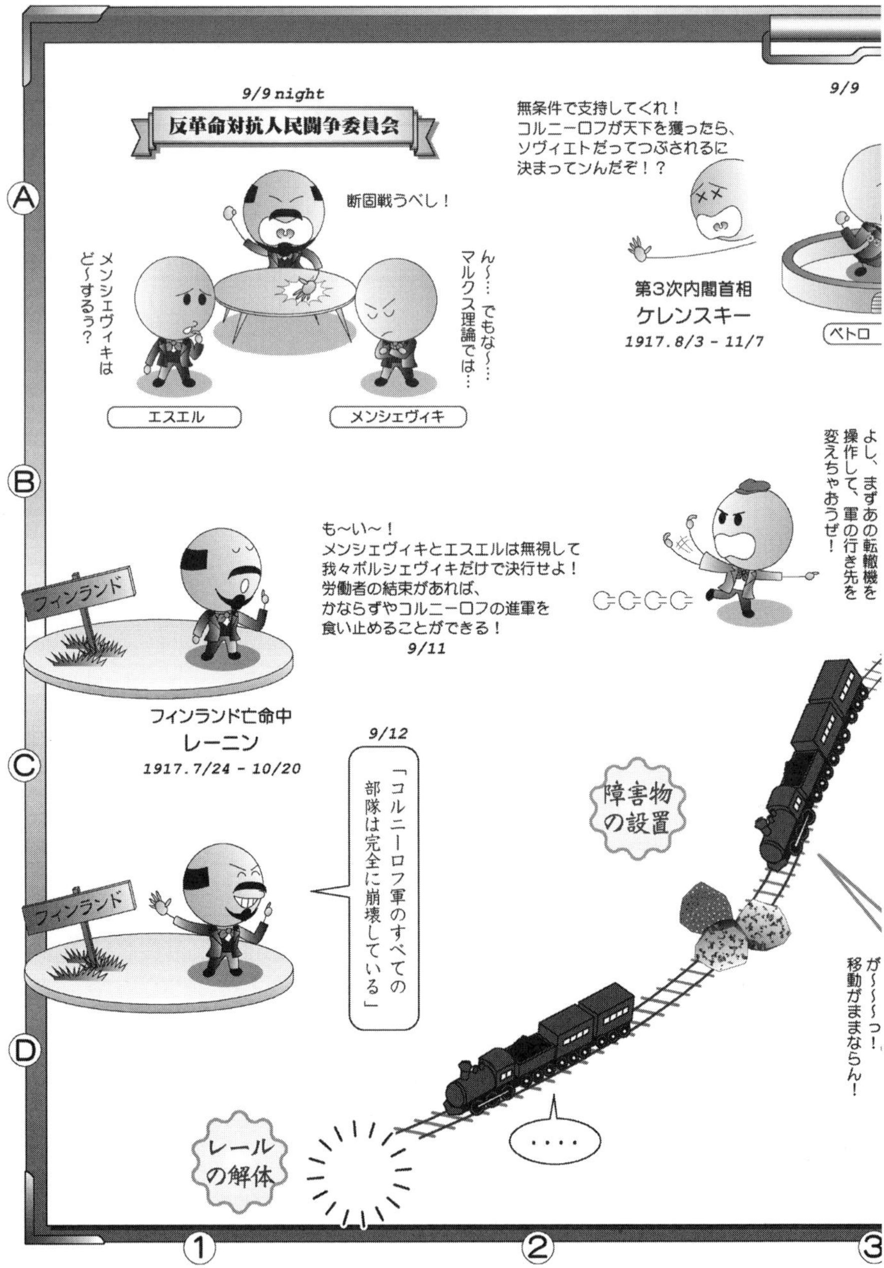

1917年９月

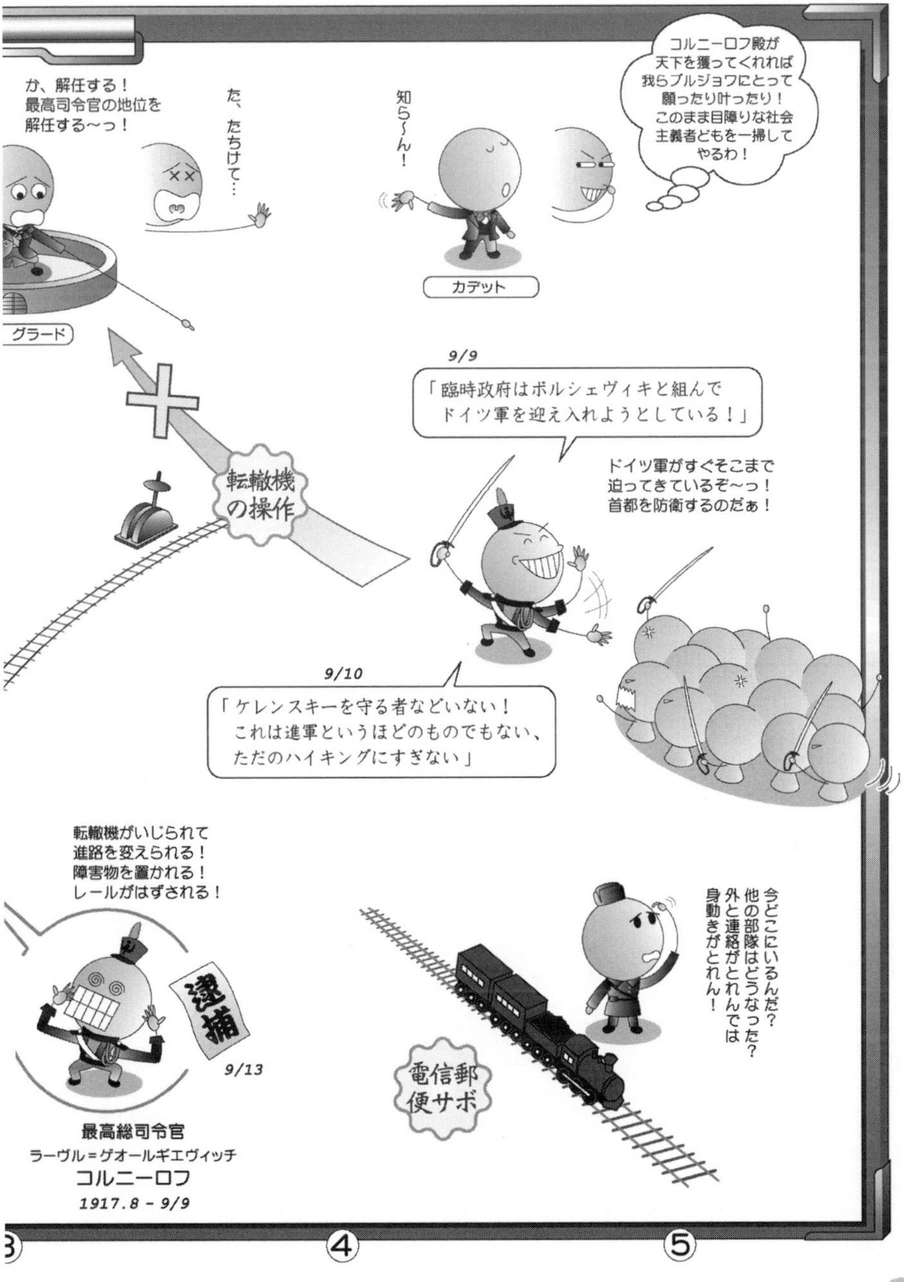
か、解任する！
最高司令官の地位を
解任する～っ！
た、たちけて…
グラード
知ら～ん！
コルニーロフ殿が
天下を獲ってくれれば
我らブルジョワにとって
願ったり叶ったり！
このまま目障りな社会
主義者どもを一掃して
やるわ！
カデット
転轍機の操作
9/9
「臨時政府はボルシェヴィキと組んで
ドイツ軍を迎え入れようとしている！」
ドイツ軍がすぐそこまで
迫ってきているぞ～っ！
首都を防衛するのだぁ！
9/10
「ケレンスキーを守る者などいない！
これは進軍というほどのものでもない、
ただのハイキングにすぎない」
転轍機がいじられて
進路を変えられる！
障害物を置かれる！
レールがはずされる！
今どこにいるんだ？
他の部隊はどうなった？
外と連絡がとれんでは
身動きがとれん！
逮捕
9/13
電信郵便サボ
最高総司令官
ラーヴル＝ゲオールギエヴィッチ
コルニーロフ
1917.8 - 9/9
③
④
⑤

そんな不安定きわまりないロシア情勢の中、東部戦線における戦争がうまく展開するはずもありません。

敗戦を重ね、9月3日には、ついにリガまでもが陥落します。

この事態が、歴史を動かすことになりました。

リガといえば、首都ペトログラードまであと500kmの距離(＊01)で、もう目と鼻の先です。

この報に、首都に動揺が走ります。

ケレンスキーは、コルニーロフ将軍に首都防衛のための軍を派兵するよう命じると、これをチャンスと、将軍《コルニーロフ》はクーデタを決意！

9月6日には、首都に向けて軍を動員します。(B/C-5)

名目は「ケレンスキーの要請に応えて」。

本意は「首都を制圧して軍事クーデタを決行するため」。

しかし、人の口に戸は立てられないものです。

すぐに将軍《コルニーロフ》の本意は、各方面に伝わります。

これを知ったケレンスキーは、9日、コルニーロフから「最高総司令官」の地位を剥奪《はくだつ》、閣議を開催し、閣僚に協力を求めましたが、立憲民主党《カデット》はただちに総辞職。(A-5)(＊02)

(＊01) 500kmというと、日本でいえば、だいたい東京～姫路間くらいです。

(＊02) つまり、コルニーロフの軍事クーデタを消極的に支持したということです。

メンシェヴィキ・社会革命党《エスエル》は態度を保留し、その夜、ボルシェヴィキを加えて「反革命対抗人民闘争委員会」を開いて党議に入りました。(A-1/2)

自分のクーデタが発覚したことを知ったコルニーロフも、

「臨時政府はボルシェヴィキと組んで、ドイツ軍を迎え入れようとしている！」

…とデマを流し対抗します。

翌 10 日には、クーデタ騒ぎは新聞に載り、公然となりましたが、コルニーロフはまだ余裕。

「ふん！

ま、バレたところでケレンスキーを守る者などおらん！

これは“進軍”というほど大層なものでもない。

ただの“ハイキング”程度のものにすぎぬわ！」(C-4)(＊03)

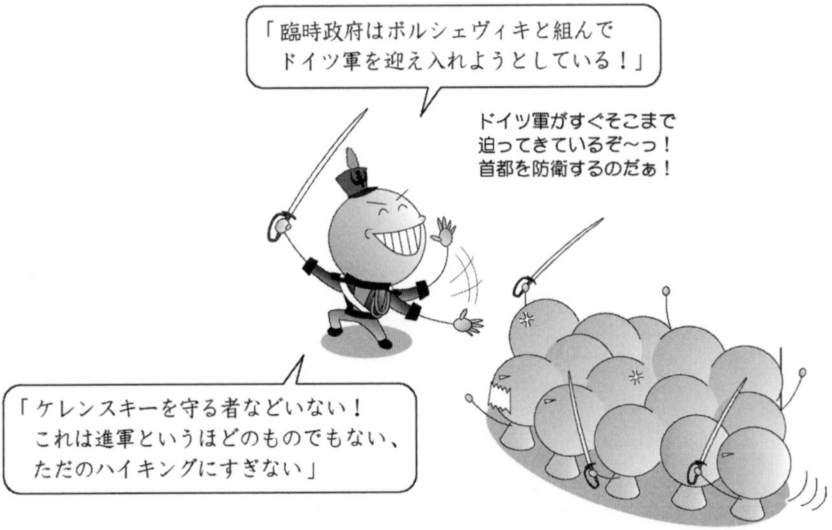
「臨時政府はボルシェヴィキと組んで
ドイツ軍を迎え入れようとしている！」
ドイツ軍がすぐそこまで
迫ってきているぞ〜っ！
首都を防衛するのだぁ！
「ケレンスキーを守る者などいない！
これは進軍というほどのものでもない、
ただのハイキングにすぎない」

(＊03) このセリフは、日露戦争における満州軍総司令官クロパトキンが、日露戦争に際して言ったセリフを彷彿とさせます。「こたびの戦は単なるピクニック程度のものにすぎぬわ！」そして結果は大敗。「相手を見くびるとこうなる」という手本のような２人でした。

しかし、コルニーロフは愕然《がくぜん》とさせられることになります。

「反革命対抗人民党争委員会」では、一刻の猶予《ゆうよ》もないというのに、メンシェヴィキ・社会革命党《エスエル》が態度をはっきりさせず、翌11日にはしびれを切らしてボルシェヴィキだけで動くことになりました。(B/C-1/2)

彼ら《ボルシェヴィキ》は、労働者《プロレタリア》に対し「武器をとって正面から戦う」のではなく、労働者《プロレタリア》としての機動力を使って戦わせます。

具体的にいえば、鉄道を使って進軍するコルニーロフ軍に対し、

- 転轍機《ポイント》を操作して進路を強制変更させる(B-4)
- 線路上に障害物の設置して足止めさせる(C-2/3)
- レール自体を解体して足止めさせる(D-1/2)
- 電信・郵便の労働者がサボすることにより通信不能とさせる(D-4/5)

これらの妨害工作によって、コルニーロフ軍の進軍が止まってしまったどころか、自分たちが今どこにいるのか、他の部隊がどうなっているのかすらわからなくなり、翌13日には、コルニーロフも逮捕。

彼《コルニーロフ》もまた「鳴動する大山の中から這《は》い出てきた1匹のネズミ」となってしまったのでした。

「コルニーロフ軍のすべての部隊は完全に崩壊している」
フィンランド

フィンランド亡命中
レーニン

転轍機がいじられて
進路を変えられる！
障害物を置かれる！
レールがはずされる！
が〜〜〜っ！
移動がままならん！
逮捕

最高総司令官
ラーヴル＝ゲオールギエヴィッチ
コルニーロフ

第4章 臨時政府時代

第6幕

バラされた「決意」

ボルシェヴィキの勢力拡大

コルニーロフの軍事クーデタはもろくも崩れ去った。これに同調したカデット、為す術《すべ》なかったケレンスキー政権、傍観したメンシェヴィキ・エスエルはともに失墜、唯一コルニーロフ軍の鎮圧に活躍したボルシェヴィキのみが大躍進する。レーニンは、この余勢を駆《か》って一気に社会主義革命を起こすことを決意した。

第3次内閣首相
ケレンスキー

〈ボルシェヴィキの勢力拡大〉

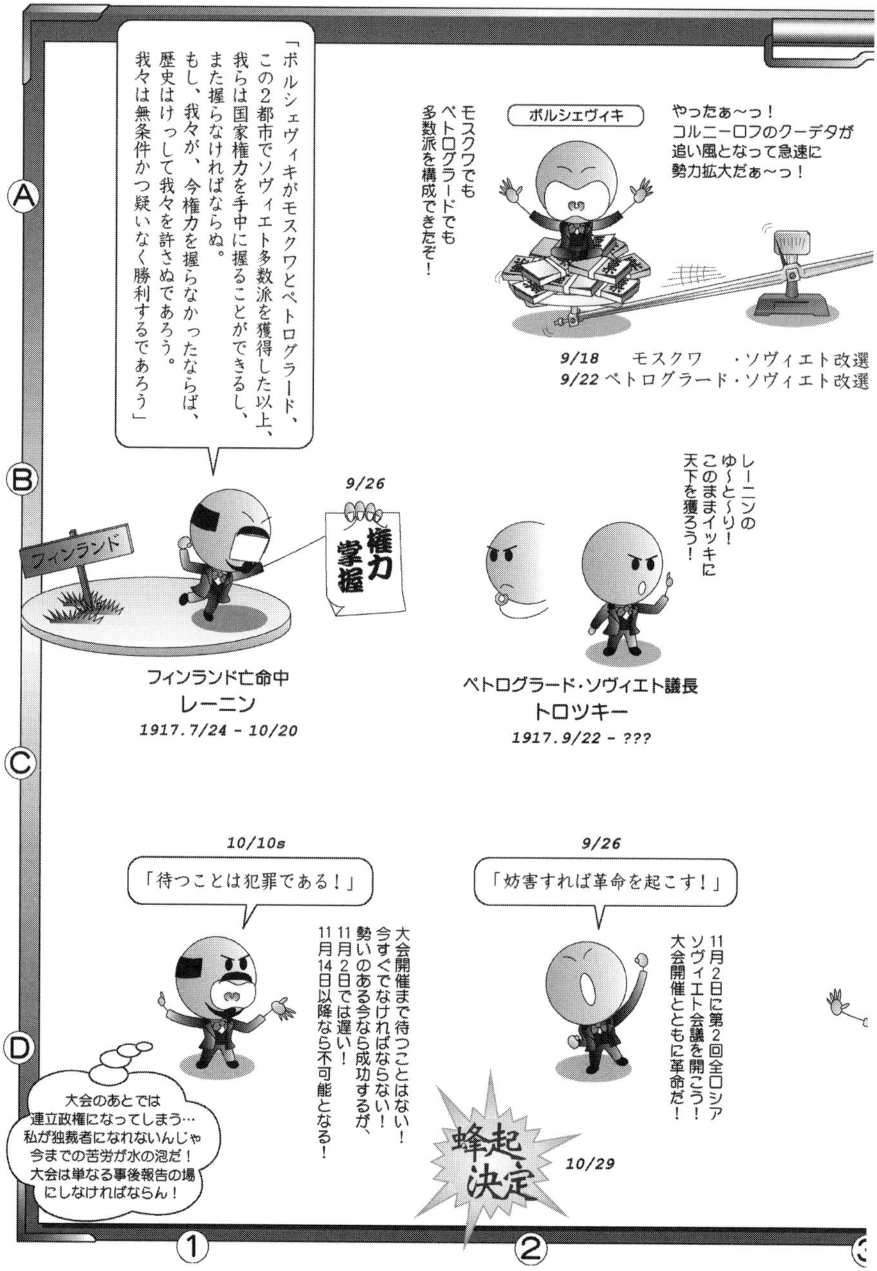
「ボルシェヴィキがモスクワとペトログラード、この2都市でソヴィエト多数派を獲得した以上、我らは国家権力を手中に握ることができるし、また握らなければならぬ。もし、我々が、今権力を握らなかったならば、歴史はけっして我々を許さぬであろう。我々は無条件かつ疑いなく勝利するであろう」
モスクワでもペトログラードでも多数派を構成できたぞ!
ボルシェヴィキ
やったぁ～っ！コルニーロフのクーデタが追い風となって急速に勢力拡大だぁ～っ！
9/18 モスクワ ・ソヴィエト改選
9/22 ペトログラード・ソヴィエト改選
9/26
権力掌握
フィンランド
レーニンのゆ～と～り！このままイッキに天下を獲ろう！
フィンランド亡命中
レーニン
1917.7/24 - 10/20
ペトログラード・ソヴィエト議長
トロツキー
1917.9/22 - ???
10/10s
「待つことは犯罪である！」
大会開催まで待つことはない！今すぐでなければならない！勢いのある今なら成功するが、11月2日では遅い！11月14日以降なら不可能となる！
9/26
「妨害すれば革命を起こす！」
11月2日に第2回全ロシアソヴィエト会議を開こう！大会開催とともに革命だ！
大会のあとでは連立政権になってしまう…私が独裁者になれないんじゃ今までの苦労が水の泡だ！大会は単なる事後報告の場にしなければならん！
蜂起決定
10/29
A
B
C
D
1
2
3

1917年10月

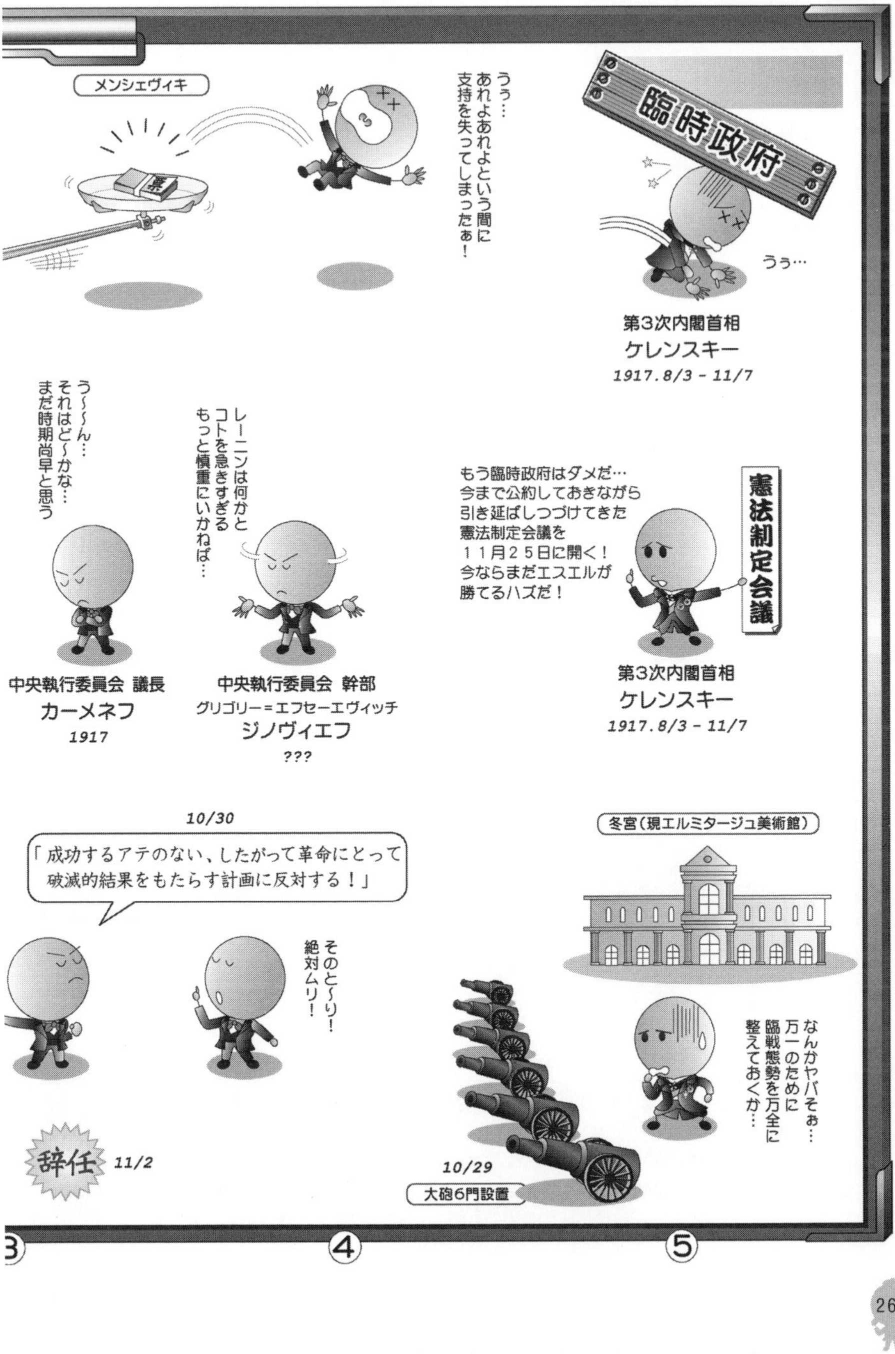
メンシェヴィキ
票
うぅ…
あれよあれよという間に
支持を失ってしまったぁ！
臨時政府
うぅ…
第3次内閣首相
ケレンスキー
1917.8/3 - 11/7
う～～ん…
それはど～かな…
まだ時期尚早と思う
中央執行委員会 議長
カーメネフ
1917
レーニンは何かと
コトを急きすぎる
もっと慎重にいかねば…
中央執行委員会 幹部
グリゴリー＝エフセーエヴィッチ
ジノヴィエフ
???
もう臨時政府はダメだ…
今まで公約しておきながら
引き延ばしつづけてきた
憲法制定会議を
１１月２５日に開く！
今ならまだエスエルが
勝てるハズだ！
憲法制定会議
第3次内閣首相
ケレンスキー
1917.8/3 - 11/7
10/30
「成功するアテのない、したがって革命にとって破滅的結果をもたらす計画に反対する！」
そのと～り！
絶対ムリ！
辞任
11/2
冬宮（現エルミタージュ美術館）
なんかヤバそぉ…
万一のために
臨戦態勢を万全に
整えておくか…
10/29
大砲6門設置
③
④
⑤

コルニーロフの軍事クーデタ自体は何も成すところなくあっけなく収束しましたが、この事件が与えた歴史的影響は計り知れないほど大きい。

コルニーロフの進軍が新聞に載ったとき、ペトログラード市民たちは不安におののきました。

―― 町が大混乱に陥り、火の海になるのでは！?

しかし、政府の対応は、市民を失望させるものでした。

- 臨時政府首脳　… 狼狽するのみ
- 立憲民主党《カデット》　… 総辞職（事実上のコルニーロフ支持）
- メンシェヴィキ … 態度保留
- 社会革命党《エスエル》　… 態度保留

そうした中、唯一ボルシェヴィキだけが即決即断、有言実行、破竹の勢いだったコルニーロフの進軍をアッという間に止めてしまったのです。

首都混乱を救った手柄はボルシェヴィキが独占することとなり、臨時政府の人気と信用はガタ落ちとなります。（＊01）

モスクワでも
ペトログラードでも
多数派を構成できたぞ！
ボルシェヴィキ
やったぁ〜っ！
コルニーロフのクーデタが
追い風となって急速に
勢力拡大だぁ〜っ！
メンシェヴィキ
票
9/18　モスクワ　・ソヴィエト改選
9/22 ペトログラード・ソヴィエト改選

（＊01）幕末の「池田屋事件」を思い起こすと理解しやすい。（以下、カッコ内はロシアに相当）
京都（ペトログラード）を火の海にしようとした長州過激派（コルニーロフ）の陰謀に対し、京都所司代や会津（臨時政府・メンシェヴィキ）は何ひとつ成すところがない。これに対し、当時まだ弱小勢力であった新撰組（ボルシェヴィキ）が単独で動き、この阻止に成功します。これにより、新撰組は一躍勇名を馳せ、時代の寵児となっていきました。

これにより、コルニーロフ逮捕からわずか5日後（9月18日）に開かれたモスクワ・ソヴィエト選挙で、ボルシェヴィキが“多数派”を占め、さらに、その4日後（22日）のペトログラード・ソヴィエトでもボルシェヴィキが“多数派”となります。（A-3）

レーニンは歓びます。

「上げ潮《しお》じゃ！　上げ潮《しお》じゃ！

今こそ権力を掌握する千載一遇のチャンス！

モスクワとペトログラードの2都市でソヴィエト多数派を占めた今、

我々は国家権力を掌握することができるし、また握らねばならない！！

今やらねば、歴史は我々を許さぬだろう！（＊02）」（A/B-1）

つまり、「このまま一気に社会主義革命へ突き進んでしまえ！」と永続革命論を唱えているわけです。

しかし、これには党内でも意見は分かれます。

当時、ボルシェヴィキ党内では、まだまだ永続革命論は否定的で、二段階革命論が主流でした。

フィンランド
権力掌握
レーニンの
ゆ～と～り！
このままイッキに
天下を獲ろう！

フィンランド亡命中
レーニン

ペトログラード・ソヴィエト議長
トロツキー

（＊02）おそらく「メンシェヴィキの二の舞となるぞ」と言っているのでしょう。
七月暴動の際、ボルシェヴィキは壊滅的打撃を喰らいましたが、メンシェヴィキはこれにトドメを刺すことに反対しました（本章 第4幕 を参照のこと）。
その結果が、今、形勢が逆転しています。逆転しているこの瞬間、まさに今やらねば、また逆転されることになる！　その前にやるしかないのだ、と。

もともと「永久革命論」を主張していたトロツキー（B/C-2）こそ同調してくれましたが、中央執行委員会の議長カーメネフ（B/C-3）も、幹部のジノヴィエフ（B/C-4）もこれに反対します。
―― まだ時期尚早です。
　社会主義革命など、まだこの先100年あとのことです。
しかし、レーニン＆トロツキーは止まりません。
「11月2日に第2回 全ロシア＝ソヴィエト会議を開催しよう！
そして、大会開催とともに革命だ！
大会を妨害するなら、その時点で革命を起こす！」（D-2/3）
…とトロツキーが息巻けば、レーニン（＊03）も、
「いや、11月2日ですら遅い！
大会開催を待つまでもなく、今すぐ革命を起こさなければならない！
待つことは犯罪である！
11月14日以降なら、もはや革命を起こすことすら不可能となるだろう！
大胆であれ！　さらに大胆であれ！　つねに大胆であれ！（＊04）」
…と革命を煽《あお》ります。（D-1）

「待つことは犯罪である！」
大会開催まで待つことはない！
今すぐでなければならない！
勢いのある今なら成功するが、
11月2日では遅い！
11月14日以降なら不可能となる！

「妨害すれば革命を起こす！」
11月2日に第2回全ロシア
ソヴィエト会議を開こう！
大会開催とともに革命だ！

（＊03）レーニンはまだ指名手配中でしたが、居ても立ってもいられず、このころ（10月の中旬ごろ）、変装してフィンランドから帰国していました。

（＊04）フランス革命時、革命の推進を唱えたG．J．ダントンの言葉。

レーニン・トロツキー両名の努力が実り、ついに 10 月 29 日、中央執行委員会で多数決を取ることに成功、「決起」が決定される（D-2）と、その翌日には、反対派のカーメネフとジノヴィエフは、
―― 成功するアテのない、
　　したがって革命にとって破滅的結果をもたらす計画に反対する！
…と表明し、11 月 2 日、中央執行委員会の役職を辞任。（D-3）（＊05）

それどころか、彼らは、中央の決定を、末端のボルシェヴィキ党員はもとより、メンシェヴィキや社会革命党《エスエル》らにもバラしてしまいます。
これにより、ボルシェヴィキの「決意」は“公然の秘密”の状態に。

（＊05）「ここで辞任してしまったら、自分たちの発言権がなくなってしまって、事態は悪化するのでは？」と思われるかもしれませんが、彼らは今回の革命が成功するなど、夢にも思っていませんでしたので、そうなれば、革命勃発時にボルシェヴィキ幹部に名を連ねていれば、革命が失敗したあと、自分たちにまで災いの火の粉が降りかかってきてしまいます。
今は辞任しておいて、革命失敗後に、党トップの座に返り咲くつもりでした。

ところで。

その臨時政府も、崩壊は時間の問題となっていました。(A-5)

臨時政府に見切りをつけたケレンスキーは、突然、「11月25日に憲法制定会議選挙を挙行する！」と宣言します。(B/C-5)

じつは、三月革命以来、

—— 専制的な「ロシア帝国憲法」に代わる新しい民主憲法を創るべきだ！

…という声の下《もと》、新憲法を制定するための会議の開催は叫ばれつづけていました。

しかし、相次ぐ混乱の中で、その開催がウヤムヤ延《の》び延《の》びになっていたものです。

ケレンスキーは、突如としてこれを「やる！」と言いだしたのです。

それは、ケレンスキーなりの延命策だったのですが、ケレンスキー政権がその日（11月25日）まで保《も》つことはありませんでした。

しかし。

これがケレンスキーの“イタチの最後ッ屁”となって、臨時政府崩壊後、レーニンを苦しめることになるのです。

第5章 十一月革命

第１幕

エルミタージュ、陥落！

十一月革命の勃発

十一月革命がついに勃発した。ケレンスキーははじめ、「やつらを大弾圧する格好の口実ができた！」と、余裕の構えを見せたが、フタを開けてみれば、政府軍に戦意なく、ケレンスキーの立て籠もる冬宮はたちまち包囲され、郵便局・銀行・発電所・電信局は陥ち、冬宮は完全に孤立、ケレンスキーは亡命を余儀なくされる。

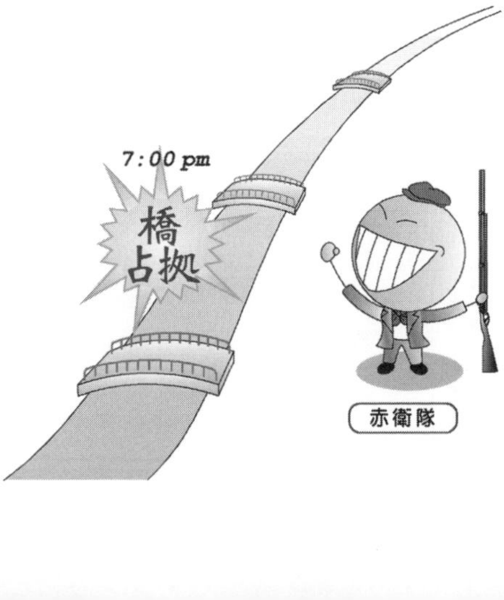

〈十一月革命の勃発〉

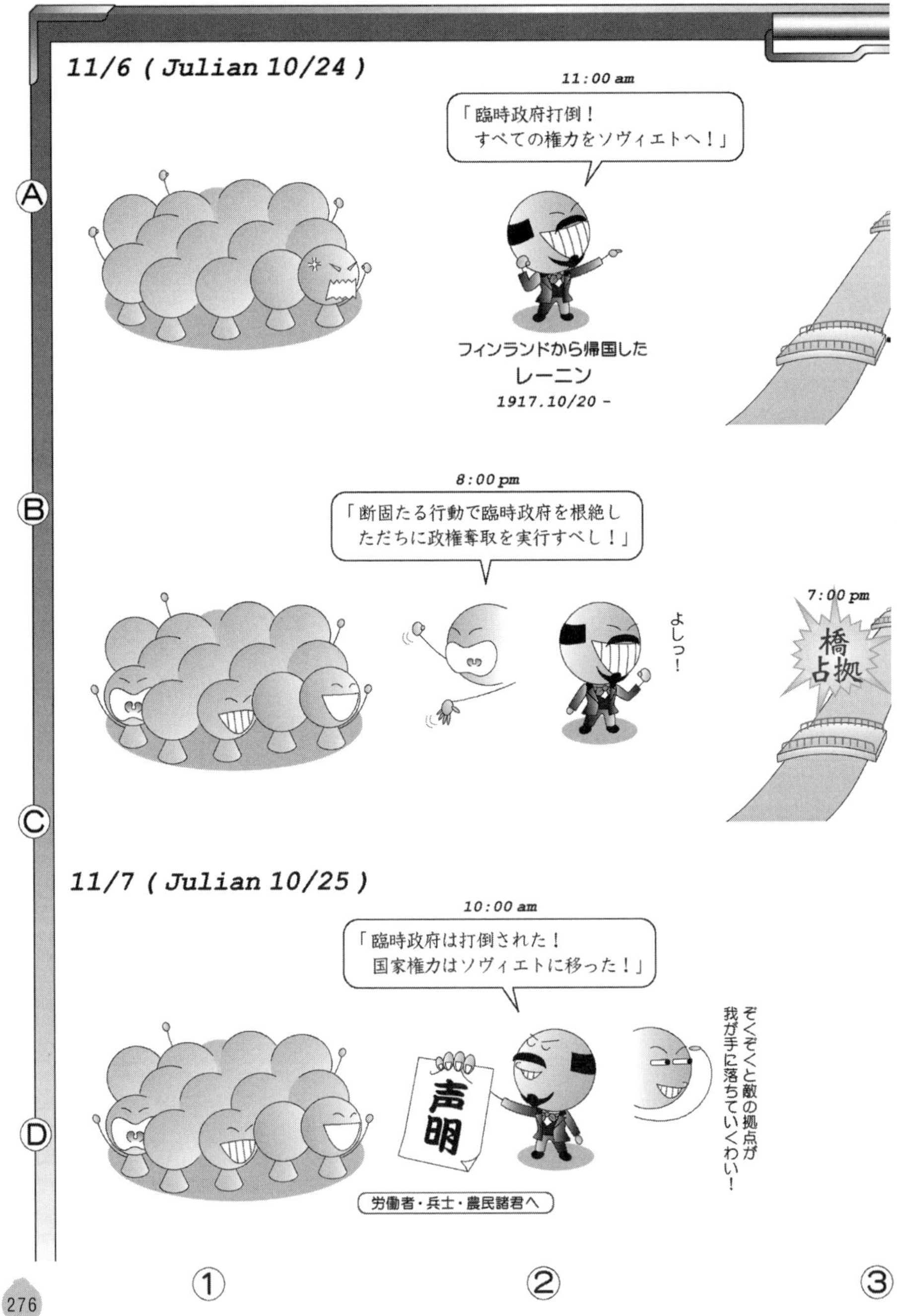

11/6 (Julian 10/24)
11:00 am
「臨時政府打倒！
すべての権力をソヴィエトへ！」
フィンランドから帰国した
レーニン
1917.10/20 -
8:00 pm
「断固たる行動で臨時政府を根絶し
ただちに政権奪取を実行すべし！」
よしっ！
7:00 pm
橋占拠
11/7 (Julian 10/25)
10:00 am
「臨時政府は打倒された！
国家権力はソヴィエトに移った！」
声明
労働者・兵士・農民諸君へ
ぞくぞくと敵の拠点が我が手に落ちていくわい！
A
B
C
D
①
②
③

1917年11月6～8日

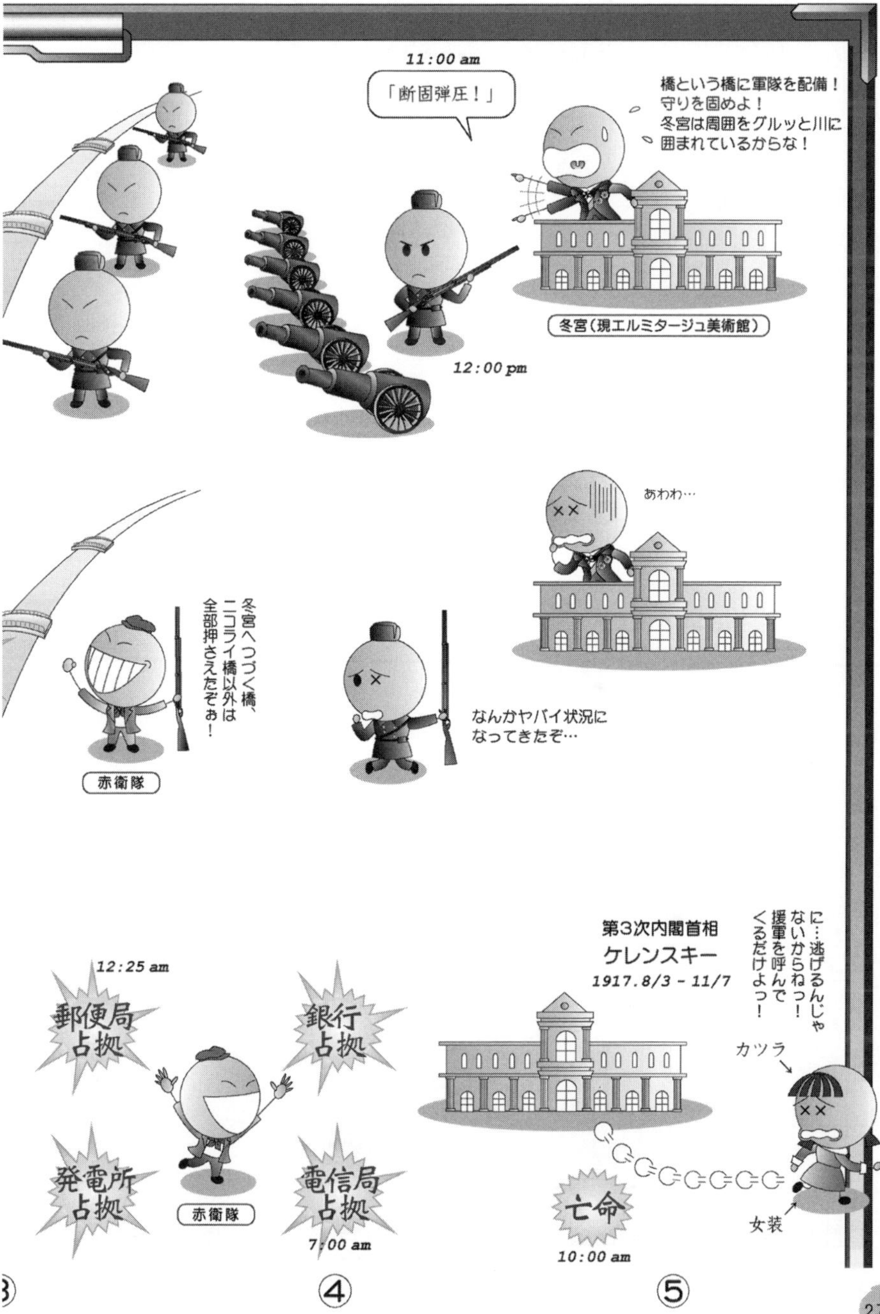

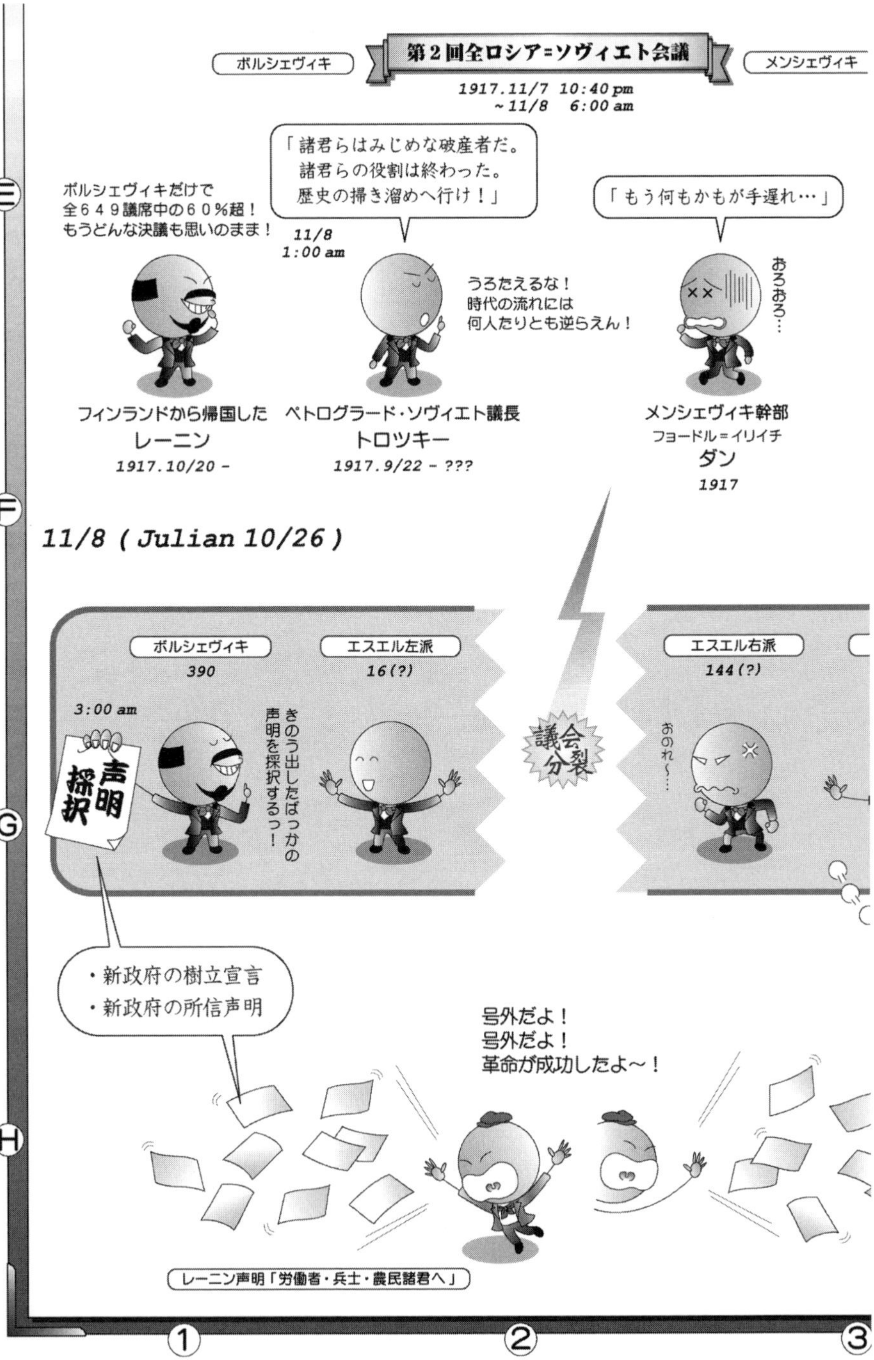
ボルシェヴィキ
第２回全ロシア＝ソヴィエト会議
メンシェヴィキ
1917.11/7 10:40 pm
~11/8 6:00 am
ボルシェヴィキだけで
全６４９議席中の６０％超！
もうどんな決議も思いのまま！
「諸君らはみじめな破産者だ。
諸君らの役割は終わった。
歴史の掃き溜めへ行け！」
11/8
1:00 am
うろたえるな！
時代の流れには
何人たりとも逆らえん！
「もう何もかもが手遅れ…」
おろおろ…
フィンランドから帰国した
レーニン
1917.10/20 -
ペトログラード・ソヴィエト議長
トロツキー
1917.9/22 - ???
メンシェヴィキ幹部
フョードル＝イリイチ
ダン
1917
11/8 (Julian 10/26)
ボルシェヴィキ
390
エスエル左派
16(?)
エスエル右派
144(?)
3:00 am
声明採択
きのう出したばっかの声明を採択するっ！
議会分裂
おのれ～…
・新政府の樹立宣言
・新政府の所信声明
号外だよ！
号外だよ！
革命が成功したよ～！
レーニン声明「労働者・兵士・農民諸君へ」
E
F
G
H
1
2
3

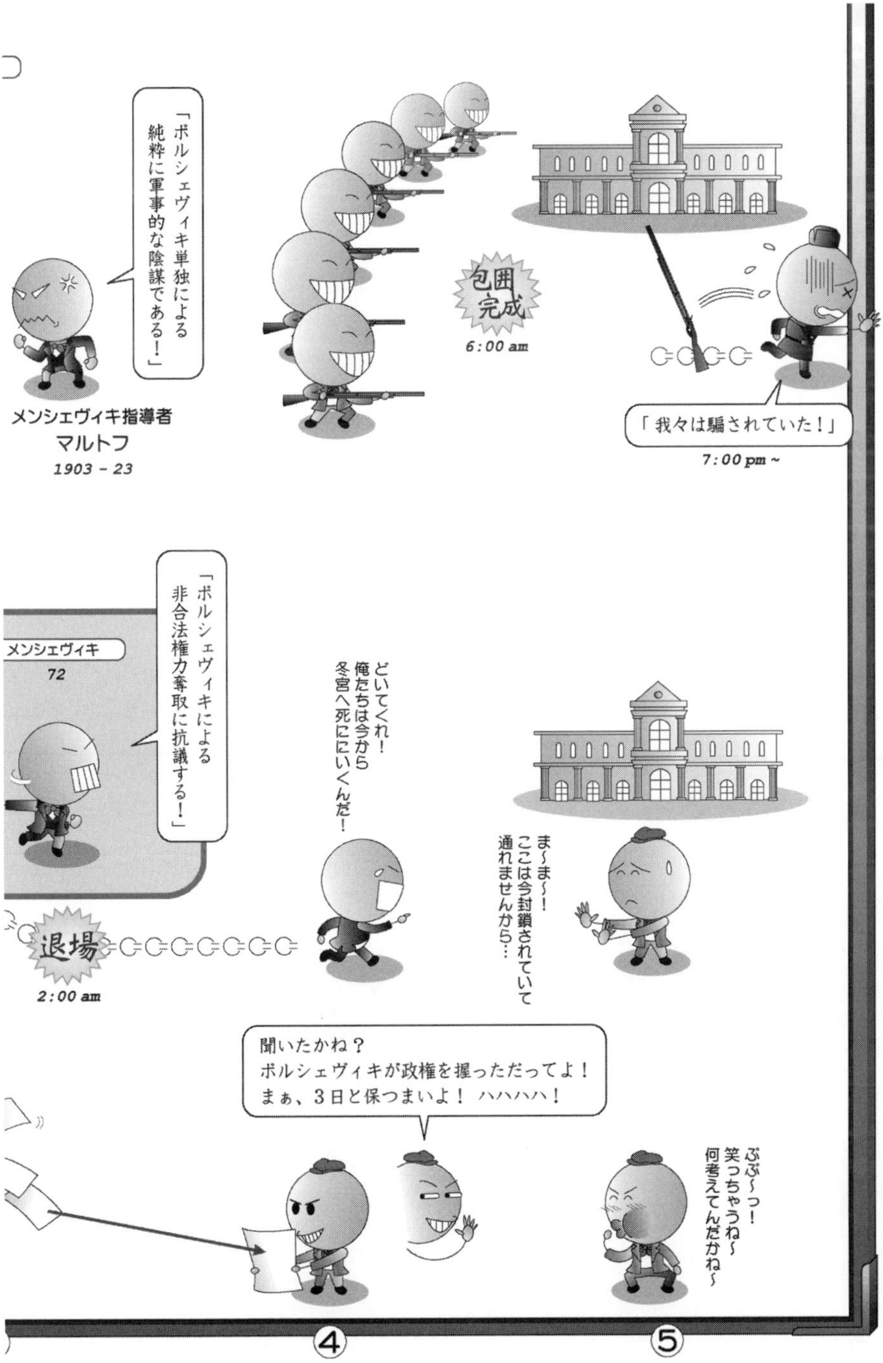
「ボルシェヴィキ単独による純粋に軍事的な陰謀である！」
メンシェヴィキ指導者
マルトフ
1903 － 23
包囲完成
6:00 am
「我々は騙されていた！」
7:00 pm～
「ボルシェヴィキによる非合法権力奪取に抗議する！」
メンシェヴィキ
72
退場
2:00 am
どいてくれ！俺たちは今から冬宮へ死ににいくんだ！
ま～ま～！ここは今封鎖されていて通れませんから…
聞いたかね？
ボルシェヴィキが政権を握っただってよ！
まぁ、3日と保つまいよ！ ハハハハ！
ぷぷ～っ！笑っちゃうね～何考えてんだかね～
④
⑤

革命の決起は決まりました。
しかし、その動きは臨時政府も察知しており、冬宮《エルミタージュ》には6門の大砲が据《す》え付けられ、臨戦態勢に入ります。
革命前夜、まさに“一触即発の緊張状態”が1週間ほどつづきます。

■1917年11月6日（露暦10月24日）
その緊張状態に堪《こら》えきれなかったのか、先に手を出したのは、臨時政府《ケレンスキー》の方でした。(＊01)
早朝（5：30 am）、ケレンスキーは、ボルシェヴィキ機関誌の印刷所を襲わせ、その輪転機（印刷機）を破壊させます。
ボルシェヴィキは、政府によって破壊された輪転機をただちに修理、その日の昼前（11：00 am）には機関誌「復活第1号」を発行します。
―― 臨時政府を打倒せよ！
　　すべての権力をソヴィエトへ！
これが契機となって、ついに、ボルシェヴィキは蜂起しました。
これこそが「十一月革命」です。

「臨時政府打倒！
すべての権力をソヴィエトへ！」
11:00 am
フィンランドから帰国した
レーニン

（＊01）剣士と剣士がお互いに剣を構えて対峙しているとき、静寂を破って先に動いた方がたいてい敗けます。「先手必勝」というのは、相手が身構えていないときの話です。
今回も、決起が遅れれば遅れるほどボルシェヴィキが不利（レーニン自身もそう言っている）なのですから、ここはじっと堪え、時が過ぎるのを待っていれば、今回の革命もどうなっていたかわからなかったのですが。

ケレンスキーは、「断固弾圧！」と叫び(A-4/5)、冬宮《エルミタージュ》に立て籠もります。(A-5)

この冬宮《エルミタージュ》というのは、まわりをぐるりと川で囲まれているため(＊02)、橋さえ押さえておけば革命軍は進軍できない、守りやすい地形です。

そして、橋の防衛というのは、防衛側に絶対的に有利です。(＊03)

にもかかわらず、橋はつぎつぎと革命軍の手に陥《お》ちていきました。(B/C-3)

なぜ！?

じつは、政府側の兵士に戦意がなく、兵が職務を放棄し、持ち場を離れていったためでした。

これではどうしようもありません。

こうして、その日の夜７時ごろには、ニコライ橋を除くすべての橋が“無血”で陥《お》ちてしまいました。(B/C-3)

レーニンも吠《ほ》えます。

「断固たる行動で臨時政府を根絶し、ただちに政権奪取を実行すべし！」(B-2)

「断固弾圧！」
橋という橋に軍隊を配備！
守りを固めよ！
冬宮は周囲をグルッと川に
囲まれているからな！
12:00 pm
冬宮（現エルミタージュ美術館）

(＊02) つまり冬宮は川に囲まれた「島(中洲)」の上に建てられているわけです。
この島のことを「アドミラルテイスキー島」と言います。

(＊03) 通常、橋の突破はきわめて困難です。
攻撃側は、橋を渡る際、縦一列に近い状態で進軍しなければならないのに、防衛側は横一列に並んで総攻撃がかけられるため、自然と「T字戦法」の陣形が成立するからです。

■1917年11月7日(露暦10月25日)

ボルシェヴィキの“正式な蜂起宣言”が発せられたのは、ようやく日付が変わるか、変わらないかのころ。(＊04)

そして、その宣言に勢いを得たか、革命軍の動きも活発化します。

それから明け方にかけて、革命軍は、郵便局・銀行・発電所・電信局をつぎつぎと占拠していきます。(D-3/4)

冬宮《エルミタージュ》では、ケレンスキーが夜通し外部と連絡をとりつづけ、各方面に援軍要請をかけていましたが、朝7時、その電話が突然プツンと切れたきり、通信不能となってしまいます。

ボルシェヴィキが電信局を占領し、電話線を切断したからでした。

これにより、ケレンスキーは完全に孤立化してしまいます。

事ここに至っては、もはや為《な》す術《すべ》なし！

ついに昼前(10：00 am)には、ケレンスキーは冬宮《エルミタージュ》を棄て、逃走を図りました。(D-5)

女装して。(＊05)

第3次内閣首相
ケレンスキー
カツラ
に…逃げるんじゃないからねっ！援軍を呼んでくるだけよっ！
亡命
女装

(＊04) じつのところ、6日深夜なのか、翌7日未明なのか、よくわかっていません。
いずれにせよ、こんなギリギリまで「決起宣言」するかしないかでモメ、ドタバタしていたところに、ボルシェヴィキの意志不統一、覚悟のなさが表れています。

(＊05) のち、「女装して逃げた」ということはケレンスキー嘲笑の対象になりました。
ケレンスキー本人は「俺は女装なんかしてねぇ！！」と強く否定していますが。

これを知ったレーニンは勝利宣言。
「臨時政府は打倒された！
国家権力はソヴィエトに移った！」（D-1/2）
夕方（6：00 pm）には、冬宮《エルミタージュ》の包囲が完成し、同時に、自分たちの主《あるじ》はとっくに逃亡したことを知った冬宮《エルミタージュ》防備兵も逃走をはじめます。（E-5）
―― 我々はケレンスキーに騙《だま》されていた！（7：00 pm）（E/F-5）
こうして、レーニンが、
「無条件かつ疑いなく勝利するであろう！」
…と豪語し、カーメネフ・ジノヴィエフ両名が
「成功するアテなく、破滅的結果をもたらすであろう！」
…と吐き棄てた革命は、わずか30時間ほどで成功裡《り》に終わったのでした。
しかし、これで終わりではありません。
この直後（10：40 pm）、公約通り「第２回 全ロシア＝ソヴィエト会議」が開催されました。（E-2）
会議は紛糾し、日付が変わり、8日になってもつづきます。

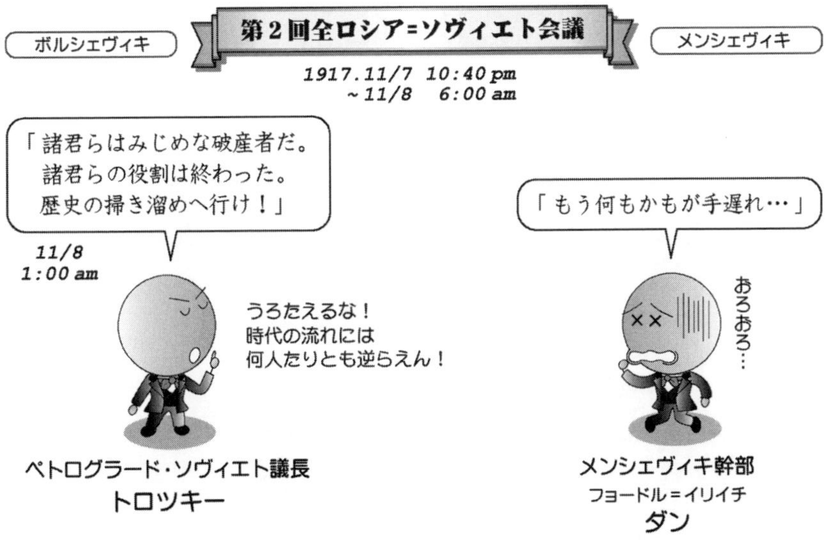
ボルシェヴィキ
第２回全ロシア＝ソヴィエト会議
メンシェヴィキ
1917.11/7　10:40 pm
～11/8　6:00 am
「諸君らはみじめな破産者だ。
諸君らの役割は終わった。
歴史の掃き溜めへ行け！」
11/8
1:00 am
うろたえるな！
時代の流れには
何人たりとも逆らえん！
「もう何もかもが手遅れ…」
おろおろ…
ペトログラード・ソヴィエト議長
トロツキー
メンシェヴィキ幹部
フョードル＝イリイチ
ダン

■1917年11月8日（露暦10月26日）

議場において、マルトフ（メンシェヴィキ）は絶叫します。

── こたびの蜂起は、ボルシェヴィキ単独による
　　純粋に軍事的な陰謀である！（E-3/4）

それはその通りですが、ボルシェヴィキ単独で全議席の6割を占めたこの状態では、その絶叫もただむなしいばかり。

「諸君らはみじめな破産者である！
　諸君らの歴史的役割はもう終わった！
　さっさと歴史の掃《は》き溜《だ》めへ行け！」（1：00 am）（E-2）

トロツキーは歯牙にもかけません。

怒り心頭、しかし、もはやどうしようもないメンシェヴィキたち。

これまでずっと“多数派”のメンシェヴィキにすり寄ってきていた社会民主党《エスエル》も仲間割れを起こします。

── 断固としてメンシェヴィキと行動を共にするべし！（右派）（G-3）
── 否《ニェット》！ むしろ、“沈みゆく船《メンシェヴィキ》”からはさっさと逃げ出し、
　　これからはボルシェヴィキと行動を共にするべし！（左派）（G-1/2）

こうして、社会民主党《エスエル》の右派と左派は袂《たもと》を分かち、別行動をとります。

メンシェヴィキと社会民主党《エスエル》右派は、

ボルシェヴィキ
390
エスエル左派
16(?)
3:00 am
声明採択
きのう出したばっかの声明を採択するっ！

── ボルシェヴィキ独裁による非合法権力奪取に抗議する！（F/G-3/4）
…と言い放つやそのまま退場、その一部はその足で陥落寸前の冬宮《エルミタージュ》へ向かいました。（2：00 am）
── どいてくれ！
　俺たちは今から冬宮《エルミタージュ》に死にに行くのだ！
　もちろん、冬宮《エルミタージュ》を包囲していた兵に追い払われただけでしたが。（G-4/5）
　ところで、メンシェヴィキと社会民主党《エスエル》右派のいなくなった議場においては、ボルシェヴィキが社会民主党《エスエル》左派を抱き込んで、「労働者・兵士・農民諸君へ」声明を採択し（3：00 am）、これをただちに発表します。（H-2）
　しかし、この発表を聞いた一般市民は意外に冷ややかで、このときのペトログラード市民も、よもや、この革命政権が、これから70年もつづくことになろうとは、ゆめゆめ思っていなかったようです。
「おいおい、ビラ読んだか？
　あのボルシェヴィキが政権を取ったんだってよ？
　ま、どうせ3日と保《も》つまいがな！　はははは！」（H-4/5）

Column ロシア人の名前

ところで、ロシア人の名前を見ていると、やたら「～ヴィッチ」という語尾が多いことに気づきます。

じつはこれ、遊牧民の名残で、父親の名を冠して苗字のように使用するもの（父称）のひとつで、「～の息子」という意味です。

娘なら、「～ヴナ」。

中世までロシアには姓がなく、この「父称」が姓のように機能しており、ちゃんとした「姓」が発生したのは16世紀ごろになってから。

たとえば、15世紀のモスクワに、

「ユーリィ＝ザハーリエヴィッチ＝コーシュキン」

…という名の小貴族がいましたが、これは、

「ユーリィという名を持つ、ザハールの子で、コーシュカの孫」の意。

その息子が「 ロマーン ＝ユリエヴィッチ＝ザハーリン」。

その息子が「 ニキータ ＝ロマノヴィッチ＝ ユリエフ 」。

その息子が「フョードル＝ニキーティッチ＝ ロマノフ 」。

このように、「父称」は代が進むごとにひとつずつズレて、いずれは消えていくので、代々継がれていく「姓」とは違います。

ところが、ちょうど彼《フョードル》のころに、ロシアでも「姓」が普及しはじめたため、これまでなら、その子は、

「ミハイル＝フョードロヴィッチ＝ニキーティン」

…となるところ、彼《フョードル》の父称「ロマノフ」を“姓”として扱い、「ミハイル＝フョードロヴィッチ＝ロマノフ」となります。

じつは、彼こそがロマノフ朝の始祖となる人物です。

ちなみに、イギリスでは「～ソン（例：ジョンソン）」、スコットランドでは「マク～（例：マクドナルド）」、ポーランドでは「～スキー（例：チャイコフスキー）」、デンマークでは「～セン（例：アンデルセン）」、アラブ系では「ビン～（例：ビンラディン）」などが、それぞれ「～の息子」という意味の、父称が「姓」に変わったものです。

第5章 十一月革命

第２幕

新政府誕生の実態

革命成功当日

冬宮は制圧され、一夜にして革命は成功した！ただちに新政府の所信声明として「平和に関する布告」と「土地に関する布告」がほぼ全会一致で採択される。「人民委員会議」が組織され、首相にレーニン、外相にトロツキー、民相にスターリンが選出されたが、入閣したのはすべてボルシェヴィキであった。

冬宮
制圧
11/8
2:10 am
臨時政府閣僚18名

〈革命成功当日〉

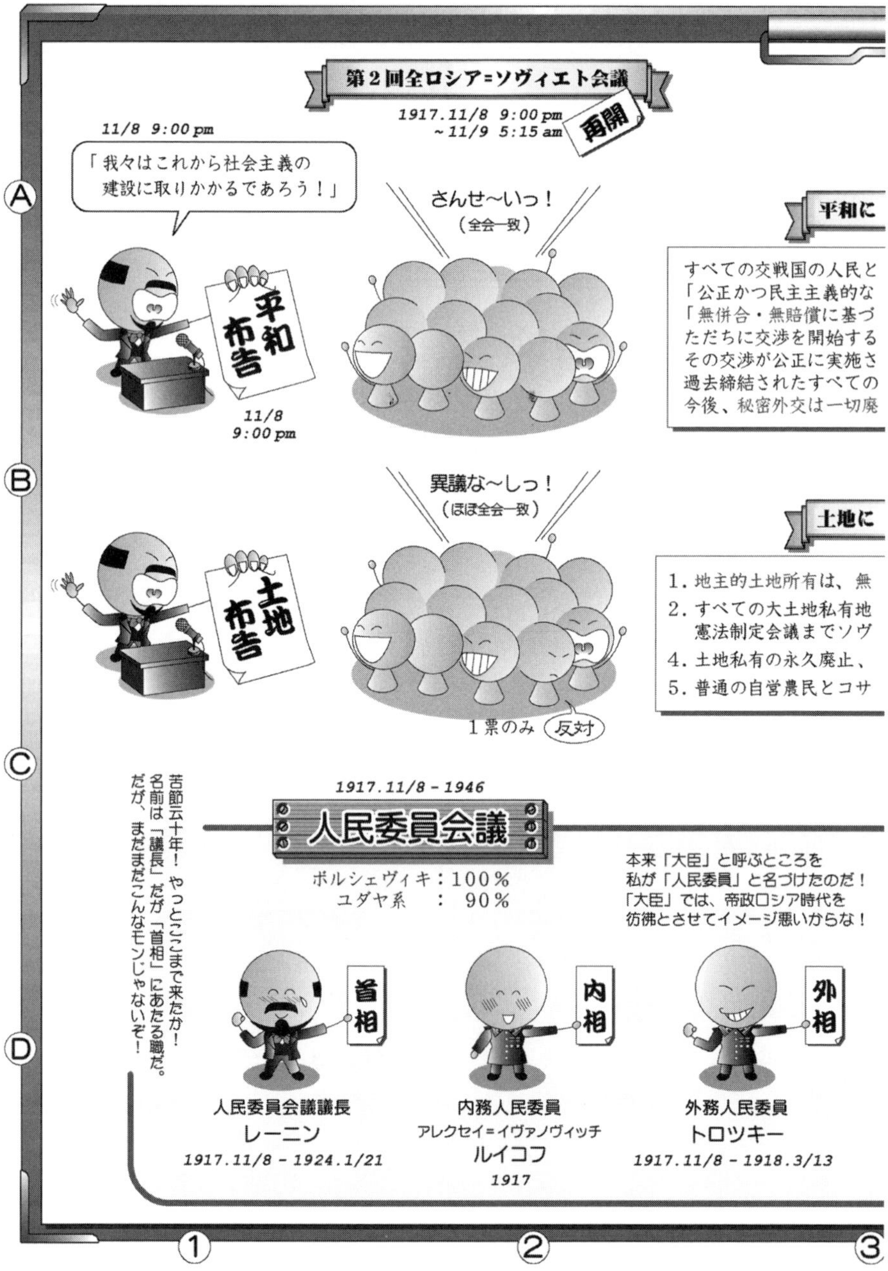
第２回全ロシア=ソヴィエト会議
1917.11/8 9:00 pm
~11/9 5:15 am
再開
11/8 9:00 pm
「我々はこれから社会主義の
建設に取りかかるであろう！」
平和布告
11/8
9:00 pm
さんせ~いっ！
（全会一致）
平和に
すべての交戦国の人民と
「公正かつ民主主義的な
「無併合・無賠償に基づ
ただちに交渉を開始する
その交渉が公正に実施さ
過去締結されたすべての
今後、秘密外交は一切廃
土地布告
異議な~しっ！
（ほぼ全会一致）
1票のみ 反対
土地に
1. 地主的土地所有は、無
2. すべての大土地私有地
憲法制定会議までソヴ
4. 土地私有の永久廃止、
5. 普通の自営農民とコサ
1917.11/8 - 1946
人民委員会議
ボルシェヴィキ：100％
ユダヤ系　：　90％
苦節云十年！やっとここまで来たか！
名前は「議長」だが「首相」にあたる職だ。
だが、まだまだこんなモンじゃないぞ！
本来「大臣」と呼ぶところを
私が「人民委員」と名づけたのだ！
「大臣」では、帝政ロシア時代を
彷彿とさせてイメージ悪いからな！
首相
人民委員会議議長
レーニン
1917.11/8 - 1924.1/21
内相
内務人民委員
アレクセイ＝イヴァノヴィッチ
ルイコフ
1917
外相
外務人民委員
トロツキー
1917.11/8 - 1918.3/13
A
B
C
D
1
2
3

1917年11月8日

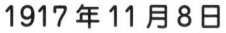

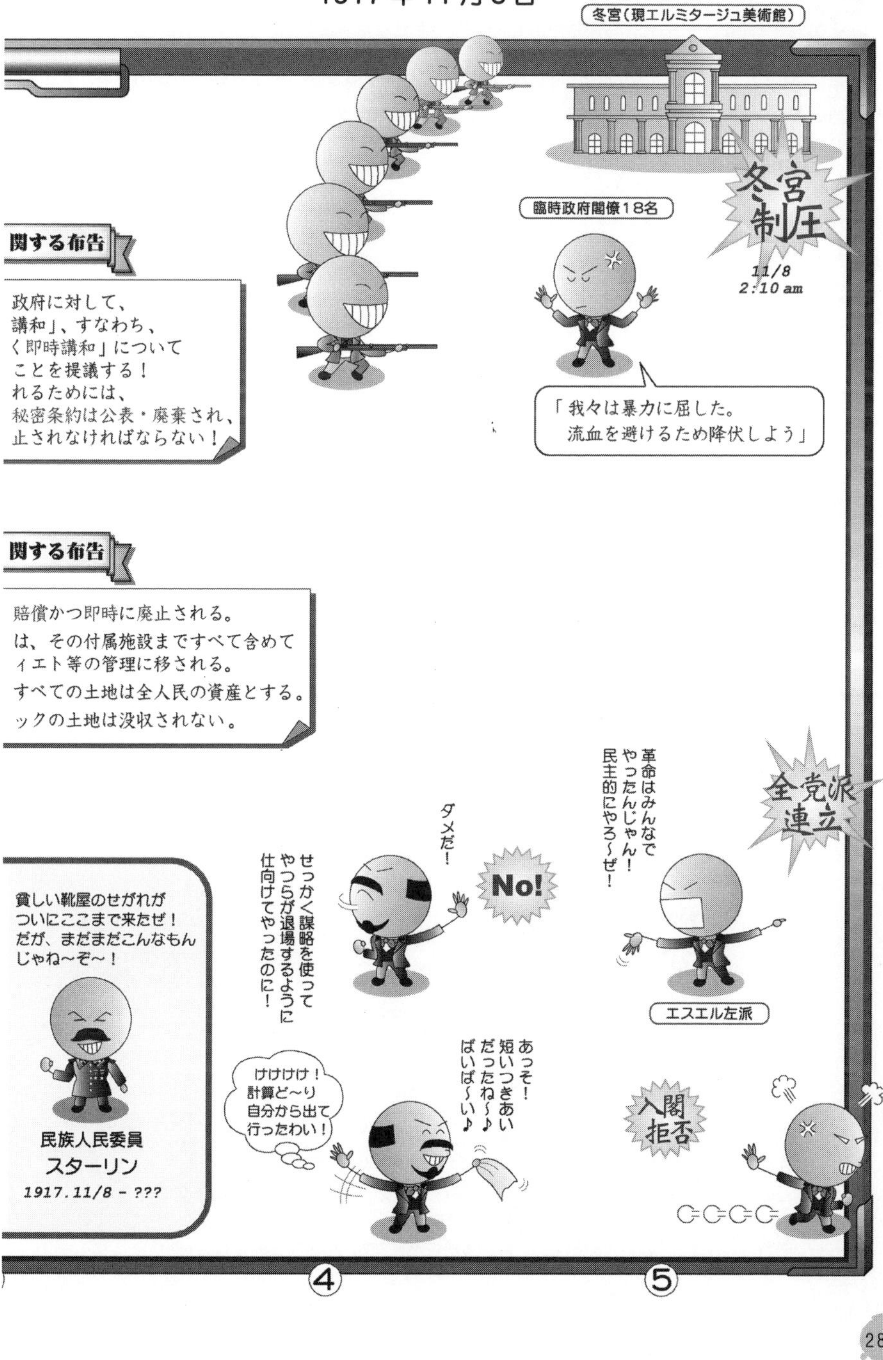
冬宮（現エルミタージュ美術館）
冬宮制圧
11/8
2:10 am
臨時政府閣僚18名
「我々は暴力に屈した。
流血を避けるため降伏しよう」
関する布告
政府に対して、
講和」、すなわち、
く即時講和」について
ことを提議する！
れるためには、
秘密条約は公表・廃棄され、
止されなければならない！
関する布告
賠償かつ即時に廃止される。
は、その付属施設まですべて含めて
ィエト等の管理に移される。
すべての土地は全人民の資産とする。
ックの土地は没収されない。
全党派連立
革命はみんなでやったんじゃん！民主的にやろ～ぜ！
エスエル左派
ダメだ！
No!
せっかく謀略を使ってやつらが退場するように仕向けてやったのに！
入閣拒否
あっそ！短いつきあいだったね～♪ばいば～い♪
けけけけ！
計算ど～り
自分から出て
行ったわい！
貧しい靴屋のせがれが
ついにここまで来たぜ！
だが、まだまだこんなもん
じゃね～ぞ～！
民族人民委員
スターリン
1917.11/8 - ???
④
⑤

第2回 全ロシア＝ソヴィエト会議は、夜通しで審議を重ねていたため、早朝（6：00 am）、いったん休会します。

この間にレーニンもひとときの休息をとり、その日の夜（9：00 pm）には会議は再開されました。（A-2）

ところで、革命を成功させること自体は、条件とタイミングさえ合えば、じつはそれほど難しいことではありません。(＊01)

しかし。

問題はそのあとです。

つぎに新政府を樹立しなければなりませんが、これが革命を成功させること以上に困難を伴います。

歴史上、旧政府を倒すことに成功しながら、新政府の樹立に失敗して崩壊してしまった革命は枚挙にいとまがありません。

当時のペトログラード市民が「どうせ3日も保《も》つまい！」と言ったのも、あながち故《ゆえ》なきことではなかったのです。

（＊01）機が熟していさえいれば、革命指導者にたいした才がなくても革命は成功します。
逆に、熟していなければ、どんなにすぐれた革命家が革命を指導しようとも失敗します。
この点では、マルクスの「唯物弁証法」も“真理の一側面”を表しています。
しかし、あくまでも“一側面”であって“すべて”ではありません。
それをベースに理論が構築されてしまったことにマルクスの致命的誤りがありました。

レーニンは、
「我々はこれから社会主義の建設に取りかかるであろう！」（A-1）
…と宣言し、矢継ぎ早に新政府としての「布告」を発します。
それこそが、あの有名な、
・対外向けに発布された『平和に関する布告』（A/B-3）と、
・国内向けに発布された『土地に関する布告』（B/C-3）です。
まず、『平和に関する布告』では、
「無併合・無賠償に基づく即時講和」と
「過去における秘密外交の公表・破棄と、将来における秘密外交の禁止」
…が叫ばれ、全会一致で可決されました。（A/B-2）
しかし。
「秘密外交」というものは、たしかに褒《ほ》められたものではありませんが、「外交」は“きれいごと”では済みませんから、外交をする以上、どうしても必要となるものです。
いわば“必要悪”です。（＊02）

（＊02）道徳的または法的には、たしかに「悪」であったとしても、その存在がなければ、社会が成り立たない、または、それなど比較にならない巨悪が蔓延してしまうと仮定されるもの。よく「必要悪」の例として取り上げられるものには、「戦争」「核爆弾」「死刑制度」などスケールの大きなものから、「暴力団」「ウソ」など小さなものまでさまざまあります。

新政府《ソヴィエト》は、そうした列強諸国の“弱み”に付け入り、外交を有利に働かせようとして、このような布告をしたにすぎず、ホントに「公開外交こそが正義」と信じてこれを掲げたわけではありません。(＊03)

つぎに、国内向けの『土地に関する布告』。

「地主的土地所有は、無賠償かつ即時に廃止される」

でも、今回の革命の“立役者”は自営農民やコサックたちです。

彼らの土地まで奪おうとすれば、たちまち彼らの支持を失い、生まれたばかりでまだ湯気《ゆげ》がたっている新政府《ソヴィエト》は、たちどころに崩壊するでしょう。

そこで、以下の項目を加えます。

「ただし、自営農民とコサックの土地はその限りではない」

ここにレーニンのいやらしさが如実に出ています。

レーニンの理想は、もちろん「すべての土地所有の廃止」です。

しかし、それをおくびにも出すわけにはいきません。

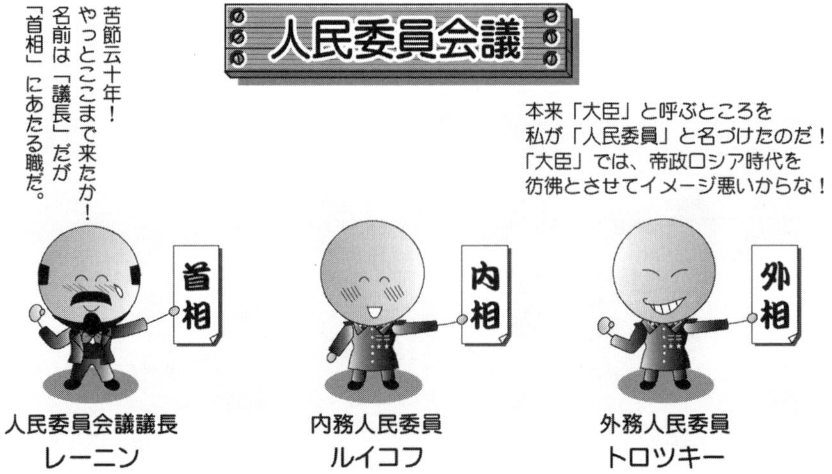
人民委員会議
苦節云十年！
やっとここまで来たか！
名前は「議長」だが
「首相」にあたる職だ。
本来「大臣」と呼ぶところを
私が「人民委員」と名づけたのだ！
「大臣」では、帝政ロシア時代を
彷彿とさせてイメージ悪いからな！
首相
内相
外相
人民委員会議議長
レーニン
内務人民委員
ルイコフ
外務人民委員
トロツキー

(＊03) もし、これが本心からの言葉なら、当然、「ソヴィエト政権はこれからもずっと秘密外交をしない」はずですが、もちろんそんなことはなく、アッという間に(スターリン以降などいうに及ばず、すでにレーニン政権下で)「秘密外交まみれ」になっていきます。

「いずれは自営農民やコサックどもの土地も根こそぎ剥《は》ぎ取ってやるが…。
　今はやつらに夢見させてやるか…」
…という“本心”はひた隠しにしながら、
「お前たち自営農民とコサックたちの財産は安堵《あんど》してやるからね？（にこっ）」
…と満面の笑みでゴマを擂《す》っているわけです。
　しかし、大衆とは御《ぎょ》しやすいもの。
　“明日は我が身”だとは想像もできず、ほぼ満場一致（＊04）で
「異議な〜〜〜〜しっ！！」の大合唱！（B/C-2）
　さて。
　つぎは、本格的に新政府を作らなければいけません。
　それが「人民《ソヴィエト》委員《ナロードニキ》会議《コミサロフ》」です。(C-2)（＊05）
　議長　　　　（首相）が、V《ウラジミル》．I《イリイチ》．U《ウリヤノフ》．レーニン。
　内務人民委員（内相）が、A《アレクセイ》．I《イヴァノヴィッチ》．ルイコフ。
　外務人民委員（外相）が、L《レフ》．D《ダヴィドヴィッチ》．B《ブロンシュティン》．トロツキー。
　民族人民委員　　　　が、I《ヨシフ》．V《ヴィサリオノヴィッチ》．D《ジュガシヴィリ》．スターリン。

貧しい靴屋のせがれが
ついにここまで来たぜ！
だが、まだまだこんなもん
じゃね〜ぞ〜！
ダメだ！
全党派
連立
民族人民委員
スターリン
エスエル左派

（＊04）ひとりの脱走兵だけ反対しています。
　　　　これは、脱走兵から土地の分配権を剥奪しようとする条項に反対したものでした。
（＊05）通称「ソヴナルコム」。日本でいえば、「内閣」に相当するものです。

しかし、この人民委員(＊06)の選出にあたって、社会革命党《エスエル》左派は、
―― メンシェヴィキまで含めた「全党派連立」とするべきである！！(C-5)
…と主張しましたが、受け容れられなかったため(＊07)、入閣を拒否(D-5)。
これにより、この内閣はボルシェヴィキ100％(＊08)となります。

さて！
苦心惨憺《さんたん》、ようやく革命は成った！
新政府も生まれた！
その内閣は100％ボルシェヴィキで独占できた！
レーニンはその頂点《トップ》に君臨した！
これで、彼《レーニン》が夢にまで見た「独裁者」となれたのでしょうか。
じつは、まだ“頭の痛い問題”がひとつ残っていたのです。
それは ――。

(＊06)「大臣」に相当する官職ですが、帝政ロシア時代の悪いイメージを払拭するために、トロツキーが提案して「人民委員」と名付けられました。
帝政ロシアの影も薄くなった1946年、スターリン時代に「大臣」に戻されています。

(＊07) このとき、エスエル左派は圧倒的少数派したので、意見が通るわけもありませんが。

(＊08) しかも、この閣僚うち、90％までがユダヤ系でした。

第5章 十一月革命

第3幕

大盤振舞いの公約

憲法制定会議選挙

ケレンスキー政権は倒したものの、つぎは「憲法制定会議」が迫っていた。農民の数が圧倒的に多いロシアにおいて、今、憲法制定会議のための選挙が開かれれば、ボルシェヴィキの敗北は目に見えていたが、大義名分上、開催しないわけにはいかなかった。レーニンは選挙開催そのものに反対するも、否決されてしまう。

〈憲法制定会議選挙〉

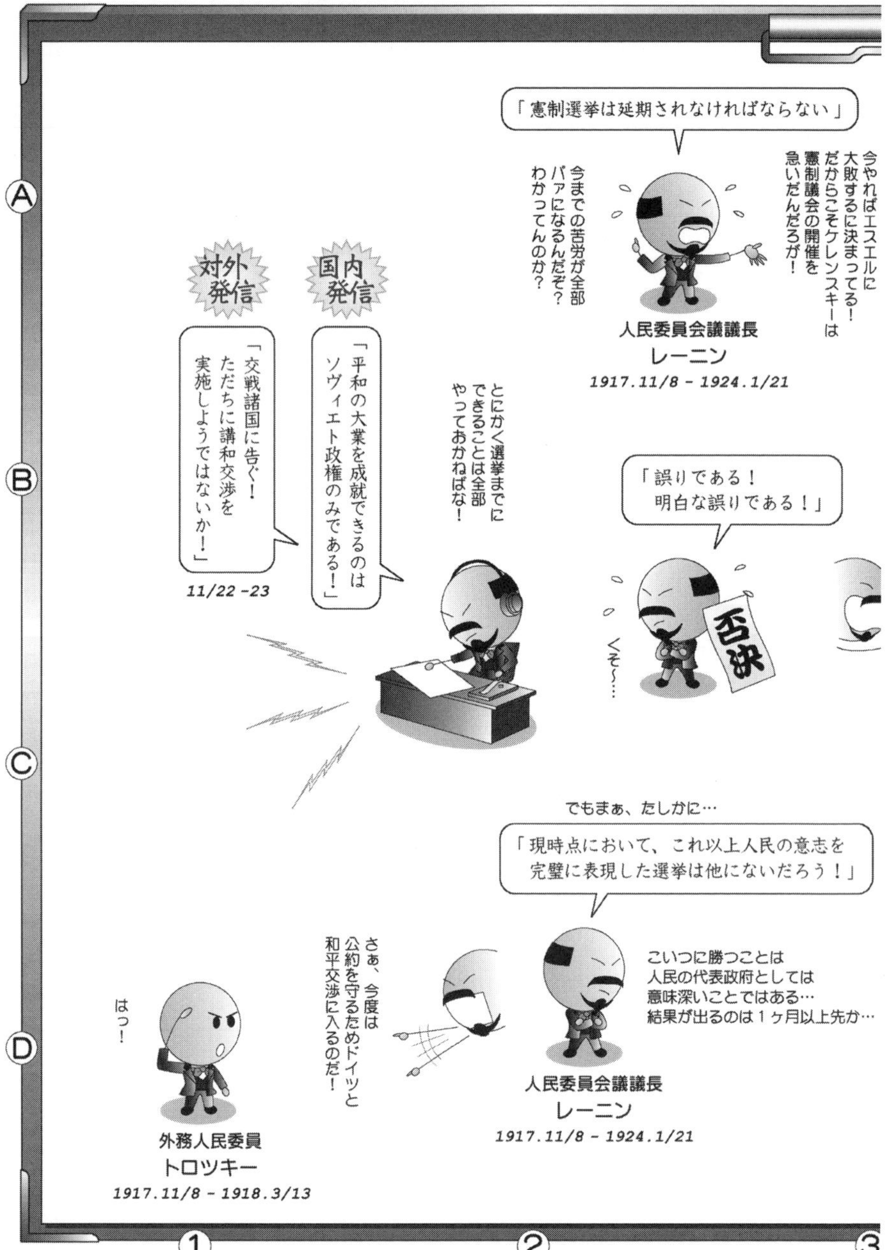
A
B
C
D
「憲制選挙は延期されなければならない」
今やればエスエルに大敗するに決まってる！
だからこそケレンスキーは憲制議会の開催を急いだんだろうが！
今までの苦労が全部パァになるんだぞ？
わかってんのか？
人民委員会議議長
レーニン
1917.11/8 - 1924.1/21
とにかく選挙までにできることは全部やっておかねばな！
国内発信
「平和の大業を成就できるのはソヴィエト政権のみである！」
対外発信
「交戦諸国に告ぐ！
ただちに講和交渉を実施しようではないか！」
11/22 -23
「誤りである！
明白な誤りである！」
否決
くそ～…
でもまぁ、たしかに…
「現時点において、これ以上人民の意志を完璧に表現した選挙は他にないだろう！」
こいつに勝つことは
人民の代表政府としては
意味深いことではある…
結果が出るのは１ヶ月以上先か…
人民委員会議議長
レーニン
1917.11/8 - 1924.1/21
さぁ、今度は公約を守るためドイツと和平交渉に入るのだ！
はっ！
外務人民委員
トロツキー
1917.11/8 - 1918.3/13
①
②
③

1917 年 11 月中～下旬

11/12

それはあまりにもマズイ！
今まで憲制議会の延期のことで
臨時政府をさんざんシメ上げてきた
我々が、今さらそんなことしたら、
たちまち支持を失ってしまいます！

「お前たちも臨時政府と
同じ穴のムジナか！」とばかりに
各方面から集中砲火くらいますよ

ボルシェヴィキ幹部

だが、やるとなってしまった以上
断じて勝たねば！
ボルシェヴィキは地方で弱いから
地方の住民を喜ばせる宣言出すぞ！

11/15

ロシア諸民族の権利宣言

1. ロシアの一切の民族の同権と主権の尊重
2. 分離と独立国家の形成を含む民族自決権の承認
3. 一切の民族的宗教的特権と制限との撤廃
4. 少数民族の自由な発展の保証

11/25

憲法制定会議選挙

２０歳以上なら職業・財産・
識字・民族・信仰の差別・
制限は一切ないんだ♪

ヨーロッパの独立国家で
女性参政権が与えられたのは
ノルウェー、デンマークにつづいて
ロシアが３番目なのよ♪

我々軍人に参政権が
与えられたのは
世界初なんだぞ！

男性　女性　軍人

④　⑤

臨時政府解体寸前の断末魔の中で、ケレンスキーが“イタチの最後ッ屁”として残したのが「憲法制定会議の公約」でした。

ケレンスキーは考えました。

―― たしかにボルシェヴィキは短期間のうちに急速に力をつけてきた。
今や御《ぎょ》しがたい勢力となってきている。
しかし、そうは言っても、所詮《しょせん》、それはペトログラードやモスクワなどの限られた「都市部」だけのこと。
ロシア全体から見れば圧倒的多数を占めるのは「農村部」。
そして、その農村部では、我が社会革命党《エスエル》が圧倒的に強い！(＊01)
したがって、今のうちに「憲法制定会議選挙」を開催すれば、憲法制定会議の議席を社会革命党《エスエル》で独占させることができる！(＊02)
そうすれば、社会革命党《エスエル》にとって都合のよい新憲法を創って、これでボルシェヴィキどもを抑えることができよう！

…と。

ケレンスキー政権は、その憲法制定会議選挙を見ることなく崩壊してしまいましたが、「憲法制定会議選挙の公約」自体は生きていました。

「憲制選挙は延期されなければならない」
否決
今やればエスエルに大敗するに決まってる！だからこそケレンスキーは憲制議会の開催を急いだんだろが！
今までの苦労が全部パァになるんだぞ？わかってんのか？
人民委員会議議長
レーニン

(＊01) 農民を支持基盤にしているのがエスエルでしたから、当然ですが。

(＊02) 当時、ケレンスキーの所属がエスエルでした。

――なぜ？

公約をした本人《ケレンスキー》が失脚したんだから、この公約自体が無効なのでは？

じつは、そういう単純な問題でもありません。

三月革命によって「ロマノフ朝が滅亡」したあと、「ロシア帝国憲法」（＊03）に代わる新しい憲法が必要になります。

したがって、革命政府には、下から「新憲法つくれ！」の大合唱が起こっていましたが、臨時政府はこれを等閑《なおざり》にしてきました。（＊04）

そこで、野党からは矢のような催促です。

「何をモタモタしているのか！？」

「さっさと憲法制定会議選挙を開催せよっ！！」

したがって、公約した本人《ケレンスキー》が失脚したからと言って、それを引き継いだ新政府が「我々はやらん！」とは言いにくい立場にあったのです。

しかも、ボルシェヴィキ自身、そのことでさんざん臨時政府を攻撃してきたという経緯がありました。

しかし、それでも「実施すれば確実に敗《ま》ける」とわかっている選挙は、やっぱり行いたくありません。

「お前たちも臨時政府と
同じ穴のムジナか！」とばかりに
各方面から集中砲火くらいますよ
それはあまりにもマズイ！
今まで憲制議会の延期のことで
臨時政府をさんざんシメ上げてきた
我々が、今さらそんなことしたら、
たちまち支持を失ってしまいます！
ボルシェヴィキ幹部

（＊03）正式名称は「ロシア国家基本法」。詳しくは、「第２章 第４幕」を参照のこと。

（＊04）リヴォフ公内閣はブルジョワ政府でしたから、実施すれば「エスエルが勝つ」とわかっている選挙など、当然したがりません。

レーニンも
「憲制選挙は延期されなければならない！」（A-2/3）と主張しますが、
―― それはまずい！
我々は、野党時代、さんざんそのことで政府をシメあげてきた。
政権を取った途端、「憲制選挙を延期する」では、我々はたちまち支持を失ってしまう！（A-4）
…と、ボルシェヴィキ幹部からも反対意見が相次ぎ、彼《レーニン》の意見は圧殺されます（12日）。（A-3）

レーニンは、
「誤りである！　明白な誤りである！」（B-2/3）
…と訴えますが、もはやあとの祭り。

選挙まであと2週間足らず。

選挙が行われることが決まってしまった以上、できるかぎりのことはしなくては！

彼《レーニン》はただちに「ロシア諸民族の権利宣言」（15日）を出します。（B/C-4/5）

・ロシア国内のすべての民族に同じ権利を与える！
・民族自決を認め、ロシアからの分離・独立も認める！
・すべての特権と制限を撤廃する！

「本気で言ってるのか？」と疑いたくなるほどの大盤振舞《おおばんぶるまい》。

「誤りである！
明白な誤りである！」
だが、やるとなってしまった以上
断じて勝たねば！
ボルシェヴィキは地方で弱いから
地方の住民を喜ばせる宣言出すぞ！
否決
権利宣言
くそ～…

それだけではありません。

国内向け広報として、

「平和の大業を成就できるのはソヴィエト政権のみである！」(B-1/2)

…と喧伝し、対外的には、

「交戦諸国に告ぐ！　ただちに講和交渉を実施しようではないか！」(B-1)

…と訴えつづけます。

もし、戦争を終わらせることができれば、絶大な選挙効果を生んだでしょうが、選挙までには間に合いませんでした。(＊05)

こうしてついに「憲法制定会議選挙」が施行されました。(D-4/5)

これは、さきの「権利宣言」に基づき、職業・財産・識字・民族・信仰の差別や制限は一切ない、20歳《はたち》以上なら誰でも選挙権が与えられる完全な普通選挙で、女性(＊06)はもちろん、軍人(＊07)にまで選挙権が与えられていました。

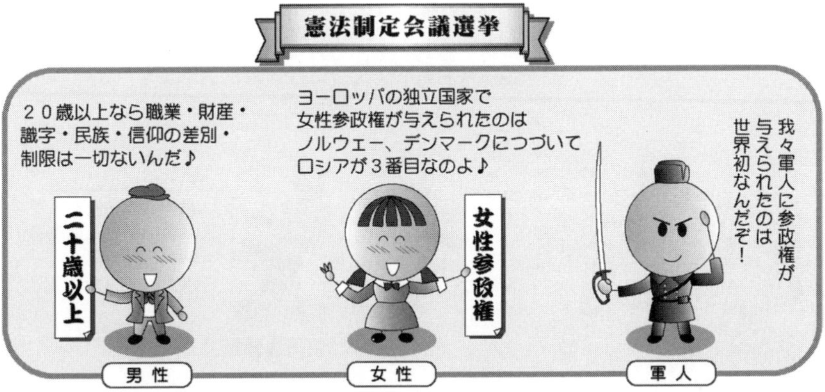
憲法制定会議選挙
２０歳以上なら職業・財産・識字・民族・信仰の差別・制限は一切ないんだ♪
ヨーロッパの独立国家で女性参政権が与えられたのはノルウェー、デンマークにつづいてロシアが３番目なのよ♪
我々軍人に参政権が与えられたのは世界初なんだぞ！
二十歳以上
女性参政権
男性
女性
軍人

(＊05) 選挙の10日後になって、ドイツとの休戦協定が成立したのですが。

(＊06) ヨーロッパの独立国家として女性参政権が与えられたのは、ロシアはノルウェー・デンマークにつづく３番目。他国の支配下にあった時期も含めるなら、フィンランド・アイスランドにつづく５番目。世界ではニュージーランドとオーストラリアにつづく７番目。

(＊07) 軍人に選挙権を与えたのは、このときのロシアが世界初。

これはたいそう画期的なことです。(＊08)

レーニン自身も言っています。

「でもまぁ、たしかに、現時点において、これ以上に人民の意志を完璧に表現した選挙は他にないだろう！」(C/D-2/3)

やるだけのことはやった。

これだけ人民の意志を完璧に反映させる選挙で勝つことができれば、言うことはありませんが…。

結果が出るのは、1ヶ月後です。

はてさて、丁と出るか、半と出るか…。

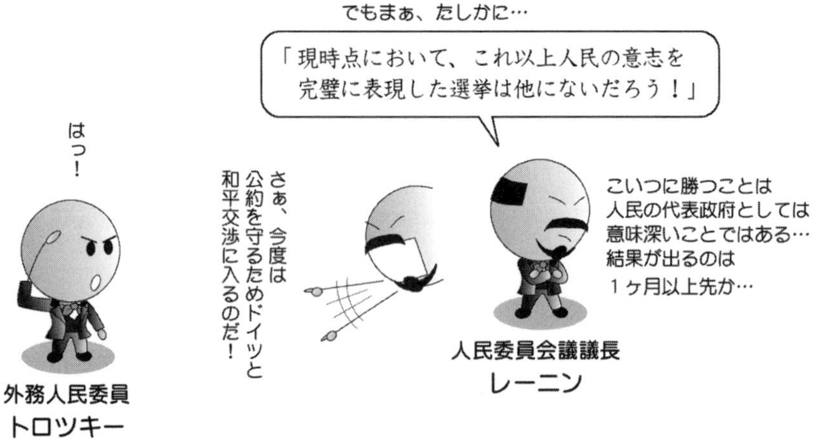

(＊08) ちなみに、翌1918年にイギリス・ドイツ、19年にオーストリア、20年にアメリカが、それぞれ女性参政権を与えています。
フランスはずっと遅れて45年で、日本と同じ年。
フランスでは「フランス革命」のイメージで早くから女性参政権が与えられていると思っている方がいますが、フランス革命では女性解放はまったく進んでいません。

第5章 十一月革命

第4幕

タヴリーダ宮は誰の手に

憲法制定会議の軍事制圧

選挙結果は、レーニンが懸念していた通りとなった。
案の定、エスエルが単独過半数の与党となってしまう。
当然、レーニンの主義主張はことごとく破棄され、「すべての権力を憲法制定会議へ！」が声高に叫ばれた。
このままでは十一月革命の成果は水泡に帰してしまう。
レーニンは憲法制定会議の軍事制圧を決意した。

〈憲法制定会議の軍事制圧〉

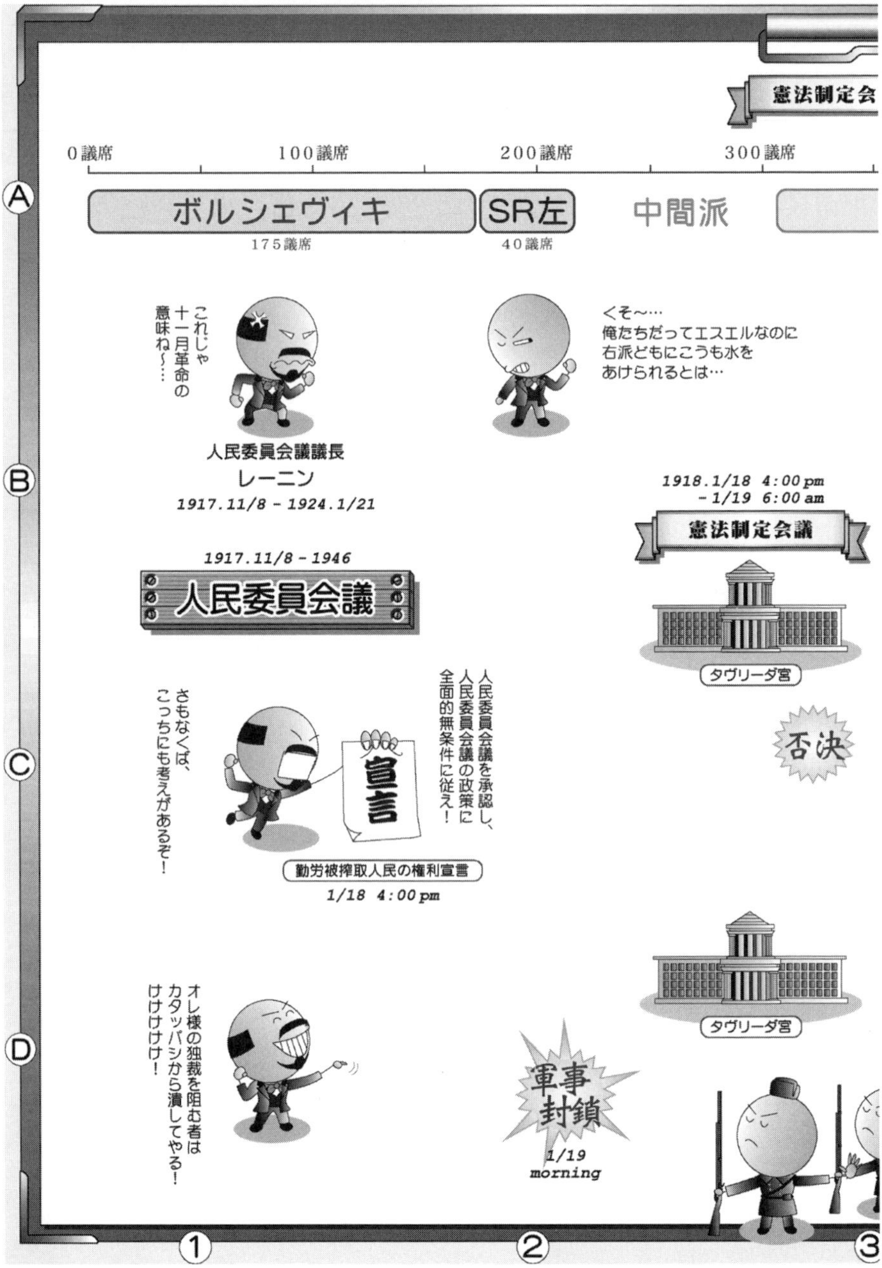

憲法制定会
0議席
100議席
200議席
300議席
A
B
C
D
ボルシェヴィキ
175議席
SR左
40議席
中間派
これじゃ
十一月革命の
意味ね～…
くそ～…
俺たちだってエスエルなのに
右派どもにこうも水を
あけられるとは…
人民委員会議議長
レーニン
1917.11/8 - 1924.1/21
1918.1/18 4:00 pm
- 1/19 6:00 am
憲法制定会議
1917.11/8 - 1946
人民委員会議
タヴリーダ宮
人民委員会議を承認し、
人民委員会議の政策に
全面的無条件に従え！
さもなくば、
こっちにも考えがあるぞ！
宣言
否決
勤労被搾取人民の権利宣言
1/18 4:00 pm
タヴリーダ宮
オレ様の独裁を阻む者は
カタッパシから潰してやる！
けけけけけ！
軍事
封鎖
1/19
morning
1
2
3

1917年年末～18年年始

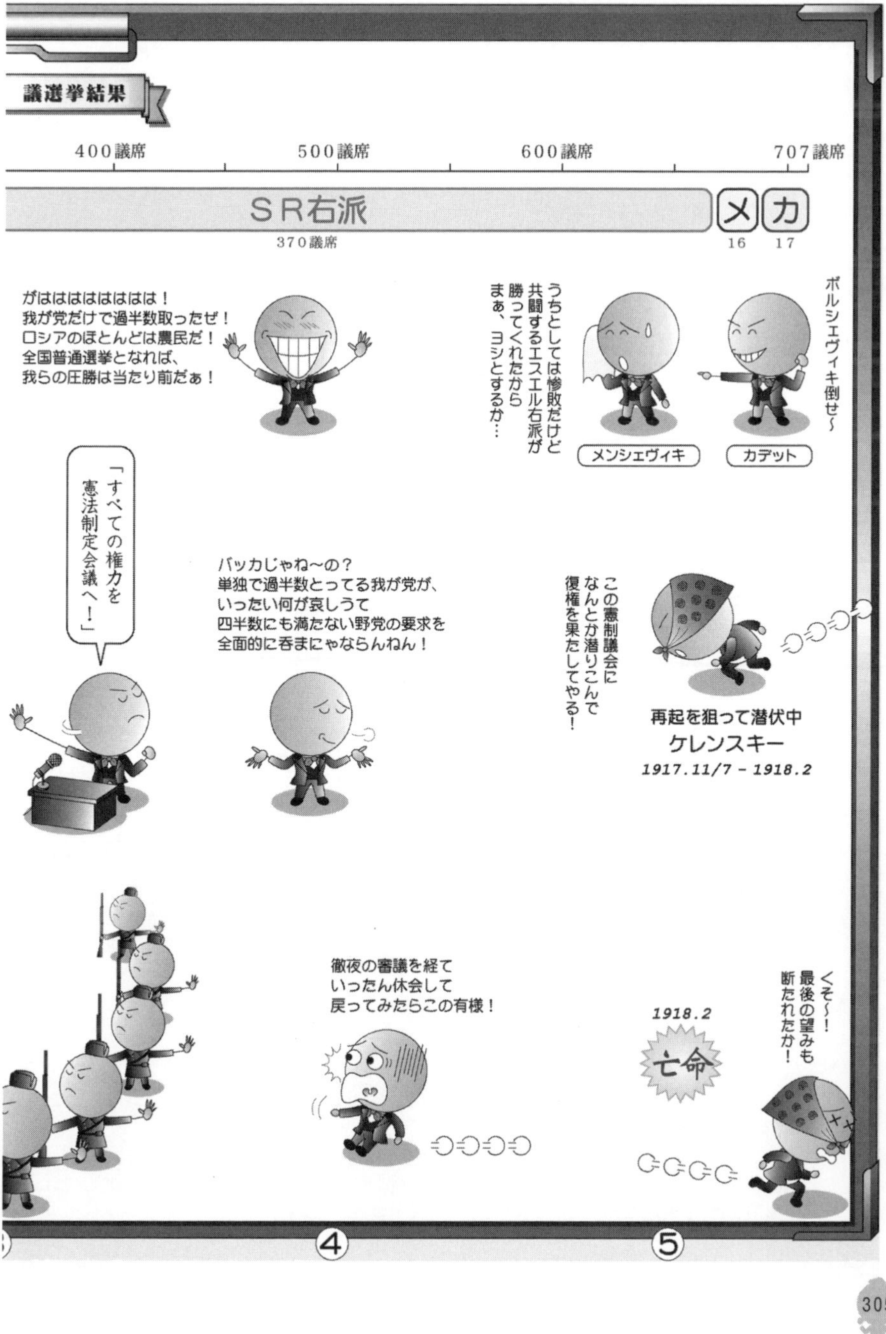

憲法制定会議選挙から１ヶ月。
ぞくぞくと開票結果が入ってきました。

その結果（全707議席）は ――

- ボルシェヴィキ ： 175議席（25％）（A-1） 第二党野党
- 社会革命党《エスエル》左派 ： 40議席 （A-2）
- 社会革命党《エスエル》右派 ： 370議席（52％）（A-4） 単独過半数
- メンシェヴィキ ： 16議席 （A-5）
- 立憲民主党《カデット》 ： 17議席 （A-5）

ボルシェヴィキは、一応「第二党」とはいえ、たった25％の議席数しか得られず、逆に政敵《ライバル》の社会革命党《エスエル》は「第一党」というだけでなく、単独過半数です。

レーニンのあれほどの尽力も実ることなく、惨敗…。

やはり、全国で見れば農民の方が圧倒的に数の多い社会革命党《エスエル》の優位はビクともしませんでした。

奇《く》しくも、トロツキーの予言（＊01）通りとなったわけです。

「人民委員会議《ソヴナルコム》」が、日本の「内閣（行政府）」に相当するなら、
「憲法制定会議」は、「国会（立法府）」のようなものですから、

ボルシェヴィキ
SR左
175議席
40議席
これじゃ十一月革命の意味ね～…
くそ～…
俺たちだって
エスエルなのに

（＊01）本書「第１章 第５幕」参照。
トロツキーは、レーニンの主張する「労農同盟」に対して、「たとえ労農同盟により革命が成功したところで、そのあとの新政府では、圧倒的に数の多い農民が与党になってしまい、プロレタリア政権が作れないではないか！」と主張していました。

「国会与党が自民党なのに、内閣は全員共産党」といった感じです。

ついさっき解消したばかりの「二重権力」が、瞬《またたく》く間に再現されてしまったことになります。

これに便乗するべく、再起を狙って潜伏中だったケレンスキーが、突如、タヴリーダ宮（B/C-2/3）に姿を現し、この憲法制定会議に参加しようと試みています。（B/C-5）（＊02）

こうして、波乱含みのまま、憲法制定会議が開催されたのが1918年1月18日の夕刻（4：00pm）。

レーニンは、開口一番、「勤労被《ひ》搾取《さくしゅ》人民の権利宣言」を発します。（C-1/2）

―― 憲法制定会議は、人民委員会議《ソヴナルコム》を承認し、

人民委員会議《ソヴナルコム》の政策に全面的に無条件に従え！

つまり、「憲法制定会議は私《レーニン》の足下《そっか》に跪《ひざまづ》け！」と言っているわけですが、何が哀しうて、単独過半数の与党《エスエル》が、野党《ボルシェヴィキ》の足下に跪《ひざまづ》かなければならないのでしょう？

立場が逆です。

もちろん、レーニンが何を喚《わめ》こうがことごとく退けられます。

SR右派
370議席
メ
16
カ
17
がはははははははは！
我が党だけで
過半数取ったぜ！
うちとしては惨敗だけど
共闘するエスエル右派が
勝ってくれたから
まぁ、ヨシとするか…
ボルシェヴィキ倒せ～
メンシェヴィキ
カデット

（＊02）もっとも、これはエスエル議員に制止され、叶わなかったのですが。

逆に、「すべての権力を憲法制定議会へ！」（C-3）とやられます。

議会というのは“数の論理”。

単独過半数の社会革命党《エスエル》右派を前にして、少数野党のボルシェヴィキには為《な》す術《すべ》なく、すぐに退場していきます。

人民委員会議を承認し、
人民委員会議の政策に
全面的無条件に従え！
1918.1/18 4:00 pm
-1/19 6:00 am
憲法制定会議
タヴリーダ宮
宣言
勤労被搾取人民の権利宣言
否決
「すべての権力を
憲法制定会議へ！」

その退場していくボルシェヴィキ議員の背中を見送りながら、社会革命党《エスエル》右派は、“勝利の美酒”に酔いました。

「よ～～～し！

ジャマ者は追い払った！

これから、やつら《ボルシェヴィキ》を追い落とすための憲法づくりだっ！！」

とはいえ。

憲法をつくるとなると、そう一朝一夕に、というわけにもいきません。

審議は深夜におよび、日付が変わり、やがて白々《しらじら》と夜が明けてきても、白熱の議論はつづきます。

すると、審議を割って、外から報告に来る者がありました。

――審議中のところ、誠に申し訳ございません。
　警備の兵たちが、「疲れた」「眠い」「帰りたい」と騒ぎはじめて、だんだん抑えが効かなくなってきております。

「うむ、そうか。
　たしかに、夜通し審議しておったからな。
　警備の兵らも疲れたのであろう。

バッカじゃね～の？
単独で過半数とってる我が党が、
いったい何が哀しうて
四半数にも満たない野党の要求を
全面的に呑まにゃならんねん！

この憲制議会に
なんとか潜りこんで
復権を果たしてやる！
再起を狙って潜伏中
ケレンスキー

　審議も煮詰まってきておることだし、我々も少々疲れた。
　よし、このへんでいったん休会とするか」（＊03）

　こうして、会議はいったんお開きとなり、議員はぞくぞくとタヴリーダ宮を後《あと》にします。

　そして、休憩が終わり、彼らがタヴリーダ宮に戻ってみると。

（＊03）大きなテーマで審議が行われるとき、合間合間に休憩をはさむことは議会ではよくあることです。場合によっては、何週間もの休会をはさむこともあります。もっとも、そのような長い休会の場合は、「休む」のではなく、「根回し」に奔走しているのですが。

タヴリーダ宮のまわりは兵に取り囲まれています。
「む？
もう警備の兵が戻ってきておる。
不平を言っていたわりには熱心なことだな。
ご苦労。そこを通してくれ」
すると、兵は、議員の行く手を遮《さえぎ》ります。
―― ここから中に入ること、罷《まか》りならぬ！
「な、なんだと！？
どういうことだ！？
貴様ら、誰の命に従っておるのだ！？」
―― 我々は、人民委員会議《ソヴナルコム》、すなわちレーニン同志麾下《きか》の軍である。
「し、しまった！！」
そう。
明け方に「兵が騒ぎはじめた」ところから始まって、すべては「議員をタヴリーダ宮から体《てい》よく追い出すため」のレーニンの陰謀だったのです。
しかし、気がついたときにはすべてはあとの祭り。
タヴリーダ宮は、すでにボルシェヴィキによって軍事制圧されたあとでした。

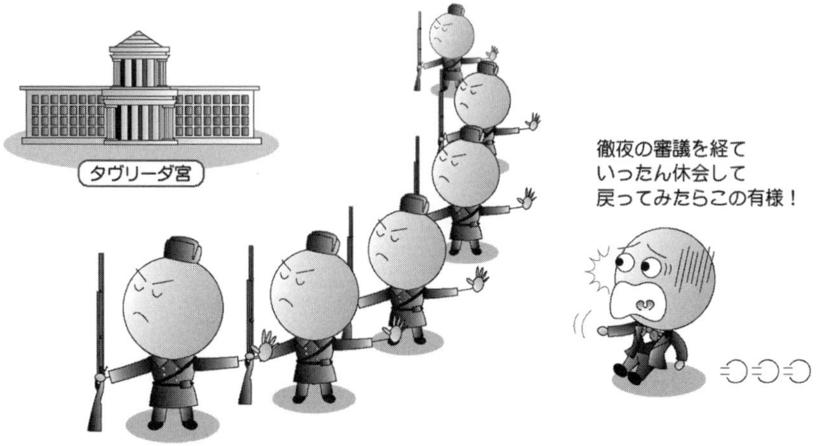
タヴリーダ宮
徹夜の審議を経て
いったん休会して
戻ってみたらこの有様！

こうして、レーニンにとって最後の“目の上のタンコブ”はあっけなく取り除かれます。

これを以《もっ》て、合法的にレーニンに逆らい得る勢力はなくなり(＊04)、十一月革命は達成されました。

とはいえ。

市民から「３日と保《も》つまいよ」と揶揄《やゆ》された新政権、じつはレーニン自身、このままでは永《なが》続きするとは考えていませんでした。

聞いたかね？
ボルシェヴィキが政権を握っただってよ！
まぁ、3日と保つまいよ！ ハハハハ！
ぷぷ〜っ！
笑っちゃうね〜
何考えてんだかね〜

今回、「農民代表《エスエル》」と決別したことで、「レーニニズム」理論で実現するはずだった「労農政権」(＊05)はモノの見事に破綻《はたん》し、トロツキーの主張した通りの「労働者《プロレタリア》単独政権」となったのですから。(＊06)

(＊04) あくまで「合法的」には。「反レーニン勢力」自体は存在しますので、彼らは以後、叛乱などの「非合法手段」に頼らざるを得なくなります。

(＊05) 本書「第１章 第４幕」を参照のこと。「労農同盟などできるわけがない！」とメンシェヴィキもトロツキーも批判していましたが、彼らの言った通りとなりました。

(＊06) ここまでレーニンの予言はことごとくハズレ。トロツキーの予言通りに進んでいます。

しかし、この「労働者《プロレタリア》単独政権」の基盤が脆《ぜい》弱であることは、それを主張したトロツキー自身が認めるところ。

だからこそ、トロツキーはかねてよりこう主張していました。(＊07)

── 今回の革命は「きっかけ」にすぎない。
　マルクス先生に拠《よ》れば、
　本来、社会主義革命は資本主義先進国の西ヨーロッパから起こるもの。
　それが資本主義後進国のロシアで社会主義革命が成功したとなれば、
　西ヨーロッパの社会主義者たちがこれを黙って見ているはずがない。
　かならずや、「ロシアに遅れまじ！」と西ヨーロッパ各地で革命が勃発、
　たちまち“世界革命”となって、我々の政権を支えてくれるはずだ！

つまり。

政権協力者として、資本家階級《ブルジョワジー》もダメ、労働者階級《プロレタリアート》もダメ、農民もダメ…となれば、もはや国内に「革命を支える勢力」はないことは明々白々。

現実性があるかないかに関わらず、外国の革命同志の援軍に“期待”するより他なかったわけです。(＊08)

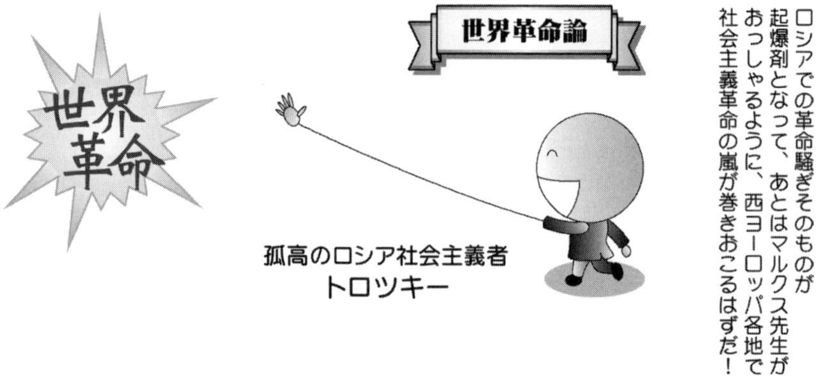
世界革命論
世界革命
孤高のロシア社会主義者
トロツキー
ロシアでの革命騒ぎそのものが
起爆剤となって、あとはマルクス先生が
おっしゃるように、西ヨーロッパ各地で
社会主義革命の嵐が巻きおこるはずだ！

(＊07) 詳しくは、本書「第１章 第６幕」を参照のこと。

(＊08) もっとも、これは「期待」というより、「妄想」に近いものでしたが。

レーニンも、自分の予言がことごとくハズレた三月革命以降、まるっとトロツキズムに乗っかっていましたから、
「まさにトロツキー君の言う通り！！
これより１年以内に、
西ヨーロッパ各地に社会主義革命の嵐が吹き荒れるであろう！」
…と、吠《ほ》えます。
ついこの間まで自分が主張していた労農同盟《レーニニズム》にはそっとフタをして。
しかし。
その“期待”（というより妄想）に反して、待てど暮らせど、「世界革命」など起こりません。
起こる気配すらありません。(＊09)
「世界革命」が起こらず、外国の革命同志の援軍が来ないのでは、トロツキズムによる革命遂行《すいこう》も破綻《はたん》します。
事ここに至り、レーニニズム、メンシェヴィズムにつづいて、トロツキズムの過ちも明白となり、“ロシア版マルキシズム”は全滅。
しかし。
すでに軍事クーデタまがい(＊10)のことまでしでかして「労働者単独政権《プロレタリア》」をつくってしまっています。
今さらもう、あとには退《ひ》けません。
では、最後の拠《よ》り所であった「世界革命」がアテにならなくなった今、弱体この上ない「労働者単独政権《プロレタリア》」をどうやって維持していけばよいのでしょうか。
じつは、もはや残された手段は、好むと好まざるとに関わらず“ひとつ”しかありませんでした。

(＊09) ただし、資本主義先進国の西ヨーロッパでなはく、ロシアと同じ資本主義後進国の東ヨーロッパで、単発でなら起こっています（ハンガリー社会主義連邦ソヴィエト共和国）。
しかし、それすらもアッという間（5ヶ月と保たず）に鎮圧されましたが。

(＊10) 本幕で解説いたしました「憲法制定議会の軍事制圧」のことです。

それが、“恐怖政治《テルール》”（＊11）です。

デモ・ストライキ・農民一揆を起こす者は徹底的に弾圧、処刑、そして全財産没収…などは基本中の基本。

当時のレーニンの「命令書」には目を疑うものが数多い。

―― 警察に名を問われて、答えることを拒否した者は、その場で射殺せよ。

自分の名を答えなかっただけで！?

さらに、

―― 叛徒をかくまった者は、その場で射殺し、全財産を没収せよ。

これでは、弾圧された農民は、誰かにかくまってもらうだけで、その家に迷惑がかかってしまいます。

そこで、森林の多いロシアのこと、森に逃げ込む者も多かったのですが、すると今度は、このような命令が下ります。

――“黄色い害虫”どもの隠れている森に毒ガスを撒《ま》き、絶滅させよ！

彼《レーニン》は自分に敵対する者を「黄色い害虫」と呼んでいましたが、文字通り“殺虫剤”よろしく、「虫ケラ」のように人民を“駆除”していきました。（＊12）

さらに、スターリンに秘密警察を創らせ、密告制度を整備し、指導部に批判的な者は、たとえ同志であろうが徹底的に炙《あぶ》りださせます。

そして、炙《あぶ》りだされたが最後。

何の証拠もなくとも、“告げ口”ひとつで逮捕状もなく逮捕され、尋問。

それで白状しなければ、死ぬまで拷問。

白状すれば、裁判なしで48時間以内に処刑されるか、強制収容所送り。

たとえ処刑を免《まぬが》れようと、いったん強制収容所に送られれば、もはや生きて帰ることができる見込みはほとんどありません。

（＊11）為政者が反対者を暴力的に弾圧・殺戮する政治のことを「恐怖政治」と言います。
フランスの「ロベスピエールの独裁政治」以降、こう呼ばれるようになりました。
ちなみに、そのフランス語「terreur」が「テロ」の語源となります。

（＊12）レーニンの目の前で残忍な処刑が行われていたときの彼の様子を知る者は、「レーニンは、まるで殺戮そのものを楽しんでいるかのようであった」と証言しています。

さらに。

レーニンの社会主義政策の失敗で、農村に大飢饉が拡がっているにもかかわらず、穀物の輸出を強行させる、などということは当たり前。(＊13)

そんなこんなで、数百万人もの餓死者を出す。(＊14)

しかし、レーニンに“良心の呵責《かしゃく》”など微塵《みじん》もないことは、次の言葉から窺《うかが》い知れます。

「はん！　何千人の人間が死のうが知ったことか！(＊15)

我が社会主義政権さえ護《まも》られれば、それでよいわ！」

なんという恐ろしい言葉！

そもそも若き日のレーニンが革命家として立ちあがったのは、「人民を幸せに導くため」ではなかったのか。

(＊13) これを「飢餓輸出」と言います。これにより、人が人を喰らいあう地獄と化しますが、レーニン以降も、ソ連ではこれが常態化していきます。

(＊14) その数たるや、A.ヒトラーの殺したユダヤ人の総数に匹敵します。

(＊15) ここで彼は「何千」と表現していますが、実際には「何千」どころではありません。飢餓輸出による“殺人”を含めれば「何百万」、直接的な処刑だけでも「数十万」です。

これは、レーニンの“善人ヅラ”の仮面の裏にひた隠しにされてきた化けの皮が剥《は》がれた結果なのか、それとも“独裁”が彼の脳を冒《おか》したのか。(＊16)

しかし。

その残忍無比な彼《レーニン》も、治世5年ほどで倒れ、まもなく亡《な》くなります。

享年54歳。

とはいえ、彼の死は“地獄”の幕閉じとはなりませんでした。

レーニンの恐怖政治《テルール》など、まだホンの“地獄の一丁目”にすぎないことを、これから70年近くかけて、ロシア人は思い知らされることになります。

彼《レーニン》の事業を継承したのは、I《ヨシフ》．V《ヴィサリオノヴィッチ》．ジュガシヴィリ。

V《ウラジミール》．I《イリイチ》．U《ウリヤノフ》．レーニン

I《ヨシフ》．V《ヴィサリオノヴィッチ》．D《ジュガシヴィリ》．スターリン

(＊16) レーニン信奉者は「彼が晩年に残忍性を顕したのは、脳障害のせいであって、これは本来のレーニンではない」と弁護します。あるいは、「独裁」は独裁者自身の精神を蝕みますので、「独裁」がレーニンを“残忍な人間”へと変貌させていったのかもしれません。
はたまた、もともと残忍冷酷な人間が「独裁者」となったのかもしれません。
卵が先か、鶏が先か。あるいは、その両方の相乗効果かもしれません。

通称“鋼鉄の男《スターリン》”（＊17）。

その彼《スターリン》がソ連（＊18）を引き継いでまもなく（1929年）、「世界大恐慌」という激震が資本主義諸国を襲《おそ》いました。

しかし、そうした資本主義世界の経済破綻《はたん》を尻目に、スターリンの率いるソ連だけは未曾有《みぞう》の経済発展を遂《と》げていました。

スターリンは叫びます。

―― 見よ！
　　これこそが、社会主義大勝利の証《あかし》である！！

しかして、その実態は。

- 百万人単位の政治犯・思想犯・反抗者を強制収容所へ送り込み、強制労働という“タダ同然の労働力”を生産活動に投入する。
- 農村部では、「集団化」の大号令の下、富農《クラーク》から土地を没収する。
- さらに、農民の食い扶持《ぶち》までかたっぱしから輸出に回す。
- 特にウクライナ地方では、世界15ヶ国から「民族絶滅作戦《ジェノサイド》」と認定されるほどの収奪が行われ、千万人規模の餓死者を出す。（ホロドモール）

ソ連の“表向きの経済発展”は、こうした莫大な収奪・犠牲から生み出されたものにすぎなかったのです。

さらに、こうした“民族絶滅作戦《ジェノサイド》”により人口が激減したウクライナへは「これ幸い！」と、ぞくぞくとロシア人を入植させます。

こうして、現在のような「ウクライナ東部がロシア人、その西部がウクライナ人」という民族配置ができあがりました。

これにより、今日《こんにち》に至るまで「西部（ウクライナ人）vs東部（ロシア人）」の熾烈《しれつ》な“ウクライナ問題”を生むことになったのです。

（＊17）日本人の名前に近い表現をすれば「鉄男」。ちなみに、モンゴル帝国初代皇帝チンギス汗（本名テムジン）も、チムール帝国初代皇帝チムールも、「鉄男」という意味です。

（＊18）正式名称は「ソビエト社会主義共和国連邦」。ただこれは、ロシア・ベラルーシ・ウクライナ・ザカフカースという４つの社会主義共和国の「連邦名」であって、正確には「国名」ではありません。ロシアだけを表す正式国名は「ロシア＝ソヴィエト連邦社会主義共和国」。

これを日本人にもイメージしやすいように譬《たと》えるなら ――

第二次世界大戦末期、北海道から上陸してきたソ連軍が関東以北の日本人を皆殺《ジェノサイド》しにして、“空いた土地”にロシア人を入植させたようなものです。

もしそうなっていれば、いまごろ、東日本に棲《す》みついたロシア人と、西日本に住む生粋《きっすい》の日本人は、深く憎しみ合い、殺し合っていたことでしょう。

想像するだに、おぞましいことです。

「ウクライナ問題など、自分とは関係のない“遠い異国の地《ウクライナ》の紛争”」

…などと思っていなかったでしょうか。

しかし、ウクライナ問題は、他人事《ひとごと》でも対岸の火事でもない、日本で起こっていてもおかしくなかった切実な問題であり、また、とてつもなく“根の深い問題”なのです。

（＊19）ソ連には「階級は存在しない」という“建前”でしたが、実際にはありました。
ノーメンクラトゥーラとは「名簿」の意で、この「名簿」に載れば、出世も私腹も思いのままでしたが、これに載るためには「能力」ではなく「徹底的な派閥主義 / 縁故主義」だったため、帝政ロシア時代の貴族とさして変わらない存在となっていました。
たとえ「制度」を変えても、そこに住む人間の「意識」が変わらなければ無意味なのです。

最後に。

本書で見てまいりましたように、「ロシア革命」とは、まさに『資本論』という１冊の本を“参考書”として、メンシェヴィキやレーニンらによって行われた、壮大な“実験”でした。

その著者、K《カール》．マルクスはこう予言しています。

―― 資本主義というものは、

① 労働者《プロレタリア》の絶対的窮乏《きゅうぼう》

② 階級の二極化

③ 経済恐慌

この３つを避けることは絶対にできず、

したがって、資本主義の行《ゆ》く末に、社会主義革命は不可避である！

…と。

ところが、現実の先進資本主義諸国を見てみると…

① 最低賃金法や社会保障制度などを充実させることで社会的弱者を救済したため、「労働者《プロレタリア》の絶対的窮乏《きゅうぼう》」は大幅に緩和され、

② 資産税・相続税・所得税の累《るい》進課税などで富を還流させ、労働運動を認めることで、「階級の二極化」が縮小していき、

③ 公共事業などを拡充させることで、「経済恐慌」にも対処。

マルクスの予言は、モノの見事にハズレています。

かたや。

振り返って、ソ連の歴史を見てみると…。

① 社会主義政策の失敗で、マルクスの予言した「資本主義社会で起こるはずの絶対的窮乏《きゅうぼう》」など比較にならないほどひどい、それこそ数百万単位の餓死者が累々《るいるい》と横たわるほどの飢餓地獄が猛威を振るい、

② にもかかわらず、社会主義政府は、飢餓の存在すら認めず、そうした社会的弱者の怨嗟《えんさ》の声は圧殺され、逆らう者は殺されつづけ、その上には、富も栄光も権力もすべてを独占した特権階級《ノーメンクラトゥーラ》（＊19）がふんぞり返って、下々の者から搾取《さくしゅ》する「階級の二極化」が起こり、

③「経済恐慌」をはるかに凌《しの》ぐ慢性的経済破綻《はたん》の中、数千万人もの屍《しかばね》を横目に、ただただ帳簿の上での“数字だけの繁栄”が取り繕《つくろ》われる。

皮肉なことに、マルクスの予言は、ことごとく「社会主義国において実現」したのです。

とはいえ、この“皮肉”こそが、ロシア革命のもっとも大きな「歴史的意義」であったのかもしれません。

たしかに、ロシア革命勃発当初は、熱狂を以《もっ》て迎えられ、世界中の人々がこれを絶賛し、影響を受けました。

孫文　「人類の“偉大なる希望”の誕生である！」
ネルー「人類社会を大きく前進させた！」
ナセル「多く人々を封建的搾《さく》取から解放させた！」

それに伴い、中国・ヴェトナム・北朝鮮・東欧諸国…と、つぎつぎ紅《あか》く染まって(＊20)いったものです。

しかし、ソ連が消滅し、マルキシズムの過ちが白日の下にさらけ出された今となっては、すべてが

—— 兵《つわもの》どもが夢の跡《あと》 ——

ロシア革命が、ロシア人に幸せをもたらすことはついになく、ロシアにつづいた社会主義国も、その道連れにされただけでした。

では、ロシア革命には「歴史的意義」はなかったのでしょうか。

いいえ。

社会主義の“敵”であるはずの資本主義諸国にとっては、大きな「歴史的意義」がありました。

資本主義諸国にとっては、「ソ連」という強大なライバルが生まれたからこそ、自らを引き締め、改善し、自浄能力を発揮することができた —— とも言えるからです。

もし、『資本論』というたった１冊の書物がなかったら、ソ連《ライバル》は生まれることもなく、そうなれば、資本主義諸国は、ほんとうにマルクスの予言していた通りの惨状となって、自滅していたかもしれません。

(＊20)「社会主義化（共産化）した」という婉曲的表現です。

もうひとつ。

ロシア革命は、旧《ふる》きを全否定し、王朝を亡《ほろ》ぼしました。

それにより、望み通り、皇帝《ツァーリ》は去り、貴族《ドボリャンストボ》は去ったかもしれませんが、その代わりに、レーニン・スターリンという、皇帝《ツァーリ》が恋しくなるほどの恐ろしい独裁者と、「名簿階級《ノーメンクラトゥーラ》」という貴族《ドボリャンストボ》にも劣らぬすさまじい特権階級を生んだだけでした。

旧制度《アンシャンレジーム》を全否定し、社会を根こそぎひっくり返す急激《ラディカル》な改革が民に幸せをもたらすことは決してありません。

ロシア革命はそのことを再確認させる結果となりました。

旧《ふる》き良きところは温存しつつ、新しき良きものを取り込んでいく。

——継《けい》往《おう》開《かい》来《らい》——

本来、改革とはそうしたものでなければならない、という反面教師的な教訓を、図らずも、強烈な印象とともに世界に発信することになったのです。

これもロシア革命の「歴史的意義」のひとつに数えてもよいでしょう。

幸い、我が国では、ロシアと違って王朝（天皇家）を倒すのではなく、これを活《い》かしつつ改革する道を選びました（明治維新）。

奇《く》しくも、王朝を亡《ほろ》ぼしたソ連最後の書記長M《ミハイル》．S《セルゲーエヴィッチ》．ゴルバチョフが、王朝を亡《ほろ》ぼさなかった日本に対し、次のような言葉を残しています。

「世界でもっとも社会主義を成功させたのは日本である」

Column ロシア皇帝の正式帝号

ロマノフ王朝は、初代Ｍ《ミハイル》．Ｆ《フョードロヴィッチ》．ロマノフ以降「ツァーリ」を名乗り、第５代 ピョートル大帝以降「インペラトール」を名乗りました。

ここでよく、ピョートル大帝以降は「ツァーリ」を名乗るのを止《や》めて、「インペラトール」に名乗り替えたと勘違いされることがあります。

そうではなく、両方の称号を併称したのでした。

たとえば最終皇帝《ラストエンペラー》ニコライ２世の「正式帝号」はこうです。

「神の恩寵下における我ニコライ２世、全ロシア・モスクワ・キエフ・ウラジミール・ノヴゴロドのインペラトールおよび絶対君主、カザン・アストラハン・ポーランド・シベリア・ケルソネス・グルジアのツァーリ、プスコフの領主、スモレンクス・リトアニア・ヴォルィーニ・ポドレ・フィンランドの大公、エストニア・リヴォニア・クールランド・セムガレ・ジェマイティア・ビャウィストク・カレリア・トヴェリ・ユグラ・ペルミ・ヴャトカ・ブルガールその他の公、ニジニ＝ノヴゴロド・チェルニゴフ・リャザン・ポラツク・ロストフ・ヤロスラフ・ベロオーゼロ・ウドリア・オブドルスキ・コンディスク・ヴィテブスク・ムスチラブリの領主兼大公、全北方国家の最高君主、イベリア・カルトゥリ・カバルダ・アルメニア・トルキスタンの領主、ノルウェー・シュレースヴィヒ＝ホルシュタイン・ストルマン・ディスマルシェン・オルデンブルクその他の相続人」

つまり、その支配地ごとに「インペラトール」「絶対君主」「ツァーリ」「領主」「大公」「公」「最高君主」「相続人」という称号を使い分けているのです。

一般的には、ツァーリもインペラトールも特に区別せずに「皇帝」と訳し、Ｍ《ミハイル》．ロマノフからニコライ２世まで「ツァーリ」と統一的に呼びますが、書物によっては、ツァーリを「王」、インペラトールを「皇帝」と訳し分け、第５代ピョートルを「ロマノフ朝初代皇帝」として扱っているものもあるのは、そうした裏事情に拠《よ》ります。

■ おもな参考文献（順不同）■

Ｋ．マルクス『資本論』大月書店

ケレンスキー『ケレンスキー回顧録』恒文社

トロツキー『ロシア革命史』岩波書店

稲子恒夫『ロシア革命』教育社

菊池昌典『ロシア革命』中央公論社

尾鍋輝彦『二十世紀 6 ロシア革命』中央公論社

ニコライ・ヴェルト『ロシア革命』創元社

ニコライ・ヴェルト『共産主義黒書 ソ連篇』恵雅堂出版

宮本信生『カストロ 民族主義と社会主義の狭間で』中央公論社

和田春樹『世界各国史 22 ロシア史』山川出版社

江口朴郎『世界の歴史 14 第一次世界大戦後の世界』中央公論社

木村靖二他『岩波講座世界歴史 23 アジアとヨーロッパ』岩波書店

Ｍ．ウェーバー『プロテスタンティズムの倫理と資本主義の精神』岩波文庫

山上正太郎『第一次世界大戦』講談社

歴史学研究会『世界史史料 10 二〇世紀の世界Ｉ』岩波書店

村川堅太郎『詳説世界史 教授史料』山川出版社

下津清太郎『世界帝王系図集』東京堂出版

『世界の戦争・革命・反乱 総解説』自由国民社

『図説世界の歴史 6 現代世界の試練』学研

ジョン・チャノン『ロシア』河出書房新社

イアン・バーンズ『大陸別世界歴史地図 1 ヨーロッパ大陸歴史地図』東洋書林

小室直樹『ロシアの悲劇』光文社

藤原宰太郎『死の名場面』ＫＫベストセラーズ

■ 写真資料 ■

http://commons.wikimedia.org/

ロシア革命関連年表

年	月 日	内容	章	幕	段	列
1891年	1月4日	露仏同盟 成立	1	1	A	2
	5月31日	シベリア大陸横断鉄道 着工	1	1	A/B	4
1890年代		ロシア 第2次 産業革命 勃発	1	1	B/C	4
1894年	11月1日	ロマノフ朝 18代 ニコライ2世 即位	1	1	D/E	4
1898年	3月1日	ロシア社会民主労働党 結成	1	1	D/E	1/2
1901年	12月	ロシア社会革命党 結成	1	1	G/H	1/2
1903年	7月30日	ロシア社会民主労働党 第2回党大会	1	7	A	3
1904年	4月	ペテルブルク市ロシア人工場労働者の集い	2	1	A/B	1/2
	7月21日	シベリア大陸横断鉄道（東清鉄道経由）完成	1	1	A/B	4
	8月25日	アレクセイ皇太子 誕生	2	7	A	4
1905年	1月1日	旅順陥落	2	1	A	5
	22日	第1次 血の日曜日事件 発生	2	1	D	3
	31日	ニコライ2世「労働者どもの反抗を赦す」の声明	2	1	E/F	3/4
	2月17日	モスクワ総督セルゲイ大公爆殺事件	2	1	F/G	1/2
	3月1日	奉天会戦 勃発	2	1	F	5
	5月27日	日本海海戦 勃発	2	1	H	5
	8月6日	国会創設に関する宣言	2	2	A	5
	10月25日	ロシア立憲民主党 結成	1	1	G/H	4/5
	30日	十月宣言	2	2	B	2/3
	11月1日	怪僧ラスプーチン、ペテルブルクに姿を現す	2	7	A/B	1/2
1906年	4月～	第1次 総選挙	2	4	A	3
	5月5日	ヴィッテ首相更迭、ゴレムイキン新首相	2	4	C	3
	10日	第一国会 開始	2	5	A	1
	7月21日	第一国会 解散、ストルイピン新首相	2	5	A	4/5
1907年	1月～	第2次 総選挙	2	5	D	2
	3月5日	第二国会 開始	2	5	D	1
	6月16日	第二国会 解散	2	5	D	1
	8月	野戦軍法会議 開催、ストルイピンのネクタイ開始	2	5	D	5
	12月	レーニン、スイスへ亡命	2	5	D	4/5
1916年	10月18日	シベリア大陸横断鉄道全線 完成（単線）	1	1	A/B	4
	12月29日	怪僧ラスプーチン暗殺	2	7	D	all
1917年	3月8日	ペトログラードで女性デモが発生	3	1	A	3/4
	9日	ペトログラードのデモが暴動化	3	1	B	3/4
	10日	第2次 血の日曜日事件 発生	3	1	D	3/4
	11日	軍部が叛乱軍に合流、労兵同盟 成立	3	2	B	4
	12日	ソヴィエト結成	3	3	E/F	1
	13日	帝都戒厳軍 解散	3	4	A/B	5
		兵士ソヴィエト「命令第一号」発布	3	4	C	2
		東部戦線司令官イヴァーノフ戦わずに撤退	3	4	F/G	2/3
	14日	ルースキー将軍、皇帝に責任内閣を提案	3	4	H	1
		臨時政府 組閣	3	5	B	3
	3月15日	ニコライ2世 退位	3	5	E/F	4/5
		レーニン、亡命の地スイスで初めて革命を知る	3	5	H	2/3

	レーニン、ただちに革命を妨害する電報を送る	3	5	H - 4
	王庭ミハイルは、帝位継承を辞退	3	5	F - 2/3
	ロマノフ王朝 滅亡	3	5	F/G - 5
16日	臨時政府 第一声明 発表	3	5	D - 4/5
4月7日	レーニン、チューリッヒを発つ（封印列車）	4	1	D - 1/2
13日	レーニン、スウェーデン上陸	4	1	A/B - 3
16日	レーニン、ペトログラード到着	4	1	A - 4/5
17日	レーニン、四月テーゼを発表	4	2	B - 3
21日	ペトログラード市委員会で、四月テーゼ否決	4	2	H - 4/5
5月1日	臨時政府外相ミリューコフ、戦争継続を声明	4	3	A - 4
3日	四月危機	4	3	B - 3
	外相ミリューコフ 更迭	4	3	B - 5
4日	トロツキー、亡命地ニューヨークから帰国	4	2	G - 1/2
7日	第7回ボルシェビキ評議会で、四月テーゼ可決	4	2	H - 2
17日	臨時政府 第2次内閣 成立	4	3	D/E - 4
6月16日	第1回 全ロシア＝ソヴィエト会議 開催	4	3	D/E - 1/2
7月16日	七月暴動 発生	4	3	F - 2/3
18日	法相ベレヴェルゼフ、「レーニン＝スパイ説」発表	4	3	G - 4/5
24日	レーニン、フィンランドへ亡命	4	3	H - 1
8月3日	臨時政府 第3次内閣 成立	4	4	B/C - 4
16日	コルニーロフ将軍、臨時政府に「政綱」要求	4	4	C/D - 4/5
9月3日	ドイツ軍によりリガ占領される	4	4	H - 1
9日	コルニーロフ将軍の軍事クーデタ 発生	4	5	B/C - 5
	ケレンスキー、コルニーロフ将軍を更迭	4	5	A - 3
	反革命対抗人民闘争委員会 開催	4	5	A - 1
10日	軍事クーデタが公然化し、将軍虚勢を張る	4	5	C - 4
11日	ボルシェヴィキが単独でクーデタ鎮圧を決意	4	5	B/C - 1
12日	軍事クーデタの部隊が崩壊	4	5	C/D - all
13日	コルニーロフ将軍、逮捕	4	5	D - 3/4
18日	モスクワ・ソヴィエトでボルシェヴィキが多数派	4	6	A - 3
22日	ペトログラード・ソヴィエトでも多数派奪取	4	6	A - 3
26日	レーニン、革命を提議	4	6	B/C - 1
10月29日	蜂起決定	4	6	D - 2
11月2日	カーメネフ・ジノヴィエフ 蜂起に反対して辞任	4	6	D - 3/4
6日	十一月革命 勃発	5	1	A/B - all
7日	第2回 全ロシア＝ソヴィエト会議 開催	5	1	E - 2
8日	レーニン声明「労働者・兵士・農民諸君へ」	5	1	G/H - 1/2
	冬宮制圧、平和・土地に関する布告を発表	5	2	A/B - all
	人民委員会議 開催	5	2	D - all
15日	レーニン「ロシア諸民族の権利宣言」発表	5	3	B/C - 4/5
25日	憲法制定会議選挙 開催	5	3	D - 4/5
1918年 1月18日	憲法制定会議 開催	5	4	B/C - 3
	「労働被搾取人民の権利宣言」発表	5	4	C - 1/2
19日	憲法制定会議を軍事制圧	5	4	D - 3

神野《じんの》 正史《まさふみ》

河合塾世界史講師。世界史ドットコム主宰。ネットゼミ世界史編集顧問。ブロードバンド予備校世界史講師。歴史エヴァンジェリスト。1965年、名古屋生まれ。出産時、超難産だったため、分娩麻痺を発症、生まれつき右腕が動かない。剛柔流空手初段、日本拳法弐段。立命館大学文学部史学科卒。既存のどんな学習法よりも「たのしくて」「最小の努力で」「絶大な効果」のある学習法の開発を永年にわたって研究し、開発された『神野式世界史教授法』は、毎年、受講生から「歴史が“見える”という感覚が開眼する！」と、絶賛と感動を巻き起こす。「歴史エヴァンジェリスト」として、TV出演、講演、雑誌取材、ゲーム監修など、多彩にこなす。著書に『世界史劇場 イスラーム世界の起源』『世界史劇場 日清・日露戦争はこうして起こった』『世界史劇場 アメリカ合衆国の誕生』『世界史劇場イスラーム三国志』（ベレ出版）、『神野の世界史劇場』（旺文社）など多数。

世界史劇場《せかいしげきじょう》 ロシア革命《かくめい》の激震《げきしん》

2014年11月25日　初版発行
2022年 5 月18日　第4刷発行

著者　神野《じんの》 正史《まさふみ》
DTP　WAVE 清水 康広
校正協力　株式会社ぷれす
カバーデザイン　川原田 良一（ロビンソン・ファクトリー）

発行者　内田 真介
発行・発売　ベレ出版
〒162-0832　東京都新宿区岩戸町12 レベッカビル
TEL.03-5225-4790 FAX.03-5225-4795
ホームページ　https://www.beret.co.jp/
印刷　モリモト印刷株式会社
製本　根本製本株式会社

ISBN 978-4-86064-416-1 C0022　編集担当　森 岳人

世界史劇場 イスラーム世界の起源

神野正史 著

A5 並製／本体価格1600円（税別） ■ 280頁
ISBN978-4-86064-348-5 C2022

世界史劇場 日清・日露戦争はこうして起こった

神野正史 著

A5 並製／本体価格1600円（税別） ■ 336頁
ISBN978-4-86064-361-4 C2022

世界史劇場 アメリカ合衆国の誕生

神野正史 著

A5 並製／本体価格 1600 円（税別） ■ 288 頁
ISBN978-4-86064-375-1 C0022

世界史劇場 イスラーム三國志

神野正史 著

A5 並製／本体価格1600円（税別） ■ 320頁
ISBN978-4-86064-387-4 C2022

世界史劇場 第一次世界大戦の衝撃

神野正史 著

A5 並製／本体価格1600円
ISBN978-4-86064-400-0 C2022 ■ 320頁

もっと世界史劇場を堪能したい方へ

筆者(神野正史)は、20年以上にわたって河合塾の教壇に立ち、そのオリジナル「神野式世界史教授法」は、塾生から絶大な支持と人気を集めてきました。

しかしながら、どんなにすばらしい講義を展開しようとも、その講義を聴くことができるのは、教室に通うことができる河合塾生のみ。モッタイナイ!

そこで、広く門戸を開放し、他の予備校生でも、社会人の方でも、望む方なら誰でも気兼ねなく受講できるように、筆者の講義を「映像講義」に収録し、

「世界史専門ネット予備校 世界史ドットコム」

を開講してみたところ、受験生はもちろん、一般社会人、主婦、世界史教師にいたるまで、各方面から幅広く絶賛をいただくようになりました。

じつは、本書は、その「世界史ドットコム」の映像講座をさらに手軽に親しめるように、と書籍化されたものです。

しかしながら、書籍化にあたり、紙面の制約上、涙を呑んで割愛しなければならなくなったところも少なくありません。

本書をお読みになり、もし「もっと深く知りたい」「他の単元も受講してみたい」「神野先生の肉声で講義を聴講してみたい」と思われた方は、ぜひ、「世界史ドットコム」教材も受講してみてください。

世界史ドットコム講座例　　http://sekaisi.com/